Katja Bergmann
Hör-Gänge

Lesen und Medien
Herausgegeben von Peter Conrady und Thomas Eicher

Band 5

Katja Bergmann

Hör-Gänge

Konzeption einer Hörerziehung für den Deutschunterricht

ATHENA

Umschlaggestaltung unter Verwendung einer Zeichnung
von Norman Junge, entnommen aus:
Fredrik Vahle: Der Himmel fiel aus allen Wolken. Gedichte.
Mit Bildern von Norman Junge, 1994.
Reproduktion mit freundlicher Genehmigung
des Beltz Verlags, Weinheim und Basel,
Programm Beltz + Gelberg, Weinheim

Bibliografische Information der Deutschen Bibliothek

Die Deutsche Bibliothek verzeichnet diese Publikation in der Deutschen Nationalbibliografie; detaillierte bibliografische Daten sind im Internet über <http://dnb.ddb.de> abrufbar.

3. Auflage 2006

Mellinghofer Straße 126, 46047 Oberhausen
www.athena.verlag.de

Druck und Bindung: Difo-Druck, Bamberg
Gedruckt auf alterungsbeständigem Papier (säurefrei)
Printed in Germany
ISBN 3-89896-156-7

Inhaltsverzeichnis

Vorwort

Die Arbeit stellt eine leicht überarbeitete Fassung meiner Dissertation dar, die ich im Fachbereich Philosophie und Geisteswissenschaften an der Freien Universität Berlin im Wintersemester 1999/2000 eingereicht habe. Ich danke allen meinen akademischen Lehrerinnen und Lehrern an der Technischen Universität, an der Hochschule der Künste sowie an der Freien Universität in Berlin und an der Universität Dortmund.

Unter ihnen ist besonders Prof. Dr. Gundel Mattenklott zu nennen, die mich für die Ansätze der Musisch-Ästhetischen Erziehung begeisterte und mir erste Wege zur Kinder- und Jugendliteratur wies. Prof. Dr. Peter Conrady hat mich über viele Jahre begleitet und gefördert; er hat das Zweit-Gutachten verfaßt und diesen Titel in die von ihm herausgegebene Reihe »Lesen und Medien« aufgenommen.

Prof. Dr. Ulrich Steinmüller hat mir die Fachdidaktik Deutsch nähergebracht und mir die Teilnahme an seinem Forschungscolloquium ermöglicht. Ihnen allen gilt mein herzlicher Dank. Nicht zuletzt danke ich meinem Erst-Gutachter Prof. Dr. Hartmut Eggert, der stets gesprächsbereit war und mich zuverlässig, nach dem kurzfristigen Weggang von Prof. Dr. Jutta Wermke aus Berlin, betreute.

Zu danken habe ich auch meinen Kolleginnen und Kollegen an der Freien Universität und an der Technischen Universität in Berlin für ihre Unterstützung. Für hörspezifische Anregungen danke ich Sabine Breitsameter, Volker Bernius und Manfred Mixner. Außerdem gilt mein Dank zahlreichen Lehrerinnen, die mein Konzept mit mir diskutierten und zum Teil auch in ihren Klassen überprüften.

Für das Korrekturlesen danke ich meinen Eltern, Katja Henze, Hanneliese Kräutlein, Horst Kretschmer, Ulrike Mahler-Hapke, Katharina Schmidt-Brücken, Georg Sternal und Dr. Thomas Zabka, und für die Mithilfe bei der Erstellung des Manuskripts habe ich meinem Bruder Holger Bergmann ganz herzlich zu danken.

Widmen möchte ich die Arbeit meinen Patenkindern Sophia und Mareen mit dem Wunsch, daß sie und alle anderen Kinder in ihrer Schulzeit viele ästhetische Erfahrungen sammeln mögen.

Einleitung

Über die Sinne erschließen wir uns die Welt. Mit den Sinnen hören, schauen und ertasten wir unsere Umgebung. Wir kommen auf den Geschmack oder können etwas nicht mehr riechen. Hören ist ein besonders wichtiger Prozeß der Weltwahrnehmung, denn über die Vermittlung akustischer Signale findet ein Großteil unserer Kommunikation statt.

Alles Hörbare nimmt Einfluß auf unser Hören, darauf, wie wir Wirklichkeit wahrnehmen und in ihr handeln. Dieses Hören wirkt wiederum auf die Gestaltung des Hörbaren zurück.[1] Wir hören die Klänge und Geräusche, die wir entwerfen und produzieren.

Hören und Sprechen werden so zu ›Produkten‹ der vom Mensch geschaffenen Erneuerungen, technischer Entwicklungen wie den Medien, die zum Teil als Verlängerung der Wahrnehmungsorgane betrachtet werden können (vgl. Karst 1998, 5); durch Radio und Telefon werden dem Ohr bis dahin unerhörte Reichweiten und die Speicherung akustischer Informationen ermöglicht.

Durch die mit der Schrift einsetzende, durch Buchdruck und Bildschirm sich manifestierende Visualisierung des Akustischen haben sich Struktur, Klang und Rhythmus der menschlichen Kommunikation sehr verändert (ebd. 5).

In einer ›vernetzten‹ Welt, in der akustische Informationen von einem Ort an jeden anderen übertragen werden können, scheint die Aufmerksamkeit für die Töne und Klänge, die uns unmittelbar umgeben, verloren zu gehen. Das mag daran liegen, daß das Maß und damit die Belastung durch akustische Informationen erheblich angestiegen sind, durch eine rauschende, dröhnende Alltagssphäre, ›Schallwände‹ allgegenwärtiger Medien, ›akustische Teppiche‹ in öffentlichen Räumen usw.

Besonders bei Kindern und Jugendlichen, die wie selbstverständlich mit den neuen Medien aufwachsen, wandeln sich die Rezeptionsgewohnheiten: z. B. durch eine allzu einseitige Beanspruchung des kindlichen Hörsinnes in der Freizeit, in der Hörmedien nebenbei, als Stimmungsmacher oder Ratgeber gehört werden (vgl. Schill 1998, 20). In der Schule überwiegt die Form des rein passiven Aufnehmens, und nicht zuletzt wird eine zunehmende ›Entsinnlichung‹ des Alltagslebens, eines der vielerorts thematisierten Probleme der veränderten Kindheit[2], angenommen. Dem dif-

1 Vgl. Karst 1998, 4f. und Schill 1998, 19.

2 Vgl. dazu z. B. Berg 1993, Faust-Siehl (Hg.): Kinder heute 1989; von Hentig 1984; Rumpf 1981; 1986; 1987; Wagenschein 1982; 1983.

ferenzierten und bewußten Hören kommt somit eine besondere Bedeutung zu, vor allem zur Orientierung, verstanden im räumlichen und sozialen Sinn, und als Grundlage zur Entwicklung ästhetischer Kriterien zur Beurteilung von Gehörtem und zu Hörendem.

Mit der hier vorgelegten Arbeit soll der Versuch unternommen werden, eine Hörschule für den Deutschunterricht der Grundschule zu konzipieren, um Kinder zum kommunikativen und kontemplativen Zuhören zu erziehen.

In zahlreichen Veröffentlichungen von Musikern und Philosophen wird der Primat des Visuellen konstatiert und der Bedeutungsverlust des Hörens fast antithetisch beklagt.[1] Das Hören wird dabei oft als Sinn der Sinne bezeichnet und mystifiziert.

Gespräche mit Lehrerinnen und Lehrern sowie pädagogische Literatur und Aufsätze in deutschdidaktischen Fachzeitschriften bestätigen die Beobachtungen einer mangelnden Zuhörbereitschaft. Schüler/innen sind oft nicht fähig, sich zu konzentrieren und adäquat zu kommunizieren. Solche Beobachtungen lassen aufhorchen und legen es nahe, Gegenmaßnahmen zu ergreifen. Die Ausgangslage hierfür ist schwierig, denn die geäußerten und beschriebenen Erfahrungen und Beobachtungen der Pädagogen sind meist nur qualitativ erfaßt und nicht quantitativ untersucht und festgehalten worden.

Die Durchsicht der Rahmen- und Lehrpläne aller Bundesländer für den Deutschunterricht der Grundschule zeigt, daß das Hören weitgehend als selbstverständlich angesehen wird, nur kurz Erwähnung findet und scheinbar keiner weiteren Schulung – wie sie im Fremdsprachenunterricht obligatorisch ist[2] – bedarf.

Dem Lesen und Schreiben gilt seit jeher die Aufmerksamkeit didaktischen Bemühens, während Hören und Sprechen methodisch eingesetzt werden, aber nur selten Gegenstand des Unterrichts, auch des Deutschunterrichts, sind. Lehrer/innen setzen diese Fähigkeiten voraus, ohne zu bedenken, daß die menschliche Stimme ein, wenn nicht das wichtigste, Kommunikationsinstrument ist und zu unseren prägendsten Hörerfahrungen zählt. Wir können – mit Ausnahme weniger Gehörloser – nur sprechen, was wir hören, und Stimmen klingen so, wie unser Ohr hört. Dieser Zusammenhang zwischen Hören und Sprechen ist vor allem für den Schriftspracherwerb in der Grundschule von Bedeutung.

---

1 Vgl. dazu z. B. Berendt 1994; 1995; 1993; Tomatis 1995; Welsch 1996.

2 In der Reihenfolge der audiolinguistischen Methode des Sprachenlernens steht das Hören an erster Stelle (vgl. Solmecke 1973, 89).

In Geschichte und Diskurs der Deutschdidaktik gab und gibt es immer wieder Ansätze, das (Zu-)Hören gezielt zu fördern. Allerdings geschieht dies eher pragmatisch. Die Autoren bleiben mit ihren Vorschlägen oft auf ein einziges Ziel ausgerichtet und spezialisieren sich auf bestimmte Hörsensibilitäten, die sich meist nur auf den Sender der akustischen Information beziehen. Hören ist dabei immer Mittel zum Zweck und wird selten als Lerngegenstand betrachtet.[1] In diesen Ansätzen dient die Hörerziehung der Sprecherziehung, im weiteren auch dem Erwerb rhetorischer Fähigkeiten, also dazu, den Hörer zu überzeugen. Die Hörerziehung soll zur Kommunikation befähigen oder zu einer reflektierten Mediennutzung führen.[2] Eine Verbindung dieser unterschiedlichen Aspekte wird nicht versucht. Dies ist im folgenden *Hörkonzept* der Fall, in dem das Hören auch als Lerngegenstand im Zentrum steht.

In meiner Arbeit wird ›Zuhören‹ als eine zu erwerbende ›Kulturtechnik‹ verstanden, die es genauso zu schulen gilt, wie das Lesen oder Schreiben, denn die Qualität des Lesens und Schreibens hängt letztlich von der Qualität des Hörens ab, von der Umsetzung der Phoneme in Grapheme. Inzwischen gibt es zahlreiche Stille- und Hörübungen für den Unterricht.[3] Jedoch sind sie weder systematisch zusammengefaßt, noch nach bestimmten Lernzielen kategorisiert oder offiziell für den (Deutsch-)Unterricht bestimmt worden.

Im vorliegenden *Hörkonzept* werden musisch-ästhetische Aspekte als tragende Elemente in den Deutschunterricht integriert. Insbesondere wird berücksichtigt, daß sechs- bis zehnjährige Schüler/innen die Welt ganzheitlich wahrnehmen und nicht – wie die Organisationsform der Grundschule es in den meisten Bundesländern vorsieht – die ›Welt‹ und das darüber zu erwerbende Wissen in Fächer einteilt. Tendenzen eines fächerübergreifenden, ganzheitlichen Arbeitens im Deutschunterricht sind zwar vorhanden, doch musisch-ästhetische Verfahren werden nicht durchgängig, sondern oft nur punktuell eingesetzt.

---

1 Anders geht eine außerschulisch entstandene Initiative des Hessischen Rundfunk »Hörclubs an Grundschulen« (Informationsmaterial des HR) vor. Außerhalb des Unterrichts können Schüler/innen das Zuhören entdecken (Projekt Stiftung Zuhören). Diese mit regem Zuspruch besuchten ›Clubs für Hör-Abenteuer‹ unterstreichen, nach Aussagen von Volker Bernius und Lena Dietze, den Bedarf einer Hörerziehung (vgl. erster Mitglieder-Rundbrief (Aug. 1999) des Vereins Zuhören e.V.).

2 Drei der Ansätze sind aus den 1970er Jahren, einer stammt aus den 90ern.

3 Z. B. Phantasiereisen oder Meditationsübungen mit Steinen (vgl. Brunner 1991, 20ff.).

Im *Hörkonzept* werden musisch-ästhetische und fächerübergreifende Praktiken als »Übung und Ausrüstung der Sinne« (von Hentig) verstanden und konsequent einbezogen. Die zu den drei Bereichen der Hörschulung – Körperwahrnehmung, Hörgänge, Aktiver Deutschunterricht – konzipierten Übungen sind nicht isoliert, sondern als geschlossenes Ganzes zu sehen.

Außergewöhnlich mag hier der Bereich der Körperwahrnehmung erscheinen. Er ist dadurch legitimiert, daß Körperwahrnehmungen das Hören beeinflussen. Die Aufnahme von Schwingungen ist dem ganzen Körper, z. B. über die Haut oder die Knochenleitung, möglich. Unser Körpergefühl ist in nicht geringem Maße vom Ohr abhängig, denn der Gleichgewichtssinn ist mit dem hörenden Teil des Ohres verbunden; über diesen werden u. a. Haltung und Körperspannung reguliert.[1] Weitere Verbindungen zwischen Körper und Klang sind kultureller Art, wie das Singen von Wiegenliedern, Kniereitern oder das Vollziehen ritueller Tänze.

Das Hören, das Einordnen und Beurteilen des Gehörten wirken sich wiederum auf unsere Wahrnehmung aus. Diese Interdependenzen, die zwischen den Übungen der einzelnen Bausteine, zwischen Körper, Hören und Deutschunterricht, bestehen, sind stets zu beachten. Der Begriff »Hör-Gänge« steht dabei für diese drei Zugänge zum Hören und für die Wechselwirkungen und möglichen ›Gänge‹, die zwischen den Bereichen bestehen. Gleichzeitig soll durch den Begriff die Vielfalt gangbarer Wege zum Hören aufgezeigt werden.

Das *Hörkonzept* kann als ›Kompensationsprogramm‹ verstanden werden, allerdings nicht um etwas ersetzen zu wollen, das ›scheinbar‹ bei heutigen Kindern nicht mehr vorhanden ist, sondern um Kindern Möglichkeiten und Chancen anzubieten, die ihnen ein größeres Spektrum des Hörens und des Wahrnehmens eröffnen. Das hat wiederum Auswirkungen auf die Vielfalt des Erarbeitens, des Übens und des Erkenntnisgewinns. Die für das *Hörkonzept* entwickelten Bausteine können ohne weiteres als eine Art curricularer Faden in den bisherigen traditionellen oder in offene Formen des Deutschunterrichts eingebunden werden.

Das *Hörkonzept* zeichnet sich dadurch aus, daß in ihm verschiedene Ansätze, der Bewegungsarbeit, der Hör- und Musikerziehung, der musisch-ästhetischen Erziehung sowie produktiver und handlungsorientierter Verfahren des Deutschunterrichts zusammenfließen.

---

1 Bechdolf, Ute: Ganz Ohr-Ganz Körper: Zuhörkultur in Bewegung. Manuskript des beim Symposium »Ganz Ohr« in Kassel 1997 gehaltenen Vortrags.

In den ersten drei Kapiteln werden grundlegende Begriffe und Phänomene theoretisch hergeleitet. Zunächst werden physiologische, anatomische und historische Grundlagen des Hörens erläutert, um die Zusammenhänge sowohl zwischen Hören, Schreiben und Lesen als auch zwischen dem Hören und unserem Körper verständlich zu machen. Anschließend werden die bereits bestehenden unterrichtlichen Grundlagen bezüglich des Hörens herausgearbeitet und die bereits vorhandenen deutschdidaktischen Ansätze vorgestellt. Um die Konzeption eines musisch-ästhetischen Deutschunterrichts deutlich zu machen, werden einzelne Ansätze, wie die von Gottfried Bräuer und Heinrich Jacoby, dargestellt und auf ihre Verwendbarkeit für den Deutschunterricht überprüft. Auf der Basis dieser ersten drei Kapitel entsteht das *Hörkonzept*. Es ist in drei Bereiche aufgeteilt: in die Bausteine *Körperwahrnehmung*, *Hörgänge* und *Aktiver Deutschunterricht*.

Die Bausteine sind nach Einheiten gegliedert, die anhand exemplarisch beschriebener Übungen spezifiziert werden. Die Übungsbeschreibungen werden in einen methodisch-didaktischen Rahmen eingebettet, zu dem weitere allgemeine Empfehlungen für die Durchführung des *Hörkonzepts* zählen.

Im letzten Kapitel der Arbeit wird am Beispiel der (Kinder-)Lyrik gezeigt, wie ästhetische Hörerziehung in Verbindung mit deutschdidaktischen Lernzielen umgesetzt werden kann.

Ziel des Konzepts ist es, die alltägliche Wahrnehmung von Geräuschen und Tönen – aber auch von Stille – bewußt werden zu lassen. Erst dann können ein aktives Hören, Horchen, Lauschen und kritisches Zuhören, welche als Kompetenzen für Schriftspracherwerb, Kommunikation und literarische Enkulturation unabdingbar sind, beginnen.

Theoretische Herleitungen – grundlegende Begriffe und Phänomene

1 Hören

1.1 Höraspekte

Das Hören ist abhängig von einer Reihe unterschiedlicher Phänomene, die in diesem Kapitel erwähnt und erläutert werden sollen. Nach den anatomischen und physiologischen Voraussetzungen folgt eine kurze kulturgeschichtliche Darstellung des Hörens und der Versuch einer Systematisierung des Hörens bzw. des Zuhörens. Auf der Grundlage dieser Ausführungen wird das Hörkonzept entwickelt.

1.2 Das Ohr

1.2.2 Anatomie

Äußeres Ohr

Zum äußeren Ohr zählen die Ohrmuschel und der Gehörgang, der beim Erwachsenen 2,5 bis 3,5 Zentimeter lang sein kann. Beim Neugeborenen ist der Gehörgang noch sehr kurz. Vor dem äußeren Gehörgang liegen das Kiefergelenk und die Ohrspeicheldrüse. Im Gehörgang befinden sich Reusenhaare, die das Trommelfell schützen.

Trommelfell

Das Trommelfell bildet die Grenze zwischen äußerem Ohr und Mittelohr. Es hat die Form eines nach innen gerichteten flachen Trichters (vgl. Boenninghaus 1990, 7) und einen Durchmesser von ca. einem Zentimeter.

Das Trommelfell ist ein Druckempfänger, der mit der ganzen Fläche um eine Achse schwingt, die durch den Oberrand läuft. Die Eigenfrequenz des Trommelfells liegt bei 1400 Hz (Hertz = Schwingungen pro Sekunde), was die Leistungsfähigkeit begrenzt, die höchstens bis 2000 Hz reicht.

Für den Bereich unserer Sprachfrequenz (125-3500 Hz) ist das Trommelfell äußerst empfindlich. Mechanische Schwingungen können auch über die sogenannte Knochenleitung – im Gegensatz zur Luftleitung – gehört werden z. B. über eine schwingende Stimmgabel, die man auf das Schädeldach oder die Zähne setzen kann. Das äußere Ohr dient in erster Linie der Heranführung des Schalls und der Übertragung zum ovalen Fenster des Innenohrs (vgl. Hellbrück 1993, 106).

Mittelohr

Das Mittelohr bildet an der Außenseite des Innenohrs die Paukenhöhle, die außen vom knöchernen Rahmen und dem Trommelfell begrenzt wird (vgl. Tomatis 1995, 131). Es stellt einen Spalt von 2 bis 5 mm Breite und 7 bis 15 mm Höhe dar (vgl. Faller 1984, 394).

Mit dem oberen Rachenraum steht das Mittelohr über die Ohrtrompete in Verbindung. Diese öffnet sich beim Schlucken und ermöglichst so den Druckausgleich für beide Seiten des Trommelfells.

In der Paukenhöhle befinden sich drei Gehörknöchelchen, von außen nach innen: Hammer (Malleus), Amboß (Incus) und Steigbügel (Stapes). Der Steigbügel ist über ein Fußstück durch eine Membran mit einer Öffnung in der Außenwand des Innenohrs verbunden (vgl. Tomatis 1995, 132). Der durch Bänder gehaltene Amboß liegt in der Mitte; er ist der größte der drei Gehörknöchelchen und über je ein Gelenk mit dem Steigbügel und noch enger mit dem Hammer verbunden, mit dem er auch einen gemeinsamen embryologischen Ursprung hat.

Der Hammer ist mit seinem Stiel fest an das Trommelfell fixiert, das wiederum am hinteren, unteren und vorderen Rand in der Trommelfellfurche des Schädelknochens verankert ist.

Im oberen Teil ist das Trommelfell daher weniger gespannt, es vibriert dort nicht. Eine ständige Spannung findet sich dagegen in dem Teil des Trommelfells, der unterhalb des Hammerstiels liegt (vgl. Tomatis 1995, 133).

Das Mittelohr dient der Verstärkung und Übertragung des Schalls (vgl. Hellbrück 1993, 106).

Innenohr

Das Innenohr enthält zwei Sinnesorgane, die morphologisch einen Komplex bilden, aber unterschiedliche Funktionen haben. Der eine Teil des Innenohrs, die Schnecke, ist das eigentliche Gehörorgan, der andere, Sacculus, Utriculus und die Bogengänge bilden das Gleichgewichtsorgan. Sie registrieren alle Lageveränderungen des Körpers und besonders die des Kopfes (vgl. Kahle 1979, 334).

Das Innenohr liegt tief im Schädelinneren, weitgehend geschützt vor äußerlichen Einflüssen.

Man unterscheidet die Schnecke (Cochlea), eine spiralig angeordnete Röhre, und die Bogengänge mit dem Vorhof, drei Halbkreiskanäle, die den Knochen durchziehen und in eine kammerartige Erweiterung münden (vgl. Fleischer 1988, 3).

In den Windungen der Schnecke spannt sich eine Membran aus, die sogenannte Basilarmembran. Auf ihr befinden sich in ganz bestimmten Gruppierungen Tausende von Hörsinnzellen. Eine Gruppe dieser Zellen bezeichnet man als Cortisches Organ, das eigentliche Organ des Hörens. Diese hochdifferenzierten Zellen sind in der Lage, alles in chemisch-physikalische Informationen umzuwandeln, was sie im Verlauf des Hörprozesses als mechanische Erregung erreicht (vgl. Tomatis 1995, 96).

Die Corti-Zelle hat, wie alle anderen Zellen, einen Kern und Mitochondrien, ein Zytoplasma und eine Membran. An der Außenseite des oberen Pols befinden sich Sinneshärchen, die sich je nach Einwirkungsgrad neigen und damit entsprechende Informationen weiterleiten können (ebd. 98).

Das Innenohr dient der Umwandlung der Schallwellen in eine Erregung der Nerven, die zum Gehirn weitergeleitet wird (vgl. Hellbrück 1993, 106).

1.2.3 Physiologie

Hörvorgang

Die Ohrmuscheln sind speziell dafür geformt, Geräusche bzw. Schallwellen aufzunehmen, die in den äußeren Gehörgang geleitet werden. Das Trommelfell (Membrana tympani) wird daraufhin in Schwingung versetzt. Der am Trommelfell ansetzende Hammer(-stiel) (Manubrium mallei) macht diese Bewegungen mit und gibt sie an den Amboß und dieser an den Steigbügel weiter. Über die Steigbügelplatte werden die Informationen im ovalen Fenster der Flüssigkeit, die das häutige Labyrinth im Innenohr umgibt, mitgeteilt. Dadurch wird das Cortische Organ im Schneckenkanal gereizt. Der dabei entstandene Gehörimpuls wird dann dem VIII. Hirnnerv, dem Nervus vestibulocochlearis, der das Hör- und Gleichgewichtsorgan versorgt, in der Rautengrube zugeleitet.

Das Trommelfell und die drei kleinen Gehörknöchelchen verändern durch ihre physikalischen Eigenschaften die Schallschwingungen so, daß nach Art eines Hebels die Bewegung der Schwingungen, die schließlich die Steigbügelplatte an die Innenohrflüssigkeit überträgt, verstärkt wird. In der Perilymphe des Innenohrs entstehen dadurch Wellen, die wiederum die Basilarmembran und die auf ihr sitzenden Hörzellen des Cortischen Organs verlagern und dabei die Sinneszellen erregen. Die Wellenbewegung der Innenohrflüssigkeit ist für jeden einzelnen Ton eine andere, und dementsprechend findet die Verlagerung der Basilarmembran jeweils an einer anderen Stelle der Schnecke statt.

Jeder Ton erzeugt also an einer bestimmten Gruppe von Sinneszellen eine Reizung, die es uns ermöglicht, die Tonhöhen zu unterscheiden.[1] Von den gereizten Sinneszellen gehen Nervensignale (Aktionspotentiale) über den Hörnerv zum Gehirn, wo die angekommenen Informationen dann weiter verarbeitet werden.

Allerdings werden einzelne Erregungen nicht erst im Gehirn, sondern schon bei den Rezeptoren verarbeitet, so daß einige Handlungssteuerungen bereits früher möglich sind. Auf dem Weg zum Gehirn und im Gehirn finden weitere spezifische Auswertungen statt (vgl. Guski 1989, 32).

Physikalisch kann man die eintreffenden Energiewellen in zwei Komponenten unterteilen: in Intensität und Frequenz. Das Ausmaß der vorhandenen Energie bzw. die wahrnehmbare Intensität bezeichnet man beim Schall als Lautstärke, die wahrnehmbare Frequenz bei Schallwellen als Tonhöhe. Angemerkt werden muß noch, daß die eintreffenden Informationen durch die Rezeptoren und durch die nachfolgenden Verarbeitungsprozesse niemals absolut, sondern immer nur relativ aufgenommen werden. D. h. es gibt keine 1:1-Beziehung zwischen der physikalischen Energie und den daraus resultierenden Wahrnehmungsinformationen.

Die Rezeptoren geben auch ohne physikalische Reizung elektrische Impulse ab, die sich beim Eintreffen neuer Informationen verändern. Die Rezeptoren befinden sich immer, durch biochemische und neurale Prozesse, in einem für sie möglichst günstigen Aufnahmezustand (ebd. 35).

Der am Ohr auftretende Intensitätsbereich wird durch drei Prozesse, ohne eine vorerst direkte Weiterleitung zum Gehirn, modifiziert:

1. Mit zunehmender Lautstärke wird der auf der Basilarmembran erregte Bereich immer breiter.
2. Die Erregungsamplitude der einzelnen Haarzelle steigt mit zunehmender Lautstärke.
3. Die Schallübertragung wird durch Anspannung der Mittelohrmuskeln gedämpft, wenn die Schallintensität zunimmt (ebd. 36).

Auch die Frequenz des Schalls wird auf mindestens drei unterschiedliche Arten entschlüsselt:

1. Bei niedrigen Frequenzen (400 Hz) folgen die Impulse der Haarzellen denen der Luftschwingungen und werden im gleichen Takt abgegeben.

---

[1] Vgl. Fleischer 1988, 6; Katalog: Schall und Rauch 1997, 10ff.; Tomatis 1995, 101ff.; Faller 1984, 396ff.

2. Bei höheren Frequenzen sind die Zellen in Gruppen organisiert und werden abwechselnd ausgesendet.
3. Bei hohen Frequenzen werden die Schwingungsmaxima auf der Basilarmembran deutlicher, so daß man eine bessere örtlicher Codierung vermutet (ebd. 36).

Diese, ohne die Beteiligung höherer Hirnzentren ablaufenden Prozesse erklären auch die allmähliche Adaption der Wahrnehmung an stets vorhandene Umweltinformationen. Z. B. verarbeiten wir nicht alles, was wir hören, damit wäre unser Gehirn stark überlastet. Und bei dem Lärm, der uns umgibt, ist es sehr hilfreich, gewisse Informationen auszufiltern. So ist das Gehirn in der Lage, »Hintergrundgeräusche« auszublenden und nur das herauszufiltern, was wir hören wollen bzw. müssen.

Setzen diese Informationen plötzlich aus, kommt es zu sogenannten Nacheffekten in die Gegenrichtung (ebd. 37) – ein Ton, der bereits verklungen ist, wird noch lange danach wahrgenommen.

Auf dem sehr komplexen Weg der Weiterleitung der Rezeptor-Information zum Gehirn werden zunächst die Cochleariskerne passiert. Dort kommen nur die, auf derselben Seite entstandenen auditiven Informationen an. Von dort werden sie auf die rechte und linke obere Olive weitergeleitet. Schon hier also können Vergleiche zwischen rechtem und linkem Ohr angestellt werden, und von nun an sind in allen Nervenkernen Informationen aus beiden Ohren vorhanden. Dann werden die Informationen in die primäre Hörrinde weitergeleitet. Der Cochleariskern kann durch reine Töne noch gut erregt werden, während die höheren Stationen der Hörbahn nur noch auf komplexe und hochspezifische Schallmuster reagieren (ebd. 38).

Im Großhirn gibt es, wie überall zuvor, speziell für die Verarbeitung der auditiven Reize ausgelegte Neuronen. Die eingetroffenen Informationen können hier gleichzeitig analysiert werden. Z. B. gibt es im auditiven Kortex Neurone, die nur auf das Ansteigen der Schallintensität – wenn man sich einer Schallquelle nähert – reagieren. Andere, die nur auf eine heller werdende Klangfarbe, und wieder andere, die auf dunkler werdende Klangfarben reagieren. Auf diese Weise wird ein vernommenes Geräusch in seine verhaltensrelevanten Bestandteile zerlegt und erkannt (ebd. 40).

1.2.4 Funktionen des Ohres

1. Energieversorgung

Das Ohr ist für eine – relativ ursprüngliche – Art der Kommunikation zuständig, die als Energieaustausch bezeichnet werden kann. Das Ohr versorgt die Gehirnrinde mit Energie, ähnlich dem Aufladen einer Batterie. Das Gehirn benötigt Stimuli, die über die Wahrnehmung mit allen Sinnesorganen als elektrische Potentiale zu ihm gelangen. Das Ohr ist hierfür einer der wichtigsten Energiezulieferer; dies geht fast ausschließlich auf den Empfang hoher Frequenzen zurück. Vermutlich ist das Ohr darum nicht verschließbar wie das Auge.

Im Innenohr befinden sich deutlich mehr Sinneszellen für den Empfang hoher Frequenzen, was sich schließlich auf die Anzahl der Impulse auswirkt. Je mehr Impulse das Gehirn erhält, desto mehr werden kortikale Tätigkeiten angeregt (vgl. Tomatis 1995, 18).

2. Gleichgewichtsfunktion: motorisch und vegetativ

Das im Ohr befindliche Gleichgewichtsorgan ermöglicht die Beziehung zwischen Gehör und Körper. Ein Teil unseres Körpergefühls sitzt somit im Ohr: die Körperhaltung, die Muskelspannung und zum Teil die Motorik werden durch das Ohr bzw. das Gleichgewichtsorgan reguliert.

Meist werden die beiden Organe – das Hör- und das Gleichgewichtsorgan – zwar getrennt voneinander betrachtet, aber sie bilden zusammen einen, mit derselben Flüssigkeit gefüllten Membransack. So bleiben Einwirkungen auf eines der Organe nicht ohne Auswirkung auf das andere: Ein rein akustischer Reiz wirkt über das Gleichgewichtsorgan auch auf den Körper, z. B. wenn wir beim Hören rhythmischer Musik anfangen, uns im Takt mitzubewegen oder Spannendem ›gespannt‹ zuhören (vgl. Tomatis 1995, 20; 28). Außerdem hören wir in aufrechter, gerader Haltung besser, weil dann die besonders schallempfindlichen Körperteile optimal ausgerichtet sind (ebd. 28).

Tiefe Frequenzen regen vor allem die unteren Körperteile, also grobmotorische Bewegungen, an. Je besser das Unterscheidungsvermögen hinsichtlich der mittleren und höheren Frequenzen ist, desto differenzierter sind die Abstufungen zwischen Grob- und Feinmotorik. Das Ohr ist u. a. in der Lage, die Körperhaltung zu beeinflussen (ebd. 21). Ebenso ist in umgekehrter Richtung eine Veränderung und Aktivierung des Hörens denkbar, das auf einen ›vorbereiteten‹, ›antennigen‹ (Jacoby) Körper trifft.

Im äußeren Gehörgang und im Trommelfell kommen sensible Fasern des Nervus vagus an die Hautoberfläche. Dieser parasympathische Nerv wird dem vegetativen Nervensystem zugeordnet. Er ist in hohem Maß für unser vegetatives Gleichgewicht verantwortlich. Somit kann der Schall über den Vagus Einfluß auf unser vegetatives Nervensystem nehmen. Das zeigt sich u. a. daran, daß Muskeltonus und Hautwiderstand sich meßbar verändern; Puls und Atmung passen sich ebenso dem jeweiligen akustischen Angebot an.[1]

Tiefe Schwingungen, die das Trommelfell mit größerer Amplitude vibrieren lassen, haben daher eine stärkere Auswirkung und sind bisweilen bis in den »Bauch« hinein zu spüren (vgl. Tomatis 1995, 22).

3. Lateralität – Funktion der ›Rechtsohrigkeit‹

Entsprechend den Augen, bei denen eines als das Führende bezeichnet wird, stellt der französische Hals-Nasen-Ohren-Arzt Alfred Tomatis auch eine sogenannte »auditive Lateralität« fest. Beim »Zielen auf Töne« übernimmt normalerweise ein Ohr eindeutig die Führung. Diese führende Rolle übernimmt meist das rechte Ohr, wie Tomatis in zahlreichen Untersuchungen nachweisen konnte. Angeblich eignet sich das rechte Ohr besonders zum analytischen Hören, vor allem Musiker hören mit diesem Ohr; dagegen lernen Laien eine Melodie z. B. schneller mit dem linken Ohr.

Für die Kommunikation heißt ›rechtsohrig‹ zu sein, den neurologisch kürzeren Weg zur Hörinformationsverarbeitung zu benutzen (ebd. 25). ›Links‹ zu hören, bedeutet, einen längeren Weg bis zur bewußten Wahrnehmung zu nehmen.

Statt ›Lateralisierung‹ könnte man auch das Wort Organisation verwenden, um deutlich zu machen, daß das Gehirn, das in zwei Hemisphären geteilt ist, jeweils unterschiedliche, aber sich zum Teil auch ergänzende Aufgaben übernimmt (ebd. 26). So konnte Tomatis bei seiner »Horcherziehung« immer wieder beobachten, daß nach Einflußnahmen auf das Hören die linke Hand des Patienten geschickter wurde.

Untersuchungen haben eine Dominanz der linken Gehirnhälfte bei der Sprachverarbeitung ergeben, was auf eine verstärkte Rechtshörigkeit schließen ließe und demnach die Thesen Tomatis‹ unterstützen würde.[2] Je-

1 Vgl. Bechdolf, Ute; Rede bzw. unveröffentlichtes Radiomanuskript vom 27. September 1997, S. 1; anläßlich des Hörkongresses »Ganz Ohr« im Kulturbahnhof in Kassel.

2 Der Arzt Marc Dax stellte bereits 1836 auf einem Kongreß in Montpellier Untersuchungsergebnisse von Patienten vor, bei denen ein Zusammenhang zwischen Sprachstörungen und Verletzungen der linken Hemisphäre bestand. Er zog daraufhin als einer der ersten den Schluß, daß die Sprache von der linken Gehirnhälfte kontrolliert

doch können diese pathologischen Befunde zum Teil dadurch kompensiert werden, daß gesunde Areale – allerdings nur partiell – die Funktionen der nicht mehr vorhandenen Strukturen übernehmen.

Lateralität, die verstärkte Ausrichtung bestimmter Funktionen zu einer Seite, und Vertikalität, die Aufrichtung des Körpers, werden u. a. durch das Ohr beeinflußt bzw. kontrolliert: ein Kind spricht z. B. erst mit seiner Aufrichtung, und ohne Lateralisierung ist eine Beherrschung der Sprache nicht oder nur eingeschränkt möglich. Der Körper muß, um als Sprachinstrument einsetzbar zu sein, entsprechend organisiert bzw. vom menschlichen Nervensystem entsprechend gesteuert werden (vgl. Tomatis 1995, 27).

Das Gehör hat, wie oben beschrieben, nicht nur eine Funktion für den Hörvorgang, sondern wirkt auf den gesamten Organismus. Das bedeutet, daß das Hören nicht allein durch eine Schulung des entsprechenden Organs vorbereitet und verbessert werden kann. Aus diesem Grund gilt der Körperwahrnehmung – besonders der Anregung des Gleichgewichtsorgans – in meinem Konzept zur Hörerziehung für den Deutschunterricht meine Aufmerksamkeit.

1.2.5 Auditive Perzeption

Unter auditiver Wahrnehmung versteht Christa Fritze Hörphänomene jeglicher Art, seien es sprachliche, musikalische oder andere, die es differenziert wahrzunehmen gilt. Die wahrgenommenen Hörphänomene sollen vorstellbar, emotional erfaßbar und schließlich verbalisierbar bzw. produktiv reproduzierbar sein (vgl. Fritze 1979, 15).

Die auditive Wahrnehmung, so Fritze, werde entscheidend von den Handlungen und Erfahrungen mit der vernommenen Geräuschquelle geprägt (ebd. 15), was schon sehr früh – meist mit der Kopplung anderer Sinne – bei Kindern zu beobachten ist, denn Untersuchungen an Neugeborenen zeigen, daß das auditive System unter bestimmten Voraussetzungen schon früh die visuelle Wahrnehmung lenkt. Sind z. B. nicht zu laute,

wird. Bestätigt wurde dies u. a. von Paul Broca, der 1861 neuroanatomisch nachweisen konnte, daß Läsionen des linken Frontallappens zu einem Sprachverlust führten. Der von ihm markierte Bereich des Gehirns wird seither als Brocasches Areal oder Broca-Zentrum bezeichnet. Karl Wernicke wies nach, daß Sprachverständnisprobleme auf eine Schädigung des Temporallappens der linken Hemisphäre zurückgehen. Bis Ende des 19. Jahrhunderts stand fest, daß die linke Gehirnhälfte nicht nur für das Sprechen, sondern auch für Sprachfunktionen allgemein äußerst wichtig ist (vgl. Springer/ Deutsch 1987, 1ff.).

nicht zu kurze Geräusche hörbar, sucht das Neugeborenen mit den Augen nach dieser Schallquelle. Zu erklären ist dies damit, daß die Zentren für die akustische Reizverarbeitung im Hirnstamm benachbart zu denjenigen liegen, die für die Verarbeitung optischer Prozesse zuständig sind (vgl. Ayres 1992, 46); die beiden Zentren können Informationen austauschen. Andere akustische Impulse ziehen weiter zu anderen Hirnabschnitten, wie dem Kleinhirn, wobei motorische Reaktionen ausgelöst werden. Diese mit anderen Sinneswahrnehmungen kombinierten Hörinformationen werden schließlich zu verschiedenen Abschnitten des Großhirns weitergeleitet. Ohne diese »integrative« Wahrnehmung könnten wir sicherlich nicht die Bedeutung dessen, was wir gerade hören, erkennen (ebd. 46). Jede Weiterleitung und Verstärkung des akustischen Impulses läßt die ankommende Nachricht genauer und deutlicher werden (ebd. 46). So zählen z. B. Stimulationen des Gleichgewichtsorgans mittels Bewegung zu den therapeutischen Maßnahmen der ›sensorischen Integration‹, die die Verarbeitungsprozesse für Gehör und Sprache verbessern sollen (ebd. 58).

Komplexe Fähigkeiten der auditiven Perzeption (Figur-Hintergrund-Wahrnehmung, Wiedererkennen und Unterscheiden auditiver Sequenzen) scheinen sich am stärksten im Kindergarten- und Vorschulalter zu entwickeln. Hier auftretende Mängel können sprachliche Lücken und Störungen zur Folge haben, die sich später beim Schriftspracherwerb bemerkbar machen können (vgl. Frostig 1981, 15), denn »phonemanalytische Fähigkeiten korrelieren sehr hoch mit den Lese- und Schreibleistungen vor allem während der ersten Schuljahre und haben – auch wenn sie schon im Kindergartenalter erhoben werden – einen hohen Vorhersagewert für die Lese- und Schreibleistungen am Ende des 1. Schuljahrs und auch in späteren Klassen der Grundschule.«[1]

Exkurs: physikalische Akustik

Die Klassifizierung von Lauten kann nach unterschiedlichen Kriterien vorgenommen werden, z. B. psychoakustisch, d. h. wie sie wahrgenommen werden; nach ihrer Funktion und Bedeutung, also semiotisch oder semantisch, oder ästhetisch nach ihren »emotionalen« Eigenschaften (vgl. Schafer 1988, 174ff.). Die meisten Begriffe im Zusammenhang mit dem Hören, die wir kennen, stammen aus der Akustik, werden aber physikalischen Merkmalen zugeschrieben.

---

1 Vgl. Huber, Kegel, Speck-Hamdan (Hg.) 1998, 40; zit. nach Marx 1992.

Die Töne, die wir wahrnehmen, beruhen auf Schallwellen, d. h. periodischen Luftdruckschwankungen einer bestimmten Frequenz (Einheit: Hertz (Hz) = Schwingungen/pro Sekunde).

Als Schall werden hörbare Schwingungen im allgemeinen bezeichnet. Der menschliche Hörbereich liegt zwischen 16 und 20.000 Hz.[1] Steigt die Frequenz, nimmt die Tonhöhe zu und umgekehrt. Töne gleicher Höhe, die verschiedene Amplituden (Wellenhöhen) aufweisen, haben verschiedene Stärken. Das menschliche Hörfeld wird außerdem durch den Schalldruck begrenzt, der in Phon oder Dezibel (dB) gemessen wird, die Hörschwelle liegt hier bei 0, die Schmerzgrenze bei ca. 130 dB (vgl. Geißner 1984, 17). Der Schall bewegt sich innerhalb einer bestimmten Zeit durch den Raum, deshalb kann das Hören als eine Form der Bewegungswahrnehmung und als Raum- bzw. Zeitsinn bezeichnet werden (ebd. 18).

In den belebten Systemen der Natur werden überwiegend periodische Schalle erzeugt, so auch in der Sprache: Vokale und stimmhafte Konsonanten enthalten periodische Schallanteile, während stimmlose Konsonanten Geräusche sind. Einen periodischen Schall in der Stimme (beim Sprechen) kann man an den Kehlkopf-Vibrationen fühlen und messen (vgl. Hellbrück 1993, 47).

Im Sprachgebrauch der musikalischen Akustik werden Töne als hörbare, regelmäßige Schwingungen, die frei von Obertönen sind, bezeichnet. Umgangssprachlich werden die Begriffe Ton und Klang nicht immer voneinander unterschieden. Ton wird oft synonym mit Klang, aber auch mit Geräusch verwendet.

Im Verlauf der Arbeit benutze ich, wenn ich nicht ausdrücklich darauf hinweise, die physikalisch üblichen Definitionen. Klänge sind Tongemische, die durch zusammengesetzte, regelmäßige Druckschwankungen bestimmter Frequenzen hervorgerufen werden. Beim Klang hört man einen Grundton und die mit ihm schwingenden Obertöne, die zusammen die sogenannte Klangfarbe verschiedener Instrumente ausmachen und zu Äußerungen wie »Die Geige hat einen warmen Ton« führen. Die Klangfarbe ist von Zahl und Art der mitschwingenden Obertöne abhängig. Klänge weisen periodische, aber komplizierte Zeitfunktionen auf (vgl. Hellbrück 1993, 47).

Geräusche entstehen durch eine Vielzahl nicht regelmäßig zusammenklingender Töne verschiedener Frequenz und Höhe, sind also hörbare,

1 Mit steigendem Alter läßt die Hörfähigkeit nach; die hohen Frequenzen sind von diesem Hörverlust zuerst betroffen.

unregelmäßige Schwingungen. Das Gemisch von Tönen und Lauten kann allerdings, je nach Befindlichkeit des Hörenden, positiv oder negativ interpretiert werden. Negativ empfundene, unerwünschte Geräusche oder unmusikalische, zu starke Laute, die ein bestimmtes Signalsystem stören, bezeichnet man als Lärm (vgl. Schafer 1988, 229f.). Laute sind menschliche oder tierische Stimmäußerungen, werden aber umgangssprachlich ähnlich wie Geräusche gebraucht: z. B. »Die Tür öffnete sich lautlos.«[1]

1.3 Hören in der Kulturgeschichte

Antike

Ursprünglich war die abendländische Kultur eine Kultur des Hörens und nicht des Sehens (vgl. Welsch 1996, 236). So wurde die Funktion des Ohres als ein ›intellektuelles‹ Sinnesorgan schon früh konstatiert. Bereits in der Antike galt das Ohr als Sitz des Gedächtnisses. Zu einem Primat des Sehens ist es erst im fünften vorchristlichen Jahrhundert gekommen; vor allem in den Bereichen der Wissenschaft, der Philosophie und der Kunst (ebd. 237).

Im Gegensatz zum raumorientierten Sehen, das seit der Zeit des klassischen Griechentums Symbol für geistige Erkenntnis war, ist das Hören in einer besonderen Weise zeit-, raum-, sprach- und personenbezogen.

Die homerische Adelsgesellschaft war geprägt vom Hören auf das Wort der Dichter und Weisen (8 Jh. v. Chr.) und besaß eine hochentwickelte mündliche Dichtungskultur (vgl. Rösler 1994, 513), doch bereits die Vorsokratiker zogen das Sehen dem Hören vor: »Augen sind genauere Zeugen als Ohren« heißt es z. B. bei Heraklit (zit. nach Rösler). Der von Musik begleitete, rezitierende Dichter hörte auf die Musen, und noch Sokrates hörte auf seine innere Stimme, sein ›Daimonion‹, das ihn vom Schlechten und Falschen abhielt.

Zweifellos wurde schon lange vor der Erfindung des Buchdrucks, durch die Übernahme und Transformation des phönizischen Alphabets um 800 v. Chr., der Vormachtstellung des Visuellen und den damit einhergehenden Veränderungen ein Weg gebahnt[2], denn mit Hilfe der Schrift ließen sich poetische und andere Texte fixieren und konservieren. Darüber hinaus veränderte die Schrift den Schaffens- bzw. Schöpfungsprozeß, Texte konn-

---

1 Definiert nach Latzel, Fremdsprache Deutsch 7/1992, 48; Schafer 1988.

2 Vgl. Mayr in Kuhn/Kreutz 1991, 17; Rösler 1994, 513.

ten in Ruhe wachsen, aber dennoch wurden in ihnen Elemente der Mündlichkeit bewahrt.[1]

Geschriebene Gesetze, die gegen Ende des 6. Jahrhunderts eine erhebliche Verbreitung gefunden hatten, beschleunigten diese Entwicklung zusätzlich. Mit ihrer Hilfe konnte das Aufkommen erster Demokratien unterstützt und Handelsbeziehungen erleichtert werden.[2] Allerdings konnte man dabei nicht von einer umfassenden, auch ländliche Regionen einschließenden, »Literalität« der griechischen Bevölkerung sprechen (ebd. 513).

Doch beginnt das Auge zunehmend, Sinn und Symbolik des Ohres zu ersetzen.

Philosophisch-kritisches Denken tritt an die Stelle der poetischen Inspiration, zumindest ermöglicht das stille Lesen dem Intellektuellen einen individuelleren und analytischeren Lebens- und Denkstil. Der Lesende schafft sich selbst eine Art mündliche Kommunikationssituation, indem er laut liest, obwohl es auch eine Kultur des stillen Lesens gibt (vgl. Rösler 1994, 513).

Allerdings wird das laute, am Hören orientierte Lesen weiter bis in die Spätantike gepflegt, und noch Augustinus wundert sich in seinen ›Confessiones‹ über das stille Lesen des Mailänder Bischofs Ambrosius (vgl. Mayr 1991, 17).

Platon brachte am Wendepunkt zwischen der älteren Wort- und Sprachkultur des Hörens und der jüngeren Bild- und Begriffskultur die Zweideutigkeit dieser Entwicklung zum Ausdruck:

> »... die negative Auswirkung [der Schrift, KB] auf das Gedächtnis und die in der Unfähigkeit der Schrift zur Antwort begründete mangelhafte Tauglichkeit, dasjenige, was vermittelt werden soll, auch tatsächlich zu vermitteln.« (Rösler 1994, 514)

Sein Schüler Aristoteles, der eine eigene ›Schule‹ gründete, hat immerhin noch ›gesehen‹, daß das Hören, um Sprache und Bildung zu erwerben, entscheidender war als das Sehen; da die menschliche Gemeinschaft eine auf Sprechen und Hören begründete sei; doch in Hinblick auf die dramatische Dichtung vertrat er die Ansicht, sie entfalte ihre Wirkung auch unabhängig von der Anschauung durch das Auge, nämlich im Akt des Lesens.[3]

---

1 Vgl. Rösler 1994, 513; Ong 1987.

2 Vgl. Mayr 1991, 17; Rösler 1994, 513.

3 Vgl. Rösler 1994, 514; Mayr in Kuhn/Kreutz 1991, 19.

Mittelalter

Wenn im Mittelalter das Hören z. B. in Lehrgedichten thematisiert wird, so geschieht es nie isoliert, sondern in Verbindung mit den übrigen Sinnen und bleibt ins Zusammenspiel der Sinne eingebunden.[1]

Alte Erziehungslehren oder Sprichwörter bewahren dabei Einsichten, die zwar trivial erscheinen, aber dennoch ›Grundwahrheiten‹ enthalten, sei es als Beobachtungsauftrag, ein dem Hof entsprechendes Verhalten ›sehend, hörend und erinnernd‹ nachzuahmen und es sich dabei anzueignen oder aber einfach als Erinnerungshilfe nach dem Motto »wer nicht hören will, muß fühlen«, wo ein Zupfen am Ohr als »äußere Merkhilfe« angesehen wurde (ebd. 161).

Ein weiterer kulturgeschichtlicher Aspekt war und ist, zum großen Teil auch heute noch, die Einordnung des sozialen Ranges einer Person. Stimmlage, Lautstärke etc. werden geortet und zugeordnet – bei Hofe galten hier bestimmte Regeln – die, wenn sie eingehalten wurden, dem Gegenüber ermöglichten, den sozialen Rang des Gesprächspartners zu bestimmen.

So konnte man bei affektgedämpften Reden auf Angehörige des Adelsstands schließen; ihre Macht dagegen wurde akustisch – mit viel Lärm – präsentiert (ebd. 162). Grundsätzlich wurde das Ohr als Aufnahmeorgan für das Gedächtnis angesehen, das das Gehörte und als Bild bereits verinnerlichte auf Abruf reproduzieren kann; das, was man gehört hat, ›gehört‹ einem dann tatsächlich und kann über die Erinnerung in die Wirklichkeit umgesetzt werden (ebd. 161).

Über diese Art der Verankerung und die dadurch entstehenden Verknüpfungsmöglichkeiten konnte und kann das Ohr Einheiten schaffen, die weiter reichen und tiefer greifen als das Auge bzw. der Sehsinn es je ermöglichen könnte (ebd. 162).

Religion

Eine besondere Stellung nimmt das Hören im Rahmen der Glaubensvermittlung bzw. des Glaubens an sich ein. In einer Bibelkonkordanz von 1905 finden sich 792 Wortverbindungen mit Hören; fast 600 davon stehen im Alten Testament. Das Ohr, nicht das Auge steht als zentrales Organ für die Gottesbegegnung.

Die Kurzform für Israels Glauben »Höre, Israel ...« und fast transzendentale Weisheiten wie »Höre, so wird deine Seele leben ...« bei Jesaja be-

1 Vgl. Wenzel in Vogel 1996, 159; Wenzel 1995, 9; 56.

zeugen den Weg, den hauptsächlich die Vorstellungen des Okzidents von Gott genommen haben.

Erst als in der Renaissance Gott bildlich dargestellt werden konnte, veränderte sich diese Vorstellung. Bis dahin wurde Gott als Laut oder Schwingung begriffen (vgl. Schafer 1988, 17f.).

Im Sinne von Hören auf Tradition und Autorität stand das Judentum den Römern nahe. Die römische Rechtsprechung war auf eine mündliche Tradition gegründet und die Existenz der Götter wurde durch das Hören auf diese Tradition abgeleitet.

Ebenso ist der biblische Gott nur dem im Willen verankerten hörenden Glauben und nicht einem sehenden Denken (wie bei den Griechen) zugänglich. Diesem Glauben entspricht das allgemeine Bilderverbot und der bildlose Kult des Judentums (vgl. Mayr 1991, 20).

Spannungen zwischen dem ›griechischen‹ Primat des Sehens und dem ›jüdisch-christlichen‹ Primat des Hörens durchziehen die gesamte abendländische Geistesgeschichte, die mit der Fixierung des Wortes durch die Übersetzung der Septuaginta, des Alten Testaments ins Griechische, ihren Höhepunkt erreichte (ebd. 21f.).

Als in der nachkonstantinischen Zeit vermehrt Plastiken und Bilder in der christlichen Kirche auftauchten, war das Symbol für Gott (Vater) eine vom Himmel herab dröhnende Donnerstimme, also ein akustisches, während der Sohn (Lamm) und der Heilige Geist (Taube) bildlich dargestellt wurden (ebd. 22).

Der Kirchenvater Augustinus räumt in seinem Denken dem Gesichtssinn eine Vorrangstellung ein, weil dieser die Gemeinsamkeit der Wahrnehmung – andere sehen auch, was ich sehe – garantiert. Augustinus verwendet die Metaphern von Auge und Licht für Erkenntnis und Wirklichkeit, bezieht seine Ausführungen in den Confessiones jedoch auch immer wieder auf das Hören und meint damit sowohl das Hören der Schrift als auch ein ›inneres‹ Hören, das Abbild der wahrgenommenen Dinge sei und dort dem Denken zur Verfügung stehe.[1]

Erst Benedikt von Nursia mißt dem Hören wieder eine größere Bedeutung bei; doch ist bei ihm das Hören in erster Linie ein Horchen auf Gott, das einem ›Gehorchen‹ auf die göttlichen Gebote gleichkommt (vgl. Mayr 1991, 24). Hören auf die Schrift und die Oberen (ähnlich wie bei den Römern) wird zum neuen christlichen Gehorsam, zur christlichen Demut, die hauptsächlich für das westliche Christentum geltend wurde (ebd. 24).

1 Vgl. Augustinus: Bekenntnisse. München 1982, X. Buch, 247ff. und Wenzel 1995, 59.

Das östliche Christentum blieb eher dem Erbe der griechischen Tradition verbunden. Gelehrte dieser Glaubensrichtung interpretierten die Schrift erstmals philosophisch allegorisch (ebd. 24). So stand für Klemens von Alexandrien das Hören am Anfang und das Sehend-Begriffliche am Ende des Glaubens, einer Vollendung des Christentums gleichkommend (ebd. 25).

Neuzeit und Gegenwart

Als Folge des Buchdrucks zeichnete sich eine Veränderung des Hörens und Sehens bzw. des Lesens ab (vgl. Schön 1987, 36ff.). Das Wissen wurde immer mehr mit den Augen – durch eigene Lektüre – und nicht wie zuvor mit den Ohren erworben. Das Lesen der Bibel verdrängte Macht und Zauber der Predigt, denn die ersten Druckerzeugnisse der Buchproduktion waren fast ausschließlich theologische (ebd. 39). Später im 18. Jahrhundert, als die Auflagen theologischer Werke rückläufig waren, gab es zunehmend poetische Veröffentlichungen; doch wurde auch die Poesie weniger als früher rezitiert.

Durch die im 20. Jahrhundert entstehende Technisierung der Kommunikationsmittel (Telegraph, Telefon, Film, Radio, Fernsehen) veränderte sich der Sozialisations- und Wahrnehmungsprozeß der Gesellschaft (vgl. Postman 1994, 8). Postmans Behauptung »wir amüsierten uns zu Tode« mag ein wenig übertrieben sein, die vorherrschende, oft komplexe Bilderflut ist allerdings vorhanden – und sie erfordert, genauso wie die Erfindung eines jeden anderen Kommunikationsmediums, eine bestimmte Form der Rezeption und der Rezeptionsfähigkeit. Postmans These ist daher etwas einseitig; zumal jede neue Technik nicht nur altes – wenn überhaupt – zugrunde gehen läßt, sondern auch andere neue Formen z. B. der Rezeption, des Denkens und der Ästhetik als Folgen nach sich zieht bzw. ziehen kann. So bieten neue Klänge und Geräusche, die aus ihrem ursprünglichen Kontext gerissen und isoliert ausgestrahlt werden, unerschöpfliche Möglichkeiten der Weiterverarbeitung und der Herstellung neuer Zusammenhänge, die mit ihrer andersartigen Syntax wiederum neue Höreindrücke und neue Bedeutungen hervorrufen (vgl. Truax 1984, Chap. 10).

Die »scheinbar« optisch dominierte Medienwelt hat großen Einfluß auf die elektroakustische Technologie; nicht nur die Klangwelt insgesamt unterliegt dadurch ständigen Veränderungen, sondern auch die individuelle Hörpraxis, die bisweilen gesellschaftliche Verhaltensänderungen bewirken kann.

Der von Pädagogen und Wissenschaftlern (Postman etc.) kritisierte Primat des Sehen erweist sich bei differenzierter Betrachtung nicht als solcher, denn meist wird die Tatsache vergessen, daß viele der visuellen Reize tongestützt, also audiovisuell sind. Auch wird die Häufigkeit der im Hintergrund nebenbei gehörten (auditiven) Medien wie Radio, Kassetten, CDs etc. oft unterschätzt.[1]

Einer der schärfsten Kritiker der visuellen Übermacht, Joachim-Ernst Berendt, löste mit seinen ›Hör-Büchern‹ Anfang der 1980 Jahre einen regelrechten Hörboom bzw. ein neues Nachdenken über das Hören aus. In den Reaktionen auf Berendts Titel »Nada Brahma« oder »Das dritte Ohr« wird der esoterisch-spirituelle und pseudowissenschaftliche Stil des Autors kritisiert; breite Zustimmung findet er jedoch darin, daß das Hören wieder mehr in den Mittelpunkt zu stellen und entsprechend zu fördern gilt.

In der gegenwärtigen Mediendiskussion wird bereits das Mißtrauen gegenüber dem Wahrheitsgehalt von Bildern geprägt. Das Bekanntwerden elektronischer Bildmanipulationen löst große Verunsicherung aus, gerade weil das gefälschte Material für den Laien kaum zu erkennen ist. Ebenso kann akustisches Material gefälscht sein, und je weniger Originales, Authentisches über die Medien und anderswo zu hören ist, je mehr wir über Lautsprecher etc. indirekt hören, desto schwieriger wird es, Kriterien für ein kritisches, differenziertes Hören zu entwickeln.

Hörkonzepte der Gegenwart

Einer der wohl ersten, der sich mit diesen veränderten Hörgewohnheiten theoretisch und didaktisch auseinandersetzte, war der Komponist und Kommunikationswissenschaftler Murray R. Schafer. Er unterteilt die Lautsphäre, die uns umgibt in eine natürliche und in eine künstliche. Zur natürlichen gehören für Schafer die Stimmen des Wassers, des Windes, der Tiere, kurzum: Laute des Lebens (vgl. Schafer 1988, 43), zur anderen gehören Klänge und Geräusche, die der Mensch in Sprache und Musik und durch Maschinen hervorbringt.

Die natürliche Lautsphäre ist weiter in eine ländliche und eine städtische getrennt. In einer ländlich geprägten Umgebung sind einzelne Laute z. B. wegen des geringeren allgemeinen Geräuschpegels deutlicher zu hören als in der Stadt; Schafer nennt diese Sphäre »Hi-Fi«. In der Stadt sind die Grundgeräusche, zumeist künstliche – z. B. durch das angewachsene Verkehrsaufkommen –, so umfangreich, daß einzelne Laute zum Teil verstärkt werden müssen, um sie überhaupt hören zu können, wie die Laut-

1 Vgl. Truax 1997, unveröffentl. Manuskript zum Symposium »Ganz Ohr« im Kulturbahnhof in Kassel.

stärke einer Krankenwagensirene. Schafer bezeichnet diese Lautsphäre als »Lo-Fi«. Aus diesen Erkenntnissen zieht Schafer den Schluß, daß die Fähigkeit des Weithörens und auch -sehens bei Menschen, die in einer Stadt mit dichtem Geräuschdschungel leben (Lo-Fi) nachläßt und verkümmert. Jedoch entwickeln Stadtbewohner eigene Techniken des Weg- bzw. Zuhörens, um sich bei Lärm zu orientieren und zu schützen. Es ist nicht davon auszugehen, daß Stadtbewohner tatsächlich ›schwer-höriger‹ sind als Landbewohner; jedenfalls wird das von Schafer nicht belegt.

Es ist aber eine tendenzielle Entwicklung von der Hi-Fi- zur Lo-Fi-Lautsphäre hin wahrzunehmen (vgl. Schafer 1988, 59). Jede technische Erneuerung brachte und bringt andere Klänge und Geräusche mit sich, die die Lautsphäre insgesamt veränderten und verändern; natürliche, menschliche Laute werden bei der Arbeit übertönt oder bleiben zum Teil ganz aus.

Auf die Töne der Posthörner und Zugpfeifen folgten die Geräusche des Verbrennungsmotors und die der Flugzeuge (ebd. 112ff.), die genau betrachtet, einen sehr geringen Informationswert haben und von hoher Redundanz sind. Auf Signalhorn und Dynamo folgten Telegraph, Telefon und schließlich das Radio. Mit diesen technischen Errungenschaften war der Schall plötzlich nicht mehr an einen Ort und an eine bestimmte Zeit gebunden (ebd. 119ff.), und diese Veränderungen blieben nicht ohne Auswirkungen auf neue Medienentwicklungen[1]; bei all der Kritik, die sie immer wieder auslösten, blieb die orale Kultur dennoch bestehen.

Die zunehmend höhere akustische Belastung der Umwelt, so Schafer, sei darauf zurückzuführen, daß Musikerzieher es versäumt hätten, das Bewußtsein der Öffentlichkeit für die Lautsphäre zu schulen. So vermutet Schafer u. a., daß die Hörfähigkeit mit der Verbildlichung der Laute (Notenschrift, Aufzeichnungen über Akustik und Phonetik) nachlasse und die Akustik zu einer Wissenschaft des Vom-Blatt-Spielens degradiere (ebd. 167).

Schafers Vermutungen gehen dabei auf Beobachtungen zurück, die er als Professor während des Unterrichts für Musikstudierende machte. Der seiner Meinung nach wenig ausgeprägten Hörkompetenz seiner Studierenden versucht er mit seinem Programm des »Ear cleaning« entgegenzuwirken.[2] Aus dem von Schafer entworfenen, sehr überzeugenden Programm

1 Z. B. weltweite Telefonkonferenzen.

2 Vgl. Schafer 1969; 1972 a und b; 1992.

zur Hörerziehung werden einige der später aufgeführten Hörübungen abgeleitet.

Weiter merkt Schafer an, daß selbst Wissenschaftler und Architekten akustische Phänomene überwiegend visuell analysieren und bearbeiten (ebd. 167). Wolfgang Welsch bestätigt diese Beobachtung mit einem Beispiel aus der Architekturliteratur, in der unter Wahrnehmung von Architektur hauptsächlich visuelle Gestaltungsmerkmale angeführt und akustische Momente außen vorgelassen werden (vgl. Welsch 1996, 239). Dieses Dilemma einer reduzierten Horästhetik faßt Sabine Breitsameter wie folgt zusammen:

> »Die Perfektionierung von Industrie und Konsum hat eine Unmenge von Schallereignissen hervorgebracht: eine akustische Umwelt, deren Wildwuchs in krassem Gegensatz zur durch und durch designten visuellen Welt steht.« ... »Die moderne Stadt- und Landschaftsplanung läßt uns vergessen, daß Hören ein sinnlicher Akt ist, der uns Wahrnehmung [...] ermöglicht und unser Sensorium dahin lenken kann, wo unser Auge nicht hinreicht. [...] Unsere akustische Realität besteht fast nur noch aus dem, was sich in der Nähe abspielt. Die sinnliche Beschaffenheit unserer Zivilisation prellt uns um Möglichkeiten der Hörerfahrung.« (Breitsameter 1995, 19)

Die Klage wider das Sehen weiter fortzuführen oder gar einem Primat des Hörens das Wort reden zu wollen, halte ich für verfehlt. Es muß darum gehen, die vorhandenen Hörressourcen genau zu untersuchen und, auf diesen Ergebnissen aufbauend, unser Hören und unsere akustische Umwelt zweckmäßig und unseren Bedürfnissen angemessen zu bilden und zu gestalten.

Eine mögliche – u. a. von Schafer vorgeschlagene – Herangehensweise wäre, Hörerfahrungen wieder bewußter zu machen, dabei könnten »Hörenswürdigkeiten« als Ausdruck eines natürlichen Gleichgewichts zwischen den Lebewesen dienen; als Ausdruck eines kulturellen Gleichgewichts zwischen Klanghören und Klangmachen; als Ausdruck von Balance zwischen Kultur und Natur (vgl. Breitsameter 1995, 19f.). Das hieße auch, Klangmetaphern zu suchen und Bilder zu finden, die nicht nur das Gehörte zu umschreiben versuchen, sondern auch nach unseren eigenen Methoden und Bedürfnissen des Hörens zu fragen. Mit leisen Tönen sollte angeregt werden, über die kulturelle Verfestigung unserer Ohren nachzudenken (ebd. 33).

Das verstärkte Lärmaufkommen wird inzwischen als eine gesundheitsschädigende Umweltverschmutzung bzw. -belastung erkannt, die Gegenmaßnahmen erfordert und die Menschen wahrnehmen läßt, daß das Hin-

und Zuhören durch die heutige Lärmbelastung erschwert wird. Des weiteren trägt das Wissen, um die zunehmende Lärmbelastung dazu bei, daß die Menschen hellhöriger werden und versuchen, wieder an Gehörschärfe zu gewinnen (vgl. Schafer 1988, 19). Positive Gestaltungsansprüche an den Klang des Alltags werden jedoch, obwohl wir in einer durchdesignten Welt leben, kaum gestellt. Nur langsam bahnen sich Veränderungen an, denn immer häufiger beschäftigen sich Künstler, Architekten, Ärzte, Bürgerbewegungen sowie die Medien mit Klängen und Geräuschen unserer Umgebung.[1]

Aber nicht nur die geräuscherzeugenden Subjekte und ihre »Verlautbarungen« haben sich verändert, sondern auch unsere Klangräume. Früher dienten romanische und gotische Kirchen als wichtige Klangräume, heute sind der Konzertsaal und das Wohnzimmer, mitunter sogar nur ein Kopfhörer – der endgültige private akustische Raum, der lediglich einem Einzigen zur Verfügung steht – unsere Klangräume. Diese veränderten Hörräume beeinflussen unsere Hörwahrnehmungen, deshalb müssen das Richtungshören und das Orientieren in unterschiedlichen akustischen Räumen in einem Hörkonzept berücksichtigt werden.

Die Veränderungen unserer Lautsphäre können demnach einen Verlust der Hörwelt, den Verlust akustischer Farbe, von Perspektive, Raum und Rhythmik, den Verlust von Hörenswürdigkeiten und den Verlust von Hörerfahrungen insgesamt bedeuten (vgl. Breitsameter 1995, 19). Andererseits führen sie zu ›akustisch‹ geprägten Veränderungen und Spezialisierungen wie schallgedämpften Räumen, Konzertsaalbauten oder der Erfindung des ›Walkman‹.

Um diesen Umwelterfahrungen und -verlusten etwas entgegenzusetzen, entwickelte Murray Schafer die sogenannte Akustikökologie, deren Forschungsgebiet das Studium von Lauten in ihrer Beziehung und ihren akustischen Auswirkungen zum Leben und zur Gesellschaft ist (vgl. Schafer 1988, 249).

Schafer vertritt den Standpunkt, daß ›Sound‹ eine Art der Umwelterfahrung und Interpretation ist, und Klänge, Nachrichten und Sprache mit entsprechender Bedeutung sind. Sie sind genauso Umweltsysteme wie das

---

1 Vgl. dazu die zahlreichen Veröffentlichungen von Vogel, Froleyks, Kuhn/Kreutz u. a. und die auch in Deutschland populärer werdenden Hörveranstaltungen (z. B. Klangzeit, Wuppertal 1992; Klang Wege, Kassel 1995; Sonambiente. Festival für Hören und Sehen, Berlin 1996; Symposium »Ganz Ohr« Kassel 1997, Stadtstimmen, Wiesbaden 1999).

Licht, wie Bilder, wie der Raum, die Form, die Schrift oder die Bewegung. Klänge formen, laut Schafer, Landschaften des Hörens (soundscapes).

Klänge und Geräusche können für Menschen wie Anker sein; sie verknüpfen sich bzw. sind mit ihrer Biographie verknüpft. Solche markanten, mit der eigenen Lautbiographie verbundenen Klänge können das Singen bestimmter Vogelarten, die Kirchenglocken des Dorfes, Rufe von Straßenverkäufern, das Klingeln einer Registrierkasse oder das Piepen eines Anrufbeantworters sein. Wir besitzen alle eine solche »auditive Biographie«, auch wenn sie uns nicht immer vollständig bewußt ist und die ›Anker-Klänge‹, nach denen wir uns ausrichten, nicht nur positiv besetzt sind. Auch unangenehme Geräusche, wie das Tuten eines Nebelhorns, das Küstenbewohner die Nacht hindurch begleitet, kann eine Art Anker sein, der aber nicht unbedingt als angenehm empfunden wird bzw. werden muß. Solche – ständig vorhandenen – Geräusche werden irgendwann nur noch im Hintergrund wahrgenommen. Barry Truax nennt dies »background listening«, allerdings wird jede Veränderung oder das Ausbleiben dieser Geräusche sofort bemerkt und entsprechend gedeutet.

Um den Untergang dieser »auditiven Kultur« aufzuhalten, fordert Schafer ein Akustikdesign unserer Lautsphäre, dem die Erforschung unserer globalen Lautsphäre durch Physiker, Musiker, Psychologen und Soziologen vorausgehen soll. Zunächst müßten allerdings Überlegungen zu Fragen wie der nach den Geräuschen, die wir bewahren (z. B. so prominente Klangwahrzeichen wie das Glockengeläut des Big Ben), verstärken oder multiplizieren wollen und sollten, angestellt werden.

Außerdem müßten Akustikdesigner über das Schaffen von Nischen, in denen der gehetzte Mensch von heute ausruhen und Stille erfahren kann, nachdenken (vgl. Schafer 1988, 9f.).

Grundeinheit und Richtmaß des Akustikdesigns sind dabei das menschliche Ohr und die menschliche Stimme (ebd. 249). Genauso wichtig sind das Bewußtsein für die Lautsymbolik, die Kenntnis der Rhythmen und Tempi der natürlichen Lautsphäre und das Verständnis für Ausgleichsmechanismen, durch die eine exzentrische Lautsphäre in sich selbst zurückgeführt werden kann (ebd. 290). Dazu ist es notwendig, auch das Gehör der Akustikdesigner zu schärfen. Zu den grundlegenden Übungen einer solchen Hörschule zählt Schafer, die Stille zu respektieren, schweigen zu können, einzelnen Lauten nachzugehen, ihnen nach-zu-denken (ebd. 252), um sie auf ihre Brauchbarkeit und ihre Bedeutung für eine ›saubere‹ akustische Umwelt zu prüfen.

1.4 Formen des Zu-/Hörens

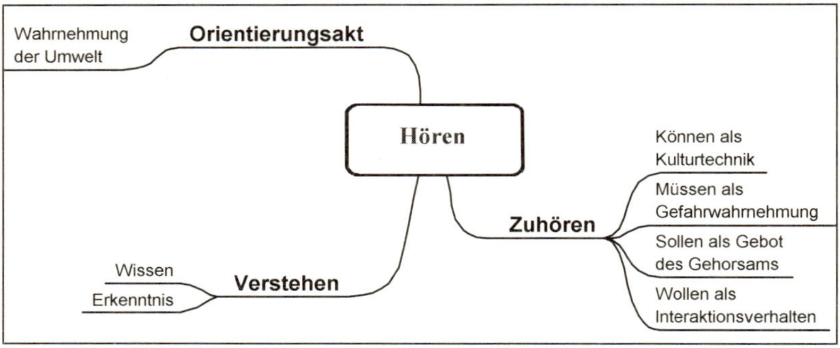

Versuch einer schematischen Annäherung an das Hören

Das Hören ist hier nach Definitionen von Hans-Peter Reinecke und Justin Winkler[1] zusammengestellt und in drei große Bereiche aufgeteilt worden: Hören als natürlicher Orientierungsakt, als Zuhören oder Horchen und als hörendes Verstehen. In Anlehnung an das ›adaptive Hören‹ könnten hier auch die Kategorien Hörfähigkeit, Hörfertigkeit und Hörkompetenz zugeordnet werden. Diese Unterscheidung stellt einen möglichen Kategorisierungsversuch des Hörens dar, wobei unterschiedliche Aspekte bezüglich des Zwecks und Ziels eines Hörvorgangs nicht berücksichtigt werden: z. B. das kontemplative Hören, das sowohl eine Form des Genusses als auch eine Form der Meditation sein kann. Die Voraussetzungen und die Bereitschaft des Hörens an sich sind aus der Darstellung ebenso wenig abzulesen.

Der Komponist und Kommunikationswissenschaftler Barry Truax z. B. definiert Höraufmerksamkeit und Hörbereitschaft in drei Stufen, um zu zeigen, daß die traditionell oft angenommene volle Höraufmerksamkeit nicht immer vorhanden ist. Truax unterscheidet in listening-in-search, listening-in-readiness und background-listening. Diese von ihm entwickelten Levels bedingen einander nicht; jedoch ist jederzeit eine Überführung einer Höraufmerksamkeitsstufe in eine andere möglich (1984, Chap. 2).

Die Unterscheidung, die an anderer Stelle noch genauer beschrieben wird, erscheint schlüssig. Zu kritisieren ist, daß Truax seine ›levels‹ nur auf das ›environment‹, also die Umgebung, bezieht und die zwischenmensch-

1 Vgl. Projekt: Stiftung Zuhören 1998, 12f.; 23.

liche Kommunikation unberücksichtigt läßt. Er geht davon aus, daß alles Hören Kommunikation ist und Interaktionen daher nicht gesondert berücksichtigt werden müßten. Die Übertragung seiner Begriffe auf Gesprächssituationen ist aber durchaus möglich. Die drei Stufen sollen innerhalb des Hörkonzeptes bewußt gemacht werden; die meisten der Hörübungen werden auf das »listening-in-search« bezogen.

1.4.1 Unterscheidung zwischen Zuhören und Hören

Eine Begriffsunterscheidung zwischen Hören und Zuhören erscheint mir sinnvoll, wenn es darum gehen soll, Formen des Hörens zu erkennen, gezielt Fähigkeiten des Hörens zu schulen bzw. Lernziele für eine Hörschule zu bestimmen und zu entwickeln. Gerade weil die Verben Hören und Zuhören umgangssprachlich oft synonym verwendet werden.

Hören soll in erster Linie als der Prozeß der tatsächlichen Reizaufnahme, des Hörvorgangs an sich, als ein Wahrnehmungsereignis, betrachtet werden. Das Zuhören wird als das Verarbeiten bzw. das Interpretieren des Gehörten, als Wahrnehmungshandlung, angesehen.

Das Interesse am »Räumlichen Hören« ist interdisziplinär. Forschungsbeiträge zum und über das Hören stammen aus den unterschiedlichsten Wissenschaftsgebieten wie der Psychologie, der Physiologie, der Medizin, der Philosophie, der Linguistik und Germanistik sowie der Physik oder der Musikwissenschaft.[1]

Eine der oben aufgezählten Forschungsgruppen befaßt sich also mit dem Menschen als bewußt wahrnehmendem Wesen, eine andere schließt aus dem Verhalten auf die Vorgänge im Innern des Menschen vor, nach und während akustischer Wahrnehmungen. Eine weitere sieht den Menschen als Endglied der »akustischen Kette«, wie die Nachrichtentechnik, die die Phänomene des räumlichen Hörens studiert und technisch ausnutzt, und die Musikwissenschaft interessiert sich für Zusammenhänge zwischen räumlichen Gegebenheiten bei Aufführungen musikalischer Werke.[2] Eine Unterscheidung zwischen Zuhören und Hören wird dabei kaum gemacht. Es wird meist grundsätzlich vom Wort ›Hören‹ ausgegangen und vorausgesetzt, daß alle darunter das gleiche verstehen.

1 Vgl. Blauert 1974; Vogel 1996.

2 Vgl. Blauert 1974; im Vorwort.

Die Welt des Schalls erschließt sich dem Menschen nur über das Gehör, ganz gleich, ob es sich bei den vernommenen Hörempfindungen um Sprache, Klänge, Geräusche oder Krach handelt.

Das Ohr vermittelt dem Menschen wie kein anderes Sinnesorgan ästhetisch und emotional höchst gegensätzliche Eindrücke (vgl. Hellbrück 1993, 14), die es später zu reflektieren gilt. Die hier zuerst beschriebene physikalische Reizaufnahme könnte mit HÖREN, die zweite als Reflexionsprozeß bezeichnet und als ZUHÖREN definiert werden.

Das Hören wurde und wird jedoch sehr unterschiedlich aufgefaßt, mit Hören ist oft nicht nur die Reizaufnahme, sondern bereits auch die Reizverarbeitung gemeint und das Wort ›Zuhören‹ wird ebenfalls unterschiedlich verwendet. Folgende Beispiele belegen dies:

> »Lavater sagt: wer hören kann, kann alles, und er hatte recht. Insofern das Hören uns durch das Reden zum eigentlichen Gebrauch der übrigen Sinne und überall zur allgemeinen Entwicklung der Anlagen und Kräfte unserer Natur hinführt, insofern ist das Hören-Können das allgemeine Fundament unserer Veredlung.« (Pestalozzi)[1]

Pestalozzi meint zum einen das Zuhören, denn sonst könnte er nicht vom Reden sprechen. Später scheint er dann von der physikalischen bzw. organischen Fähigkeit des Hörens auszugehen, wobei das »Hörenkönnen« auch als Zuhörenkönnen verstanden werden kann.

Adam Müller, der Zeitgenosse Kleists, definiert ›Hören‹ als eine »Manier des Antwortens« und stellt fest, daß eigentlich mehr Leute reden als hören wollen, obwohl meist ja nur wenige sprechen und viele hören: »Die Eitelkeit des Menschen macht, daß das Sprachorgan des Menschen viel mehr geübt wird als das Ohr [...]«.[2]

Müller meint ›Hören‹ im Sinne von ›Zuhören‹, gebraucht aber das Wort selbst nicht. Daß er ›Hören‹ als eine ›Manier des Antwortens‹ erfaßt und damit Interdependenzen zwischen Sprecher und Hörer andeutet, scheint im Hinblick auf die Rolle des Zuhörers für den Erzähler interessant, wie sie u. a. Claus Claussen und Rafik Schami betonen. Die Feststellung, daß mehr gehört als gesprochen wird – weil meist ja nur wenige sprechen – und die Betonung, das Ohr werde im Vergleich zu wenig geübt, läßt aufhorchen, ist es doch Ziel dieser Arbeit, diesem »Mißverhältnis« Abhilfe zu schaffen.

---

1 Pestalozzi.: Über den Sinn des Gehörs, in Hinsicht auf Menschenbildung durch Ton und Sprache. In: Sämtliche Werke, Bd. 16, Berlin und Leipzig 1935, 266.

2 Müller zit. nach Stoffel in Lotzmann 1978, 54.

Erich Drach, der Vater der modernen Sprecherziehung, verstand das ›Hören‹ als Ergänzung des Sprechens. Aus seiner Analyse des Hörens folgt, wohl auch weil das ›Hören‹ vor dem Sprechen einsetzt, für seine praktische Arbeit, daß die Hörerziehung einen zeitlichen Vorrang vor der Sprecherziehung erhalten müsse (vgl. Stoffel 1979, 55), dennoch geht er in seinen praktischen Hinweisen überwiegend auf den Sprecherstandpunkt ein.

Auch hier wird nur vom ›Hören‹ und nicht vom ›Zuhören‹ gesprochen. Sicherlich ist damit das ›Zuhören‹ gemeint; das ›rezeptive Hören‹ als das Wahrnehmen akustischer Reize wird vorausgesetzt. Diese Vermutung liegt nahe, weil das Hören von Drach hauptsächlich im Zusammenhang mit dem Sprechen gesehen wird. Inwieweit Drachs Sprecherziehung kommunikative Aspekte verfolgt, ist daraus nicht zu ersehen.

Hören sei, so betonen unterschiedliche wissenschaftliche Ansätze, ein aktiver, vom Hörenden zu beeinflussender Prozeß (ebd. 56); das Hörenwollen setze nicht notwendigerweise ein Hörenkönnen voraus. Das Hörenwollen bedürfe einer Schulung, damit es zu einem Können werde (ebd. 56). Auch Stoffel, der hier vom ›Zuhören‹ spricht, unterscheidet nicht zwischen den beiden Formen des Hörens.

Konsequent unterschieden und inhaltlich gefüllt werden die beiden Hörbegriffe in der Dokumentation des Symposiums »Ganz Ohr«[1]; dort ist in erster Linie vom ›Zuhören‹ die Rede. Denn, so Hans-Peter Reinecke:

> »›Zuhören‹ klingt zugespitzter als bloß ›Hören‹, spezieller, gezielter, weniger ganzheitlich, weniger gelassen. Es steckt eine Art Aufforderung zur Disziplinierung darin, Aufmerksamkeit zu bündeln, auf eine akustische Mitteilung zu lenken, sie mit demjenigen zu ›teilen‹, der sie aussendet. [...] Zuhören ist in seiner Alltagsbedeutung eng an die Tatsache der sprachlichen Verständigung gebunden, [...] Insofern steht diese Kulturtechnik nicht für sich, sondern ist eingebunden in ein an langen Traditionen orientiertes Komplementaritätssystem zum Sprechen.« (Reinecke 1998, 12)

Das ›Zuhören‹ unterscheidet er dann – zum Teil wie Stoffel – in vier Formen: das Zuhören-Wollen, das Zuhören-Sollen, das Zuhören-Müssen und das Zuhören-Können. Das Können ist die anzustrebende Kulturtechnik, ähnlich der Hörkompetenz, die auch Ziel des Hörkonzepts sein soll. Zusätzlich erscheint es sinnvoll, mit diesen von Reinecke genannten Katego-

1 Das Symposium fand vom 24. bis 27. September 1997 im Kulturbahnhof in Kassel statt und wurde vom Hessischen Rundfunk organisiert.

rien, über eine grundsätzliche Hörbereitschaft, Hörzwänge und Hörkonditionen nachzudenken. Das ›Zuhören‹ ist immer von mehreren Faktoren abhängig. Zum einen von der Fähigkeit und zum anderen von der Bereitschaft bzw. den Hörgewohnheiten der Rezipienten.

Das ›Zuhören-Wollen‹ beinhaltet den Wunsch und Willen, etwas zu vernehmen, etwas in Erfahrung zu bringen und ist in gewisser Weise mit dem ›Listening-in-search‹ von Truax (s. unten) gleichzusetzen. Das Wollen ist eine, wenn nicht *die* Grundlage für das ›Zuhören-Können‹, denn ohne die Neugier und Wißbegier, ohne die vorhandene freiwillige Bereitschaft dieses auditiven Willens sollte man keine Hörexperimente starten. Zum ›Zuhören-Können‹ ist mitunter auch die Erlaubnis des ›Zuhören-Dürfens‹ notwendig.

Anders verhält es sich, wenn zugehört werden soll. Das Gebot »Aufzupassen«, wenn nicht sogar »zu gehorchen«, steht dabei im Vordergrund. Das ›Zuhören-Müssen‹ kann mit diesem ›sollen‹ in Verbindung stehen; es kann aber auch eine Notwendigkeit sein, z. B. Gefahrensignale rechtzeitig wahrzunehmen und Gefahren abzuwenden. Jener Aspekt geht auf die ursprüngliche Orientierungs- bzw. Warnfunktion des Hörens zurück.

Eine Hörschule muß in erster Linie die Aufmerksamkeit des Zuhören-Wollens ansprechen; das ›Zuhören‹ erzwingen zu wollen ist kontraproduktiv. ›Hören‹ muß für die, die damit experimentieren und die dabei einer Reihe ›unerhörter‹ Bedingungen ausgesetzt sind, reizvoll sein.

Amerikanische Sprechwissenschaftler gehen seit den 1940er Jahren davon aus, daß die meisten Menschen Zuhören als etwas Selbstverständliches hinnehmen, daß die wenigsten wirklich effektiv zuhören, und daß das Zuhören mehr interpersonelle Probleme mit sich bringt als jede andere kommunikative Tätigkeit (vgl. Stoffel 1979, 57). Unter anderem wurden, um die beim Zuhören ablaufenden Prozesse zu erklären und zu klassifizieren, mehrere kybernetisch orientierte Kommunikationsmodelle (Korrelation, Filter, Analyse durch Synthese) erstellt (ebd. 58ff.). Neue Erkenntnisse bezüglich des Kommunikationsprozesses bzw. des Zuhörens sind daraus nicht zu gewinnen, denn alle Autoren beschreiben den gleichen Prozeßablauf mit ähnlichem Vokabular: Akustische Reize (Input) werden wahrgenommen, gespeichert und mit dem vorhandenen Hör- und Erfahrungswissen interpretiert, das dann zu den jeweiligen Entscheidungen, dem Output, führt. Ob die Verarbeitungsprozesse nun als »Regelkreis«, »Filter« oder »Analyse und Synthese« beschrieben werden, ändert nichts an der Tatsache, daß sie ungefähr in dieser Form ablaufen und so entsprechend ›schematisiert‹ werden können.

Kommunikationswissenschaftler wie Murray R. Schafer und Barry Truax betrachten das Hören an sich als ein physiologisches Phänomen. Es sei, so Schafer, eine Art des Tastens aus der Ferne. Er versteht das Zuhören als den Prozeß der Reizverarbeitung, des Erkennens, Deutens, Bewertens und des Speicherns von akustischen Zeichen.

Truax unternimmt einen anderen Versuch der Annäherung an das Zuhören.

Er bezieht seine die Höraufmerksamkeit betreffenden Beschreibungen allerdings nur auf das Hören der Umwelt. Truax spricht von einem analytischen und einem zerstreuten Hören. Innerhalb dieser Spanne legt er drei Hörkategorien fest:

listening-in-search,
listening-in-readiness und
background-listening.

Das erste ist ein ganz bewußtes Abhören der Umgebung auf bestimmte Stichwörter hin; aus den gehörten Klängen und Geräuschen werden dann entsprechende Schlüsse gezogen; im zweiten Fall ist das Hören eine Art Bereitschaft, signifikante Informationen aus der Umwelt, die von der jeweils eigenen Hörbiographie geprägt sind, aufzunehmen und zu deuten.

Die letzte Form des Hörens nennt er ›distracted‹ (abgelenkt oder zerstreut). Er bezeichnet damit das Hören von Dingen, die wir unbewußt – im Hintergrund (background) – wahrnehmen, die aber, falls sie fehlen oder verändert sind, sofort registriert und gedeutet werden können (vgl. Truax 1984, Chap. 2).

In Verbindung mit den oben ausgeführten Zuhör-Beschreibungen von Reinecke und Schafer erscheint diese Definition als eine der umfassendsten.

Dennoch bleibt das Zuhören ein Art ›Blackbox‹, denn letztlich reduziert sich jeder Ort des Zuhörens auf den Raum zwischen unseren Ohren. Dort wird das Wahrgenommene registriert und interpretiert. Außenstehende können z. B. nicht unbedingt auf Antworten oder Reaktionen des Hörenden schließen; lediglich der Wahrnehmende selbst kann darüber Aussagen machen. Allerdings nur, wenn er zuvor gelernt hat, seine Höreindrücke entsprechend zu beschreiben, d. h. Metaphern, Vergleiche und Beispiele zu finden, die seinen subjektiven Höreindruck möglichst genau wiedergeben.

Die Frage, warum es uns nicht leicht fällt, Gehörtes und die dazu entsprechenden Empfindungen, Assoziationen und Bilder zu verbalisieren, ist schwer zu beantworten. Für das, was wir sehen – für Bildbeschreibungen – lernen wir Begriffe, die wir auf den Raum, die Techniken und die Bildmittel anwenden und mit denen wir Bilder relativ problemlos beschreiben können.

Für Gehörtes, bei dem es sich nicht um musikalische Werke handelt – für die wir ähnliche Beschreibungskategorien zur Verfügung haben –, läßt sich dies nur unter großen Schwierigkeiten bewerkstelligen, denn dazu ist ein äußerst differenzierter Wortschatz notwendig, der, verbundenen mit entsprechenden Hörübungen, erworben werden kann.

Bisher kommen Ausdrucks- und Wortschatzübungen, die sich Höreindrücken zuwenden, im Deutschunterricht zu kurz. Anderen Kulturtechniken, wie dem Lesen und Schreiben, wird deutlich mehr Zeit gewidmet als dem Zuhören, dessen Kommunikationspotential kaum ausgeschöpft wird. Doch Zuhören will gekonnt sein. Wer seine Ohren bewußt gebrauchen will, braucht Erfahrungen und Wissen, um aus den vielfältigen auditiven Angeboten auszuwählen und sich ihnen verstehend zu nähern.

Für dieses Auswählenkönnen muß er nicht nur bewußt wahrnehmen, sondern auch über seine Wahrnehmungsbedürfnisse Bescheid wissen, um ihnen gerecht werden zu können. In diesem Sinn kann Zuhören als Kulturtechnik verstanden werden, die gelernt, gelehrt und gefördert werden kann.[1] Um dieses Zuhören-Können zu lernen, sollte aus den oben genannten Gründen – auch den anatomischen und physiologischen – integrativ und in Verbindung mit einer Sensibilisierung der Sinne ästhetisch vorgegangen werden.

1.4.2 Zu-/Hören im Sprachgebrauch

Während im Deutschen Wörter wie Hören, Horchen und Lauschen sehr uneinheitlich und wenig konsequent gebraucht werden, ist die Unterscheidung ähnlicher Hör-Wörter im Französischen klarer: ›Ouir‹ steht für das Hören als Orientierungsakt, ›écouter‹ für das Zuhören oder Horchen und ›entendre‹ für das hörende Verstehen.

Im Spanischen gibt es vergleichbare Wörter: oír, escuchar, entender. Die Verwendungen sind allerdings weniger differenziert. So steht ›escuchar‹ u. a. für (an)hören, belauschen, zuhören, jmd. Gehör schenken und horchen; zur Charakterisierung des Verbs als einer Form des Lauschens wird ein Adjektiv zu Hilfe genommen: escuchar atentamente. ›Oír‹ wird als hö-

1 Vgl. Projekt: Stiftung Zuhören; Breitsameter 1998, 7.

ren, an-, zu-, ver-, und erhören gebraucht und ›entender‹ wird synonym zu ›comprender‹, im Sinne von verstehen und begreifen benutzt.[1]

Im Englischen wird dagegen nur zwischen ›to hear‹ und ›to listen‹ unterschieden. Mit ›to hear‹ ist dabei das Vernehmen akustischer Reize aus der Umwelt gemeint; ›to listen‹ bezeichnet unterschiedliche Formen des Zuhörens. Unterschieden werden außerdem ›to listen to‹ und ›to listen for‹; ersteres bezeichnet das Hören eines herankommenden Lautes, der erwartet wird bzw. eines bestehenden, letzteres meint das Hören auf einen Laut hin, der vernommen werden könnte, d. h. das Ohr ist wachsam auf ein mögliches Hörereignis hin ausgerichtet (vgl. Truax 1984 Chap. 2).

Für die unterschiedlichen Formen des Hörens – eine hinreichende Hörfähigkeit vorausgesetzt – kennen wir im Deutschen unterschiedliche Wörter wie *›horchen‹* und *›lauschen‹* oder einfach nur *›verstehen‹*. Diese »Hörbegriffe« werden allerdings nicht immer differenziert verwendet; im umgangssprachlichen Gebrauch gibt es viele synonyme Verwendungen. So benutzen wir beispielsweise *›hören‹* im Sinne von *›horchen‹*: Hör mal genau hin ..., meinen damit aber ein kurzzeitiges, präzises Horchen, das auf ein spezielles Ziel ausgerichtet ist.

›Horchen‹ setzt eine gute Unterscheidung des Gehörten, die Fähigkeit zur Klanganalyse voraus (vgl. Tomatis 1995, 9), ist also ein sehr differenziertes, genaues Hinhören.

Gehorcht wird, um etwas zu erfahren – im positiven wie im negativen Sinn – sei es um Gefahren rechtzeitig zu erkennen oder andere verborgene Informationen zu entschlüsseln. Horchen sei eine Aufmerksamkeit, die bereits alles erfasse, was den zu hörenden Raum stören könne. Das Material, also die Geräusche, die erhorcht werden, gehöre zu den Indizien, wie das Warten auf fremde, unbekannte, unregelmäßige Geräusche.[2]

Die Hörenden erwarten das Ungewöhnliche; das Ohr ist dabei »unbeweglich, starr, gespitzt wie bei einem lauschenden Tier [...]« (ebd. 58).

Für ein *›Hinhören‹*, um des Genusses willen; verwendet man am ehesten das Wort *›lauschen‹*. Das Lauschen setzt eine gewisse innere und äußere Ruhe voraus; es ist ein hochkonzentriertes, einfühlsames Zuhören, das nichts Bestimmtes sucht, sich aber dem Anderen oder Fremden, das es vernimmt, öffnet (vgl. Wermke 1995a, 203).

›Hören‹, das allgemeiner und unspezifischer als die anderen Wörter, sozusagen als Oberbegriff verwendet werden kann, bezieht sich dementspre-

---

1 Vgl. Dictionario de las lenguas española y alemana. Tomo I/II. Editorial Herder. Barcelona 1994.

2 Vgl. Barthes in Kuhn/Kreutz 1991, 58.

chend meist auf Alltagssituationen (ebd. 202) und meint Laute, die zu ignorieren (auszufiltern) wir gelernt haben. Erst wenn diese verändert, also ungewohnt oder überraschend auftreten, dringen sie in unser Bewußtsein ein. So oder ähnlich könnte man die verschiedenen Formen des Hörens beschreiben.

Allerdings sollte dabei nicht ›übersehen‹ werden, daß Hören immer das Hören von etwas bedeutet, also prinzipiell immer auf eine ›Zweistelligkeit‹ hin angelegt ist: der/die Hörende und das zu Hörende, egal ob es sich dabei um menschliche oder andere Geräuschquellen handelt (vgl. Geißner 1984, 20); egal ob diese natürlich oder durch ein Medium vermittelt werden.

Rückschlüsse wegen dieses undifferenzierten Gebrauchs von Hör-Verben auf unsere Höraufmerksamkeit können sicherlich gezogen, aber nicht eindeutiger belegt werden. Nicht zuletzt hat eine Hörerziehung dafür Sorge zu tragen, die uns in der deutschen Sprache zur Verfügung stehenden Hör-Verben in ihrer Bedeutung bewußt zu machen und sie einem ihnen gemäßen Sprachgebrauch zuzuführen.

1.5 Auditive Perzeption aus linguistischer Sicht

Eleanor M. Semel unterteilt die auditiven Fähigkeiten in eine phonologische, eine linguistische und eine semantisch/kognitive Gruppe; sie füllt und differenziert damit die einzelnen Hörstufen und -formen stärker inhaltlich, wobei sie sich auf die Sprachwahrnehmung beschränkt und Hörwahrnehmungen aus der Umwelt vernachlässigt.

Die Aufmerksamkeit für akustische Reize und die Lokalisation von akustischen Reizen ordnet Semel phonologischen Kriterien zu.[1] Ebenso werden die auditive Figur-Grund-Wahrnehmung, das Unterscheiden von Lauten und das Erkennen auditiver Sequenzen zu den phonologischen Kriterien gezählt.

Zur Kategorie Linguistik zählt sie die auditive Synthese und Analyse von Wörtern, wie z. B. Lautverschmelzungen und Wortergänzungen, das Erkennen von syntaktischen und morphologischen Strukturen und das Kombinieren phonemischer Elemente mit visuellen Entsprechungen (vgl. Semel 1981, 136).

Der semantisch/kognitiven Gruppe ordnet sie vokabularspezifische Kenntnisse, wozu auch die Klassifikation von Wörtern in entsprechende

1 Vgl. Semel in M. Frostig/Müller (Hg.) 1981, 135ff.

semantische Gruppen zählt und die Beziehung zwischen dem Gesagten und dem Gemeinten – sowohl in vergleichender, räumlicher als auch zeitlicher Sicht zu. Weiter gehört zu dieser Kategorie das Verständnis des Gesagten im jeweiligen Kontext und die daraus resultierenden Schlußfolgerungen.

Allen Kategorien übergeordnet sind in Semels »klinischem Schema der Verarbeitung sprachlich-auditiver Information« die Begriffe ›Gedächtnis‹, ›Wiedergabe‹, ›Integration‹ und ›Feedback‹, die für sie untrennbar mit der Hörwahrnehmung in Verbindung stehen (ebd. 138).

Sie sind letztlich als Indikatoren für die Überprüfung des Erkannten bzw. des Verstandenen zu betrachten. Zusammenfassend kann man hier den Prozeß des Zuhörens als Speicherung auditiver Reize, samt ihrer Segmentierung und vorläufigen Identifizierung beschreiben, auf die eine Vergleichs- bzw. Korrekturstufe erfolgt. Die Dreistufigkeit ihres Modells findet sich auch in anderen Veröffentlichungen (s. unten). Die Kenntnis und Berücksichtigung ihres Modells erscheint mir besonders für den Schriftspracherwerb wichtig, obwohl die oben genannten Fähigkeiten niemals in dieser Form der zu unterscheidenden Kategorien isoliert anzutreffen sein werden. Der Prozeß des Zuhörens ist ein höchst komplexer Vorgang, bei dem die unterschiedlichen, von Semel definierten Fähigkeiten, ständig ineinander übergehen (ebd. 137).

1.5.1 Hören als psychologischer Akt

Das Hören bzw. das Zuhören kann auch als psychologischer Akt verstanden werden. Roland Barthes beschreibt das Zuhören als einen psychologischen Akt, der auf das Hören aufbaue (vgl. Kuhn/Kreutz 1991, 55). Hören, so Barthes, sei der eigentliche Sinn für Raum und Zeit, denn das regelmäßige »Orten« (Wahrnehmen von Schallfrequenzen) führe den Menschen zur Aneignung des Raumes (ebd. 56). Von diesen »normalen«, vertrauten Geräuschen eines z. B. bekannten Raumes, hebe sich das Zuhören durch eine Art Selektionsfunktion ab (ebd. 57).

Auch Barthes unterscheidet drei aufeinanderfolgenden Stufen des Zuhörens:

Als erstes die, bei der der Mensch sein Hören auf »Indizien« richtet, auf von außen kommende Geräusche, die möglicherweise eine Gefahr für ihn bedeuten könnten.

Die zweite Form des Zuhörens bezeichnet er als »Entziffern«, als Dekodieren von Zeichen; es verbindet das hörende Subjekt mit der verborgenen

Welt, dem zu entdeckenden Geheimnis. Die durch dieses zweite Hinhören bedingte Form der Kommunikation nennt er deshalb religiös, auch unter weltlichen Bedingungen gehe sie mit einer religiösen Haltung des Zuhörens einher (ebd. 60).

Das erste Zuhören verwandelt das Geräusch in ein Indiz, das zweite macht den Hörenden zu einem »dualen Objekt«, mit der Ansprache des einen durch eine andere Person ergibt sich ein Gespräch zwischen beiden, bei dem sowohl dem Hörenden als auch dem Sprechenden ein aktiver Part zukommt: »*Das Zuhören spricht*, könnte man sagen [...]« (ebd. 62). Die dritte Form des Zuhörens bezieht Barthes auf das Wer bzw. das Wie, vor allem aber auf die Stimme der sprechenden Person. Dieser Form des Zuhörens wird heute (nach Barthes) die Fähigkeit zuerkannt, unbekannte Räume zu erkunden. Es schließt dabei »das Implizite, das Indirekte, das Zusätzliche und Hinausgezögerte« (ebd. 69) mit ein.

Für Barthes heißt Zuhören u. a., auf institutionelle Weise herausfinden zu wollen, was geschehen wird und ist dem ›listening for‹, das Truax definiert, gleichzusetzen, während das Sondieren, das Barthes dem Zuhören zurechnet, mit dem ›listening to‹ von Truax korrespondiert.

Eine eigene Psychologie des Hörens ist in der Psychoanalyse zu finden, die beim Zuhören beginnt, indem der Patient als ›Erzählender‹ den ihm von Arzt oder Ärztin zur Verfügung gestellten Hörraum nutzt.

Das Hörmodell, nach dem die Psychoanalyse vorzugehen versucht, könnte man als frei- oder gleichschwebende Aufmerksamkeit beschreiben.[1] Das Hören ist hierbei zunächst ein bloßes Aufnehmen von Informationen durch den Therapeuten. Erst beim Nach-denken versucht der Therapeut, das Gehörte zu Verstehen bzw. Verbindungen für die Aufarbeitung herzustellen. Er spiegelt dem Patienten dazu das Gehörte wider, stellt eventuell Fragen, um sich des Gehörten zu versichern und kommentiert das Gehörte bzw. das von ihm Verstandene.

Eine Annäherung an das später (vgl. Kap. 1.6) beschriebene, ursprünglich therapeutisch ausgelegte, ›aktive Zuhören‹ wird hier bereits deutlich.

Küchenhoff vergleicht dieses Hören mit dem musikalischen und zeigt Gemeinsamkeiten auf, wie die Vergänglichkeit des Gehörten in der Zeit, Verweisungszusammenhänge, die Bestimmung von Motiven und Themen und die ohnehin nur in Bildern und Sprachsymbolen mögliche Annäherung auf das Gehörte hin (ebd. 219ff.).

---

1 Vgl. Küchenhoff in Vogel 1996, 212.

Die zahlreichen Nuancen des Zuhörens, die Komponisten, Kommunikationswissenschaftler, Psychologen etc. sehen bzw. dem Zuhören zuschreiben, erschweren eine eindeutige Festlegung und Bestimmung dieser Tätigkeit. Innerhalb einer Hörschule werden immer verschiedene Aspekte – auch nicht als Unterrichtsziel intendierte – angesprochen werden. Die Vielschichtigkeit des Hörens und Zuhörens aber sollte immer im Ohr bzw. im Auge behalten werden.

1.5.2 Hören und Sprechen aus kommunikationspsychologischer Sicht

»Wenn keiner mehr wirklich zuhören kann, dann kann gewiß keiner mehr reden.«[1]

Das Hören auf die Stimme eines anderen ist – neben der zu beobachtenden Gestik und Mimik – Grundlage der Kommunikation, d. h. zwischenmenschlicher, gesellschaftlicher Interaktion.[2] Das Sprechen ist meist auf einen Hörer bezogen. Umgekehrt gilt das nicht ausschließlich; denn wir hören neben den Sprechenden auch die Geräusche unserer Umgebung (vgl. Geißner 1984, 17).

Sprechen wird hauptsächlich durch Hören gelernt und in einem Interaktionsprozeß vollzogen, der eine Beidseitigkeit impliziert; ausgenommen sind taube Menschen, die das Sprechen – falls sie sehen können – durch Lippenablesen bzw. durch das Berühren des Kehlkopfes und der Lippen Sprechender erlernen können. Allerdings reicht deren Sprechen in Stimmlage, Lautstärke, Intonation etc. nie an das ›Normalsprechender und -hörender‹ heran, die stets eine eigene Hörkontrolle besitzen und ihr Sprechen immer mit dem anderer vergleichen und es darüber korrigieren können.

Da die Linguistik verschiedene Sprechakte bzw. -muster kennt, wäre nach entsprechenden Hörmustern zu fragen. Sprechmuster werden durch Hören gelernt, gehen also vermutlich auf Hörmuster zurück, die wiederum in Abhängigkeit zur Sprachumgebung stehen. In verschiedenen Untersuchungen u. a. von Geißner ließen sich sozio-aurale Muster nachweisen, die innerhalb einer spachlich-linguistischen Dimension durch Parameter wie melodisch, dynamisch, temporal, artikulatorisch erfaßt wurden (vgl. Geißner 1984, 29).

1 Geißner 1984, 44.

2 Vgl. Mayr in Kuhn/Kreutz 1991, 16.

Ausgehend von den in verschiedenen Ländern und Sprachen onomatopoetisch unterschiedlich gebildeten Wörtern für den Hahnenschrei (kikeriki etc.) entwickelt Geißner die These, daß das Gehör, das die Laute nachahmt – in diesem Fall Tierlaute – vom »Lautstand der jeweiligen Sprache« geprägt sei (ebd. 13), die er weiter auf eine gesellschaftlich geprägte Komponente des Hörens zurückführt und als »Hörmuster« bezeichnet (ebd. 27). Dazu führt er als weiteres Beispiel der vom Phonemsystem der jeweiligen Sprache entstandenen Schallwahrnehmungen, die Mundartäußerungen, an, bei denen, wie Lindner (1968) feststellte, Hörer unterschiedlicher Mundarten, denselben Vokalklang unterschiedlichen Vokalwerten zuordneten (ebd. 28).

Bei der Sozialisation von Hörmustern sind außerdem das Umfeld der jeweiligen Person und ihre darin eingebetteten Alltagssituationen zu unterscheiden vgl. z. B. Stadt-Land, Wohnung-Haus, Kirche etc. (ebd. 34); Sprech- wie Hörsituationen sind also immer personen-, rollen-, situations-, sprach- und formspezifisch (ebd. 35). Hörmuster sind allerdings nicht ein für alle Mal den Betreffenden eingegeben (ebd. 37), sondern können – und das soll auch Ziel dieser Arbeit sein – verändert werden.

Eine weitere, von Geißner klassifizierte Gruppe von Hörmustern ist nicht sprachbezogen, »sondern abhängig vom leibhaften Vollzug situativer, personaler und formativer Konstitutionsfaktoren des Miteinandersprechens«, zu denen z. B. das Muster der eigenen Stimme zählt (ebd. 29).

Der Normbereich einer Stimme (Indifferenzlage) liegt sowohl bei Männern als auch bei Frauen in der unteren der beiden Oktaven, die man gemeinhin als den Sprechstimmumfang annimmt (ebd. 39). Mit der tieferen Oktave werden Informationen ausgetauscht und Alltagsgespräche geführt, die obere Oktave wird meist zum Ausdruck von Emotionen benutzt (ebd. 30).

So bilden sich bei beiden Geschlechtern – da Männer in der Regel eine tiefere Stimme haben – von vornherein Hörmuster, sowohl für die Rezeption von Frauen- und Männerstimmen als auch für verschiedene Stimmqualitäten (Wohlklang, Timbre usw.) heraus (ebd. 31). Anzumerken ist, daß die menschliche Stimme Hörfrequenzen erzeugt, die sozusagen im optimalen Hörbereich liegen: bei Männern liegt die Grundtonhöhe bei 125 Hz, bei Frauen um die 250 Hz; insgesamt liegen alle mit menschlichen Stimmwerkzeugen bildbaren Töne im Bereich zwischen 125 bis 3500 Hz.

Die Bedeutung der Stimme beschreibt Roland Barthes folgendermaßen:

»Die Stimme ist, im Vergleich zum Schweigen, wie das Schreiben (im graphischen Sinn) auf weißem Papier. Das Hören einer Stimme eröffnet

> die Beziehung zum anderen: Die Stimme, an der man die anderen wiedererkennt (wie die Schrift auf einem Briefumschlag), zeigt uns deren Wesensart, deren Freud, Leid, deren Befindlichkeit an; sie transportiert ein Bild ihres Körpers und darüber hinaus eine ganze Psychologie [...]. Die Stimme ist nicht der Atem, sondern durchaus jene Materialität des Körpers, die der Kehle entsteigt, dem Ort, an dem das Lautmetall gehärtet und gestanzt wird.« (Barthes 1991, 65f.)

Durch die »einsozialisierten Hörmuster« wird die auditive Selbst- und Fremdwahrnehmung geformt. Hörmuster gehören, laut Geißner, in die »Kommunikationsbiographie«, sie werden in sozialen kommunikativen Prozessen erworben und wirken sich wiederum auf diese aus. Die Unterschiedlichkeit solcher Biographien zeige sich in den Formen des Überhörens, Weghörens oder des sich Einhörens der jeweiligen Person (vgl. Geißner 1984, 35).

Geißner nimmt an, daß das Hören in drei verschiedenen Stufen abläuft, durch die die auditive Wahrnehmung als solche näher klassifiziert werden kann. Er entwickelt folgendes Modell eines Hörprozesses, indem er versucht, die unterschiedlichen Abstufungen des Hörens zu klassifizieren. Mit dem Beispiel, einen von Stimmengewirr erfüllten Raum zu betreten, erklärt er die »auditive Wahrnehmung« nicht-mechanisch erzeugten Schalls. Die nächste Stufe des »etwas Hörens« läßt den Hörer den Schall als soziales Geräusch erkennen. Darauf folgt die Stufe des gerichteten »Zuhörens«, die z. B. die gesprochene Sprache identifiziert.

Diese drei Formen des Hörens bezeichnet er als Rezeption, weil dabei dem Gehörten – laut Geißner – kein Sinnangebot entnommen wird. Das geschieht erst beim »Hörverstehen«, das im sogenannten »Hörhandeln« im Sinne des Hörers er- und verarbeitet wird. Geißner charakterisiert die letztgenannten Stufen als »produktiv«; sie sind für ihn sinnkonstituierend und lassen den Hörer aktiv werden (vgl. Geißner 1984, 20f.). Das hierarchisch aufgebaute Treppenmodell Geißners macht deutlich, daß aus einer breiten rezeptiven Basis auditiven Verhaltens differenzierte Funktionen (z. B. soziales Handeln) abgeleitet werden können.

Allerdings wird man die unteren der drei Hörstufen – das auditive Wahrnehmen, das Etwas-Hören und das Zuhören – selten so isoliert wahrnehmen, wie Geißner sie darstellt. Sie geschehen fast parallel bzw. gehen in relativ kurzer Zeit ineinander über. Die von Geißner entworfenen Hörstufungen sind lediglich analytische Kategorien. Sein Modell kann dementsprechend nur als Annäherung an den wirklich ablaufenden Hörprozeß verstanden werden. Die von Geißner gefundenen Stufungen können – in Anlehnung an das »adaptive Lesen« von Norbert Groeben

(1982) – auch als die vom Hörenden zu erwerbenden Qualifikationen wie Hörfähigkeit, Hörfertigkeit und Hörkompetenz umschrieben werden.

Neben den unterschiedlichen Hörmustern unterscheidet Geißner auch »Hörertypen«. Diese Unterscheidung führt er jedoch auf die bereits von Adorno entworfene Typologie[1] zurück, die er in seinen Ausführungen auf den »Experten«, den »guten Hörer« und den »Bildungskonsumenten« beschränkt, da eine kritische Ausarbeitung der Typologie nur im Zusammenhang mit Adornos ästhetischer Theorie sinnvoll sei.

Geißner versucht, seine Typologie auf das allgemeine Hören zu beziehen und ersetzt dabei Musik z. B. durch Dichtung. Es gelingt ihm jedoch nicht, die Übertragung der Typen überzeugend auszuführen; lediglich der ›Experte‹ wird ausführlicher beschrieben. Geißner merkt dazu an, daß das Hören von Strukturen auch in rhetorischen und ästhetischen Prozessen erforderlich sei (vgl. Geißner 1984, 39ff.). Letztlich ist Geißners Analogie zu allgemein, um wirklich genauere Aufschlüsse über die Qualitäten der einzelnen Hörer zu geben.

Der Entwurf einer Hörertypologie als solcher erscheint folgerichtig, da einzusehen ist, daß gewisse Hörstufen und -muster, die unterschiedlich komplexer Hörformen und Hörvoraussetzungen bedürfen, eine derartige Kategorisierung nahelegen, um die verschiedenen Formen und Qualitäten des Hörens möglichst vergleichbar erfassen und beschreiben zu können.

Ob und wie eine wirklich aussagekräftige, möglichst viele Aspekte des Hörens berücksichtigende Kategorisierung auszusehen hätte, soll an dieser Stelle als Defizit angemerkt werden.

Aus seinen Untersuchungsergebnissen zieht Geißner das Fazit, daß eine insgesamt größere Hellhörigkeit angestrebt werden müsse, die durch eine der Sprecherziehung komplementäre Hörerziehung zu erfolgen hätte; eine Hörerziehung, aus »der sich allmählich ein kriterielles Bewußtsein der die Hörmuster bildenden Faktorenbündel entwickeln müßte« (Geißner 1984, 33).

Einige solcher »Hörerziehungen« sind bereits erfolgt und statistisch ausgewertet worden. Klaus Urban (1978, 80ff.) beschreibt eine Untersuchung, die er in drei Klassen (5./6. Schuljahr) durchgeführt hat. In dem von ihm entwickelten Test sollten die Schüler/innen Laute diskriminieren,

1 Adorno unterscheidet folgende Hör-Typen bezogen auf das Musikhören: den Experten, den guten Zuhörer, den Bildungskonsumenten, den emotionalen Hörer, den Ressentiment-Hörer, den Jazz-Experten, den Unterhaltungshörer und den Gleichgültigen/Unmusikalischen/Antimusikalischen (zit. nach Adorno 1968, 15ff. in Geißner 1984, 39).

Reimwörter, Betonungen und sinnhafte Veränderungen erkennen, gezielt Informationen aus gesprochenen Texten entnehmen und Anweisungen verstehen.

Die Schüler/innen wurden danach einem sechswöchigen Hörtraining unterzogen, das sich auf die oben genannten Parameter (Laute diskriminieren etc.) bezog und aus zwei Teilen bestand: einem Teil A, der 17 Übungen zu Teilfähigkeiten des Hörverstehens beinhaltete und einem Teil B, der sich auf die Fähigkeiten des Textverstehens konzentrierte. Nach Ablauf des Hörtrainings wiederholte Urban den Test und konnte – bis auf den Untertest zum Hörverstehen – ein signifikant besseres Hörergebnis nachweisen. Die Studie wurde ohne Kontrollgruppen durchgeführt, dennoch schreibt der Autor die positiveren Testwerte dem durchgeführten Training zu. Die Studie belege die These, daß gezielte Hörverstehensübungen das Verstehen gesprochener Sprache verbesserten und das Hören als eine der vier Kommunikationsweisen ähnlich dem Sprechen, Schreiben und Lesen ein Lernprodukt darstelle. Ein wichtiger Grund für Urban, das Hören als Unterrichtsziel zu fördern, ist die Tatsache, daß der weitaus größte Teil schulischen Lernens über den auditiven Kanal erfolgt und dieser ein nicht unerheblicher Faktor bezüglich des Schul- und Lernerfolgs darstellt.[1]

1.5.3 Kommunikation mit und durch Medien

Es gibt eine Reihe elektronischer Medien, die hauptsächlich auf das Zuhören ausgerichtet sind wie: ›Hörbücher‹, Telefon, Rundfunk und Film und Fernsehen, obwohl bei letzteren Hör- und Sehsinn gefordert werden. Die Bildsprache wird dabei als weniger komplex eingestuft (vgl. Geißner 1984, 37). Ong beschreibt unser elektronisch-technologisches Zeitalter als das der sekundären Oralität, weil die Kommunikation meist über audiovisuelle Medien stattfindet.

Die Formen dieser ›neuen‹ Oralität weisen allerdings überraschend viele Übereinstimmungen mit denen der traditionellen Oralität des mündlichen Erzählens auf, z. T. verändern oder verstärken die neuen Medien die älteren, z. B. wenn Interviews als Druck vervielfältigt werden (vgl. Ong 1987, 136) oder die Mündlichkeit heutige Formen der Schriftlichkeit beeinflußt (e-mail). Medienerfahrungen sind immer an den herkömmlichen, ›alten‹

1 Vgl. Urban 1977, 744-748; 1978, 80-88.

Medien geschulte; jedoch zwingt die Entwicklung und Nutzung neuer Medien, sich mit den Eigenschaften der alten auseinanderzusetzen.

Die neuen Medien ermöglichen es, unendlich große Gruppen als Zuhörende mit einzubeziehen; Zeit und Raum werden dabei überwunden, die Welt wurde/wird durch Telegraph, Telefon und Rundfunk zum ›globalen‹ akustischen Dorf.

Zur kritischen, die eigenen Wünsche und Bedürfnisse reflektierenden Mediennutzung sind daher Habitualisierungsprozesse in der Schule z. B. zur Hörästhetik besonders wichtig. Die Schüler/innen sollen Kompetenzen erwerben, mit den neuen Medien umzugehen und durch Medien kommunizieren zu können.

Es sollte für sie erfahrbar und einsichtig sein, daß es unterschiedliche Rezeptions- und Aneignungsweisen für die entsprechenden Medien gibt, die ohne ein bestimmtes Zugangswissen – u. a. das der traditionellen Kultur, wie des Schriftspracherwerbs – nicht zu nutzen sind.

So kann den Schülern die Bedeutung anachroner oraler Formen wie die des Zuhörens und des Mündlichen Erzählens plausibel gemacht werden. Zudem wird klar, daß ein solches Wissen, zur Oralität und Literaltiät, personengebunden und in Abhängigkeit der biographisch, lebensgeschichtlichen Kommunikationssituation des Lehrenden und des Lernenden zu sehen ist.

1.6 Sprache und Interaktion

Sprache ist elementar für die zwischenmenschliche Kommunikation. Das Ohr ist das Tor, durch das Sprache von Mensch zu Mensch gelangt (vgl. Hellbrück 1993, 16). Erst verbalisierte Sprache ermöglicht komplexe zwischenmenschliche Interaktion und diskursives Denken und damit die Entwicklung kultureller und wissenschaftlicher Leistungen.[1] Das Hören gilt als Voraussetzung für die Sprachentwicklung, für das Erlernen der Mutter- und später auch von Fremdsprachen. Hörstörungen bei Kindern ziehen immer Sprach- bzw. Sprachkonzeptstörungen nach sich.

Hilde Schlesinger, die die Entwicklung gehörloser Kinder untersuchte, die nur lautsprachlich unterrichtet wurden, konnte nachweisen, daß sich bei diesen Kindern bestimmte sprachliche Konzepte, wie das Prinzip des Fragesatzes, erst spät ausformen. Die gehörlosen Kinder beziehen ihre

1 Vgl. Dornette in Frostig/Müller 1981, 99.

Äußerungen hauptsächlich auf Objekte in der näheren Umgebung, bilden keine Hypothesen und vollziehen nur selten Transferleistungen etc.[1]

Die Sprache des Kindes ist mündlich; seine bis zum Schuleintritt gemachten sprachlichen Erfahrungen hat es aus und mit mündlichen Äußerungen gewonnen, die nichts mit der von Schrift beeinflußten Oralität der Erwachsenen gemein haben. Das Kind muß also lernen, die visuell gestalteten Schriftzeichen mit ihrer jeweiligen lautlichen Repräsentation in Übereinstimmung zu bringen (vgl. Huber et al. 1998, 24). Daher ist ein differenziertes Zuhören im Deutschunterricht der Primarstufe von großer Bedeutung, denn hier beginnt der Schriftspracherwerb, das Umsetzen von Phonemen in Grapheme.

Sprachliches Verhalten ist immer kommunikatives Verhalten, im Sinne einer Interaktion zwischen Sender und Empfänger. Eine vom Sender (Sprecher/in oder Schreiber/in) kodierte Nachricht gelangt zum Empfänger (Hörer/in oder Leser/in), der/die sie wiederum dekodieren muß.[2] Dabei geht es nicht nur darum, wer in welcher Form und auf welche Art und Weise etwas sagt, sondern auch darum, wie der entsprechende Empfänger hört bzw. das Gehörte versteht oder verstehen will (vgl. Geißner 1984, 105).

Maßgebliche Voraussetzung für eine beide Seiten zufriedenstellende Kommunikation ist zunächst das »aktive Zuhören« (Gordon). Bei der mündlichen Verständigung stehen dabei Vertrauen, sozialer Zusammenhalt und Tradition im Vordergrund; so wird die Bitte um Information in ausgesprochen oralen Kulturen als Bitte zur (um) Kommunikation verstanden, und die gesprochene Sprache wird kulturabhängig durch Gesten, Mimik und stimmliche Modulationen bestimmt (vgl. Ong 1987, 72; 51). Diese Feststellungen beziehen sich sowohl auf den Sprecher als auch auf den Hörer.

Der Psychologe Thomas Gordon prägte, auf den Grundlagen seines Lehrers Carl Rogers aufbauend, den Begriff des »aktiven Zuhörens« und dessen Bedeutung für die zwischenmenschliche Kommunikation. Die Einführung und Betonung dieses Begriffes erfolgt, weil diese Form des aktiven Zuhören als ein Ziel meines Hörkonzepts erwünscht bzw. beabsichtigt ist. Ein solches »aktives Zuhören« ermöglicht dem Rezipienten durch eine stetig von ihm durchzuführende Widerspiegelung des Gehör-

1 Zit. nach Angela Friederici in Schnabel Ulrich/Andreas Sentker (Hg.): Wie kommt die Welt in den Kopf? Reisen durch die Werkstätten der Bewußtseinsforscher. Reinbek 1997, 47-55.

2 Vgl. Dornette 1981; Schulz v. Thun 1989.

ten, mehr von dem zu vernehmen, was der Sprechende eigentlich nicht bzw. nur indirekt gesagt hat. Z. B. durch Mißverständnisse ausgelöste Kommunikationsspannungen können, so Gordon, durch ein solches Zuhören eher vermieden werden, da es beim aktiven Zuhören – im Gegensatz zum passiven Zuhören – ein auf wirkliche Verständigung angelegtes Bezugnehmen auf das sich äußernde Gegenüber gibt. Das passive Zuhören setzt Gordon mit dem Schweigen gleich (vgl. Gordon 1977, 66).

Rückmeldungen auf verbale und nonverbale Zeichen des Sprechers sind bestätigend oder nachfragend, sie signalisieren dem jeweils anderen, daß er ›gehört‹ wurde – mehr nicht. Der ›Zuhörer‹ erteilt keine Ratschläge und versucht auch nicht, die gehörten Aussagen zu bewerten. Für ein »aktives Zuhören« sollte einer der Gesprächspartner, z. B. die Lehrperson, über soziale Kompetenzen bzw. bestimmte Gesprächs-Verhaltensregeln verfügen. Dazu gehört u. a., die Fähigkeit, die geäußerten Informationen vertraulich zu behandeln, den Sprechenden und seine Probleme ehrlich anzunehmen, Zeit zu haben, wirklich helfen und verstehen zu wollen und dennoch eine gewisse Distanz zu wahren.

Eine orale Kultur bedarf zur kontinuierlichen Wissensübermittlung der Kommunikation; viele orale Muster sind daher auf Darbietungsformen hin zugeschnitten wie rhetorische Figuren der Wiederholung, der Antithese, der Alliteration etc., bzw. auf formelhafte, standardisierte Anordnungen und einen, ihnen innewohnenden Rhythmus, der das Memorieren erleichtert (vgl. Ong 1987, 40). Die Formen der Mündlichkeit sind deshalb eher additiv, aggregativ und weisen einen hohen Grad an Redundanz auf. Die Formen der Schriftlichkeit dagegen sind stärker analytisch ausgerichtet, strukturierter und linearer in ihren Diskursen (ebd. 43).

Kommunikationsfähigkeit wird in den deutschen Rahmenplänen als eine der Hauptaufgaben des Deutschunterrichts gesehen, so heißt es im Lehrplan Schleswig-Holsteins, in dem dem Hören eine Schlüsselfunktion zukommt:

> »Sprachlich-kommunikative Basisfähigkeiten sind als wesentlicher Teil der grundlegenden Bildung in allen Schulfächern von Bedeutung; im Fach Deutsch bilden sie die verbindliche fachspezifische Grundlage und den Schwerpunkt der Unterrichtsarbeit.«[1]

Daher ist es sinnvoll, ein bewußtes Hören zu schulen, das eben nicht nur, wie im obengenannten Lehrplan, »sinnverstehend« ist[2], sondern auch an-

---

1 Vgl. Lehrplan Deutsch Grundschule, Schleswig-Holstein 1997, 54.
2 Vgl. ebd., 55.

dere Ebenen des Hör-Verstehens impliziert, wie sie z. B. Friedemann Schulz von Thun beschreibt. In seiner Einführung zur zwischenmenschlichen Kommunikation »Miteinander reden« stellt Schulz von Thun nicht nur eine vierseitige, vom Sender ausgehende Botschaft, sondern den beim Rezipienten möglichen, vierseitigen Empfang, den er bezeichnenderweise durch vier Ohren charakterisiert, dar (vgl. Schulz von Thun 1989, 44). Die gesendete Botschaft kann auf vier möglichen Ebenen, mit vier verschiedenen Ohren »gehört« werden:

1. Sachinhalt (entspricht dem Sach-Ohr)
2. Selbstoffenbarungsseite: wer ist das, der da mit mir redet?, in welcher Stimmung befindet er/sie sich? (Selbstoffenbarungs-Ohr)
3. Beziehungsseite: welches Verhältnis habe ich zum Sender/zur Senderin? was hält bzw. denkt er/sie von mir? wie fühle ich mich behandelt? (Beziehungs-Ohr)
4. Appellseite: was soll ich mit den Informationen am besten tun bzw. was will die Senderin/der Sender damit von mir? (Appell-Ohr)

Vermutlich nimmt jede/r diese vier Seiten wahr; bei der Interpretation des Gehörten können jedoch einige Seiten überwiegen und dadurch die weitere Kommunikation erschweren. Die/der Empfangende hat schließlich die freie Auswahl, auf welchen Nachrichtengehalt sie/er reagieren will (ebd. 45f.). Der empfangene ist also nicht immer dem abgesendeten Inhalt gleichzusetzen. Die Zeichen und Inhalte, die ausgesendet werden, stimmen bei ihrer Ankunft nicht unbedingt mit den vom Sender intendierten Bedeutungen überein (ebd. 61).

Die empfangene Botschaft ist ein Interpretament des Hörenden, was sowohl für die Aufnahme als auch die innere Reaktion darauf gilt. Die Emotionen und Reaktionen, die eine Nachricht auslöst, richtet der Empfänger zum Teil selbst an. Sie sind eine Wechselwirkung zwischen der gesendeten Botschaft, den Vorkenntnissen und der psychischen Bereitschaft des Rezipienten, sich darauf einzulassen (ebd. 69). Verständigungsprobleme können dabei aus den unterschiedlichsten Gründen entstehen, z. B. wenn Sender und Empfänger aus verschiedenen, schichtspezifischen Sprachmilieus stammen etc. (ebd. 63). Schulz von Thun unterscheidet hierzu drei ›Empfangsvorgänge‹, den des Wahrnehmens, den des Interpretierens und den des Fühlens, den er als eine Antwort auf die beiden ersten ansieht. Wahrnehmen definiert er als »etwas sehen (z. B. einen Blick) oder hören (z. B. die Frage: »Was ist das Grüne in der Suppe?«)«; Interpretieren heißt für ihn, das Wahrgenommene mit einer subjektiven, einer richtigen oder falschen, Bedeutung zu versehen, und unter Fühlen versteht er, auf das

Wahrgenommene und Interpretierte mit einem eigenen Gefühl zu antworten, wobei die aktuelle Befindlichkeit der jeweiligen Person mitentscheidend für das ausgelöste Gefühl sein kann (ebd. 72).

Es ist nicht einfach, diese drei Vorgänge auseinanderzuhalten, jedenfalls für einen ungeübten, emotionalen Hörer; wir tendieren dazu, die Vorgänge miteinander zu vermischen, anstatt sie isoliert voneinander zu betrachten. Der Empfänger sollte sich immer bewußt sein, daß seine Reaktion wirklich nur die eigene ist (ebd. 73). Die Verantwortung des Empfängers für seine Reaktion bedarf deshalb einer Schulung, die der Deutschunterricht leisten kann: eine ausgewogene »Vierohrigkeit« sollte zur Grundausrüstung jedes Rezipienten zählen. Sie wird in meinem Hörkonzept angestrebt.

Ein anderer bisher wenig berücksichtigter Aspekt ist der der ›inneren‹ Stimmen, die z. T. die oben beschriebenen Reaktionen mitbeeinflussen und die einen entscheidenden Anteil daran haben können, wie die Botschaften eines anderen aufgenommen und beurteilt werden. Eine Kommunikationssituation ist zum einen immer nach außen gerichtet und in einen situativen Kontext eingebettet, zum anderen ist sie auf den »inneren Kontext des kommunizierenden Subjekts« bezogen, das sich z. B. mit Fragen wie der, mit welcher Äußerung die größte Übereinstimmung mit den eigenen Gefühlen zu erreichen ist, beschäftigt.[1] Ein hörendes, verstehendes und verständiges Gegenüber sollte über Kenntnis und Wahrnehmung dieser sogenannten inneren Stimmen, die Schulz von Thun mit der Metapher des »inneren Teams« (ebd. 17) belegt, verfügen; denn von dieser hängen wiederum die Äußerungen einer Person ab, die als Transformation der inneren Stimmen bezeichnet werden können. Im Rahmen einer Hörerziehung kann und soll dieses Wissen im Zusammenhang mit dem »aktiven Zuhören« vermittelt werden.

1 Vgl. Schulz von Thun 1998, 13.

2 Hören im Unterricht

»Alle Menschen brauchen eine Übung des Geistes, um richtig hören zu können. Wer diese Übung nicht besitzt, der muß sie sich verschaffen durch Lernen. Daß jemand ohne zu lernen richtig zu hören vermöchte, ist in alter und neuer Zeit noch nie vorgekommen.«

(Li Pu We)[1]

Das Hören wird im (Deutsch-)Unterricht, im Gegensatz z. B. zu feinmotorischen Übungen für den Schrifterwerb, kaum bewußt geschult, obwohl es eine der wichtigsten Voraussetzungen für erfolgreiches Sprechen, Verstehen, Kommunizieren, Lesen und Schreiben ist. Hören sei, so Klaus Urban, trotz der Reformbestrebungen des Deutschunterrichts in den 1970er Jahren »nach wie vor ein Stiefkind, wenn überhaupt Gegenstand, didaktischer wie praktischer Bemühungen.« (1978, 80)

Im Deutschunterricht werde meist nur sehr einseitig die Fähigkeit zur Produktion von Sprache gefördert, nicht aber die der Rezeption (ebd.). Letzteres ist jedoch ebenfalls wichtig, weil Kinder eine immer subtilere Orientierungs- und Differenzierungstechnik entwickeln müssen, die es ihnen erlaubt, die zunehmende Fülle von Wahrnehmungen, die sie aus ihrer Umgebung aufnehmen, zu klassifizieren und zu identifizieren.[2]

Innerhalb der vier Kommunikationsweisen – Hören, Sprechen, Lesen, Schreiben – sollte die Sensibilisierung des Hörens neben anderen Aspekten des Lernens eine grundlegende Unterrichts- und Erziehungsaufgabe der Schule sein. Die Schüler/innen[3] sollten dazu motiviert werden, akustische Sinneseindrücke bewußt zu erleben, ihr auditives Unterscheidungsvermögen zu verbessern, ihre Hörerfahrungen zu verbalisieren, zu erweitern und mit anderen Sinneswahrnehmungen zu verknüpfen (vgl. Kieffer 1990, 12).

Ob und wie die hier genannten Forderungen für den Unterricht in der Grundschule in den Fächern Deutsch und Musik umgesetzt werden, soll im folgenden gezeigt werden.

---

1 Vgl. Li Pu We (Frühling im Herbst. Jena 1928) zit. nach Berendt 1994, 194.

2 Vgl. Heinz Meyer in Dopheide (Hg.) 1977, 354.

3 Wegen der Handhabbarkeit und Lesbarkeit wird bisweilen auf die explizite Ausformulierung der Geschlechter verzichtet; sollte nur die männliche Form verwendet werden, steht diese selbstverständlich für Personen beider Geschlechter.

2.1 Das Hören im Musikunterricht

Nach Margarete Schweinzer sollte »Hörerziehung« eigentlich ein Hauptanliegen des Musikunterrichts sein und die Möglichkeiten zur aktiven Lebensgestaltung erweitern. Hörerziehung, so Schweinzer, erleichtere das Verständnis andersartiger Systeme und Systemgruppen und vermittle Weltoffenheit und Toleranz. Leider, so konstatiert sie weiter, werde Musik auch im Unterricht allzu oft nur rezipiert und produziert bzw. reproduziert; heutige Hörgewohnheiten machten Schüler/innen eher zu kritiklosen Konsumenten als zu aufmerksamen (Zu-)Hörern.

Musikerziehung, fordert Schweinzer, solle hier Abhilfe schaffen. Dabei seien (nach Lemmermann) folgende Determinanten von Hördispositionen – eine allgemeine physiologische Hörfähigkeit vorausgesetzt – zu berücksichtigen:

a) die psychische Grundbefindlichkeit des einzelnen Hörers,
b) die allgemeine Hörerfahrung aufgrund des soziokulturellen Umfeldes,
c) die spezifische Hörerfahrung des einzelnen Hörers und
d) die situative Disposition.[1]

Schweinzer unterscheidet zusätzlich folgende Verhaltensreaktionen beim Musikhören, die auch für das ›normale‹ Hören gelten und für eine Hörerziehung im Deutschunterricht zu beachten sind:

- die *Perzeption*, die von der Autorin als bloßes Wahrnehmen in Verbindung mit einem allgemeinen Stimulans definiert wird,
- die *Apperzeption*, unter der Schweinzer das Empfinden eines bewußten Erlebnisses versteht und
- die *Rezeption*, mit der sie ein bewußtes, kenntnisreiches Strukturhören meint.

Die Rezeption sei zwar das eigentliche Ziel des (Musik-)Unterrichts, könne allerdings nicht ohne die beiden anderen Verhaltensformen auskommen, da auch emotionales Erleben und Genußfähigkeit zur Reifung eines mündigen Jugendlichen beitragen (vgl. Schweinzer 1982, 160). Auch Hildegard Krützfeldt-Junker[2] sieht das Hörenlernen als das didaktische Problem des Musikunterrichts überhaupt. Sie unterscheidet sechs Hörvorgänge, die auch für den Deutschunterricht wichtig sind:

1. Das Hören vollzieht sich als bloßes Wahrnehmen.

1 Vgl. Schweinzer 1982, 157; Lemmermann 1984, 251.

2 Zit. nach Lemmermann 1984, 255.

2. Das Hören ist ein naiv-ästhetisches Aufnehmen, ein gefühlvolles Hingegebensein an den Klang, ein konturenloses Auf-sich-wirken-lassen der Musik.
3. Das Hören weckt außermusikalische Assoziationen, die durchaus naturalistischer Art sind.
4. Das Hören wird zum Ausdruckserlebnis, in dem sich der Aufnehmende der Dynamik des Werkes hingibt; dabei scheint die psychologische Situation des Werkes ständig mit seiner eigenen übereinzustimmen.
5. Der Hörer kommt aufgrund guter Hörerfahrungen und mit Vorkenntnissen zum bewußten, aktiven Hören und damit zu einem Formerlebnis.
6. Die letzte Stufe des Hörens wäre das symbolhafte Hören:
   a) Symbole als konstruktive Elemente des Werkes, die der Hörer kennt und zu deuten versteht, und
   b) die Auffassung, daß das ganze Kunstwerk Symbolcharakter hat.

Die Punkte 1 und 2 können dabei den zuvor von Schweinzer definierten Verhaltensreaktionen, der Perzeption, die Punkte 3 und 4 der Apperzeption und die Punkte 5 und 6 der Rezeption zugeordnet werden.

Ziel eines solchen Musikunterrichts wäre, daß die Schüler/innen über die Vorgänge des einfachen Hörens hinaus zum aktiven, bewußten, wachen Hören angeleitet werden und sich nicht passiv berieseln lassen (ebd. 255; 259).

Die hier verwendete Staffelung des Hörens böte sich auch für ein entsprechendes Hörkonzept im Deutschunterricht an, das sich an die von Norbert Groeben für das »Adaptive Lesen« vorgeschlagenen Kategorien anlehnen könnte (1982, 109). Die von Groeben entwickelten Lektürekategorien und -merkmale könnten dann folgendermaßen auf das Hören übertragen werden: Das bewußte Wahrnehmen akustischer Eindrücke, die Hörsensibilisierung, käme einer Schulung der Hörfähigkeit gleich. Darauf aufbauend müßte ein ›guter Hörer‹ die Fähigkeit entwickeln, sein Hören verschiedenen Anlässen und Fragestellungen anzupassen, z. B. einer Lesung mit Genuß zu folgen, einer Handlungsanweisung die wichtigsten Informationen zu entnehmen und aktiv hörend[1] auf einen Gesprächspartner einzugehen.

Nach dem Erwerb unterschiedlicher Hörtechniken, der Hörfertigkeit, sollten diese »planvoll-intentional« (Groeben 1982, 109) eingesetzt werden

1 Ich verwende hier den Begriff »Aktives Zuhören« nach Thomas Gordon (1977).

können; der Hörer hätte die Kompetenz des ›adaptiven Hörens‹ erworben. Das Gehörte könnte dann u. a. als »Partitur«[1] angesehen werden, mit der im Deutschunterricht weiter kreativ gearbeitet werden kann.

In der Musikgeschichte ist der Begriff des »aktiven Hörens« jedoch nicht neu. Bereits 1919 verwendet Hugo Riemann diesen Begriff in seinen »Grundlinien der Musikästhetik« (ebd. 259). Heinz Lemmermann beschreibt im Kapitel »Unterrichtsgegenstände und Methoden« seines Buches »Musikunterricht« (1984) allgemeine Hörübungen, die seiner Ansicht nach auf Robert Schumann zurückgehen, den er als einen der »Urväter« der »Umwelt-Didaktik« bezeichnet (ebd. 275).

In seinen »Musikalischen Haus- und Lebensregeln« schreibt Schumann:

> »Die Bildung des Gehörs ist das Wichtigste. Bemühe dich frühzeitig, Tonart und Ton zu erkennen. Die Glocke, die Fensterscheibe, der Kuckuck – forsche nach, welche Töne sie angeben.«[2]

Mit den Mitteln einer umfassenden Sensibilisierung der auditiven Wahrnehmung, mit denen möglichst viele alltägliche Geräusche in den Unterricht miteinbezogen werden, wird ein differenzierteres Umweltverständnis erzielt sowie ein besseres Musikerkennen und -verstehen aufgebaut (ebd. 275f.).

Eine ähnliche Bedeutung mißt Wilfried Gruhn (vgl. 1995a/b) dem Hören bei. Er analysiert es im Gegensatz zu Schweinzer jedoch aus »informationstechnischer« Sicht, wobei es ihm in erster Linie auf das Anbahnen neuronaler Verbindungen beim Musikhören ankommt. Jedes Hören, so Gruhn, löse beim Erkenntnisvorgang einen Mustervergleich mit bereits bekannten Klangeindrücken aus (vgl. 1995a, 21). Ist der musikalische Klang bereits als musikalische Erfahrung vernetzt, so können ihm benachbarte Areale aktiviert werden, die z. B. weitere Gedanken, Assoziationen und Empfindungen auslösen. Für diese Entwicklung des Hörens (Addition) sei es wichtig, den Kindern genügend Zeit zu lassen und sie mit entsprechenden Anregungen sowie Impulsen von außen, welche aber nicht unbedingt von der Lehrkraft, sondern auch von Mitschüler/innen oder dem Material kommen können, zu stimulieren. Grundlage hierfür sind lerntheoretische Erkenntnisse der amerikanischen Unterrichtsforschung, wonach dem symbolischen Lernen ein figurales, konkretes vorausgehen muß, in dem das Kind durch sensorische Anpassungsreaktionen Wissen

1 In Anlehnung an den bei Winfried Pielow (vgl. 1985, 112) verwendeten Begriff von Benno Griebel.

2 Zit. nach Lemmermann 1984, 275.

über sich und die Umwelt erwirbt. Auch die Musikerziehung müsse sich nach den bei Kindern vorhandenen neuronalen Netzen richten, die durch selbstgemachte Wahrnehmungen und Erfahrungen entstehen. So sollten Kinder musikalische Strukturen zunächst z. B. als kinästhetische erfahren, bevor sie die Notenschrift – also kognitive Strukturen – kennenlernen (vgl. Gruhn 1995b, 4ff.). Ein wichtiger von Gruhn zu übernehmender Hinweis für eine entsprechende Hörerziehung im Deutschunterricht ist, daß sie integrativ und in jedem Fall vielsinnig angelegt werden muß.

2.1.1 Ältere und neuere Veröffentlichungen zur Musikdidaktik

Lemmermanns historischer Befund einer didaktischen Analyse des Musikunterrichts ist, daß dieser lange mit Heilsansprüchen überfordert war, in der NS-Zeit zu außermusikalischen Zwecken mißbraucht wurde und in der Schule, vor allem in der Volksschule, in erster Linie nur auf das Singen ausgerichtet blieb (vgl. Lemmermann 1984, 56).

Erst später, in den 1960er Jahren, erhielt das »Hören-Lernen im Sinne von Intensivierung und Differenzierung der auditiven Wahrnehmung« (ebd. 57) seine eigentlich grundlegende Bedeutung für den Musikunterricht, die Gottfried Küntzel (1971) u. a. in folgenden Lernzielen definiert:

- Der Schüler soll lernen, sich der Hörwelt, die ihn ständig umgibt, bewußt zuzuwenden und Schallereignisse (einschließlich Musik) auf ihre Bedeutung für den Menschen und die Gesellschaft hin zu untersuchen.
- Er soll lernen, daß und wie man in die Hörwelt verändernd eingreifen kann.
- Der Schüler soll lernen, sich als Empfänger und Sender akustischer Informationen [...] zu erfahren und die Wirkung des Hörens und Tuns auf sich selbst zu reflektieren.[1]

Genau diese Ziele sind es wert, auch im Deutschunterricht der Grundschule verankert zu sein, wo z. B. die Texterschließung durch Hören als ein produktives Rezeptionsverfahren wieder berücksichtigt werden sollte.

In Schriften zur Musik oder gar zur Hörerziehung wird meist nicht zwischen dem »unspezifischen« Hören und dem (Musik-)Hören, bei dem u. a. eine ästhetische Wertung vorgenommen wird, unterschieden.

Dezidierter für das Hören als Lernziel im Musikunterricht plädiert Gisela Distler-Brendel. Sie stützt sich dabei auf Warners »Musikalisches Lernen ist hörendes Lernen« und will letztlich ›nur‹ zu einem Hören am mu-

1 Vgl. Küntzel zit. nach Lemmerman 1984, 59f.

sikalischen Material kommen.[1] Vorbedingung für die Musikrezeption, die auch die musikalische Produktion und Reproduktion einschließt, ist für sie eine »hörende Grundhaltung«, eine »wache, aufmerksame Hörbeobachtung, Hörvorstellung und Hörkontrolle« (ebd. 229).

Neben der Musikrezeption fordert sie daher einen systematischen »Lehrgang«, um die Hörfähigkeit zu schulen, allerdings orientiert sich dieser mehr an der Musik als am Alltag der Kinder. In der Grundschule wird das wohl kaum den erwarteten Erfolg haben, denn ohne ein Anknüpfen an Eigenes und Alltägliches kann für die Kinder kein emotionales Beteiligtsein entstehen, auf dem wiederum die Hör-Analysen basieren sollen.

Obwohl Distler-Brendel als eine von wenigen eine solche systematische Hörerziehung vorschlägt und entwirft, unterscheidet sie dennoch nicht konsequent zwischen Hören und Musikhören, sondern gebraucht in ihrer Argumentation immer wieder das eine in Kombination mit dem anderen. Ihre unterschiedlichen Hörausrichtungen (Umwelt, Stimme, Instrumente) stehen jedoch miteinander in Verbindung.

Distler-Brendel unterscheidet in ihrer Hörschule vier Stufen des Hörens:

a) das Aufnehmen sensorischer Reize (die von Musik ausgehen), d. h. die Ausbildung eines sensorischen Wahrnehmungsvermögens,
b) eine Rationalisierung und Artikulation des Gehörten; das Verbalisieren von Stimmungen, Assoziationen und Gefühlen,
c) das Wahrnehmen von Strukturen, Ordnungen, Gliederungen des Gehörten, wozu sie das »produktive Voraushören (innere Vorstellung, Hörerwartung) und das rückbeziehende (erinnernde und vergleichende) Hören« zählt sowie
d) das verstehende und wertende Hören, in dem sich emotionelle und strukturelle Aspekte in einer Synthese vereinen (ebd. 229ff.).

Die von ihr unterschiedenen Hörformen decken sich größtenteils mit den zuvor genannten von Krützfeld-Junker und den von Schweinzer definierten Verhaltensreaktionen der Perzeption, Apperzeption und Rezeption.

Distler-Brendel fordert, daß die Hörerziehung Hörkategorien und Hörmodelle zur Verfügung stellen, aber auch die Konfrontation mit Neuem wagen solle und Anregungen zu geben hätte, die musikalische Wahrnehmungs- und Konzentrationsfähigkeit zu entwickeln (ebd. 231f.). Sie beschreibt Hören vom »naiven physiognomischen Hören bis zum konzen-

1 Vgl. Gisela Distler-Brendel in Dopheide 1977, 225.

trierten Beobachten akustischer Phänomene und musikalischer Verläufe sowie zum Abhören von Werkausschnitten unter gezielter Aufgabenstellung mit oder ohne Verwendung des Notenbildes« (ebd. 233).

Zur Operationalisierung ihrer oben aufgezählten Lernziele ordnet sie dem Hören vier Verhaltensweisen zu: Reagieren, Reflektieren, Experimentieren und Notieren. Für alle Lernziele solle die Interdependenz von Erkenntnis und Übung richtungsweisend sein.

> »Indem Hörerziehung sensorische, motorische, intellektuelle und emotionelle Fähigkeiten gleichermaßen in Anspruch nimmt, zielt sie auf eine Genauigkeit der Wahrnehmung und eine Kenntnis der Sache, ohne die alles Reden und Urteilen über Musik unqualifiziert bleiben muß.« (ebd. 233)

Distler-Brendel bezieht die Begriffs- und Systembildung innerhalb ihres Konzepts jedoch in erster Linie auf das Hören von Musik. Das – ohne die entsprechende Hörerziehung – unqualifizierte Reden und Urteilen von Schülern über Musik, erscheint ihr dabei problematisch. Aber mit ihrer Hörerziehung und dem dadurch angeblich qualifizierteren Urteilen über Musik, erhebt sie einen Exklusivitätsanspruch, der überheblich wirkt und andere ungeschulte ›Hör-Laien‹ abwertet.

Die – alle Sinne umfassende – Hörerziehung des systematischen Lehrgangs von Distler-Brendel ist theoretisch überzeugender, zumal sie dort, z. B. bei den Übungen zur Ausbildung der sensorischen Wahrnehmung (s. unter a)), Übungen zum differenzierenden Wahrnehmen, zum Erzeugen und Nachahmen von Klängen und Geräuschen (umweltliche, stimmliche und instrumentale) anführt (ebd. 235). Diese Inhalte der ersten Gruppe des Lehrgangs sind dem Teil-Lernziel »Ausbildung und Differenzierung der sensorischen Wahrnehmung akustisch-musikalischer Phänomene« zugeordnet. Eine zweite Gruppe enthält Übungen zum physiognomischen und emotional-assoziativen Hören. Hier sollen u. a. gehörte Eindrücke verbalisiert und bildnerisch nachvollzogen werden, wie sie als Ansatz einer ästhetischen Hörerziehung durchaus auch auf den Deutschunterricht übertragen werden könnten.

Sigrid Abel-Struth, die in einem historischen Abriß verschiedene Ansätze einer Didaktik des Musikhörens nebeneinanderstellt,[1] macht darauf aufmerksam, daß eine überzeugende Definition des Begriffes Musikhören nicht existiert. Sie stellt lediglich Abgrenzungen gegenüber der Gehörbildung innerhalb der Musiktheorie, gegenüber dem Hören als reiner Sinnes-

---

1 Vgl. Abel-Struth in Dopheide 1977, 319ff.

wahrnehmung, dem Gehör als Organ und der Gehör- und Musikpsychologie fest.

In den älteren didaktischen Ansätzen – deutlich an ihrer Zusammenstellung abzulesen – wird nicht zwischen dem Hören als solchem und dem Musikhören unterschieden. Verallgemeinerungen wie jene, daß das Hören eventuell zu seelischer Gelöstheit, Kontaktfreudigkeit und der Ausbildung der Ausdrucksfähigkeit ebenso beitrage wie zur Verbesserung der Konzentrationsfähigkeit, zu Phantasiekräften und zur Genußfähigkeit (ebd. 332), lassen sich zwar aus den älteren musikdidaktischen Ausführungen ablesen, die sich zusammenfassend auf die »Bildung der Empfindung« und die »Bildung sachlichen Urteilsvermögens« beziehen; Stellungnahmen bzw. Annäherungen an das Hören sind dort jedoch nicht zu finden (ebd. 335).

In der von Abel-Struth erwähnten neueren musikdidaktischen Literatur, in der sich Musikdidaktiker auf psychologische Forschungsergebnisse stützen, »die psychische, neurophysiologische und somatische Störungen durch Vernachlässigung eines Sinnesreizes gegenüber den anderen Sinnesreizen nachwies und zugleich auf die gegenwärtige Bevorzugung visueller Reize aufmerksam macht« (ebd. 340), ist dagegen die »systematische Ausbildung der auditiven Wahrnehmungsfähigkeit« (ebd. 340) als zentrale Aufgabe des Musikunterrichts formuliert. In der neueren Musikdidaktik wird das Fach Musik u. a. damit begründet, daß es das einzige ›reine‹ Hörfach in der Schule sei, das die ästhetische Erziehung im Sinne einer Ausbildung von Wahrnehmungsmöglichkeiten, des Wahrnehmungsgenusses und der Wahrnehmungskritik[1] als allgemeines Lernziel ernst nehme und den veränderten Rezeptionsbedingungen Rechnung trage.

Dem wäre zu entgegnen, daß im Schulunterricht hauptsächlich gehört wird, also das Hören die häufigste Kommunikationsweise bzw. Rezeptionsform ist[2] und sowohl im Fremdsprachenunterricht als auch im Fach Deutsch mehr oder weniger bewußt mit den unterschiedlichen Formen des Hörens gearbeitet wird, so daß das Unterrichtsfach Musik nicht ohne weiteres als ein ›reines‹ Hörfach zu bezeichnen ist. Außerdem wachsen

1 Abel-Struth verwendet den Begriff Ästhetische Erziehung so, wie er von Hartmut von Hentig (1970) als allgemeines Lernziel der neuen Schule entwickelt wurde (ebd. 341).

2 In einer von Klaus Urban (1977, 744-748) erhobenen Untersuchung wurde festgestellt, daß Schüler/innen bis zu 58% ihrer Schulzeit zuhören; die Zeitanteile der anderen Kulturtechniken (Sprechen, Lesen, Schreiben) bewegten sich in einem Rahmen von jeweils 42%.

Kinder heute mit dem Hören von Kassetten, Fernseh- und Radiosendungen auf; sie hören also Verschiedenes in bestimmtem zeitlichen Umfang – eine Kassette z. B. wird zwischen 10 und 100 Mal gehört –, oft ohne ein genaues Unterscheiden oder ein gezieltes, qualitätsbewußtes Auswählen. Die Kinder bevorzugen in ihrer Auswahl eindeutig unterhaltungsbetonte Hörspielserien (vgl. Heidtmann 1992, 72).

Die Zielauffassungen des (Musik-)Hörens im Unterricht, so faßt Abel-Struth zusammen, seien zum einen die Orientierung am Kunstwerk und die damit verbundenen Möglichkeiten zur »Bildung« und zum anderen die Orientierung an der Funktion der Musik sowie den damit zu machenden Erfahrungen (vgl. Abel-Struth 1977, 344).

Sigrid Abel-Struth und Ulrich Groeben führten in den 1970er Jahren eine umfangreiche Studie zur Erforschung der musikalischen Hörfähigkeit von 5 bis 7jährigen Kindern in Frankfurt durch. Inhaltlicher Ausgang der Versuche war die Frage, wie Kinder komplexe Musik hören. Die sich daraus ergebenden Einzelfragen wurden auf drei Versuche zur Feststellung überwiegend affektiver Merkmale wie Höraufmerksamkeit, Hörinteresse und Hörkonzentration und vier Versuche zur Feststellung höranalytischer Fähigkeiten beschränkt. Eine dritte Versuchsgruppe wurde auf den Stellenwert des Musikhörens gegenüber dem des Musik-Praktizierens geprüft. In den Versuchen wurde – aus historischen Gründen – auf vokale und instrumentale Reproduktionen und sprachliche Äußerungen der Kinder verzichtet; dafür wurden graphische Methoden entwickelt, um die Hörleistungen der Kinder zu analysieren.

Doch mit dieser Methode lassen sich Hörergebnisse ebenfalls nur bedingt ermitteln. Dies führte zu einer eher zurückhaltenden Interpretation der gewonnenen Ergebnisse.[1] Die Ergebnisse zur analytischen Musik-Hörfähigkeit von Kindern fielen positiver als erwartet aus, wobei sich zeigte, daß durch einen gezielten Hörunterricht die Hörleistungen der Kinder noch deutlich hätten verbessert werden können (vgl. Abel-Struth/Groeben 1979, 11). Dies könnte eine weitere Bestätigung dafür sein, daß auch eine entsprechende Hörförderung im Deutschunterricht das Hörverstehen oder das Texterschließen verbessert.

Durch die beim Versuch angewandte Methode zur Beurteilung der musikalischen Höraufmerksamkeit, das Beobachten der Zuhör- und Weghör-Reaktionen, wurden die oben (s. Kap. 1.2.4) aufgezeigten Zusammenhänge zwischen Hören und Bewegung bestätigt. Reaktionen, die auf ein Zuhö-

1 Vgl. Abel-Struth/Groeben 1979, 9f.

ren schließen lassen, offenbaren sich den Beobachtern folgendermaßen: durch ein rhythmisches Bewegen des Kopfes, ein Bewegen der Hände, der Finger, der Füße, der Beine und/oder des ganzen Körpers im Takt bzw. mimische Äußerungen über Vergnügen oder Mißfallen (vgl. Abel-Struth/ Groeben 1979, 14).

Zu den Weghör-Reaktionen zählen solche, die als sogenannte Nebenaktivitäten wie Durch-den-Raum-schauen, Kritzeln und/oder Auf-dem-Stuhl-herumwackeln etc. bezeichnet werden (ebd. 15).

Auch wenn die visuell wahrnehmbaren Reaktionsweisen nicht unbedingt einen aussagekräftigen Schluß über die durch das Hören ausgelösten Reaktionen zulassen, da sie kaum zu verifizierende intrinsische Prozesse nicht berücksichtigen, läßt sich im Ergebnis dennoch eine vorwiegend ›sensorische Integration‹ nachweisen. Die Zusammenhänge zwischen Hören und Bewegtsein bzw. zwischen Hören und einem bewegungslosen Verharren in einer bestimmten Haltung als weitere Möglichkeit des ›angespannten‹ und aufmerksamen Zuhörens bleiben in der Auswertung der Versuchsergebnisse jedoch unbegründet.

Der Versuch, Begriffe wie Höraufmerksamkeit, -konzentration und -intensität zu definieren, wird von der Forschungsgruppe nur zaghaft unternommen, da sie laut Abel-Struth eher weniger gebraucht werden (ebd. 105). Ihre Definitionen sind daher wohl allgemeiner und gegenstandsloser ausgefallen: Höraufmerksamkeit bezieht sich z. B. auf das gegenwärtig Gehörte; sie ist auf konkret Hörbares gerichtet oder nicht gerichtet, »gegenüber der Hörkonzentration ist sie durch den Grad der Hörintensität abzugrenzen« (ebd.). Der Grad der Hörintensität bei der Höraufmerksamkeit sei allerdings geringer einzuschätzen als bei der Hörkonzentration, was z. B. einer Unterscheidung der Hörintensität beim Zuhören und Horchen gleichkäme.

2.1.2 Rahmen- und Lehrpläne

Lernziele für den Musikunterricht an allgemeinbildenden Schulen wären u. a. laut Lemmermann, die Schüler/innen in der Weise zu qualifizieren, daß ihre nonverbale auditive Kommunikationsfähigkeit entwickelt werde, daß ihre kognitiv musikalische Eindrucks- und Ausdrucksfähigkeit gefördert und ein kritisches Reflexionsvermögen vermittelt werde (vgl. Lemmermann 1984, 27).

In den Musik-Rahmenplänen der einzelnen Bundesländer wird das Hören zwar immer erwähnt, steht aber nicht unbedingt an erster Stelle.

In Nordrhein-Westfalen z. B. kommt das Musizieren vor dem Hören und Umsetzen von Musik in Bilder oder Texte. In Hessen wird die musikalische Frühförderung dagegen auch auf die Wahrnehmungs-, Erlebnis- und Ausdrucksfähigkeit bezogen. In einigen Lehrplänen finden sich, wie z. B. im Bildungsplan Baden Württemberg, Hinweise, daß mit dem Hören auch das Erkennen und Unterscheiden von Klängen verbunden ist (S. 102). Eine Unterscheidung zwischen Geräusch und Klang wird dabei nicht gemacht.

Insgesamt lassen sich zwei zentrale an den Musikunterricht gestellte Aufgaben ausmachen:

- die auditiven Eindrücke, die Schüler/innen wahrnehmen, in ihrer Wirkung zu klären und kritisch einzuordnen und
- den Schüler/innen zum verbalen, schriftlichen oder körpersprachlichen Ausdruck ihrer gewonnenen Wahrnehmungseindrücke zu verhelfen (vgl. Lemmermann 1984, 71).

Um diese beiden Pole, die man als Rezeption und Aktion bezeichnen kann, gruppieren sich zahlreiche Lernfelder, die den Höreindruck, die Reflexion darüber, das Wiedergeben und Nachgestalten sowie das Umsetzen in andere Ausdrucksformen betreffen (ebd. 71).

Die Konzeption einer auditiven Wahrnehmungserziehung, die mit den musikpädagogischen Traditionen weitgehend brach, entwickelte sich erst Mitte der 1960er Jahre und wurde 1972 in einem Lehrwerk (Frisius et al.) ausformuliert; jedoch bleiben sie hauptsächlich auf Musik hin ausgerichtet, lösen aber altersspezifische Grenzen auf und ermöglichen schon in der Grundschule einen umfassenden Zugriff auf alle Arten von Musik, den durch die Massenmedien vermittelten musikalischen Erfahrungen der Kinder folgend. Die Inhalte wurden auf alles Hörbare ausgeweitet und das Hören unter strukturellen, funktionalen und kommunikativen Aspekten thematisiert; in Ansätzen haben diese Neuerungen Eingang in die Lehrpläne der Länder gefunden, dennoch konnten sich die Konzepte nicht durchsetzen.[1] Ein möglicher Grund dafür wäre, daß Lehrer, die Musik als Lern- und Leistungsfach im zeitlichen Rahmen von zwei bis drei Wochenstunden unterrichten, andere Prioritäten setzen als eine Hörschulung und sich eher einer »musikalischen Sozialisation bzw. Enkulturation« verpflichtet sehen.

1 Vgl. Ott, Thomas: Musik. In: Ott, Thomas/Ingo Scheller/Karlheinz Scherler/Gert Selle: Lernbereich Ästhetik. In: Enzyklopädie der Erziehungswissenschaften, Bd. 3., Stuttgart 1986, 220.

2.1.3 Lehr- und Lernwerke

> »Musikbücher für die Volksschule sind noch bis in die 1960er-Jahre überwiegend reine Liederbücher, z. T. mit Notenlehrgängen und biographischen Randnotizen zu Komponisten garniert.« (Lemmermann 1984, 41)

Das heißt auch, daß außer dem Singen von Liedern nur wenige andere Inhalte von Bedeutung waren, sonst hätten sie einen Niederschlag in den Lehrwerken gefunden. Letztlich spiegeln diese Unterrichtswerke die didaktischen Konzeptionen der Zeit wider.

Erst im Lehrerband zum ›Lehrbuch der Musik‹ (1972, Bd. 2) für das 5./6. Schuljahr geben Helmuth Hopf u. a. Hinweise zur Sensibilisierung und Differenzierung der auditiven Wahrnehmungsfähigkeit. Sie regen dazu an, Auditives zu verbalisieren, sich klanglich und schallerzeugend zu erproben, also Geräusche und nicht nur ›hehre‹ Musik zu produzieren und Werturteile aufgrund reflektierter Hörerfahrungen zu fällen.[1]

In neueren Lehrwerken für den Musikunterricht, z. B. ›Musikus‹ (Volk und Wissen, Berlin 1993) wird eine Gehörschulung erwähnt; das Hören wird dort in einigen Unterrichtsvorschlägen als Umweltwahrnehmung thematisiert, die überwiegende Zahl der Hör-Vorschläge ist allerdings mit dem Musikhören verbunden.[2]

Inhalte, wie stimmliches Gestalten, das Singen, das Musizieren und der kreativ-spielerische Umgang mit Instrumenten rangieren vor dem Hören von Musik. Obwohl das Hören spezifisch und nicht allgemein angewendet werden soll, impliziert es ein Interesse an klanglichen Erscheinungen; intendiert ist u. a. die Entwicklung von Rezeptionsmöglichkeiten – im Sinne des Erwerbs der Hörfähigkeit –, die im Begleitband allerdings nicht genauer beschrieben werden.

Gleich auf den ersten Seiten des Buches ›Musikus‹ finden Schüler/innen einen Hörspaziergang, (zu dem es begleitend ein visuell sehr ansprechend gestaltetes Plakat gibt), der das Hören schulen soll und zwar das Hören auf die Umwelt mit ihren Alltagsgeräuschen. Es wird vorgeschlagen, diesen Spaziergang als Einstieg bzw. als ›Pausenfüller‹ zu verwenden: das aufmerksame Hören, das wache »Beobachten und das Erkennen von Klang- und Geräuschquellen, das Imitieren und das eigene klangliche Gestalten von Erlebnissen sind die dazu angegebenen Lernziele bzw. -inhalte (ebd. 22f.). Später werden ähnliche Übungen, z. B. das Stapfen eines Bären,

1 Zit. nach Lemmermann 1984, 60f.

2 Vgl. Musikus 1/2, Lehrerhandbuch, 4.

nicht mehr als Hörübung, sondern als Musiziervorschlag charakterisiert; das Bewegen zur Musik rückt dabei in den Vordergrund (z. B. 31ff.), wogegen nichts einzuwenden wäre, wenn die Verfasser erst einmal Wert auf das Hören und Unterscheiden von vernehmbaren Bewegungen und Fußgeräuschen wie Stapfen, Trippeln, Trappeln oder Schleichen gelegt hätten. Die Kenntnis dieser Klänge und Geräusche wird stillschweigend vorausgesetzt und nicht erst klanglich bzw. szenisch – mit Stimmen, dem eigenen Körper und/oder Instrumenten experimentierend – erprobt. Die vorgegebenen Geräusche lediglich musikalisch zu imitieren, ist sehr eindimensional und wird in den ersten Grundschuljahren – das Lehrbuch ist für Klasse 1 und 2 konzipiert – kaum auf Interesse stoßen.

Als Fazit bleibt festzuhalten, daß das unspezifische, nicht auf Musik gerichtete Hören allgemein als wichtig angesehen, aber keineswegs angeleitet oder geschult wird. In den meisten Veröffentlichungen wird nicht deutlich und differenziert zwischen Hören und Musikhören unterschieden; vieles wird von vornherein auf die Musik ausgerichtet. In dieser Ausschließlichkeit wäre das nicht zu erwarten, zumal die Hörgewohnheiten der Kinder und Jugendlichen auch von anderen Höreindrücken, solchen, die Musiklehrer/innen nicht unbedingt als Musik bezeichnen – wie Rap oder Techno –, geprägt werden. Natürlich soll der Musikunterricht zu einem anderen, kritischen Hören führen und dazu befähigen, sich differenziert über Musik zu äußern, dazu müßte aber auch im Musikunterricht bei dem angesetzt werden, was uns täglich an Klängen, an Geräuschkulisse bzw. an Lärm umgibt.

Eine Wahrnehmungsveränderung und ein möglicherweise verändertes Hörverhalten kann nur entstehen, wenn das Bekannte bewußt gemacht, analysiert und dann erweitert, ggf. durch anderes angereichert wird.

2. 2 Das Hören im Deutschunterricht

Hören und Hörverstehen haben im Deutschunterricht heute keinen eigenständigen Stellenwert mehr; das Hören in der Muttersprache wird meist als selbstverständlich vorausgesetzt.[1]

---

1 In der bereits erwähnten Untersuchung von Urban (1977) gaben ca. 70% der 1000 befragten Lehrer an, daß Hören weniger wichtig als Lesen, Schreiben und Sprechen sei. Rund 50% setzten das Hören an die zweite Stelle einer Prioritätenliste der vier Kommunikationsweisen. Keiner der Lehrer unterrichtete das Hören bewußt als fundamentale Fähigkeit.

Neue Medienentwicklungen, die ein anderes auditives Rezeptionsverhalten erfordern, bleiben dabei genauso unberücksichtigt, wie die inzwischen in vielen Klassen bestehenden multikulturellen Zusammensetzungen. Für viele Kinder ist das Deutsche eine Fremd- bzw. Zweitsprache. Diese Tatsache sollte bei deutschdidaktischen Konzeptionen berücksichtigt werden.

2.2.1 Rahmenpläne im Vergleich

a) Allgemeine sprachliche Forderungen

Die Rahmenpläne und die darin festgehaltenen Lerninhalte und -ziele für das Fach Deutsch der Primarstufe bzw. der Grundschule aller Bundesländer ähneln sich in vielerlei Hinsicht.

Allgemein wird in den Richtlinien gefordert, daß die sprachliche Kreativität der Kinder angeregt und gefördert werden soll, daß die Sprachbereitschaft und -fähigkeit (beobachten, berichten, beschreiben) weiterentwickelt und dabei die Freude am Sprechen, (Zu-)Hören, Schreiben und Lesen geweckt werden soll.[1]

Nicht zu vergessen ist der Hinweis im Vorläufigen Berliner Rahmenplan (1988), daß der Spracherwerb eng mit der Denkentwicklung und der Handlungsfähigkeit der Kinder verbunden ist (S. 2f.). Die Kinder sollen sich mit der eigenen Lebensumwelt, ihrem Alltag auseinandersetzen und ein Verständnis der Wirklichkeit gewinnen,[2] was z. B. über die vielfältigen Möglichkeiten des Mitteilens und über verschiedene Gesprächs- und Spielformen geschehen kann.[3]

Der Deutschunterricht wird dabei als grundlegendes Fundament angesehen.[4]

In sämtlichen Lehrplänen (z. B. in Brandenburg) ist eine Unterteilung des Deutschunterrichts in verschiedene Teilbereiche zu finden:

- Mündlicher Sprachgebrauch
- Umgang mit Texten
- Schriftlicher Sprachgebrauch und
- Untersuchung von Sprache

---

1 Vgl. Rahmenrichtlinien Niedersachsen 1984, 4.

2 Vgl. Vorläufiger Rahmenplan Brandenburg 1991, 17.

3 Vgl. Rahmenrichtlinien Niedersachsen, 4.

4 Vgl. Vorläufiger Rahmenplan Brandenburg 1991, 9.

Die Aufgaben des Deutschunterrichts könnten nach Fritzsche (vgl. 1994, 24) als Förderung und Beherrschung der deutschen Sprache und Ausbildung der Sprach- und Kommunikationsfähigkeit umrissen werden. Fritzsche unterscheidet weiter in strukturelles und inhaltliches Lernen und schreibt dem Deutschunterricht die Entwicklung von Grundkompetenzen zu (ebd. 50f.). Er definiert sie als kognitive, sprachliche, interaktive und ästhetische Kompetenz (ebd. 51). Innerhalb der curricular angelegten Lehr- und Rahmenpläne der Länder werden diese Schwerpunkte in den jeweiligen Klassenstufen immer etwas komplexer durch- und weitergeführt. In allen Rahmenplänen sind ähnliche Kriterien für die Textauswahl von Dramen, Prosa, Lyrik, Kinder- und Jugendliteratur zu finden.

Die Auswahl der im Deutschunterricht verwendeten Texte soll auf die Lebenswirklichkeit der Kinder bezogen sein und möglichst aus deren Fest- und Jahreskreis (z. B. Geburtstag, Ostern, Weihnachten etc. und je nach den Herkunftsländern der Kinder auch andere religiöse bzw. landestypische Feste) stammen, damit eine Auseinandersetzung mit dem Alltag bzw. eine Kontrastierung des Alltags stattfinden kann. Die Texte sollen möglichst neue Erfahrungen vermitteln, die Phantasie der Kinder anregen und das kreative Arbeiten fördern; Gedichte, so der Lehrplan Nordrhein-Westfalens (1985, 26f.), seien dabei als Textsorte eine Möglichkeit unter vielen, sich auf einen Text einzulassen, ihn zu untersuchen, zu werten und zu nutzen. Der sprachspielerische Umgang – speziell – mit Gedichten wird dabei nur beiläufig genannt, während sonst zahlreiche handlungs- und produktionsorientierte Verfahren angeführt werden.

In den Rahmenrichtlinien Niedersachsens (1984), in dem es ein Kapitel »Hören und Zuhören« gibt, wird der Vortrag von auswendig gelernten Reimen und Gedichten erwähnt (S. 6). Unter »Lesen« sollen – im Sinne einer Sprecherziehung – Texte gehört, gelesen, vorgetragen und nachgesprochen werden, zu denen als mögliche zu verwendende Texte u. a. Zungenbrecher, Fingerspiele und kurze Spielverse angegeben werden. Hier könnten sich auch Lieder, Reigenspiele und Abzählreime, also zu singende Texte bzw. Sprachspiele anschließen, die vieles eingängiger und deutlicher machen und gleichzeitig eine Verbindung zum Musikunterricht herstellen.

Die Einbeziehung von Medien wird dabei erwünscht. Verweise auf den Einsatz von Medien lassen sich fast in jedem Rahmenplan nachlesen; konkrete Vorschläge, wie dieser Mediengebrauch und -umgang aussehen soll, fehlen dagegen.

Der Entwicklungsstand der Kinder (im Alter von 6 bis 10 bzw. 12 Jahren) und deren Sprachvermögen wird in den Rahmenplänen zwar beachtet, während das Hörvermögen der Kinder dagegen nur in einem Rahmenplan erwähnt wird. Um Organ- und Funktionsstörungen auszuschließen, weist der Lehrplan Deutsch/Grundschule des Bundeslandes Schleswig-Holstein ausdrücklich darauf hin, daß die Lehrenden die Hörfähigkeit ihrer Schüler zu überprüfen hätten (1979, 55). Eine Anleitung, solche Überprüfungen vorzunehmen, gibt es allerdings nicht.

b) Hören in den Rahmenplänen

Das Zuhören war nach dem Krieg in den meisten Lehrplänen als Teil der Sprecherziehung fest verankert (vgl. Wermke 1997, 194), wobei in den älteren Lehrplänen das Hören immer auf einen sprecherzieherischen Schwerpunkt bezogen war; statt des Hörens war das Hörspiel ein vieldiskutierter Gegenstand der didaktischen Literatur.

Noch 1973 gibt es in den Richtlinien des Bundeslandes Nordrhein-Westfalen (Grundschule, Deutsch/Sprache) eigens eine Passage zur »Schulung des Verstehens« im Rahmen der »Sprech- und Gesprächserziehung«. Unter kommunikationspsychologischem Aspekt betrachtet, soll der Empfänger auf die Entschlüsselung der gehörten Zeichen hin geschult werden, um ›aufnehmend und mitarbeitend‹ an Gesprächen teilnehmen zu können (ebd. 7).

In den Richtlinien wird eine Art Stufenplan zur Verstehensschulung aufgeführt, der eine »Hörschule« impliziert und mit einfachen Hörübungen beginnt, die akustische Grundlagen schaffen und verbessern sollen. Die nächste Stufe des Hinhörens wird zur bewußten Hinwendung auf Geräusche, Klänge, Laute und Wörter bezogen. Es folgt das Unterscheiden und Auswählen des Gehörten, das damit begründet wird, daß es angesichts der bestehenden »akustischen Reizüberflutung der Gegenwart« (ebd. 7) einer besonderen Übung bedürfe. Die Beschreibungen zu den einzelnen Stufen sind insgesamt sehr allgemein gehalten, konkrete Vorschläge für den nach diesem Plan durchzuführenden Hörunterricht enthalten sie nicht.

In der letzten Stufe wird das hörende, sinnentnehmende (KB) Verstehen beschrieben. Dieses Verstehen ist in zwei »Hochformen«, das Interpretieren von Dichtung und das menschliche Verstehen in Gesprächen unterteilt (ebd. 7). In der Erläuterung dazu heißt es: »Interpretation von dichterischen Texten kann schon in der Grundschule vorbereitet werden, wo immer ein gemeinsames Bemühen der Schüler auf Textverständnis zielt.« (ebd. 7); diese Form des Verstehens ist damit als Grundlage literarischer Bildung für die weiterführenden Schulen gedacht. Der Kommentar zum »menschlichen Verstehen im Gespräch« ist frei von diesen Ansprüchen und im Sinne Gordons (s. oben) auf ein aktives Zuhören, ein »verstehendes Aufnehmen im Gespräch« gerichtet (ebd. 7).

Als »die zweite Voraussetzung der Hinführung zum Gespräch« wird die Schulung des Sprechens genannt, die auf eine »klare, lautreine, verständliche und wirksame Sprechweise« (ebd. 7) zielt. Warum die Schulung des Verstehens, eigentlich der des Hörens und Aufnehmens, vor der Schulung des Sprechens steht, kann nur vermutet werden. Womöglich wird die Häufigkeit und Nutzung unterschiedlicher Kommunikationsarten berücksichtigt und die Tatsache zur Kenntnis genommen, daß Hören in der Schule einen weitaus größeren prozentualen Anteil ausmacht als das Sprechen.

Zwölf Jahre später (1985) wird in den Richtlinien Nordrhein-Westfalens nicht mehr in dieser Form und Ausführlichkeit auf das Hören eingegangen. Vermutlich ist dies auf die zunehmende Verwissenschaftlichung – auch des Grundschulunterrichts – zurückzuführen. Dort heißt es nur noch lapidar unter der Rubrik »mündlicher Sprachgebrauch«, daß Kinder einander zuhören und Gespräche führen sollten und daß das Erzählen und Zuhören gezielt gefördert werden müsse (S. 23f.); eine Begründung, weshalb das so sein sollte, oder Angaben, wie das zu geschehen hätte, werden nicht gegeben. Wie und in welchen Schritten oder Stufen ein solcher Prozeß initiiert werden soll, verschweigen die Verantwortlichen für diesen Lehrplan.

c) Neuere Rahmenpläne

Die Wiederaufnahme reformpädagogischer Ideen geschieht in den Rahmenplänen der neuen Bundesländer verstärkt, die zu Beginn der 1990er Jahre verpflichtend geworden sind. Im sächsischen Lehrplan der Grundschule Deutsch heißt es, daß Lernen durch Handeln nach dem Pestalozzi-Prinzip mit Kopf, Herz und Hand, erfolgen soll (vgl. 1992, 5). Der Unterricht soll kognitiven, emotionalen und produktiven Anliegen gerecht werden (ebd. 18).

Ein besonderes Gewicht auf das Hören, hier das Hören von Gedichten, legen die Rahmenplangestalter der Bundesländer Thüringen und Rheinland-Pfalz.

In Thüringen erfolgt eine Art lyrische Hörschulung der Kinder mit Kinderversen und Reimen, die in den ersten beiden Klassen zunächst rhythmisch gestaltet und später in Klasse 3 und 4 auf ihren klanglichen und lautmalerischen Charakter hin untersucht werden sollen (vgl. 1991, 9). Gedichtvorträge von Kindern und das Hören von Gedichten auf Tonträgern sowie Übungen zur Stimmbildung und Sprachgestaltung, z. B. artikuliertes Vor- und Nachsprechen von Abzählversen etc. (ebd. 20), stehen dabei im Vordergrund. Ein solches Vorgehen erscheint zunächst sinnvoll, da es von Bekanntem ausgeht, das nach und nach genauer hinterfragt und analysiert wird; allerdings bleibt dieses Konzept, ähnlich wie die Ansätze des Musikunterrichts, nur einseitig auf sprachliche Texte ausgerichtet und ist in dieser Ausschließlichkeit zu hinterfragen.

Im Lehrplan Deutsch des Bundeslandes Rheinland-Pfalz wird ein Lehrgang der Hör- und Sprecherziehung beschrieben, in den u. a. Gedichte miteinbezogen werden (vgl. 1984, 30f.). Der Lehrplan sieht das Hören von Lauten mit dem Ziel verschiedener Begriffsbestimmungen wie Zeile, Vers, Reim, Strophe, Gedicht und Lied vor, dient also der Aneignung eines analytischen Interpretationsapparates (ebd. 16; 20).

Der 1997 in Schleswig-Holstein erschienene Lehrplan Deutsch (Grundschule) weist dem Fach Deutsch die Vermittlung von Schlüsselqualifikationen zu, zu denen die Entwicklung und Förderung von Basisfähigkeiten gehören (S. 54f.). Zu diesen Basisfähigkeiten zählen: das Hören/Zuhören – hier an erster Stelle genannt –, das Sprechen, Sehen, Lesen, Schreiben und der Schriftspracherwerb. In der Begründung dazu heißt es:

> »Bewußtes Hören und Zuhören bilden einen wichtigen Zugang zur Welt. Für gelingende Unterrichtsprozesse sind sie unerläßliche Voraussetzungen. [...] Hören und Zuhören werden als kommunikative, erkenntnisbringende und für alle Gegenstandsfelder des Deutschunterrichts konstitutive Leistungen erfahren und gepflegt. Hören und Verstehen stehen in enger Verbindung zueinander. So wie es ein sinnverstehendes Lesen gibt, gibt es auch ein sinnverstehendes Hören.« (ebd. 55).

Neben einer Überprüfung des Organs ist das Hören hier allerdings in erster Linie auf das Hörverstehen im Sinne einer Sprecherziehung bzw. auf den Erwerb der Schriftsprache hin, »Hören und Verstehen stehen in enger Verbindung zueinander« (ebd. 55) ausgerichtet, so z. B. für die bewußte Unterscheidung langer und kurzer Vokale, offener und geschlossener Lautungen, von Betonungen, Hebungen, Senkungen und unterschiedlicher Klangfarben (s. oben) und nicht auf eine Hörerziehung bzw. -schulung, die etwa die heutigen Medienentwicklungen reflektiert oder zur kritischen Beurteilung des Gehörten befähigt.

Somit sind nur wenige ältere und ein neuerer Rahmenplan bezüglich des Hörens erwähnenswert. Meist wird die ›Hörkompetenz‹ jedoch nur im Sinne einer Sprecherziehung und zur Verbesserung des Kommunikationsverhaltens erwähnt.

Grundständige Hörübungen, die man als eine Art Hörschule bezeichnen könnte, finden sich nur in den Richtlinien Nordrhein-Westfalens von 1973. Eine Hörerziehung im Sinne der ästhetischen Erziehung, die etwa Lust auf Geräusche und Klänge macht, die Phantasietätigkeit anregt und zu einer Bildung der Gefühle beitragen würde, wird nicht angeführt.

Insgesamt sind die Rahmenpläne der neuen Bundesländer sowohl in bezug auf den Umgang mit Gedichten als auch auf den mit anderen Unterrichtsformen und Medien ›aufgeschlossener‹ und ›moderner‹. Es finden sich dort vermehrt Hinweise auf »andere« Unterrichtsformen wie das Szenische Interpretieren von Texten, z. B. in den Vorläufigen Rahmenrichtlinien von Sachsen-Anhalt, wo sprachliches und erlebnisorientiertes Darstellen in den ersten beiden Jahrgangsstufen besonders berücksichtigt wird (S. 10). Vermutlich sind diese Inhalte auf einige ältere Rahmenpläne zurückzuführen, wie z. B. den Berliner Rahmenplan, in dem es bereits 1988 ein Kapitel mit Anleitungen zum Darstellenden Spiel gab.

2.3 Sprachentwicklung, Spracherwerb und Hören

Kinder sind bereits Sprecher mindestens einer (Mutter-)Sprache, wenn sie in die Schule kommen. Sie können sämtliche Laute unterscheiden und verstehen, was andere Sprecher sagen. Sie benutzen Sprache, um Dinge zu bezeichnen und Bedürfnisse zu benennen – als Mittel zum Zweck. Dabei ist ihr Sprachgebrauch weder analytisch noch reflektierend.

Kinder machen nicht Sprache selbst, sondern die durch Sprache bezeichneten Gegenstände und Tätigkeiten zu ihrem Reflexionsgegenstand (vgl. Andresen 1985, 2). Der Spracherwerb vollzieht sich in unterschiedlichen Entwicklungsstufen und beginnt in den ersten Lebensmonaten und -jahren.

Auf die Schreie des Neugeborenen, eine Art Kräftigung der Artikulationswerkzeuge, folgt die sogenannte Lallphase. Ein-Wortsätze bzw. einsilbige Lallwörter oder duplizierte Silben werden gegen Ende des ersten Lebensjahres geäußert.

Mit zwei Jahren werden Zwei-Wort-Sätze gebildet und benutzt, die einen ersten syntaktischen Gebrauch von Sprache erkennen lassen. Schon ein halbes Jahr später werden kompliziertere Satzstrukturen und unterschiedliche Satzformen verwendet; sie sind gekennzeichnet durch den Gebrauch von Deklinationen und Konjugationen. Zwischen dem vierten und fünften Lebensjahr erwerben Kinder die Voraussetzungen zum Gebrauch von Konjunktionen für logische Hierarchien und Abhängigkeiten.

Später vervollständigt sich ihr Begriffsumfang, und die gewonnenen Fähigkeiten und Fertigkeiten werden angewandt und weiter ausgebaut.[1]

Mit dem Unterricht des Lesens und Schreibens in der Schule beginnen Kinder über Sprache nachzudenken, und durch das Erkennen sprachlicher Strukturen vollziehen sich sprachliche Prozesse, die sich u. a. laut Wygotski auf die Denk- und Handlungsfähigkeit des Kindes auswirken und später eine entscheidende Bedeutung für die metasprachlichen Kompetenzen der zukünftigen Erwachsenen haben (vgl. Andresen 1985, 4). Während der Grundschulzeit entwickeln Kinder die Fähigkeit, sprachliche Ketten zu dekodieren und über die linguistischen Strukturen dieser Ketten bewußt zu verfügen (ebd. 91).

2.3.1 Schrift

Schriftliche Aufzeichnungen oder Notizen sind im Grunde – nach verbreiteter Alltagsansicht – verinnerlichte Sprache; etwas, das man zu sich selbst sagt und auch hört, wird dabei festgehalten, ein visuell wahrnehmbarer Kodierungsprozeß findet statt, der das Wahrgenommene von innen nach außen verlegt. Damit geschieht also eine Art Vergegenständlichung und zugleich Fixierung von Sprache (vgl. Andresen 1985, 17).

Die Schrift ist in höherem Grad expliziter und vollständiger. Der Grund dafür ist u. a., daß Sprache in Form von Schrift ohne direkten Situationsgebundenheit existieren kann, im Gegensatz zur mündlichen Überlieferung, die einmal vernommen auch schon wieder verflogen und in gewisser Weise vergessen ist. Dinge und Begebenheiten müssen mündlich genauer um- und beschrieben werden (vgl. Andresen 1985, 113ff.).

Die akustische Wahrnehmung ist zeitlich limitiert und determiniert; sie ist außerordentlich flüchtig; Wiederholungen sind z. B. nur auf gezielte Nachfrage oder gezieltes Handeln hin möglich. Daraus wird fälschlicherweise u. a. der Schluß gezogen, daß Schrift in ihrer Allgemeinheit und Abstraktheit mehr Bedeutung hätte als vergleichbare sprechsprachliche Formulierungen (ebd. 115). Zumindest wird durch die Schrift ein ganz anderer Wissensbestand fixiert, konserviert bzw. tradiert, der in seiner Qualität oder Quantität nur schwer zu werten ist. Beide Verfahren unterliegen in ihrem Gebrauch unterschiedlichen Gesetzmäßigkeiten.

---

1 Vgl. Steinmüller 1977, 64ff.

2.3.2 Beziehungen zwischen Schrift- und Lautsprache

Die Schrift ist nach der Entwicklung der Lautsprache entstanden. Sie fixiert das gesprochene Wort und wird im Vergleich mit der gesprochenen Sprache als sekundär bezeichnet. Unser alphabetisches Schriftsystem hat sich über die Symbol- und Begriffssprache hin zur alphabetischen entwickelt und ist logisch von der Lautsprache abhängig.

Die deutsche Sprache ist phonemisch und nicht phonetisch bestimmt; Phoneme sind zwar die kleinste bedeutungsunterscheidende, aber nicht tragende Einheit. Sowohl Sprecher als auch Hörer bedienen sich im Verlauf der sprachlichen Kommunikation dieser Funktion des Phonems, für die es vermutlich einen zentral gesteuerten Erkennungsmechanismus gibt (vgl. Andresen 1985, 26).[1]

Silben sind Lautkomplexe, die im Deutschen aus einem Vokal bestehen, um den sich Konsonanten gruppieren. Sie sind im Deutschen aus 26 (+ß) Buchstaben zusammengesetzt. Die Silben werden durch entsprechende Zuordnungen aus dem Wortzeicheninventar wiedergegeben. So kann mit einem relativ kleinen Zeicheninventar eine maximale Folge von Lauten dargestellt werden.

Dagegen sind Begriffsschriften, wie sie die Chinesen noch heute benutzen, fast ohne Bezug zur Lautstruktur. Die verschiedenen Zeichen mit den entsprechenden Symbolen werden zu Wörtern zusammengesetzt und bilden Gedankeninhalte ab; ein Zeichen steht für eine Bedeutung, die sowohl auditiv als auch visuell wahrgenommen werden kann (vgl. Andresen 1985, 19f.).

Ist das Notationsprinzip unserer Schrift einmal verstanden und gelernt worden, können mit einer bestimmten Anzahl von Zeichen und ihren Zuordnungsregeln zu den korrespondierenden Lautsegmenten unendlich viele bzw. lange Texte produziert werden (ebd. 20).

Doch erfordert dies u. a. eine äußerst differenzierte auditive Sprachwahrnehmung, die die Klanggestalt eines Wortes und einzelner Wortsegmente identifizieren und in ihrer zeitlichen Abfolge erkennen kann; für

1 Ergänzend seien hier neuere Forschungsergebnisse von Angela Friederici erwähnt. Friederici unterscheidet drei fundamentale Phasen des Sprachverstehens: 1) nach 200 Millisekunden analysiert das Gehirn die grammatische Struktur eines Satzes; die grammatischen Informationen liegen als »Hardware« vor, wodurch sich die Schnelligkeit des Prozesses erklären läßt. 2) Nach 400 bis 600 Millisekunden werden die Wörter auf ihre Bedeutung hin analysiert. 3) 600 Millisekunden später werden Satzstruktur und Wortbedeutung gegeneinander abgeglichen (vgl. Schnabel/Sentker 1997, 50).

die Ausbildung dieser Fähigkeit ist der Deutschunterricht in der Grundschule zuständig. Denn die meisten Kinder durchlaufen »eine Stufe der phonetischen, lauttreuen Schreibung«, die später für die Rechtschreibung nutzbar gemacht werden kann.[1]

So gestaltet sich die Wiedergabe phonetischer und phonologischer Qualitäten einer jeweiligen Lautsprache zu Mittel und Zweck ihrer Verschriftlichung (vgl. Andresen 1985, 21).

Für die deutsche Orthographie nennt Riehme (1974) das phonematische, morphematische, grammatische, semantische, historische und das graphisch-formale Prinzip[2] in eben dieser Reihenfolge bedeutungsgebend. Das phonematische Prinzip definiert Riehme mit der Phonemrepräsentation des Graphems, das nächste bezieht er auf die Morphemschreibung. Das grammatische Prinzip gilt der Großschreibung von Substantiven, das semantische ist eine besondere Ausformung des morphematischen Prinzips und gilt für die eigene Schreibung eines Wortes als »Unterschiedsschreibung«. Unter ›historisch‹ versteht er die Beibehaltung von Schreibungen auch nach Veränderungen der Aussprache und als letztes bezeichnet er den Versuch, Verwechslungen von Buchstaben und Wörtern durch optische Repräsentanzen auszuschließen, als graphisch-formales Prinzip (vgl. Riehme 1974, 29f.).

Für die 36 Sprachlaute des gesprochenen (Standard-)Deutschen gibt es z. B. 238 Buchstabenschreibungen.[3] Damit ist in erster Linie die phonematische Struktur zur Verschriftlichung heranzuziehen, im Deutschen zählt man 50 Phoneme, deren Zuordnung allerdings nicht unbedingt eindeutig ist, gleiche Laute wie das [e] erfahren z. B. eine unterschiedliche Schreibung /ä/ und /e/ zwecks Unterscheidung des Wortes (Lärche-Lerche). Der Schriftspracherwerb wird dadurch erschwert, daß die Kinder sich nicht darauf verlassen können, das zu schreiben, was sie hören: z. B. [oich] für (euch), obwohl diese Schreibung von einer sehr guten akustischen Analyse zeugt. Sie müssen neben phonologischen Regeln auch linguistische erlernen, z. B. daß Diphtonge im Deutschen mit /eu/, /ei/ etc. repräsentiert werden.

Unsere Schriftsprache, und das gilt es beim Schriftspracherwerb in der Grundschule zu beachten, spiegelt nicht unbedingt die Lautsprache wider;

1 Vgl. Schweisthal, Günther. In: Huber et al. 1998, 49.

2 Die wesentlichen Wirkungskräfte und Gesetzmäßigkeiten der deutschen Orthographie versuchte man immer wieder in Form von Prinzipien darzustellen, die Riehme für seine Methodik übernimmt (vgl. 1974, 29).

3 Zit. nach Muthmann/Wothke 1991. In: Schweisthal 1998, 47.

unterhalb der Silbenebene sind Lautsegmente vorhanden, einzelne Buchstaben, die wiederum eigene Klangstrukturen besitzen, und von den Kindern unterschieden werden müssen (vgl. Andresen 1985, 18). Zudem können Soziolekte und Dialekte, die die Kinder im Alltag verwenden, das Schreiben, Lesen und Sprechen der Hochsprache erschweren.

Helga Andresen hält es für möglich, daß linguistische Strukturen der Schriftsprache unter Rekurs auf die Lautsprache angemessen erfaßt, also ersteres von letzterem abgeleitet werden könne; dies gelte vor allem für Schreibanfänger.

Allerdings könne das Schreiben und Lesen auch ohne Rekurs auf Hören und Sprechen ausgeführt werden. Dies ist in Frage zu stellen. Sicherlich ist die Aussage insofern richtig, als auch Gehörlose mit Erfolg Lesen und Schreiben lernen können, doch handelt es sich hierbei um keinen Normalfall, sondern um eine Ausnahme. Untersuchungen haben zwar ergeben (vgl. Günther 1983, 236ff.), daß gehörlose Schüler/innen zum Teil deutlich bessere orthographische Ergebnisse erzielten als ihre hörenden Mitschüler/innen; das läßt vermutlich auf eine bessere visuell ausgerichtete Merkfähigkeit schließen.

Günther kommt zu dem Schluß, daß Gehörlosen gängige Vorstellungen des Zusammenhangs zwischen innerem Sprechen und entsprechenden Formen der Schriftwahrnehmung und -produktion besitzen (ebd.).

Obwohl die Zusammenhänge noch nicht hinreichend erforscht sind, kann davon ausgegangen werden, daß beim Schriftspracherwerb Gehörloser eine Art inneres Sprechen bzw. eine bestimmte Form, sich mit Sprache auseinanderzusetzen stattfindet, womit die These Andresens, Schreiben fände ohne Rekurs auf Hören oder Sprechen statt, kritisch zu bewerten wäre.

2.3.3 Schriftspracherwerb

Bis ins 19. Jahrhundert hat man zuerst Lesen und dann Schreiben gelernt (vgl. Schön 1987, 33), und bis heute sprechen wir zuerst vom Lesen und dann vom Schreiben. Dies mag semantische Gründe haben, aber auch mit einer in dieser Reihenfolge bestehenden Wertung bzw. der Reihenfolge des Erwerbs der Kulturtechniken zusammenhängen (vgl. Kohrt 1983, 11).

Der Schriftspracherwerb in der Schule läuft inzwischen meist parallel, d. h. Lesen und Schreiben werden nicht wie früher in dieser Reihenfolge, sondern kombiniert unterrichtet.

Durch die heutige Medienentwicklung und -nutzung verändern sich Lese- und Schreibgewohnheiten; Lese- und Schreibfertigkeiten bzw. -fähigkeiten bleiben nicht unbeeinflußt und erfordern z. T. neue und andere Techniken. So können Medien mit ihren audiovisuell unterstützten Texten zu einer gewissen Illiteralität führen. Der Verbraucher kann z. B. viele Medien (TV, Telefon, Radio) nutzen und sich im Alltag zurechtfinden, ohne lesen und schreiben zu müssen bzw. zu können. So konnten in einer empirischen Erhebung rund 2,2 Millionen Einwohnern der Bundesrepublik rudimentäre schriftsprachliche Kenntnisse und eine geringe Lesefähigkeit nachgewiesen werden (vgl. Schön 1987, 60).[1]

Der Schriftspracherwerb hat eine große Bedeutung für die (Er-)Kenntnis sprachlicher Strukturen, z. B. daß Kinder lernen, Inhalts- und Ausdrucksgehalt von Sprache zu unterscheiden, und greift sowohl auf Grundlagen des Hörens als auch des Sprechens zurück. Zu berücksichtigen ist weiter, daß sprachliche Äußerungen von Kindern im Grundschulalter noch eng mit ihren Erfahrungs- und Handlungssituationen verknüpft sind, d. h. Sprachverwendung und Umgang mit Sprache, u. a. im Unterricht, müssen sich danach richten. Erst viel später können die Kinder Sprache losgelöst von ihren Handlungen betrachten (vgl. Andresen 1985, 189f.).

Gerade für das Lesenlernen ist es wichtig, daß das Absetzen von Silben beim Sprechen das Sinnverstehen nicht allzu sehr verändert, im Gegensatz zum Skandieren von Einzellauten, die ein inhaltliches Verstehen erschweren.[2]

Ein weiteres Ziel des Schriftspracherwerbs sollte es sein, die Entwicklung der Schriftsprache als historisch gewachsenen Prozeß zu vermitteln und zu zeigen, daß Schreibregeln Produkte menschlicher Eingriffe sind (vgl. Andresen 1985, 127), wie es zum Teil sehr gut an den neuen Rechtschreibregeln abzulesen ist. Einige der Regeln, wie die Pluralbildung ›Gams‹ – ›Gämse‹ (statt Gemse), erleichtern die Rechtschreibung zwar auf den ersten Blick, andere, wie die getrennte Schreibung zusammengesetzter Verben, rufen wiederum ›neue‹ Probleme, z. B. semantische, hervor.

Wie oben aufgezeigt, ist beim Schriftspracherwerb wichtig, wie die Phoneme aus den Wörtern bzw. den Silben herausgefiltert werden. Die Beziehungen zwischen Laut- und Schriftsprache erfordern beim Schreiben, daß

---

1 In einer Studie der OECD (Literacy, Economy and Society, Dez 1995) über die Grundfertigkeiten im Lesen und Rechnen von 20.000 Befragten in sieben Länden wurden für Deutschland 14,4% Analphabeten ermittelt (vgl. Schweisthal 1998, 47).

2 Vgl. Andresen 1985, 58; Bosch 1965.

Phoneme isoliert und identifiziert werden (ebd. 61). Beim Schreiben werden innere sprachliche Prozesse externalisiert bzw. objektiviert (ebd. 137). Insgesamt werden bei der Sprachproduktion und -rezeption mentale Wissensstrukturen aktiviert (ebd. 42), die zum Teil auf innerem Hören und der Wahrnehmung bereits gespeicherter Bilder beruhen. Um die Lautstruktur graphisch darzustellen, müssen die lautlichen Ereignisse nach bestimmten Kriterien segmentiert, identifiziert und klassifiziert werden (ebd. 137). Das bedeutet, daß im Verlauf des Schriftspracherwerbs phonologische Regeln, die graphemisch relevant sind, erlernt werden müssen. Dieses Regelsystem beschreibt die Beziehungen zwischen Laut- und Schriftsystem. Davon ausgehend sollten die Schreibenlernenden die Lautstruktur beherrschen, was im Normalfall, wie oben bereits erwähnt, auch so sein dürfte. Jedoch sind den Schulen heute – situationsbedingt – andere Aufgaben gestellt, denn der hohe Anteil ausländischer Schüler in manchen Klassen[1] erfordert zusätzlich eine gezieltere phonologische Schulung, weil nicht davon ausgegangen werden kann – auch wenn die ausländischen Kinder in Deutschland geboren und aufgewachsen sind –, daß sie die deutsche Lautsprache beherrschen; nicht zu vergessen ist, daß zum Teil schon Muttersprachler/innen große Probleme haben, Phoneme im Wortzusammenhang zu isolieren.

Die Silbenanalyse scheint Kindern, unterschiedlichen Untersuchungen zufolge,[2] leichter zu fallen – psychisch, nicht linguistisch gesehen –, weil das Silbenskandieren bereits durch erste Reime und Reigenspiele bekannt ist. Silben sind die akustisch-auditiven bzw. sprechmotorischen Grundeinheiten unserer Sprache. Sie bestimmen die rhythmische Struktur sprachlicher Äußerungen und können daher leichter als Phoneme isoliert werden (vgl. Andresen 1985, 57f.).

Das heißt, daß eine Hörerziehung diese Tatsachen in ihr Programm mit einbeziehen muß: Spracherwerb kann durch einen spielerisch lustvollen, hörend reflektierenden Umgang mit Kinderlyrik, die Sprache verfremdet und konventionelle Laut- und Bedeutungsmuster (z. B. Sprachrätsel) variiert und/oder assoziiert, erleichtert werden. Vor allem kann im Spiel verdeutlicht werden, daß auch parasprachliche Mittel wie Gestik und Mimik mit zur sprachlichen Verständigung zählen.

1 Nach Angaben des BMBW (Grund- und Strukturdaten 1991/92, 42;72) betrug die Schülerzahl an Grundschulen 1994 (in Tsd.) 2816,9; darunter befanden sich 341,4 ausländische Kinder (zit. nach Carl-Ludwig Furck. In: Handbuch der dt. Bildungsgeschichte Bd. VI/1, 288.

2 Siehe Bosch; Andresen etc.

In der Lehrerausbildung kommen solche Hinweise oft zu kurz, für künftige Deutschlehrer/innen der Grundschule – z. B. in Berlin – ist nur eine Veranstaltung à zwei Semesterwochenstunden für den Schriftspracherwerb vorgesehen, akustische Analysen bzw. eine Bewußtmachung der Zusammenhänge zwischen Lautung und Schreibung etc. sind dort nicht immer möglich.

Aus den oben genannten Fakten ergibt sich die Bedingung, daß möglichst parallel zum Lese- und Schreibkurs eine Hörerziehung stattfinden sollte, die auf das genaue Hinhören schult, die Unterscheidungen verlangt, die Form bei der Sprachwahrnehmung auftreten: z. B. die akustische Analyse, Identifikation und Diskrimination von Lauten, da Kinder ähnlich klingende Laute, wie die Vokale a und o oder die Konsonanten m – n, b – p, d – t, g – k oft verwechseln. Problematisch scheint für sie auch das Heraushören von Lauten aus dem Wortinnern zu sein, wenn die phonetische Ausprägung der Vokale vom Normallaut abweicht. Wortanfänge werden dagegen gut erkannt.[1]

Ein weiterer, im Rahmen der akustischen Analyse zu schulender Aspekt ist die Figur-Hintergrundwahrnehmung, bei der bestimmte Geräusche in einem Geräuschteppich wahrgenommen werden müssen. Außerdem sollte eine Identifizierung und Klassifizierung von Klängen und Geräuschen vollzogen werden, in denen Begriffe wie laut/leise, hoch/tief, hell/dunkel für den aktiven Sprachgebrauch zugänglich gemacht werden.

Ebenso wichtig ist die Benennung und Umschreibung von Klängen und Geräuschen durch onomatopoetische Verben wie klirren, klingeln, rasseln, schwirren, zirpen als Erweiterung des sprachlichen Ausdrucks und des Wortschatzes. Die Kinder sollen Wörter kennen, mit denen sie das, was sie hören, erfassen und Dritten verständlich mitteilen können. Eine Möglichkeit dazu ist, im Rahmen des Schriftspracherwerbs ähnlich wie Murray R. Schafer zu verfahren, der Geräusche und Klänge von seinen Schüler/innen mit Buchstabenfolgen verschriftlichen läßt, wie z. B. das Aufprallen von Regentropfen mit »pft«, »pt«. Diese Aufgabenstellung ist recht anspruchsvoll, hat aber einen besonderen Reiz für Kinder, die als Voraussetzung die Buchstaben des Alphabets kennen müssen.

Die hier angedeuteten Hörübungen sind somit neben der Bewußtwerdung der auditiven Wahrnehmung, der Laut- und Klanggestaltung einzelner Geräusche, eine exzellente Sprach- und Wortschatzschulung und nicht

1 Vgl. Igl. In: Huber et al. 1998, 11.

zuletzt ein Training der Sprechwerkzeuge bei der Umsetzung der Buchstaben in Klänge.

2.4 Stellenwert der Hörerziehung im Deutschunterricht

Zunächst ist zu bedenken, daß eine allzu einseitige Ausrichtung des Unterrichts auf das Hören keine Lösung darstellt, da Wahrnehmung integrativ und nicht isoliert funktioniert. Der Schriftspracherwerb, zu dem ich Lesen und Schreiben zähle, ist äußerst vielschichtig und die Sinne umfassend; er erfordert – wie Elke Bosch anmerkt – eine Art des »auditiv-sprechmotorischen Funktionstrainings«. Ein anderer Aspekt einer Hörerziehung in der Grundschule wäre der der Prävention und Prophylaxe, der auch innerhalb der Musikdidaktik so gut wie nicht auftaucht.[1]

Schüler/innen müssen die unterschiedlichen Stufen der Dekodierung von Sprache durchlaufen, um auf Gehörtes in irgendeiner Weise, natürlich möglichst adäquat, reagieren zu können: Sprachliche Laute müssen vor dem Hintergrund anderer Geräusche identifiziert werden können, sie müssen segmentiert, aber auch übergreifenden Einheiten zugeordnet werden, wobei Rhythmus und Intonation möglichst miterfaßt werden sollten;

Lauteinheiten müssen entsprechende Bedeutungen zugeordnet werden, und zum Schluß muß eine Synthese des Ganzen erfolgen. Wörter müssen zu Sätzen geformt bzw. in Texte eingebaut und in einen Sinnzusammenhang gestellt werden (ebd. 5). Dabei können natürlich nur sprachlich bereits bekannte Signale und Zeichen dekodiert und interpretiert werden, zu deren Kenntnis im Deutschunterricht beigetragen werden muß (s. oben).

Der Deutschunterricht hat dabei auf die veränderten Alltagserfahrungen von Kindern einzugehen, in deren Lebensumwelt Medien eine große Rolle spielen, sei es nun das Hören von Hörkassetten, das Fernsehschauen oder das Spielen am Computer (z. B. Internet, CD-ROMs). Kindern sind da-

1 Aber die Zahlen über die Schwerhörigkeit Jugendlicher lassen aufhorchen: jeder vierte zwischen 18 und 20 Jahren ist durch die übermäßige Beschallung in Diskotheken, auf Konzerten und durch den Walkman hörgeschädigt. Hörgeräte als Hilfsmittel werden weitgehend tabuisiert bzw. sind längst nicht so selbstverständlich wie das Tragen einer Brille (vgl. Simon, Wolf: Wie bitte? In: Keys. März 1997; Hoffmann Eckhard: Hörfähigkeit und Hörschäden junger Erwachsener. Heidelberg 1997). Im Deutschunterricht wäre u. a. darauf hinzuweisen, daß das menschliche Gut des Hörsinnes unbedingt schützenswert ist. Mit einer entsprechenden Hörschulung könnte verhindert werden, daß die Zahl der schwerhörigen Jugendlichen noch weiter ansteigt. Kinder sollten lernen, sich vor Lärm bzw. krankmachenden, das Gehör schädigenden Einflüssen zu schützen.

mit eine Reihe von Informationen zugänglich, über die frühere Generationen in dieser Form nicht verfügten; sie müssen allerdings lernen, diese differenziert zu betrachten, einzuordnen und in einen bestimmten Kontext einzubetten.

Die Vielfalt, mit der Kinder sowohl akustisch als auch visuell und haptisch konfrontiert werden, sollte von ihnen auch benannt, beschrieben und beurteilt werden können.

Ähnlich gelagerte Forderungen nach auditiver Sensibilisierung, die durch die Entwicklung der Massenmedien aufkamen, ließen bereits in den 1970er Jahren jenes Wahrnehmungsdefizit bei Kindern erkennen, das sich in der Geschichte des Deutschunterrichts bzw. der Deutschdidaktik kaum niedergeschlagen hat (vgl. Feinäugle 1973).

Nur vereinzelt Ende der 1960er, Anfang der 1970er Jahre, vermutlich mit dem Auftreten neuer Radioformen wie dem ›Akustischen Feature‹, dem ›Neuen Hörspiel‹ und dem zur gleichen Zeit in Kanada entstehenden, von Murray R. Schafer begründeten Soundscape-Projekt (vgl. Wermke 1995b, 18) und der Verbreitung des Kommunikationsmodells für den Unterricht zeigen sich Notwendigkeiten, aber auch Möglichkeiten und Grenzen der Hörerziehung für den Deutschunterricht.

So konstatiert Norbert Feinäugle zwar die Verbesserungen des Sprachtrainings und des Aufsatzunterrichts durch den kommunikationspsychologischen Ansatz, kritisiert aber gleichzeitig die einseitige Ausrichtung auf den ›Sender‹ hin und fordert die Ausbildung des ›Empfängers‹ und dessen Empfangsfähigkeit bzw. -fertigkeit mit einer Hörerziehung für den Deutschunterricht (vgl. Feinäugle 1973, 657). Er argumentiert damit, daß der Anteil des Hörens im Unterricht der deutlich höhere sei.[1] Feinäugle zeigt genau die Punkte auf, die heute noch bei der Befürwortung eines Hörunterrichts relevant sind: Hören sei scheinbar selbstverständlich, da Kinder von klein auf an das akustische Aufnehmen von Sprache gewöhnt seien.

Der Hörvorgang werde als eine weniger qualifizierte Kommunikationsleistung abgewertet, da Gesprochenes unverbindlicher und neben geschriebener Information zweitrangig sei (vgl. Feinäugle 1973, 658).

Die Tendenz, die auditive Wahrnehmung in den Deutschunterricht zu integrieren, ist gegen Ende der 1970er und Anfang der 1980er Jahre wieder rückläufig. Nur vereinzelt, wie bei Robert Ulshöfer (1980), Heinz-Jürgen

1 Vgl. Feinäugle 1973, 657; Urban 1978; 1977.

Kliewer (1984) oder Norbert Gutenberg (1984), wird die Bedeutung des Hörens angeführt und analysiert.

Kaspar H. Spinner gibt 1988 ein Themenheft von »Praxis Deutsch« mit dem Schwerpunkt »Zuhören« heraus, und 1993 erscheint ein Heft der Zeitschrift »Grundschule« zu Kinderhörspielen (vgl. Wermke 1997, 194), außerdem gibt es ein Themenheft der Zeitschrift »Informationen zur Deutschdidaktik« mit dem Titel »Radio hören – Radio machen« (4/1995).

In diesen Publikationen wird die Vernachlässigung des Hörens im Deutschunterricht kritisiert, was folgendermaßen zusammengefaßt werden kann:

- Dem Hören wird oft kein Eigenwert zugesprochen: es gilt nur als eine Art Hilfsfunktion mündlicher und schriftlicher Kommunikation (vgl. Wermke 1997, 197) bzw. als eine Disziplinierungsmaßnahme, die die Kinder zum Stillsitzen und Ohrenspitzen, im Sinne eines »Hörigseins« zwingt.
- Das Hören wird überwiegend in seinen konvergenten Fähigkeiten im Wiedererkennen, in seiner Genauigkeit in der Wiedergabe gefordert und weniger als entdeckende, sinnkonstituierende und integrative Wahrnehmungskomponente (ebd. 197).
- Das Hören bleibt primär auf literarisch oder medial vermittelte Vorlagen bestimmter Genres ausgerichtet und dient nicht – auch innerhalb dieser Vorlagen – der Erschließung von Klang-Umwelten (ebd. 197).
- Überhaupt werden Texte durch das Hören selbst kaum erschlossen, obwohl es eine Möglichkeit der Rezeption darstellt.
- Das Hören wird zu wenig differenziert und als ästhetisch-kritisches Vermögen geschult, so lange die Literaturvermittlung durch Kassetten, CD-ROMs im Unterricht nicht stärker thematisiert und in ihrer akustisch-dramatischen Umsetzung analysiert wird.

Die auditiven Elemente der Textrezeption werden selten bewußt gemacht und in den Unterricht miteinbezogen, dabei ist das Textlesen eine Form der auditiven Rezeption. Allerdings bleibt und blieb dieser Kommunikationsansatz meist einseitig auf den Sender/Sprecher und nicht auf den Hörer/Rezipienten hin ausgerichtet. Diese Nichtbeachtung bzw. geringe Wertschätzung des Hörens in seiner Kommunikationsfunktion liegt möglicherweise in seiner Flüchtigkeit, die zugleich ein langsameres, umständlicheres Verarbeiten beinhaltet, begründet. Attributen wie der Fähigkeit des genauen, emphatischen Zuhörens, des Konzentrierens auf das Flüchtige usw. werden in einem stark produktions- bzw. ergebnisorientierten Unterricht und dem vom Schulsystem ausgeübten Leistungsdruck wenig Bedeutung beigemessen.

Hauptursachen für diese Defizite sind nach Wermke (1997, 198) u. a. die Dominanz der visuellen Medien und der visuellen Kommunikation bei der Öffnung des Deutschunterrichts für die Massenmedien während der letzten 25 Jahre. Diese von Wermke aufgestellte These wäre kritisch zu hinterfragen, denn sie läßt die Chancen, die die visuellen Medien dennoch für den Deutschunterricht boten und bieten unberücksichtigt; außerdem sind die meisten dieser Medien audiovisuell und unterliegen nicht wirklich dem Primat des Sehens.

Vermutlich werden heute im Deutschunterricht weniger Hörspiele als Videoaufnahmen oder Filme eingesetzt, die aber auch – als audiovisuelle Medien – bestimmten horästhetischen Gesetzmäßigkeiten folgen.

Kinder hören heute in ihrer Freizeit Radio, Kassetten, CD's etc.; sie besitzen andere technische Möglichkeiten als frühere Generationen und vielleicht hören sie damit mehr als diese; nur daß sie anderes und anders hören. In mancher Hinsicht hören sie ›wahlloser‹ und ›undifferenzierter‹; aus dem ihnen zur Verfügung stehenden Angebot wählen sie oft nur die gleiche Musikrichtung und die gleichen Kassetten aus. Meist geschieht das Hören nur nebenbei, während sie anderen Tätigkeiten, wie dem Hausaufgabenmachen und Spielen, nachgehen. Die Kassetten dienen als Sekundärmedium, als Geräuschkulisse sowie als Hintergrundmedium für Tagträume (vgl. Heidtmann 1992, 72).

2.4.1 Vorhandene didaktische Hörkonzepte

Erstaunlich ist, daß der durch Veröffentlichungen von Joachim-Ernst Berendt (Mitte/Ende der 1980er) ausgelöste Hörboom und die bereits seit Jahren bekannten Höruntersuchungen des französischen Hals-Nasen-Ohren-Arztes Alfred Tomatis scheinbar folgenlos für die Deutschdidaktik blieben.

Nur wenige Deutschdidaktiker/innen beschäftig(t)en sich, vermutlich unabhängig voneinander, mit dem Problem des Hörens und dessen Förderung im Deutschunterricht. Sie entwerfen zum Teil Ansätze eines Hörcurriculums, zeigen exemplarisch auf, welche Inhalte in welcher Altersstufe zu »hören sein müßten« und schlagen eine Reihe von Übungen zur Hörschulung vor. Die hier vorgestellten Konzepte richten das Hören auf ein ganz bestimmtes Ziel hin aus. Das Hören wird für ein einziges Lernziel, eine anzustrebende Fähigkeit instrumentalisiert.

Wermkes Ziel ist die Medienkompetenz, Stoffels Ziel liegt zwischen rhetorischer und kommunikativer Kompetenz, Ulshöfer will schauspielerische Sprecherqualitäten bei den Schülern erzielen, und Feinäugle argumentiert im Sinne der Kommunikationspsychologie. Die Ziele der hier vorgestellten Konzepte für sich genommen werden von den Autoren begründet, bleiben aber auf nur wenige Höraspekte beschränkt. Das ist durchaus legitim und viele der vorgeschlagenen Ziele betreffen wichtige Aspekte der Hörerziehung. Sie decken aber nur einen geringen Teil der Chancen und Möglichkeiten ab, die im Hören begründet sind. In fast allen Ansätzen – mit Ausnahme des Ansatzes von Jutta Wermke – wird das Hören als Wahrnehmung nicht thematisiert oder problematisiert. Den Versuch, das Hören als Kunst oder gar als Kulturtechnik anzusehen bzw. dies als basales Lernziel zu formulieren, unternimmt kaum einer der Deutschdidaktiker.

So empfiehlt Norbert Feinäugle (1973, 657ff.), der das unzureichende Hören auf mangelndes Konzentrationsvermögen der Kinder zurückführt, einzelne Hör-Übungen integrativ in den Unterricht miteinzubeziehen. Dies erscheint durch die kaum von anderen Sinneswahrnehmungen zu isolierenden einzelnen Hörschritte und -vorgänge logisch und konsequent. Seine Hör-Lernziele werden aber hauptsächlich als kommunikationspsychologische Aspekte in den Dienst des Faches gestellt, sind also weniger interdisziplinär und vernetzend angelegt, als es zu wünschen wäre.

Die von ihm vorgeschlagenen Bereiche der Hörerziehung umfassen den Wahrnehmungsumfang, die Wahrnehmungsdifferenzierung, die Lautdiskriminierung und die Aufnahme und Bewertung gesprochener Sprache und beziehen sich auf den Kommunikationsakt zwischen den Sprechenden. Zwei weitere Bereiche ordnet er gesondert dem Erwerb von Medienkompetenzen zu, die ausschließlich die Medien Hörfunk und Fernsehen betreffen.[1]

Für heutige Kinder ist die Nutzung dieser Medien selbstverständlich. Allerdings bleiben die Aspekte der Differenzierungs-, Wahl- und Kritikfähigkeit bis heute gültig. Ein dritter, ebenso wichtiger Bereich würde heute unter »Stillepädagogik« zusammengefaßt werden. Dazu zählen neben der Informationsaufnahme, die Schulung der Aufmerksamkeit und der Konzentrations- und Gedächtnisleistung.[2]

---

1 Andere Medien waren zum Zeitpunkt der Veröffentlichung des Aufsatzes unüblich bzw. noch nicht bekannt.

2 Vgl. Feinäugle 1973, 660-663.

Ein von Robert Ulshöfer entworfener Rahmenplan[1] für die Sekundarstufe I sieht »Grundübungen zur Hörerziehung« vor, die unterschiedlichen Aspekten des Hörens zugeordnet sind: dem Hören als Konzentrations- und Sprechübung und dem kritischen (= aktiven) Hören, zu dem die Kritik an Artikulation und Intonation der Sprecher und der inhaltlichen Seite eines Textes zählen. Seine Übungen bezieht Ulshöfer nur auf Inhalt und Aufbau von Texten, auf die Sprache oder die Art des Sprechens (ebd. 33). Mit den von ihm beschriebenen Übungen, Satzzeichen als Pausenzeichen zu sprechen oder einen Zusammenhang zwischen Stimme, Person und Rolle herzustellen, wird deutlich, daß Ulshöfer sich am Schauspiel orientiert. Seine Übungen sind nicht wirklich auf ein differenziertes, zu schulendes Hören gerichtet. Zudem werden viele Übungen, wie die Flüstersprache, nicht umfassend genug betrachtet; er deklariert sie z. B. als Konzentrationsübung und vernachlässigt dabei andere wichtige Aspekte und Funktionen dieser Übung, wie das Hörverstehen bzw. die Hörfähigkeit, und sie bleiben einseitig auf Literatur und ihre Reoralisierung fokussiert. Ulshöfers Hörprogramm steht ganz im Dienst einer Sprecherziehung und wird die Schüler nur unter diesem Aspekt zu aufmerksameren Hörern machen.

Zwischen diesen beiden ist ein weiteres, von Stoffel konzipiertes Hörtraining anzusiedeln, das sowohl kommunikationspsychologisch als auch sprecherzieherisch orientiert ist; Stoffel überschreibt es mit »Sprechdenken und Hörverstehen« (1979, 51).[2]

Mit Sprechdenken ist dabei der psychische Vorgang gemeint, »durch den Inneres in einer spezifischen Weise in Äußeres transformiert wird«; Hörverstehen bezeichnet den psychischen Vorgang, »durch den sprechdenkend produzierte Äußerungen in kognitive Strukturen (rück)verwandelt werden«.

Ersteres dient dem Sprecher dazu, sich mit dem Hörer zu verständigen; letzteres hilft dem Hörer bei der Rekonstruktion des vom Sprecher Gemeinten (ebd. 51). Stoffels Konzept weist hier Ähnlichkeiten mit dem von Schulz von Thun entwickelten Kommunikationsmodell auf; statt der vier Ohren und eines »inneren Teams« (Schulz von Thun) beschreibt Stoffel drei Modi des Hörverstehens:

das synthetisierende, das analytische und das kritische Hörverstehen (ebd. 52). Ziel des Unterrichts ist es, den Schülern diese zentralen Prozesse

1 Vgl. Ulshöfer 1980, 31ff.

2 Stoffel bezieht sich in seiner Konzeption auf den Begriff der »Rhetorischen Kommunikation« von Hellmut Geißner (1979, 10-21).

für die Reflexion über Sprache und der eigenen Person in der Rolle eines Sprechdenkenden bzw. Hörverstehenden zugänglich zu machen. In vier Bausteinen werden dazu exemplarisch einige Möglichkeiten der Umsetzung aufgezählt; Hörverstehen soll anhand unterschiedlicher Tonbandaufnahmen bewußt gemacht und analysiert werden (ebd. 53). Im Unterrichtsverlauf werden fast ausschließlich kognitiv-intellektuelle Verfahren angewandt.

Das Hören, als einer unserer wichtigsten Wahrnehmungssinne, wird dagegen nicht für erwähnenswert bzw. für schulungsbedürftig befunden.

Die bisher genannten deutschdidaktischen Hörprogramme weisen nur Bezüge zur Sprache, Literatur und zur zwischenmenschlichen Kommunikation auf; Aspekte der Umweltwahrnehmung und -erschließung, des fächerverbindenden, musisch-ästhetisch orientierten Unterrichts und Teil-Lernziele, wie die Schulung einer differenzierten Ausdrucksfähigkeit, bleiben ungenannt.

Neuere Veröffentlichungen zum Hören im Deutschunterricht, die in Verbindung mit einer integrativen Medienerziehung zu sehen sind, wie von Jutta Wermke[1], fordern andere Akzente und schreiben sie einer ergänzenden Hörästhetik zu. So solle Hören als »produktive Pause« und nicht als Vorstufe von mündlicher bzw. schriftlicher Kommunikation gesehen werden (vgl. Wermke 1995a, 198). Bleibt zu fragen, in welchem Sinne hier Pause verstanden wird, als kreative Ruhephase, die einen Schöpfungsprozeß einleitet? Oder im Wortsinne als Auszeit, die durch Hörübungen gefüllt werden soll?

Hören, so Wermke, solle als kreative Rezeption unter Einschluß von konvergenten und divergenten Fähigkeiten entfaltet werden (ebd. 198), wobei noch klarer zu unterscheiden wäre, was hier mit konvergent und divergent gemeint ist, denn meist sind die Denkleistungen für die Kinder unterschiedlich. Und nicht zuletzt müßte man das Hören hier nach Funktionen einteilen, es also z. B. in Hörwahrnehmung, in Hörverstehen (Geräusch, Sprache) und in Hören als Kommunikations- bzw. Konzentrationsübung unterscheiden oder es im Sinne des »adaptiven Hörens« (s. oben) als Hörfähigkeit, Hörfertigkeit und Hörkompetenz definieren.

Der Aspekt der Wahrnehmung wird bei Wermke besonders hervorgehoben: Hören solle als primäre Wahrnehmung neben den literarischen und medial vermittelten beachtet werden (ebd. 198). In dieser ›primären‹ Form ist das jedoch nur mit speziell auf die auditive Wahrnehmung ge-

1 Vgl. Wermke 1995; 1997; 1998.

richteten Übungen möglich, zumal das Hören in der Schule überwiegend an medial und literarisch orientierten Gegenständen, durch das Hören von Kassetten oder durch Rezitationen, »geschult« wird. Von hier aus ergäben sich aber sicherlich Möglichkeiten, ansetzend an den »normalen Hörgewohnheiten« der Kinder, diese Schritt für Schritt mit anderen Hörwelten zu konfrontieren.

Besonders wichtig erscheint mir, gerade für die Grundschule, Hören als Aufgabe eines fächerübergreifenden Unterrichts anzugehen, es allerdings nicht nur im Sachkundeunterricht (ebd. 198), sondern in allen Fächern im Sinne einer musisch-ästhetischen Erziehung zu verankern.

Jutta Wermke beendet die meisten ihrer Aufsätze mit konkreten Vorschlägen für die Unterrichtsplanung. Anknüpfend an eigene Erfahrungen sollen Kinder (zunächst gilt das für Grundschulkinder) erzählen, was sie gehört, wo sie schon einmal erhorcht und erlauscht haben. Darüber sollen sie die unterschiedlichen Qualitäten und Formen des Zuhörens kennenlernen (1997, 203). Das Sammeln dieser akustischen Erfahrungen sollte allerdings reflektiert werden.

Wenn Kinder entsprechend sozialisiert sind, werden ihnen Formen des Zuhörens durch Vorlesen, Erzählen etc. vertraut vorkommen.[1] Doch ist anzunehmen, daß nur einige Kinder in jeder Klasse solche Erfahrungen gesammelt haben bzw. sammeln können. Um so wichtiger ist es, die anderen Kinder mit dieser oralen Kultur vertraut zu machen.

Ein weiterer Vorschlag Wermkes bezieht das Darstellende Spiel mit ein. Die Kinder sollen pantomimisch Haltungen und Positionen von Hörenden einnehmen; die Anleitungen lassen dabei Raum für freies und nachgestaltendes – als Vorlage können Bilder genutzt werden – Darstellen (ebd. 204). Wenig bedacht bleibt hier die Tatsache, daß der ganze Körper in Bewegung gerät, wenn er hört. Unser Körper hört dabei auf vielfältige Weise mit, in dem er physische Reaktionen (Puls, Atmung, Tonus) und durch die Verbindung mit dem Gleichgewichtsorgan (s. Kap. 1.2.4) auch motorische Aktivitäten zeigt. Nur auf Haltungen reduzierte Übungen sind als Vorbereitung für das Hören deshalb nützlich, aber nicht ausreichend.

Besonders ›hellhörig‹, wie bei Helen Keller nachzulesen, ist die Haut; hier wären also die Synergien von Tasten und Hören zu berücksichtigen.

---

1 Vgl. hierzu die Studie von Petra Wieler zur Vorlesesituation in Familien (Vorlesen in der Familie. Fallstudien zur literar.-kulturellen Sozialisation von Vierjährigen. Weinheim u. München 1997).

Und in anderen Kulturen ist Bewegung, z. B. in Form des Tanzes, nicht nur ein, sondern der wesentliche Bestandteil des Zuhörens.[1]

Das hieße für ein Unterrichtskonzept, nicht nur Haltungen und Positionen einnehmen zu lassen, sondern das Gehörte auch körpersprachlich, motorisch umzusetzen, womit die kinästhetische Bedeutung des Hörens zum Tragen käme.

Ein weiterer kognitiver Ansatzpunkt ist für Wermke die Kinder- und Jugendliteratur. Die Kinder sollen ›Hörtexte‹ – Fundstellen über das Hören – aus den von ihnen gelesenen Kinderbüchern sammeln und den anderen zu Gehör bringen, also ein Verfahren des handlungs- und produktionsorientierten Unterrichts anwenden.

Diesen Vorschlag halte ich für sehr optimistisch, denn Kinder werden nicht per se bei ihrer Lektüre auf solche Hör-Stellen stoßen. Der Lehrer muß den Fund solcher Stellen vorbereiten und die entsprechende Lektüre auswählen. Er selbst wird kaum, wenn er sich nicht speziell für Kinder- und Jugendliteratur interessiert, solche ›Hörtitel‹ kennen. Er wird auf Altbekanntes zurückgreifen, etwa auf Momo (»Was die kleine Momo konnte wie kein anderer, das war: zuhören ...« Michael Ende), da sich neuere Titel – z. B. Frederik Vahles »Der Himmel fiel aus allen Wolken« – seiner Kenntnis entziehen werden und die sinnliche Wahrnehmung als Schlagwort in den unterschiedlichen Katalogen und Handreichungen zur Kinder- und Jugendliteratur nicht oder nur selten vorkommt. Einen Text wie »Momo« zu thematisieren, ist sicherlich begrüßenswert, allerdings ist dabei zu beachten, daß der Text zu einem Zeitpunkt verfaßt wurde, als Medien noch eine andere Rolle spielten. In Kinder- und Jugendbüchern werden aktuelle Themen und Mißstände relativ schnell aufgegriffen, z. B. der Umgang mit den neuen Medien und die sich darin verbergenden Chancen und Gefahren. Deshalb sollten gerade neuere Texte Eingang in den Deutschunterricht der Grundschule finden.

Zur Förderung eines kreativen Hörens im Unterricht gibt Wermke weitere Themenvorschläge und Aufgabenstellungen, die Lernziele verfolgen wie das »unspezifische Wahrnehmen von Hörräumen«, bei dem es in erster Linie um das Erkennen von Lautsphären jeglicher Art geht. Zum einen soll die Fülle der uns umgebenden Klänge und Geräusche wahrgenommen, aber auch das eigene Empfinden dabei artikuliert werden. Hier werden einige der oben geforderten Aspekte der Umweltwahrnehmung

---

1 Vgl. unveröffentlichtes Manuskript von Ute Bechdolf, Vortrag anläßlich des Symposiums »Ganz Ohr« am 27.9.1997 in Kassel.

und Teil-Lernziele als Unterrichtsinhalte genannt. Sie stehen jedoch nicht im Zentrum des Hörkonzepts, sondern machen nur einen relativ geringen Teil des ganzen aus.

Bei all den erwähnten Übungen ist darauf zu achten, daß das Hörerlebnis nicht zum Schreib- oder Sprechanlaß degradiert wird (vgl. Wermke 205f.), denn in vielen Unterrichtsstunden ist dies der Fall: Wahrgenommenes fungiert lediglich als Mittel zum Zweck und zum Herstellen literarischer oder sonstiger Produkte; der Prozeß der Wahrnehmung, der Herstellung bzw. Erarbeitung des Produktes gerät in den Hintergrund.

Wermke macht zusätzlich ergänzende Themenvorschläge zur Schulung des Hörens: Kinder sollen Lautsouvenirs mitbringen und vorstellen oder ausländische Mitschüler/innen sollen von ihrem Alltag in ihrer Heimat berichten. Außerdem sollen Unterscheidungen in Grundton-, Signal- und Orientierungslaute vorgenommen werden,[1] eine Geräuschkarte des Wohn- bzw. Schulviertels erstellt oder ein Spuk im Klassenzimmer mit möglichen und unmöglichen Geräuschen veranstaltet werden. Zum Horchen wird eine Detektivübung vorgeschlagen, eventuell in Verbindung mit dem Einsatz des Telefons als Hilfsmittel bei der Ermittlung (vgl. Wermke 1997, 207f.).

Diese Anregungen sind sinnvoll und brauchbar; sie lassen sich aber kaum in 45-Minuten-Stunden durchführen. Einfacher sind z. B. Rätsel aus der Lautsphäre der Umgebung, ein Hörmemory oder ähnliche »Hör-Spiele« (s. Kap. 4.4), die zum Teil einer umfangreicheren Vorbereitung bedürfen, aber in kürzeren Zeiteinheiten durchzuführen sind.

Zum Lauschen entwirft Jutta Wermke Unterrichtsschritte, die auf das Hören von »fremden« Naturgeräuschen (z. B. Gesang der Buckelwale) aufbauen und zu Konzentration, freien Assoziationen, zur Entspannung und lustvollem Genießen führen sollen (vgl. Wermke 1997, 210).

Ein wichtiger Aspekt am Schluß ihrer Ausführungen ist die Betonung des interdisziplinären Ansatzes ihrer Hörschulung, z. B. durch die thematische Anknüpfung an den Sachunterricht. Dieser Aspekt wird letztlich mit dem Argument der Umweltwahrnehmung und der zu erzielenden Einstellung, wirklich auf die Umwelt zu hören, begründet. Die bei Wermke zu findenden umfangreichen Hinweise, die bisweilen einer assoziativen Reihung von Hörübungen gleichkommen, sind zugleich Anre-

1 Grundtöne sind allgegenwärtig, auch wenn sie einem nicht immer bewußt sind; Signallaute sind klar konturierte Laute, denen man genau zuhört; Orientierungslaute besitzen Eigenschaften, die in besonderer Weise für Menschen einer Gemeinschaft erkennbar und beachtenswert sind (vgl. auch Schafer 1988, 16).

gung und Bestärkung für die Entwicklung einer Hörerziehung in der Grundschule. Wermkes Ansatz weist in die richtige Richtung; ihre Ideen und Hinweise sind noch wenig systematisiert und dienen hier als Ausgangspunkt zur Konzeption eines systematischeren ›Hörcurriculums‹. Weitere Hinweise und Vorschläge für eine Schulung des Hörens finden sich u. a. in Aufsätzen und Büchern der Stillepädagogik, des Biologie- und Sonderschulunterrichts, die hier im einzelnen nicht vorgestellt, aber in mein Hörkonzept eingearbeitet werden.

3 Grundlagen der ästhetischen Erziehung für eine integrative Hörschulung

Die integrative Hörschulung basiert auf Grundlagen der ästhetischen Erziehung. Zur Erklärung meines Hörkonzeptes sollen Aspekte einiger Wahrnehmungstheorien und ästhetischer Konzepte skizziert und vorgestellt werden.

Hören geschieht niemals isoliert, sondern immer integrativ. Bei der Schulung eines Sinnes sind alle Sinne in irgendeiner Form beteiligt. Das wiederum bedeutet, daß eine Hörschulung die Schulung aller Sinne, der Wahrnehmung insgesamt, berücksichtigen muß.

Wahrnehmung und Ästhetik sollen dazu aus verschiedenen Perspektiven betrachtet und in ihrer Einbettung in didaktische Konzepte überprüft werden. Einige Aspekte der hier ausgewählten Formen ästhetischer Erziehung werden modifiziert und in mein Hörkonzept integriert.

Der Begriff der Ästhetischen Erziehung soll in Anlehnung an die den Musen zugeordneten Funktionen verstanden werden.[1] Deshalb werde ich den Begriff der musisch-ästhetischen Erziehung[2] verwenden, der meiner Ansicht nach am ehesten meine Vorstellungen einer ästhetischen Erziehung wiedergibt.

3.1 Wahrnehmungsphilospohie und -psychologie

Nach neurophysiologischen Kenntnissen wird Wahrnehmung definiert als Verarbeitung von in physikalischen und chemischen Reizen enthaltenen Informationen durch die Sinnessysteme, das Gehirn und letztlich das Gedächtnis, welches Vorwissen und Erfahrungen speichert. Dabei entstehen ständig neue Wahrnehmungsmuster, die wiederum ältere beeinflussen.

---

1 Die neun Musen sind: Kalliope (epische Dichtung), Urania (Astronomie), Melpomene (Tragödie), Thalia (Komödie), Euterpe (Flötenspiel), Terpsichore (Chordichtung, Tanz), Erato (Gesang, Tanz), Polyhymnia (Pantomime) und Klio (Geschichte) (vgl. Lexikon der antiken Mythen und Gestalten. München 1980, 288).

2 Der Begriff der musisch-ästhetischen Erziehung wird hier nach einer Definition von Gundel Mattenklott gebraucht, die den Begriff in »Grundschule der Künste« (1998, 1-29) ausführlich herleitet. Der Name ist gleichzeitig Bezeichnung für einen Lernbereich der Grundschule in Berlin. ›Musisch‹ ist auf das »musische Quadrivium«, das Geviert von »Bewegung, Musik, bildender Kunst und (Mutter) Sprache (KB)« zu beziehen (zit. nach Haase in Mattenklott 1998, 10). Das »Ästhetische« verstehe ich als Bezug auf die Künste und die Förderung und Schulung der sinnlichen Wahrnehmung.

Teile der Reizverarbeitung, vor allem die der Nahsinne, laufen überwiegend subkortikal, im Bereich des Hirnstammes, also unbewußt ab. Die Informationen der Nahsinne (Berührung, Bewegung, Gleichgewicht) sind in der frühkindlichen Entwicklung vorrangig und von fundamentaler Bedeutung.[1] Denn das vestibuläre und das taktile System liefern die breiteste Basisinformation (vgl. Ayres 1992, 66). Die Sinnesorgane stellen eine Verbindung zur Umwelt her; die sich daraus ergebenden Interdependenzen wirken wiederum auf die Orientierung und das Handeln in dieser Umwelt zurück.

Die Vielzahl der eingehenden Reize[2] muß analysiert, integriert und bewertet, sowie mit bereits im Gedächtnis vorhandenen Informationen verglichen werden. Das Gedächtnis ergänzt die sensorisch aufgenommenen Fragmente zur kompletten Wahrnehmung, dazu bedient es sich der »Regeln«, die sich im Verlauf der Evolution als für das Überleben sinnvoll erwiesen haben (vgl. Flemming 1995, 7).

Wenn dieser Vorgang gelingt, ist das Gehirn in der Lage, eine adaptive, exakte, ›sinn-volle‹, meist motorische Antwort auf den Reiz zu organisieren, der auf unsere Umwelt oder wieder direkt auf die Sinne einwirkt und als »Anpassungsreaktion« (Ayres) beschrieben wird. Die Art der Wahrnehmung, die Tätigkeiten und Verhaltensweisen begleitet, ist von ganz anderer Art als die eines Schmerzempfindens. Es gilt also weiterhin zwischen selbstvermittelten und von außen aufgedrängten Reizen zu unterscheiden, falls das bisweilen überhaupt zu unterscheiden ist.[3] Die meisten akustischen Reize, die wir vernehmen, sind extern vermittelte; selbstvermittelt wären solche Reize, die wir über die sogenannte Knochenleitung hören können.

In der nachfolgenden Hörschulung geht es um die Art der Wahrnehmung, die Tätigkeiten und Verhaltensweisen im Zusammenhang mit Geräuschen und Klängen nachspürt. Es geht dabei nicht um eine passive Rezeption, die ich Perzeption nenne, sondern um ein »adaptives Hören«[4], um eine aktive Aufnahme des Gehörten durch den Hörenden, bei der es sich um eine Apperzeption bzw. Rezeption handelt, die gleichzeitig eine Interpretation einschließt (s. Kap. 2.1).

---

1 Vgl. Brand et al. 1988, 52.

2 Die Reize können visuelle, akustische, taktile, olfaktorische, glossopharyngeale, propriozeptive oder kinästhetische sein.

3 Vgl. Gibson 1973, 53ff., 62.

4 Der Begriff wird hier in Anlehnung an Groebens »adaptives Lesen« verwendet (a.a.O.).

Wahrnehmung ist nie ein nur intern ablaufender Prozeß, sondern hängt von der Bedeutung ab, die die wahrgenommenen Geräusche der Personen oder Gegenstände für den Wahrnehmenden haben; sie ist daher nie oder nur selten eine passive Aufnahme der äußeren oder inneren sensorischen Reize. Die Wahrnehmung ist ein aktiver, meist unbewußter Prozeß der Organisation und Interpretation von Informationen, die dem Ziel der Handlungssteuerung dienen.[1]

Wahrnehmung wird sowohl zur Bezeichnung des Ergebnisses als auch des Geschehens eines Vorganges verwendet, in dessen Verlauf strukturierte Inhalte der sinnlichen Erfahrung des Wahrnehmenden zugänglich gemacht werden.[2] In den meisten Definitionen wird nicht genauer zwischen Wahrnehmung als Prozeß und als Produkt bzw. als Produkt des Prozesses unterschieden. Allerdings ist ein Produkt meist die Folge eines Prozesses, und während eines Prozesses können meist Produkte isoliert werden, daher können Prozeß und Produkt der Wahrnehmung nicht ohne weiteres voneinander getrennt betrachtet werden.

Wahrnehmungspsychologen betrachten die Wahrnehmung nicht als reines Abbild von Reizen oder Reizvorlagen, sondern schreiben den Wahrnehmungsvorgängen eigene Gliederungs- bzw. Gestaltgesetze zu, die auch beim Hören, wie im Falle der Figur-Grund-Wahrnehmung eine Rolle spielen. Angeblich wird der größte Teil unserer Informationen durch Seh- und Hörreize gewonnen, was richtig erscheint, aber die Tatsache vernachlässigt, daß die Sinne integrativ arbeiten und jedweder Sinneseindruck im Zusammenspiel mit anderen dadurch ausgelösten oder an diesen gekoppelten Eindrücken entsteht. Gehörtes kann mit Erfühltem, Gesehenes mit Gerochenem wahrgenommen werden; diese sogenannten Synästhesien treten nicht immer, aber häufig auf. Unterschiedliche Reize, z. B. einen Krankenwagen mit Blaulicht und Signalhorn zu sehen und zu hören, können aber auch ein und dieselbe Information zum Inhalt haben (vgl. Gibson 1973, 82).

In der Philosophie gilt Wahrnehmung als zentraler Begriff der Erkenntnistheorie. Unterschieden werden dabei, im Gegensatz zu den obengenannten Differenzierungsgraden der Musikdidaktikerin Schweinzer (s. Kap. 2.1), nur zwei unterschiedliche Momente der Wahrnehmung, der eigentliche Sinneseindruck, die Perzeption, und das bewußte Erfassen des Wahrgenommenen, die Apperzeption bzw. Rezeption; denn erst auf der

---

1 Vgl. Brockhaus Enzyklopädie (Bd. 23) 1994, 512 (Stichwort: Wahrnehmung).

2 Vgl. Skript zum Seminar »Zur Inventur der Sinne: Das Ohr« von Dietmar Kamper (FU Berlin, Wintersemester 97/98, 22f.).

Basis des Empfundenen, der Empfindungen, können Gegenstände reflektiert und rational beurteilt werden.[1]

Dies soll letztlich auch mit den inner- und außerhalb des (Deutsch-) Unterrichts vernommenen akustischen, haptischen und kinästhetischen Reizen geschehen, die auf den Grundlagen einer spezifisch ausgerichteten ästhetischen Erziehung im Rahmen des Hörkonzeptes erfahrbar gemacht werden. Denn die mit der realen (Wahrnehmungs-)Welt verbundenen sinnlichen Erfahrungen sind lebhafter, intensiver, vielfältiger und detaillierter als die Reize, die z. B. aus imaginären oder virtuellen Welten stammen (vgl. Flemming 1995, 12).

Wahrnehmung ist ein vielschichtig verwobener Prozeß der Reizaufnahme, -auswahl und -deutung im menschlichen Gehirn (ebd. 5). Wahrnehmung wird aber erst mit einer Verarbeitung des Reizes zur Sinnesempfindung.

Um die Begriffe Empfindung und Erfahrung von Wahrnehmung abzugrenzen, bedürfte es einer Klärung, die zu geben nicht allzu leicht ist. Denn die unterschiedlichen im Gehirn ablaufenden Prozesse, die diesen Begriffen entsprechen, spielen sich auf den unterschiedlichsten Ebenen ab.

Forscher/innen, die sich derzeit mit ›Wahrnehmung‹ auseinandersetzen, haben daher angeblich eine strikte Trennung von Empfindung, Wahrnehmung und höheren, kognitiven Prozessen aufgegeben.[2] Oft ist auch nicht exakt anzugeben, welche gerade stattfindenden Prozesse nun der Wahrnehmung und welche der fortschreitenden Reifung, demnach der Erfahrung, zugehörig sind (vgl. Gibson 1973, 78). Zudem ist Wahrnehmung auch an soziale Systeme gebunden, durch die mit festgelegt wird, wie ›Welten‹ wahrzunehmen und zu interpretieren sind (vgl. Flemming 1995, 17).

Zum Hören und Sehen muß sich der Körper entsprechend räumlich ausrichten; diese Orientierung im Raum beginnt meist mit einer kleinen Kopfbewegung in die Richtung des vernommenen Reizes, die dann die Körperbewegung nach sich zieht. Das ist eine Form der Reizreaktion, die besonders für das Richtungshören wichtig ist, bei dem die Ohren mit vielen kleinen Kopfbewegungen auf das Gehörte eingestellt werden, hat der Kopf die bestmöglichste Stellung eingenommen, können die akustischen Reize registriert werden. Sobald die Richtung, aus der der Schall kommt, bekannt ist, wendet sich der Körper dem auditiven Ereignis zu.

---

1 Vgl. Brockhaus Enzyklopädie (Bd. 23) 1994, 512 (Stichwort: Wahrnehmung).

2 Vgl. ebd.

Die Einstellung und Haltung des Körpers, eventuell auch schon die Bereitschaft, den Körper in einer bestimmten Art auf einen Reiz hin auszurichten, spielt für die Reizaufnahme und somit auch für die Qualität der Wahrnehmung eine bedeutende Rolle. Wahrnehmung und Bewegung bilden eine untrennbare Einheit (vgl. Brand et al. 1988, 24f.). Diese enge Verbindung muß bei einer Wahrnehmungsschulung – auch wenn sie hauptsächlich auf einen Fernsinn, wie das Hören ausgerichtet ist – berücksichtigt werden.

Jede Form der Bewegung wirkt sich auf die Wahrnehmung aus und umgekehrt.

Der kinästhetische Sinn wird oft in seiner Bedeutung unterschätzt, obwohl er einer der am frühsten angelegten ist und bereits im Embryonalstadium eine wichtige Rolle spielt.

Viele der Didaktiker, die die im vorangegangen Kapitel vorgestellten hörerzieherischen Konzepte entwickelt haben (vgl. Kap. 2.4.1), beachten in ihren Ausführungen nicht, daß das Gehirn ständig die Stellung der Extremitäten zueinander und die Ausrichtung des Körpers, seine Lage im Raum, überprüfen muß, daß immer eine interne Wahrnehmung des Haltungssystems automatisch über das Kleinhirn geschieht.

Prinzipiell lassen sich Bewegungen in zwei Grundarten teilen, in Erkundungs- und Durchführungsbewegungen; die erstere führt zur Wahrnehmung: Die Körperteile werden so ausgerichtet, daß möglichst viele Informationen aus der Umwelt wahrgenommen werden können. Durchführungsbewegungen sind Reaktionen auf Wahrnehmungen, die zur Veränderung von Verhaltensweisen, d. h. von Bewegungsabläufen, Haltungen etc. führen (vgl. Gibson 1973, 83ff.).

Die Einflüsse und Auswirkungen von Bewegungen auf die Wahrnehmung werden besonders deutlich am Bewegungskonzept Moshé Feldenkrais' «Bewußtheit durch Bewegung«. Feldenkrais geht davon aus, daß der Mensch als Ganzes handelt. Das Ich-Bild des Menschen besteht für ihn aus vier Teilen; jede Handlung ist in unterschiedlichem Maße von diesen Komponenten beeinflußt: Bewegung, Sinnesempfindung, Gefühl und Denken (vgl. Feldenkrais 1988, 31). Da Sinnesempfindungen, Gefühle und Denkmuster durch Impulse von außen nur in geringem Maße kontrollier- und steuerbar sind, ist Feldenkrais' Programm ausschließlich auf die Veränderung und Überprüfung eigener Bewegungskonzepte ausgerichtet.

Einflußnahmen auf die Bewegung – da sie mit allen anderen Komponenten zusammenhängt – wirken sich mehr oder weniger auf die übrigen Teile aus.

Durch das bewußte Hinterfragen und Überprüfen eigener, eingefahrener (Bewegungs-)Muster wird das Bewußtsein für die Qualität der Sinnesempfindungen sensibilisiert. Über das bewußte Wahrnehmen von Bewegungsabläufen lassen sich Verhaltensänderungen im engeren und weiteren Sinne herbeiführen. Voraussetzung für diese Arbeit ist das Wissen um die zwischen Bewegung und ihrer gleichzeitig bewußten Wahrnehmung ablaufenden Interdependenzen.

Durch bewußt vollzogene Bewegungsvariationen und -experimente wird ein Grad an Bewußtheit erzielt, der sich auf alle weiteren Bewegungen auswirkt und wiederum das Bewußtsein und vor allem die Bewußtheit für die eigenen Bewegungen steigert. Diese Bewußtheit ist Voraussetzung für die Wahrnehmung mit den Sinnen und die Wahrnehmung der eigenen Gefühle (vgl. Feldenkrais 1988, 62; 88).

Deshalb ist es wichtig, nicht nur das Hören, sondern auch die Bereitschaft, das Bewußtsein und die Bewußtheit des Körpers für das Hören in eine Hörschule zu integrieren. Im Baustein »Körperwahrnehmung« meines Hörkonzeptes (vgl. Kap. 4.3) spiegelt sich dies wider.

Didaktische Beeinflussungen des Wahrnehmungsprozesses können für problematisch gehalten werden. Im Alter von etwa zehn Jahren ist das Wachstum sensorischer Verbindungen im Gehirn nahezu abgeschlossen; ältere Kinder und Erwachsene können nicht mehr so leicht sensorische Verbindungen in ihrem Gehirn aufbauen (vgl. Ayres 1992, 65). Daraus ließe sich ableiten, daß alle die Sinne fördernden Maßnahmen nach dem zehnten Lebensjahr ohne größere Auswirkungen blieben.

Aber noch bei Erwachsenen konnte in zahlreichen Versuchen, die das Hörvermögen verbessern sollten, nachgewiesen werden, daß sich trotz der in der Kindheit fast vollständig hergestellten Verknüpfungen das Wahrnehmungsvermögen in Hinsicht der Aufmerksamkeitsrichtung und der Unterschiedsempfindlichkeit veränderte bzw. verbesserte. Dabei ging es in den gestellten Aufgaben um das kritische Differenzieren durch Vergleichen, Abschätzen und Unterscheiden; im Verlauf der Versuche wurde dies immer besser beachtet.[1] Solche Untersuchungen zeigen, daß das Hörvermögen schulbar ist und im Deutschunterricht geschult werden kann und sollte. Je eher in den Jahren des Schriftspracherwerbs und der Gesprächserziehung damit begonnen wird und je vielfältiger die Reize sind, desto vielschichtiger und gefestigter sind die dabei entstehenden sensorischen Verknüpfungen.

1 Vgl. Gibson 1973, 78; zit. nach Gibson, Eleanor J. 1953.

Wahrnehmung ist zwar ein lebenslänglicher Entwicklungsprozeß zunehmender Differenzierung – ein anfänglich Diffuses wird nach und nach immer mehr organisiert und strukturiert, die Verarbeitungsmuster- bzw. -strategien werden komplexer und die Informationen immer wieder zu einem neuen Ganzen zusammengefügt –, dennoch sind ihm durch die ersten, in den grundlegenden Entwicklungsjahren bzw. -monaten gemachten Erfahrungen Grenzen gesetzt.[1] Im Entwicklungsverlauf erfolgt vor allem eine zunehmende Differenzierung des auditiven und visuellen Wahrnehmungssystems (vgl. Brand et al. 1988, 54).

Bis etwa zum siebten Lebensjahr »verarbeitet« das Gehirn sinnliche Wahrnehmungen, indem meist motorische Anpassungsreaktionen erfolgen. Später lösen geistige und soziale Funktionen die sensomotorischen ab, dennoch bauen die späteren Reaktionen auf diesen ersteren auf.

Die »sensorische Integration«, die Integration der Sinneserregungen, die sich beim Bewegen, Spielen und Reden vollzieht, ist Grundlage der komplexeren sensorischen Integration, die z. B. für das Lesen, Schreiben und Rechnen nötig ist (vgl. Ayres 1992, 9). Vor allem spielend, so Ayres, lerne das Kind zu lernen (ebd. 66). Dieser so wichtige Hinweis gilt besonders für den Spracherwerb durch Lieder und Verse, auf den in einem folgenden Kapitel noch zurückzukommen sein wird.

Sensorische, vor allem akustische Reize sind die wichtigste »Nahrung« für das zentrale Nervensystem. Ein sensorisches System kann sich nur dann entwickeln, wenn es den Kräften ausgesetzt wird, die es in »Bewegung« versetzen (ebd. 249).

Der Hörsinn ermöglicht uns weitgehend die bewußte Wahrnehmung unserer Umwelt, dazu ist eine Kombination der Integration von Gleichgewicht und den Impulsen anderer Sinnesorgane nötig, um den Inhalt des Gehörten zu verstehen. Bestimmte phylogenetische Verknüpfungen, die die Natur einmal hergestellt hat und die per Genanlage vorhanden sind, wie die Verbindung zwischen Gleichgewicht und Hörsinn (vgl. Kap. 2), bleiben (meist) für immer bestehen. Neuere, zeitlich jüngere Verknüpfungen befinden sich in höheren Gehirnzentren und ermöglichen eine feinere Verarbeitung der sinnlichen Wahrnehmung.

Während des Wahrnehmungsvorganges erfolgt eine Selektion des Reizangebots nach wichtigen und unwichtigen Reizen. Diese Auswahl geschieht nach einer Umwelterfassung, bei der die unveränderlichen Merkmale gespeichert und strukturiert werden.

---

1 Vgl. Brand et al. 1988, 53; Vester 1993, 31ff.

Erst danach können die entsprechenden Objekte in neuen und anderen Wahrnehmungszusammenhängen identifiziert werden (vgl. Ayres 1992, 54), d. h., daß z. B. bekannte Geräusche erst nach und nach herausgefiltert und isoliert wahrgenommen werden können; durch die bereits vorhandenen Muster wird das Einordnen und Interpretieren von neuen Reizen ermöglicht.

Eine einseitige ›Einspeisung‹, z. B. eine eintönige akustische Umgebung, das Hören einer bestimmten Musikrichtung etc., hat dementsprechend zur Folge, daß sich ein bestimmtes Hörverhalten verfestigt und der Zugang zu anderen »Hörmustern« erschwert ist und erst wieder ›angebahnt‹ werden muß, was u. a. im Musik- aber auch im Deutschunterricht möglich ist. Im Unterricht sollten Kindern daher so viele Wege wie nur möglich offengehalten und ein so vielfältiges Angebot gemacht werden, um einseitige Muster zu unterbinden und die Aufnahmebereitschaft für Neues nicht zu erschweren oder gar zu verhindern.

Lehrer/innen versuchen leider oft, die Wahrnehmung des akustischen und des visuellen Systems der Kinder isoliert zu fördern (ebd. 55). Fehlschläge sind dabei vorgezeichnet, wenn das integrative Zusammenwirken der Sinne übergangen wird.

Sinnvoller ist z. B., da die beiden Sinneszentren, das Gehör und das Gleichgewicht, in ähnlicher Weise auf gleiche Reize ansprechen, wie durch Vibrationen, die Schulung beider Sinne miteinander zu verbinden. Therapeutisch wird das Gleichgewichtsorgan oft mittels Bewegung oder Vibration stimuliert, um die Verarbeitungsprozesse für das Gehör und damit die Sprache zu verbessern (ebd. 58). Diese aus der Therapie gewonnenen, empirischen Erfahrungen gilt es zu berücksichtigen. Im Hörkonzept wird daher durch einzelne Übungen immer wieder eine Beziehung zwischen Körper, Haltung, Hören und Sprechen hergestellt.

Für eine Hörschule sind noch einige weitere, die Wahrnehmung beeinflussende Faktoren zu berücksichtigen. So spielt die Art und Häufigkeit des Reizes eine Rolle; die Wahrnehmung erfolgt schneller, wenn es gilt, auf einen bekannten Reiz zu reagieren. Und schließlich hängt die Verarbeitung der Reize von der Erfahrung, der Lernfähigkeit, der Aufmerksamkeit und der Motivation der Wahrnehmenden ab (vgl. Brand et al. 1988, 55), und diese wiederum ist bedingt durch die emotionale und momentane Gestimmtheit, das Alter und den Entwicklungsstand der wahrnehmenden Person, ihre soziale Herkunft und die daraus resultierenden Einflüsse, Erwartungen und Wertvorstellungen (ebd. 55).

3.1.1 Sprach- bzw. Hörwahrnehmung

Über Entwicklungsstufen der Hör- bzw. Sprachwahrnehmung wird in der Forschungsliteratur fast nichts ausgesagt; meist werden nur die ersten Lebensmonate mit genauen Angaben versehen. Über das dritte Lebensjahr hinaus findet man kaum Informationen darüber.

Inge Flehmig (1987), die in Hamburg die Entwicklung von Säuglingen erforscht, beschreibt in ihrem Standardwerk die normale Hörentwicklung innerhalb der ersten Lebensmonate jeweils in einem kurzen Absatz »Hören und Lokalisieren von Geräuschen«.

Das Kind unterbricht im ersten Monat Bewegungen aufgrund von Geräuschen und fängt eventuell nach Beendigung des Geräusches an zu schreien (ebd. 114).

Im dritten Monat wenden sich Babys den Geräuschquellen zu (ebd. 142), und bereits vier Wochen später sind erste Vorlieben für bestimmte Geräusche und Klänge vorhanden (ebd. 160). Im 15. Monat endet die Darstellung der normalen Entwicklung mit der Feststellung, das Kind habe »gute Fähigkeit zu hören und Geräusche zu lokalisieren.« (ebd. 248).

Die Hörentwicklung scheint abgeschlossen zu sein, was den Experimenten von Gibson zu »Hörversuchen« mit Erwachsenen (s. oben) widerspricht, denn sie zeigen, daß das Hörorgan weiterhin lernfähig ist.

Zu vermuten ist, daß sich Kleinkinder weitaus mehr als Babies einer diagnostischen Kontrolle entziehen und daß mit Beginn des Spracherwerbs andere Fachwissenschaftler wie Sprachwissenschaftler oder Kleinkindpädagogen für Untersuchungen der Hörfähigkeit zuständig wären, deren Augenmerk auf anderen Forschungsschwerpunkten liegt. Lediglich pathologische Befunde und deren Therapie scheinen z. B. bei Sonderpädagogen im Falle der Hörentwicklung von Bedeutung zu sein.

Die Entwicklung der inneren, propriozeptiven Funktion des Gehörs – das Vernehmen von Eigengeräuschen – erwähnt Flehmig nicht. Dies ist sicherlich auch nur schwer zu erfassen. Allerdings ist diese Funktion des Gehörs nicht zu unterschätzen, denn sie dient später z. B. durch das Mithören der eigenen Stimme der Kontrolle selbsterzeugter Lautfolgen.

Experimente einer künstlich verzögerten Sprachrückmeldung erbrachten den Beweis einer ständigen Kontrolle des Sprechens durch das Hören. Wird das eigene Sprechen mit leichter Verzögerung gehört, zerfällt die Artikulation.[1]

1 Vgl. Gibson 1973, 105 u. 128f.

Ein weiteres Phänomen, das einer eigenen Schulung im Kindesalter bedarf, ist die Schallwahrnehmung im Kopf, von der gesprochen wird, wenn die Schallwahrnehmung nicht über eine Ausrichtung des Kopfes (durch die Luft), sondern direkt an beiden Ohren erfolgt (z. B. über Kopfhörer, Walkman, Telefon). Unter diesen Bedingungen wird der Ton im Kopf, von ›unsichtbaren‹ Schallquellen ausgesendet, gehört (ebd. 116f.). Kinder bedürfen einiger Praxis, um diese »akustische Täuschung« zu überwinden, wozu sie im Hörkonzept eines ›aktiven Deutschunterrichts‹ (s. Kap. 4.5) angeleitet werden.

Außerdem erfordert das Sprechen mit jemandem, der nicht zu sehen ist[1], andere Sprachformen; hierzu zählen z. B. ausführlichere Beschreibungen, da deiktische Gesten, die das Gesagte unterstützen, wegfallen.

Wie sinnvolle Unterscheidungsleistungen des Gehörs es ermöglichen, komplexe Schallereignisse zu klassifizieren, ist bis heute noch nicht vollständig untersucht. Sicher ist, daß es für den Menschen zahlreiche Klassen, Unterklassen und Einzelbeispiele identifizierbarer Schallereignisse gibt (vgl. Gibson 1973, 121).

Ab einem bestimmten Zeitpunkt, der durch Forschungsliteratur bis jetzt nicht genauer belegt ist (s. oben), können Kinder die Geräusche von Wasser, Wind, Tierlauten, Werkzeugen und die Stimmen von Personen sicher unterscheiden. Selbstverständlich scheint dieses Unterscheidungsvermögen nicht zu sein; es unterliegt einem Lern- und Reifungsprozeß. Genaues, konzentriertes Hinhören signalisiert dem Hörer, was und wen er hört. Nur mit einiger Übung ist herauszuhören, ob der Sprecher gut- oder schlechtgelaunt, ob er freudig erregt oder traurig ist, ob er seufzt oder vor Schmerzen stöhnt. Ebenso müssen im Sprachschatz die entsprechenden Verben oder Adjektive vorhanden sein, um das lautlich Vernommene zu differenzieren.

Sprachwahrnehmung ist ein mehrstufiger Prozeß. Sprache wird vernommen, verarbeitet, analysiert und ausgelegt. Dabei sind immer die Aspekte der Reizgebung (exterozeptiv) als solche – Sprachlaute sind Geräusche wie alle anderen auch – und der Lautwahrnehmung (propriozeptiv) zu unterscheiden. Das Sprechen bedeutet Reizantwort und Reiz zugleich, da das Gesprochene zum einen Reaktion auf etwas Gehörtes sein kann, zum anderen aber gleich wieder über das Sich-selbst-sprechen-hö-

1 Als Ausnahme sollen hier die heute bereits möglichen Konferenzschaltungen erwähnt werden, bei der die jeweiligen Gesprächspartner auf einem Bildschirm sichtbar sind.

ren – durch die Luft und über die Knochenleitung – ins Nervensystem als Reiz zurückgeführt wird (vgl. Gibson 1973, 126f.).

Diese Grundlagen der Hörfähigkeit, vor allem die Hörwahrnehmungen zu verbalisieren, sollten im Deutschunterricht der Grundschule gelegt werden. Kinder können durch (Hin-)Hören lernen, Stimmungen zu vernehmen, sich auszudrücken und Begebenheiten genau zu beschreiben.

Der Höreindruck einer Aussage, eines Gespräches bzw. einer Rede ist Wahrnehmung und Interpretation zugleich. Kinder müssen z. B. lernen, den ›reinen‹ Aussagegehalt des Gesagten von dem des eventuell Gemeinten zu unterscheiden (vgl. Schulz von Thun 1989, 72ff.). Außerdem ermöglicht diese Zuhör-Kompetenz das Einüben kommunikativer, interaktiver Fähigkeiten.

Mit einer Hörschulung werden neben dem lautlich-semantischen Spracherwerb, der durch und mit Sprache als Medium das Verständnis der Welt ermöglicht (vgl. Fritzsche 1994, 16), der Schulung des differenzierten Ausdrucksvermögens auch soziale Kompetenzen vermittelt. Hörerziehung ist somit als verbindendes Glied für das Erreichen der unterschiedlichsten – auch in den Lehrplänen der Länder geforderten – Lernziele des Deutschunterrichts anzusehen.

3.2 Musisch-ästhetische Erziehung

> »Ästhetische Erziehung ist traditioneller Bestandteil des schulischen Fächerkanons. Gegenwärtig ist jedoch eine weitreichende Neuorientierung der Ziele und Inhalte dieser Fächergruppe zu beobachten. Die fachdidaktische Entwicklung ist dabei durch eine besondere Sensibilität gegenüber gesellschaftlichen Krisenerscheinungen, durch die konstruktive Aufarbeitung vielfältiger Ausdrucksformen der Jugendkultur und Protestbewegung gekennzeichnet.«[1]

So lautet die zusammenfassende Bestandsaufnahme in einem enzyklopädischen Nachschlagewerk über Ziele und Inhalte von Unterricht und Erziehung.

In ihren weiteren Ausführungen beziehen sich die Autoren jedoch nur auf die »traditionell ästhetischen« Fächer Sport, Darstellendes Spiel, Kunst und Musik, obwohl sie – zu Beginn ihrer Zusammenfassung – einen durchaus interdisziplinären Ausblick zu geben scheinen.

1 Vgl. Ott, Thomas/Ingo Scheller/Karlheinz Scherler/Gert Selle: Lernbereich Ästhetik. Zusammenfassung. In: Enzyklopädie der Erziehungswissenschaften (Bd. 3) 1986, 193.

Die Verfasser der Reihe »Musisch-ästhetische Erziehung (MÄERZ) in der Grundschule« geben meines Erachtens einen besseren, umfassenderen Überblick über die Zugänge zur ästhetischen Elementarerziehung. Klaus Mollenhauer, Gottfried Bräuer, Gerhard Schneider u. a. verstehen musisch-ästhetische Erziehung als altes Erbe der Pädagogik, als ein fächerübergreifendes Unterrichtsprinzip[1], dessen Schlüssel letztlich in der Schulung der Sinneswahrnehmung liegt. Für Gerhard Schneider z. B. erfolgt musische Erziehung durch musische Betätigung, was allerdings nicht einseitig auf die Musik, sondern auf den griechischen Begriff musiké, auf die Künste der Musen insgesamt zu beziehen ist (vgl. DIFF, Bd.1, 8f.).

Klaus Mollenhauer dagegen sieht in der Ausweitung des Begriffs der Ästhetik das Problem, daß aus dieser Vielfalt kaum mehr ästhetische Maßstäbe zu gewinnen seien. Seiner Meinung nach müßten sich diese an den normativen Begriffen von Kunst und Kultur orientieren.[2]

Natürlich bietet sich durch die Öffnung des Begriffes ein unüberschaubar großes Feld. Ästhetische Erziehung als Ausrüstung und Übung sinnlicher Wahrnehmung (Hartmut von Hentig) zu fassen und daraus allgemeine Prinzipien für den Unterricht, hier den Deutschunterricht, abzuleiten, halte ich für sinnvoll.

Eine Anlehnung an Begriffe aus der Kunst- und Kulturtheorie ist dabei denkbar und sicherlich ab einem gewissen Punkt notwendig. Doch ein pädagogisches Konzept allein darauf hin auszurichten, Produkte der Kunst und Kultur von vornherein in den Mittelpunkt der ästhetischen Erziehung zu stellen, ohne dafür die nötigen Rezeptionsgrundlagen zu schaffen, erscheint mir als eine einseitige Beschränkung und Verengung der ästhetischen Perspektive.

Kunst und Kultur könnten hierbei leicht als elitäre Bildungsgüter verstanden und vermittelt werden, die einer basalen Ausbildung der Sinne nicht entsprächen. Diesem ›hehren‹, an den Künsten orientierten Ansatz widersprechend, plädiert Mollenhauer für das Einüben eines »symbolischen Verstehens« ästhetisch relevanter Gegenstände und Qualitäten, das an leib-seelische Erfahrungen gebunden sein solle (vgl. DIFF, Bd. 2, 15).

1 Vgl. DIFF (= Deutsches Institut für Fernstudien) (Hg.): Musisch-Ästhetische Erziehung in der Grundschule. Zugänge zur ästhetischen Elementarerziehung, Grundbaustein Teil 1, 1989, 5. (Dieser Band wird nachfolgend mit DIFF, Bd. 1 abgekürzt.)

2 Vgl. DIFF (Hg.): Musisch-Ästhetische Erziehung in der Grundschule. Ästhetische Bildung und Kultur – Begriffe, Untersuchungen, Perspektiven, Grundbaustein Teil 2, 1988, 12. (Dieser Band wird nachfolgend mit DIFF, Bd. 2 abgekürzt.)

Die natürlich-ästhetischen Zeichen, die Mollenhauer dabei als Symbole definiert, stellen für ihn als Empfindungen der Alltagswelt ein Bindeglied zwischen Kunstverstehen und Verstehen der eigenen Sinnestätigkeit dar. Um eigene Wahrnehmungsmuster zu verstehen und nicht nur über das Bewußtsein (ich habe Hunger), sondern auch über die Bewußtheit (ich spüre Hunger) zu verfügen, sollen die Wahrnehmungstätigkeiten verfremdet und damit dem alltäglichen Strom entrissen werden (ebd. 34f.).

Mollenhauer beschränkt sich dabei in erster Linie auf die Fernsinne; nur das Sehen, Hören und Bewegen seien »thematische Sinnesereignisse« für die ästhetische Erziehung. Sie seien deutlicher mit der selbstempfundenen Leiblichkeit verbunden als das Tasten, Riechen und Schmecken, denen kein Bildungssinn innewohne (ebd. 38). Für eine Theorie der ästhetischen Erziehung folgert er:

> »[...], daß die Bildungsbewegung des Kindes ein Aneignen von Welt ist, [und, KB] über Aufgaben, Problemstellungen, Vorwegnahmen in Gang kommt. Die pädagogische Tätigkeit besteht dann darin, derartige Aufgaben zu formulieren. Eine Theorie der ästhetischen Bildung und Erziehung hätte also Kriterien für solche Aufgabenstellungen vorzuschlagen und zu begründen.« (ebd. 39)

Die Kriterien dazu seien nur aus den »Struktureigentümlichkeiten der Kultur und ihrer Differenzierungen zu gewinnen« (ebd. 39). Der Zustand der Künste muß also genau untersucht werden, wenn Kinder befähigt sein sollen, ästhetische Urteile zu fällen. Das wiederum hieße, didaktische Curricula so anzulegen, daß »der je besondere Sinn, die je besondere Regelform ästhetischer Produkte der kindlichen Erfahrung zugänglich gemacht wird.« (ebd. 40) Eigentümlichkeiten der Tanzkunst folgen z. B. dem »künstlichen Regelspiel von Schwerkraft und Leichtigkeit, Beschleunigung und Verlangsamung, Gehen und Drehen, Partnernähe und -ferne usw., das nur in diesem Medium darstellbar ist.« (ebd. 33)

Zu den Maximen für diese Anbahnung des Regelerwerbs zählen, daß die ursprüngliche »Einheit der Sinne«, ihre elementare Sinn-Verbundenheit zur relativen Autonomie eines sinnlichen Mediums und seines »Eigen-Sinns« ausdifferenziert wird. Durch diesen Prozeß soll z. B. das ästhetische Empfinden intensiviert werden. Reflexionen darüber sind in diskursiv-argumentierender Rede kaum möglich, sondern bedürfen eines metaphorischen Wortschatzes, der gelernt werden kann, und schließlich soll ein Bezug zum Entwicklungsstand und zur Lebenswelt des Kindes hergestellt werden. All diesen Maximen entspricht mein Hörcurriculum (ebd. 40).

Das Ausdifferenzieren der Sinne und die Integration der sinnlichen Erfahrungen soll dann als »selbstreflexives Bewußtwerden des eigenen Empfindens« eine »entwicklungslogische Brücke zwischen dem frühen Leibverhältnis des Kindes und dem späteren [kognitiven, intellektuellen, KB] Verstehen ästhetischer Produkte sein (ebd. 41).

Ein von Mollenhauer beabsichtigtes Lernziel ist es also, »das Verstehen-Können (Hermeneutik) ästhetischer Darstellungen, Produkte, Objektivationen samt den Prozeduren ihrer Hervorbringung« anzuleiten (ebd. 41). Die Besonderheiten der verschiedenen Künste (Musik, Malerei etc.) sollen herausgearbeitet, ihre jeweiligen Regeln des Gestaltens und Verstehens bestimmt und die darin enthaltenen Bildungsaufgaben ermittelt werden (ebd. 33).

Das symbolische Verstehen solle sich dabei an das kulturelle Umfeld halten, womit gemeint ist, daß die (Sprach-)Regeln der Poesie, der Malerei und des Tanzes unabhängig voneinander zu erlernen sind, weil sie sich – angeblich – grundsätzlich voneinander unterschieden (ebd. 15).

Wie oben bereits erwähnt, geht es Mollenhauer um den Erwerb eines »ästhetischen Urteils«, um die innere Tätigkeit des Gewahrwerdens eines ästhetischen Gegenstandes. Ästhetische Gegenstände sind für ihn Objekte, die jenes innere Gewahrwerden erzeugen (ebd. 25ff.). Welcher Art diese Empfindungen sein sollen bzw. die Objekte sein können, führt er nicht aus; die Objekte brächten die Regeln ihrer Lesbarkeit selbst hervor (ebd. 29).

Ein Musikstück kann z. B. ›nur‹ gehört werden, das bedeutet aber noch lange nicht, daß der Hörer beim Hören das Thema oder einzelne Motive unterscheiden bzw. den Aufbau des Stückes nachvollziehen kann. Zu diesem Können, das Mollenhauer metaphorisch mit »ästhetischer Alphabetisierung« umschreibt, zählt er ein »symbolisches Verstehen«, das für ästhetisches Urteilen und beim ästhetischen Gewahrwerden unabdingbar sei. Ästhetische Symbole, die den einzelnen Künsten innewohnen, müssen dazu dekodiert werden – leiblich nachvollzogen, versteht sich (ebd. 27).

Eine Unterscheidung unterschiedlicher Wahrnehmungsformen (Perzeption, Apperzeption und Rezeption) unternimmt Mollenhauer nicht. Er unterscheidet die verschiedenen ästhetischen (Wahrnehmungs-)Ebenen nicht konsequent voneinander. Seine »ästhetischen« Lernziele implizieren – sozusagen als sekundäre Inhalte – die Schulung der Wahrnehmung und der einzelnen (Fern-)Sinne. Doch heißt ›ästhetische Erziehung‹ eben nicht – wie Mollenhauer selbst zusammenfaßt – nur Kunst- und Literaturverstehen zu lernen und zu lehren, sondern auch Verständnis und Einblicke in die eigene Sinnestätigkeit, die zu diesem Verstehen führt, zu gewinnen (ebd. 34).

Mollenhauer geht es um eine Schulung der Sinneswahrnehmung, die mit einer »ästhetischen Erziehung« einhergeht, dieser aber nicht entspricht. Erstere bringt für ihn letztere, die als das wichtigere Lernziel angestrebt wird, hervor und ist damit Mittel zum eigentlichen Zweck.

Dies hieße aber, eine Grenze zwischen Perzeption und Rezeption zu ziehen, die es in dieser Form nicht geben kann, da die Prozesse der Wahrnehmung, der Analyse, der Interpretation und der nachfolgenden Handlung stets ineinandergreifen. Sie können, meines Erachtens, kaum losgelöst voneinander dargestellt und betrachtet werden.

Ein weiteres Problem sehe ich darin, die Schulung der Sinne in dieser Form zu instrumentalisieren und sie nicht als eigenständiges Lernziel mit den ihr inhärenten Auswirkungen anzuerkennen, denn nur erworbene Fähigkeiten und Fertigkeiten können zu entsprechenden Kompetenzen führen.

Eine Trennung dieser beiden Vorgänge bzw. eine trennende Betrachtungsweise ist selbst für eine Theoriebildung nicht sinnvoll. Die unterschiedlichen, durch eine ästhetische Erziehung hervorgerufenen und erwünschten Wahrnehmungsvorgänge sollten nicht isoliert, sondern immer unter integrativen Gesichtspunkten betrachtet werden, auch wenn die daraus sich ergebenden Interdependenzen komplex und unabsehbar sind.

Für sich genommen sind einzelne Elemente der ästhetischen Theorie Mollenhauers durchaus schlüssig: z. B. wenn sich Aspekte seiner Theorie auf den Literaturunterricht beziehen lassen: denn gelesene oder vorgetragene Texte folgen poetischen Regeln; die daraus entstehenden Bilder und Metaphern müssen erschlossen werden, und alles muß erst mit Auge und Ohr wahr- und aufgenommen werden, bevor es bewußt untersucht werden kann. Die Analyse soll einer Perzeption, der zunächst unbefangenen und unvoreingenommenen Wahrnehmung folgen, die sich im Verlauf einer »Beschulung« – oder einer ästhetisch ausgerichteten Erziehung – verändern kann bzw. verändert.

Somit ist die Forderung Mollenhauers, Curricula anzulegen, in denen je ein Sinn mit seinen jeweils besonderen »Regelformen der ästhetischen Produktion« (vgl. DIFF, Bd. 2, 40) deutlich und zugänglich gemacht werden (z. B. Bewegungsprinzipien durch den Tanz, Regeln der Komposition in der Musik, Regeln der Farbgestaltung durch die Malerei etc.) eingeschränkt zu unterstützen. Jedoch sollte darauf geachtet werden, daß die Schulung der Sinne bzw. eines Sinnes nicht nur dem Fällen ästhetischer

Urteile etc. dient, sondern eine eigenständige gleichwertige Bedeutung erhält; Produkt und Prozeß sollen gleichermaßen Beachtung finden.

Vergleichbar mit diesem Ansatz, der über die Wahrnehmung zu bestimmten Fertigkeiten und damit zu einem bestimmten Wissen führt, sind Gedanken in den Schriften der antiken Tradition, worin die Verfasser beschreiben, wie wir durch die Wahrnehmung (aisthesis) über die Fertigkeit (techne) zum Wissen (episteme) gelangen (vgl. Schneider in DIFF, Bd.1, 20). Dieser Ansatz ließe sich auch auf das Hören übertragen: die auditive Wahrnehmung wird geschult und zur Fertigkeit, die Wissen und Erkenntnis ermöglicht, ausgebildet.

Die Schulung des Hörens im nachfolgenden Konzept soll jedoch nicht »nur« als ›Training‹ des ›physiologischen Sinns‹ und als Mittel zur Dekodierung von Kunstwerken erfolgen, sondern sie will den »Eigen-Sinn« und die ihm inhärenten Möglichkeiten, wie das aktive Zuhören, fördern und hat die Ausübung der »Kunst« des (Zu-)Hörens mit all ihren unterschiedlichen Facetten zum Ziel.

In den 1970er Jahren definierte Hartmut von Hentig, ›Ästhetische Erziehung‹ als »Übung und Ausrüstung des Menschen in der Aisthesis«, also der Wahrnehmung in sehr umfassendem Sinn; er verwendet den griechischen Begriff wortgetreu und legt ihn dementsprechend aus. In diesem Sinne verstehe ich den Begriff der musisch-ästhetischen Erziehung, der sehr präzise – inhaltlich, historisch und konzeptionell – von Gundel Mattenklott (1998) beschrieben wird. Er umschließt drei Bereiche, das Musische (die Künste), das Ästhetische (die sinnliche Wahrnehmung) und die Erziehung (s. S. 94, Anm. 2).

Musisch-ästhetische Erziehung (MÄERZ) soll in dieser Arbeit in erster Linie für den Deutschunterricht gegliedert und spezifiziert werden, aber nicht dem eingangs erwähnten ›traditionellen‹ Fächerkanon verhaftet bleiben, sondern – wenn auch manchmal nur in Ansätzen – auf alle anderen Gebiete des Schulunterrichts (Fächer) zu übertragen sein.

Auffällig ist, daß die stets wiederkehrende Diskussion um die Ästhetische Erziehung in Deutschland meist in Krisenzeiten in den Blickpunkt rückte, angefangen bei Schiller und seinen Briefen »Über die ästhetische Erziehung des Menschen« (1795), der sich mit Hilfe einer solchen Erziehung das politische Ziel einer veränderten Gesellschaft erträumte, sie aber nicht unbedingt für rein didaktische Zwecke formulierte:

> »Ich hoffe, Sie zu überzeugen, daß die Materie weit weniger dem Bedürfnis als dem Geschmack des Zeitalters fremd ist, ja daß man, um jenes politische Problem in der Erfahrung zu lösen, durch das ästhetische

den Weg nehmen muß, weil es die Schönheit ist, durch welche man zu der Freiheit wandert« (Schiller, Ende des II. Briefes).[1]

Die Reformpädagogen versuchten verknöcherte Schul- und Unterrichtsformen aufzubrechen, und Anfang der 1980er tauchen, nachdem die ›Verwissenschaftlichung‹ der Schule in den 1970er Jahren auch nicht den erwarteten Erfolg gebracht hatte, wieder Ansätze einer Ästhetik für den Unterricht auf, deren Impulse für die ästhetische Erziehung seit den 1970ern aus der Vorschule, dem Kindergarten und anderen außerschulischen Initiativen gekommen sind[2] (vgl. Staudte 1980, 12).

Mehr als zehn Jahre später wird über (neue) Formen des ästhetischen Unterrichts nachgedacht,[3] u. a. weil die Kinder in den Schulen mit audiovisuellen Reizen übersättigt und dadurch unkonzentriert sind; weil ›konventionelle‹ Methoden, wie der Frontalunterricht, nicht mehr ausreichen, Unterricht effizient zu gestalten.

Die Kinder sind und werden ununterbrochen Sinnesreizen ausgesetzt, die sie wahrnehmen (müssen). Die Kultur- und Medienvielfalt, die die Kinder umgibt, ist von Erwachsenen zunehmend weniger beeinfluß- bzw. steuerbar, um so wichtiger ist es, den Kindern Mittel und Wege an die Hand zu geben, die eine Orientierung ermöglichen.[4] Äußere Reize bleiben meist nicht ohne Wirkung auf den Leib, sie sind nicht immer nur positiv; sie können Alpträume, Konzentrationsstörungen etc. hervorrufen.

Ästhetisches Erfahren und Urteilen beruht auf Sinneswahrnehmungen und -empfindungen; es reflektiert auf den Leib bezogene Erfahrungen und bietet eine Möglichkeit, zu dieser Orientierung zu verhelfen. Die Art der Orientierung im Rahmen des Hörkonzeptes beabsichtigt daher u. a. eine Schulung der Medienkompetenz.

Da die Aufmerksamkeit der Kinder bisweilen diffus und nicht lange auf eine Sache gerichtet ist, die Kinder aber bei zahlreichen Arbeitsgängen eine gute Unterscheidungsfähigkeit und Konzentration benötigen, halte ich es für wichtig, eine nach innen gerichtete Aufmerksamkeit zu kultivieren.

Wie im einzelnen diese »Stille-Arbeit« in Verbindung mit einer Hörschule aussehen kann, zeige ich in Kapitel 4. Nur in diese Richtung der

---

1 Schiller, Friedrich: Über die ästhetische Erziehung des Menschen in einer Reihe von Briefen. In: Sämtliche Werke hg. v. Gerhard Fricke und Herbert G. Göpfert, Bd. 5. München 1989 (erstmals 1959), 573.

2 Gemeint ist hier die Spiel- und Kreativitätserziehung.

3 Z. B. Meike Aissen-Crewett 1987; Gundel Mattenklott 1998.

4 Vgl. Mollenhauer 1988, In: DIFF, Bd. 2, 17ff.

auditiven Wahrnehmungsschulung zu »arbeiten«, stellt allerdings keine Lösung der Probleme dar.

Den Umgang mit den neuen Medien zu erlernen, ist ebenso wichtig, wie sich auf seine gut geschulten Sinne zu verlassen. Wertungen in die eine oder andere Richtung sind höchst prekär, wenn nicht sogar falsch. Jedoch lassen zu einseitige Vorgehensweisen, z. B. das ständige, stundenlange Arbeiten am Computer, vom Leibe abrücken. Denn durch das passive Sitzen, den auf den Bildschirm gerichteten Blick sowie die einseitigen Bewegungen der Hand bzw. der Hände werden die Wahrnehmungsmöglichkeiten auf ein Minimum reduziert.

Eine Rückbesinnung auf den Körper scheint mir daher angebracht, um einer sich teilweise in neuroanatomischen Untersuchungen schon andeutenden Verkümmerung der motorischen Areale vorzubeugen.

Ansätze einer ästhetischen Erziehung sind in den unterschiedlichsten Rahmenlehrplänen zu finden; ein ästhetisches Curriculum ist dagegen – meines Wissens – bisher nur von Gundel Mattenklott (1998) konzipiert worden. Warum die ästhetische Erziehung nicht als Curriculum in den Lehrplänen zu finden ist, kann nur vermutet werden, z. B. daß die Fächer sich letztlich nicht genug von ihren Fachinhalten lösen können, daß das Verständnis für ästhetische Erziehung oft nur auf die Fächer Musik, Sport und vor allem die Bildende Kunst begrenzt bleibt; Deutsch zählt meist nicht zu diesem »klassischen« Kanon. Möglicherweise ist auch die Bedeutung des vernetzten Denkens, des exemplarischen und verallgemeinernden Lernens – trotz des Zeitalters der Informationsgesellschaft – noch nicht richtig erfaßt worden.

So beschäftigen sich Kunstdidaktiker wie Gunter Otto und Gert Selle im Rahmen ihrer Forschung zur ästhetischen Erziehung in erster Linie mit Kunst, mit Bildern, Objekten und dem Sehen in eher allgemeinem Sinn. Die ästhetische Erziehung bleibt dabei immer eindeutig auf die Disziplin Kunst und ihre pädagogische Vermittlung bezogen, obwohl in einzelnen Veröffentlichungen immer wieder die Bedeutung der ästhetischen Erziehung über das eigene Fach hinaus anklingt, sie generell für Wahrnehmungs-, Realisations- und Interpretationsprozesse genannt wird und als fächerübergreifende Leitidee anerkannt ist.

Staudte, die selbst einer Reduktion der ästhetischen Erziehung auf den Fachunterricht widerspricht, sammelt in ihrem Buch (1980) zahlreiche Unterrichtsvorschläge, die fast ausschließlich den Kunstunterricht betreffen. Die Unterrichtsplanungen bleiben weitgehend Inhalten des ›klassischen‹ Kunstunterrichts verhaftet bzw. führen die u. a. von Staudte intendierten Ziele einer fächerübergreifenden, integrativen ästhetischen Erziehung nicht konsequent genug durch.

Eine interdisziplinäre Kooperation der musischen Fächer mit curricularer Ausfüllung des fast schon programmatischen Begriffs »ästhetische Erziehung« ist bisher nicht entstanden, da das Fächerdenken in der Schule zu dominant war und ist.[1]

Musikdidaktiker beziehen sich hauptsächlich auf ernste bisweilen auch auf Unterhaltungsmusik und seltener auf Alltags- und Umweltgeräusche (vgl. Kap. 2.1).

Sportdidaktiker (z. B. Eva Bannmüller) beziehen sich auf den Leib, wobei hier noch am ehesten ein integratives Arbeiten und ein Integrieren ästhetischer Prinzipien zu erkennen ist. Vor allem bei Bannmüller ist der Anspruch vorhanden, den ganzen Menschen zu erziehen und nicht nur den Körper trainieren zu wollen. Viele sportdidaktische Konzepte bleiben aber auffällig am motorischen Lernen orientiert, während Aspekte der Persönlichkeitsentwicklung, der Förderung von Wissen, Einsichten, Empfindungen und Gefühlen lediglich daran angebunden werden.[2]

In den Lehrplänen wird ästhetische Erziehung oft mit Malen, Basteln, Spielen und Musizieren, mit sogenannter künstlerisch-kreativer Beschäftigung gleichgesetzt. Darüber hinaus gibt es meist keine Ausführungen bzw. Lehrinhalte, die die Sinne, die Sinnesorgane oder allgemeine ästhetische Prinzipien betreffen.

Dagegen sind handlungs- und produktionsorientierte Verfahren, die als solche auch ästhetischen Prinzipien entsprechen, nichts Neues; sie werden in den Rahmenplänen angeführt. Durch die grundlegenden Veröffentlichungen von Haas, Menzel und Spinner (1984f.) zu diesen Verfahren für den Deutschunterricht werden sie auch in die Lehrpläne miteinbezogen.

Eines eigenständigen Curriculums für die ästhetische Erziehung bedarf es nach Auffassung der Autoren der Lehrpläne scheinbar nicht. Das mag daran liegen, daß viele Rahmenplangestalter unsicher sind über Ziele und Inhalte eines solchen Konzeptes und ein nicht sehr differenziertes, zu einseitiges Bild einer ästhetischen Erziehung haben. Vermutlich denken sie, daß dieses »Malen und Basteln« nur der Erziehung zum Schönen und

---

1 Vgl. Staudte 1980, 11; Schneider 1988, 203.
Über die Dominanz der Fächer können auch grundschulpädagogische Konzepte des sogenannten vorfachlichen Unterrichts nicht hinwegtäuschen, die zwar ganzheitlich in ihrer Anlage sind, aber schulpraktisch oft nicht die geplante und erwünschte Umsetzung finden.

2 Vgl. Scherler 1986, 195f. (s. Anm. 1, S. 104).

Schöngeistigen diene, daß ihre Funktion die eines Beiwerks bzw. die einer Kompensation ist, die zwar nicht bedeutungslos, aber – im Grunde genommen – einer Zeitverschwendung gleichkomme.

Allerdings wird es nicht einfach sein, ein ästhetisches Curriculum in die Rahmenpläne aller Bundesländer zu implantieren, denn die Lehrpläne unterliegen der Länderhoheit, und Veränderungen institutioneller Systeme – vor allem der Schule – sind bekanntlich nur mühsam und langfristig durchzusetzen – dennoch wären curriculare Elemente, wie sie z. B. Gundel Mattenklott in »Grundschule der Künste« (1998, 30ff.) vorschlägt, sicherlich realisierbar.

Die Aufnahme eines Curriculums zur ästhetischen Erziehung in die Lehrpläne der Länder wäre demnach begrüßenswert, käme aber nicht einer Umsetzung desselben gleich. Natürlich läßt sich auf einmal ›Vorgeschriebenes‹ leichter verweisen, bzw. die Chance, daß das Ästhetische Einzug in die Fächer hielte, wäre – per Verordnung – wahrscheinlicher. Doch müßten die Lehrenden, die die Lerninhalte in die Schulen tragen als erste davon überzeugt und in dieser Hinsicht ausgebildet werden.

Den Lernbereich MÄERZ[1] oder ein ihm vergleichbarer Studieninhalt in der Ausbildung von Grundschullehrern gibt es meines Wissens außer an der Hochschule der Künste in Berlin nur noch in Bremen und an der PH in Ludwigsburg.

Die ästhetische Erziehung einer Bezugsdisziplin zuordnen zu müssen, z. B. der Kunst (vgl. Staudte 1980, 9), halte ich nicht für nötig, denn auch fachspezifische Ziele sind im Rahmen ästhetischer Erziehung durchaus und manchmal sogar sinnvoller zu erreichen. Sicherlich sollte je nach Fach zwischen allgemein didaktischen und fachspezifischen Zielen unterschieden werden; doch können z. B. die sehr allgemeinen »generativen« (ästhetischen) Prinzipien von Bräuer mühelos mit bestimmten Fachzielen kombiniert werden (vgl. Kap. 3.3.1). Grenzen sind dem in erster Linie durch das Lern- und Bedingungsfeld ›Schule‹ gesetzt, innerhalb dessen sich eine Unterrichtsplanung zu bewegen hat.

Pädagogische und fachspezifische Lernprozesse und -inhalte sind oft – gerade in der Grundschule – untrennbar miteinander verbunden, und die ästhetische Praxis kann sowohl emotionale als auch kognitive Lernpro-

1 Musisch-ästhetische Erziehung erschien 1982 in den Leitlinien der Berliner Lehrerprüfungsordnung als Titel eines Lernbereichs der Grundschule. Dieser Lernbereich wurde als erziehungswissenschaftliches Fachgebiet im Rahmen der Lehrerbildung an der Hochschule der Künste in Berlin etabliert. Ein erstes Programm dazu entwarf Manfred Große (vgl. Mattenklott 1998, 15).

zesse und -ziele unterstützen. Einmal wird mehr dem emotionalen Aspekt, dann wieder mehr dem kognitiven Aufmerksamkeit zukommen; beide sollten jedoch immer bedacht werden. Bisweilen werden sich pädagogische Intentionen nur mit einem fachspezifischen Zugriff verbinden lassen und umgekehrt, je nach zu unterrichtendem Lerninhalt.

Die Entfaltung eines ästhetischen Verhaltens als prinzipielle, alle Fächer betreffende Zugangsweise zur Wirklichkeit scheint utopisch zu sein. Dennoch lassen sich einige Ansätze gut in den »normalen« Schulalltag eingliedern. Für den Deutschunterricht sollen daher einzelne ästhetische Ziele, so wie sie z. B. Bräuer definiert, mit solchen der Fachdidaktik und Pädagogik verbunden werden.

3.2.1 Bildungsauftrag

Im Schulgesetz (Abschnitt I, §1) werden die allgemeinen Aufgaben der Schule und damit ihr Bildungsauftrag festgehalten: die wertvollen Anlagen der Kinder sollen zur vollen Entfaltung gebracht und Urteilskraft, Wissen und Können vermittelt werden, um kritischdenkende, verantwortungsvolle, friedfertige Persönlichkeiten auszubilden.

Ästhetische Erziehung kann genau dies leisten, ebenso wie es bereits Schiller mit seinen ›ästhetischen Briefen‹ gefordert hat, »weil der Weg zu dem Kopf durch das Herz muß geöffnet werden« (Ende des achten Briefes)[1] und es keinen anderen Weg gibt, »den sinnlichen Menschen vernünftig zu machen, als daß man denselben zuvor ästhetisch macht.« (23. Brief)[2]

Karl Josef Pazzini stellt in einem Themenartikel (Kunst und Unterricht 1993) fest, daß das Ästhetische im Rahmen der Allgemeinbildung wieder betont werde. Aisthesis, wörtlich verstanden, meine aber nur Sinnlichkeit, die weder Sinn noch Sicherheit biete. Letztlich könne Bildung nichts von der Kunst lernen, denn die setze auf Fiktion und nicht auf den Erwerb von Wissen; rationales Denken unterscheide sich grundsätzlich vom ästhetischen, das im Tenor des Textes für eher minderwertig gehalten wird. Heilssuche im Ästhetischen entbehre jeder Logik, da die Unschuld des sinnlichen Zugangs zur Welt verschüttet sei (1993, 38f.). Aber gerade darin, diese verschütteten Zugänge wieder freizulegen, liegen Chance und Berechtigung einer ästhetischen Erziehung in der Schule.

---

1 Schiller 1989, 592 (s. Anm. 1, S. 110)

2 Ebd., 641 (s. Anm. 1, S. 110)

Heute ist ein verknüpfendes, vernetztes Denken mehr denn je gefordert, solchem spricht Pazzini zwar nur »ein Bewegen an der Oberfläche und den Verzicht auf Tiefsinn« zu, dennoch scheint mir die Breite dieses Denkens in ihrer Tiefe bisweilen mehr Wirkung zu erzielen als das rationale, der linken Gehirnhälfte zugeordnete Denken, das es in ›rein‹ analytischer Form vermutlich gar nicht gibt, da an Denkprozessen immer verschiedene Gehirnareale beteiligt sind, die ›gespeicherte‹ Sinneserfahrungen integrierend verarbeiten (vgl. Springer/Deutsch 1987, 170ff.).

Daß sich, sollte das Ästhetische fester Bestandteil der Allgemeinbildung sein, die Erziehungswissenschaften erneut mit Themen der sinnlichen Wahrnehmung beschäftigen müßten, liegt auf der Hand. Das Ästhetische für die Bildung zu verdammen, kann jedoch nicht die Absicht Pazzinis gewesen sein.

Bildung als Luxus zu bezeichnen, ohne den es kein Leben gebe (vgl. Pazzini 1993, 38), halte ich für zu kurz gegriffen und das Bild der Luxuria hier für nicht stimmig. Ohne gebildete, denkende und handelnde Menschen kann es keine verantwortungsvolle und -bewußte Gesellschaft geben. Da die Schule eine der Institutionen ist, die pflichtgemäß alle Menschen durchlaufen müssen, liegt es nahe, hier ›Bildung‹ durch ästhetische Erziehung zu vermitteln.

Es geht nicht darum, einen Dualismus zwischen Ästhetik und Kognition zu fördern, sondern um eine Integration beider Ansätze. Kinder sind nicht voraussetzungslos schöpferisch. Sie bedürfen dazu einer wohl durchdachten Anleitung. Allerdings sind die Ergebnisse sämtlicher Bildungsprozesse nur eingeschränkt plan-, bzw. von außen steuerbar, denn zahlreiche interne Prozesse, die die Kinder durchlaufen, entziehen sich einer äußeren Kontrolle.

Warum kann das Musisch-Ästhetische nicht als Element der Allgemeinbildung angesehen werden und »generative Prinzipien« (Bräuer) vermitteln, Organerfahrungen ermöglichen, Kunstmittel praktisch erschließen und Schüler/innen nach und nach ins Werkverstehen (Kunst, Musik, Tanz und Literatur) einführen?

Welcher Platz bzw. Wert dem Ästhetischen aber innerhalb des gesamten Bildungssystems zukommen sollte, welche allgemeinen und spezifischen Beiträge es zum angestrebten Bildungsziel des mündigen, selbst denkenden und Verantwortung tragenden Menschen letztlich leisten soll, wird nicht erschöpfend zu beantworten sein; der Versuch allein wäre anmaßend und würde einen Diskurs eher behindern denn beflügeln (vgl. Mattenklott 1998, 29).

3.2.2 Handlungs- und Lebensweltbezug

Ästhetische Erziehung wird immer in bezug zur Alltagserfahrung der Kinder gesehen; ästhetische Erziehung soll emotionale, soziale und kognitive Lernprozesse unterstützen (vgl. Staudte 1980, 8). Besonders die Grundschule versteht sich hierbei als Anwältin des Kindes, seiner Leibsinnlichkeit, seines Bewegungsdranges, seiner emotionalen Bedürfnisse, seiner Spiellust und seiner Neugier (vgl. Mattenklott 1998, 27).

Allerdings führen viele Autoren ihre Vorstellungen dieser Alltagsorientierung verbunden mit musisch-ästhetischen Praktiken nicht weiter aus. Angemerkt wird lediglich, daß das anschaulich, intuitive, bildliche (rechtshemisphärische) Denken gefördert werden solle, da das schulische Lernen überwiegend auf abstrakte, verbal vermittelte und logische Denkprozesse reduziert werde (vgl. Staudte 1980, 26).

In zahlreichen Veröffentlichungen finden sich im wesentlichen so selbstverständliche Bemerkungen wie: Kinder sollten im Zentrum der Überlegungen stehen etc. (vgl. Staudte 1980, 13). Davon sollten Lehrende in der Schule allerdings ausgehen. Nicht zu vergessen ist dabei, daß ›Schule‹ eine künstlich geschaffene Lern- und Lebensumwelt ist, in der Klassenverbände Zweckgemeinschaften bilden, denen sich die Kinder nicht unbedingt freiwillig anschließen würden.

Letztlich geht es darum, die Kinder ganzheitlich in Prozesse einzubinden, die an ihrem Alltag orientierte Erlebnisse als Lerngegenstand haben. Darauf aufbauend sollen die Kinder mit Dingen vertraut gemacht werden, die artifizielleren Charakter haben und nur indirekt zur Lebenswelt der Kinder gehören wie Kunstwerke etc., die die Kinder zwar mit allen Sinnen wahrnehmen können, zu deren Entschlüsseln sie aber gewisser Kenntnisse bedürfen (z. B. Kunstwerke und Musikstücke). Ist eine Beziehung dieser Kunstwerke zur Alltagswelt der Kinder nicht vorhanden, sollten die Lehrkräfte diese Verbindung herstellen und ausbauen.

Manches läßt sich mit Hilfe der Sinne nur partiell begreifen. Gewisse erworbene Fähigkeiten und Fertigkeiten (Lesen und Schreiben), Hintergrundinformationen und das Aufspüren und Hinterfragen von Gefühlen sollten ebenso im Rahmen einer ästhetischen Erziehung mitbedacht – über Gespräche – werden, um Gegenstände vielschichtiger, z. B. aus verschiedenen Perspektiven, erschließen zu können.

Grundschulkinder gebrauchen noch alle Sinne, um neue Erfahrungen zu sammeln und sich zu orientieren. Sie befinden sich physisch in einer Phase des starken Bewegungsdranges und etwa mit dem 10. Lebensjahr an der Schwelle zur Vorpubertät. Psychisch seien sie bei Schuleintritt noch im sogenannten »Märchenalter« (nach Bühler von 4-8 J.), danach im »Robinsonalter« (8-12 J.). Diese Einteilung ist ein als historisch anzusehendes Erklärungsmodell Charlotte Bühlers und richtet sich nach angeblichen Lesealtersstufen und Lektürepräferenzen, die mit entwicklungspsychologischen Phasen gleichgesetzt werden. Nicht nur aus heutiger Sicht erscheint diese Zuordnung fragwürdig, denn sie vernachlässigt(e) »soziale Begrenzungen und individuelle Abweichungen« (vgl. Eggert/Garbe 1995, 19). Zudem läßt sie das heute literarisch deutlich vielfältigere Angebot und die »literaturgeschichtliche Entwicklung, in der die Gattungspoetiken tiefgreifenden Veränderungen unterlagen«, unberücksichtigt (ebd. 32). Charakteristisch bzw. für eine Hörerziehung zu berücksichtigen ist die Zuordnung von literarischen Gattungen und entwicklungspsychologischen Phasen insofern, als sie von einfachen Formen des mündlichen Erzählens, der Oralität, zu immer komplexeren Erzählformen und dann zur Schriftkultur (Literalität) übergeht (ebd. 32).

Grundschulkinder beginnen sich langsam von den Eltern zu lösen, werden selbständiger, knüpfen neue Kontakte und beginnen mit ca. neun Jahren sich mehr gegengeschlechtlich zu orientieren. Kognitiv befinden sie sich (nach Piaget) in der Phase des konkret-operationalen Denkens, deshalb sollten Lerngegenstände am Anfang mit dem praktischen Alltagsgeschehen der Kinder in Verbindung stehen. Später, etwa ab dem 10. Lebensjahr, wenn die Phase des formal-operationalen Denkens beginnt, können andere, komplexere Lerninhalte hinzugenommen werden. Lerngegenstände und -inhalte eines Hörcurriculums müssen dem psychologischen und kognitiven Entwicklungsstand der Kinder angepaßt werden.

Einzelne Themenkreise, die für die Kinder von Bedeutung sind und auch im Deutschunterricht auditiv bearbeitet werden können, könnten mit »Unterwegs zur Welt« überschrieben werden. In dem gleichnamigen Buch von Gundel Mattenklott und Nikolaus Heidelbach (1998) werden die Inhalte durch folgende Kapitelüberschriften repräsentiert: »Ich und die anderen«, »Was ein Kind braucht« (Nahrung, Alltagsgegenstände), »Um die Schule herum«, »Was ist die Zeit?« und »Die Jahreszeiten«.[1] Erlebnisse, Wahrnehmungen und Beobachtungen werden in den einzelnen Kapiteln dann zum Ausgangspunkt für das Suchen nach Zusammenhängen und Ursachen. Aufgabenstellungen in bezug auf das Hören, Gedichte und andere Texte sollten ebenfalls kindgerechte Bezüge zur Alltags- und

1 Die hier angeführten Themenkreise sind am Vorläufigen Rahmenplan Sachkunde für Unterricht und Erziehung in der Berliner Schule (1986) orientiert.

Lebenswelt der Kinder widerspiegeln und sind somit auch nach inhaltlichen Kriterien auszuwählen.

3.3 Aufgaben und Ziele einer musisch-ästhetischen Erziehung

Bei Hans-Hermann Groothoff[1] lassen sich einige noch bis heute gültige allgemeine Ziele der ästhetischen Erziehung nachlesen: sie soll ein Geschmacksurteil ausbilden und eine ›Kultur des moralischen Gefühls‹ vorbereiten (220); die Anlehnung an Kant und Schiller ist deutlich.

Doch ist es nicht ganz leicht, wenn nicht unmöglich, die Ausbildung des Urteilsvermögens zu lehren. Das Urteilsvermögen bildet sich nur durch stetes Erproben und Einüben heraus. Es muß, wie oben bereits gezeigt, angebahnt und verfeinert werden. Dafür müssen im Unterricht entsprechende Situationen geschaffen werden, die dies ermöglichen.

Groothoff geht es um eine humanistische Menschenbildung, darum, den Schülern die gestaltete Welt und Kultur zu erschließen (ebd. 223). Er beklagt den allzu verkopften Schulunterricht, die Verkümmerung der Wahrnehmung, der Bewegungsfähigkeit, der Imagination und der Phantasie, die in Form der ästhetischen Erziehung die anderen »Denkleistungen« ergänzen sollen (ebd. 224).

Eine Wahrnehmungsschule sollte aber nicht nur die oben genannten Defizite beheben, sondern darüber hinausgehen. Ästhetische Erziehung soll und muß eine eigenständige Daseinsberechtigung haben. Ich verstehe sie als Ergänzung, die Kindern andere, eventuell neue und damit vielschichtigere und vollständigere Zugänge zur Welt verschaffen kann. Denn pädagogische Institutionen wie die Schule können nicht mehr unbedingt davon ausgehen, daß die Entwicklung der sinnlichen Fähigkeiten im unmittelbaren Lebensvollzug heutiger Kinder gesichert ist.[2]

Groothoff will die Selbstäußerung und mit ihr einhergehend die Selbstwahrnehmung fördern; um die Wahrnehmung als solche geht es ihm dabei nicht. Wie er die Selbstwahrnehmung ohne Wahrnehmungsexperimente fördern möchte, bleibt unklar. Sein theoretischer Ansatz, Verstand und Vernunft entwickelten sich nur dort, wo der ganze Mensch in Bewegung gerate, bleibt insgesamt auf Malen, Kunst und Musik beschränkt. Zwar zählen bei ihm Sprechen, Singen und Tanzen zu den weiteren Grundlagen, die gelehrt und gelernt werden müßten; aber auf die Erprobung eigener

1 In: Erziehungswissenschaftliches Handbuch Bd. 1, Berlin 1969, 211-226.

2 Vgl. Staudte in Schneider 1988, 55.

sinnlicher Gestaltungsmöglichkeiten kommt es ihm nicht an, wobei man die oben genannten ›musischen‹ Aktivitäten (Malen etc.) dazu zählen könnte. Ob ein eher absichtslos eingesetztes Malen und Singen die Wahrnehmung ausrüstet und gezielt stärkt, ist zu hinterfragen; vermutlich werden die ›musischen‹ Unterrichtsaktivitäten Groothoffs den einen oder anderen Erfolg haben; exemplarisch angelegt und klar strukturiert sind sie allerdings nicht. Welt- und Kulturerschließung kann nur erfolgen, wenn sie mit einer Vervollkommnung der sinnlichen Erfahrungen und daraus gewonnener Erkenntnis einhergeht, also das Wechselspiel zwischen sinnlicher Wahrnehmung und Reflexion anerkennt.

Außerdem gilt es zu bedenken, daß das von Groothoff gewünschte Singen, Sprechen und Tanzen nur vermittelt werden kann, wenn die Lehrkräfte diese »ästhetischen« Tätigkeiten beherrschen, die heute nicht mehr selbstverständlich zur Ausbildung gehören.

Den Tätigkeiten des Sprechens, Singens und Tanzens, die bereits für sich komplexe, artifizielle Gestaltungs- und Darbietungsformen sind, müßte der Erwerb allgemeiner, ästhetischer Wahrnehmungsformen vorausgehen, denn grundlegende Erfahrungen der Leiblichkeit können in der Schule nicht immer vorausgesetzt werden. Um in einer Form sprechen und singen zu können, die sowohl die Ausführenden als auch die Zuhörenden zufriedenstellt, ist es z. B. sinnvoll, Atmung und Haltung zu thematisieren, verschiedene Techniken und Positionen variierend zu erproben, um die der eigenen Person angemessenen für die entsprechenden Tätigkeiten zu finden.

Allgemeine ästhetische Ziele zu verfolgen, wie z. B. Gottfried Bräuer sie entwirft, ist ›sinn-voller‹ – auch im Wortsinne. Bräuer nennt sie »generative Erzeugungs- und Gestaltungsprinzipien« (DIFF, Bd. 1, 24), die modifiziert auch für den Deutschunterricht in Frage kommen und vor allem meinen Anforderungen an ein Konzept ästhetischer Erziehung im Deutschunterricht entsprechen.

Sein Konzept läßt sich mit Schlüsselbegriffen kurz zusammenfassen, die ästhetischen Basiskompetenzen entsprechen wie: Ausgrenzen, Ordnen, Rhythmisieren, Kontrastieren, Polarisieren, Ausdrücken, Verändern, Verfremden und Finden.

Den Ansatz Bräuers weist Gundel Mattenklott (vgl. 1998, 28) der »Tradition der klassischen Bildungsästhetik« zu. Bräuer orientiert sich an den leibsinnlichen Erfahrungen und am Alltag des Kindes und betont vier grundlegende Aspekte ästhetischer Elementarerfahrungen (s. Kap. 3.3.1). Mattenklott unterscheidet diesen Ansatz von zwei weiteren: dem Konzept

Meike Aissen-Crewetts – ästhetische Erziehung habe den Anspruch, Erziehung überhaupt zu sein –, und dem Konzept Klaus Matthies', für den MÄERZ die »generelle Aufgabe, Verbindungen zwischen dem Alltagsleben der Kinder und den Künsten in der Welt der Erwachsenen aufzubauen, zu stärken und zu vertiefen«, hat.[1] Matthies bezieht seinen Ansatz hauptsächlich auf die Fächer Kunst, Musik und Sport. Meike Aissen-Crewett verfolgt dagegen ein fächerübergreifendes Konzept; sie plädiert für die Aufhebung zwischen Kunst und Alltag und geht von Beuys‹ erweitertem Kunstbegriff aus (vgl. Mattenklott 1998, 27).

Obwohl die drei Konzepte in vielem übereinstimmen, ist der Ansatz Bräuers am besten durchdacht und in sich klar strukturiert; er ist für den Deutschunterricht vorzuziehen. Außerdem soll ein weiterer Ansatz – nach Elsa Gindler und Heinrich Jacoby – integriert werden, der meines Wissens innerhalb der für die Schule relevanten ästhetischen Konzeptionen nur am Rande erwähnt und bisher nicht einbezogen worden ist. Gindler/Jacoby leiten Wahrnehmung über verbale Aufträge an, die zweckmäßig, ganzheitlich und der jeweiligen Person und Situation angemessen sind (s. Kap. 3.4). Ich werde später, im Zusammenhang mit den von mir für die auditive Wahrnehmungsschulung zusammengestellten Übungen, immer wieder auf ihre Arbeit verweisen.

Zusammenfassend gesagt, sollen durch eine ästhetische Erziehung Organerfahrungen erschlossen, das Wahrnehmungsvermögen ausgebildet und unterschiedliche Weisen des Wahrnehmens, Erlebens und Handelns in Verbindung zur Alltagswelt der Kinder sensibilisiert werden. Die Kinder sollen in die Gehalte und Funktionen der Künste – auch der Literatur – innerhalb der Gesellschaft unter gegenwärtigen und historischen Bedingungen eingeführt werden.

Ihre sinnlichen Ausdrucks- und Gestaltungskräfte, wozu ich auch die Gefühlsbildung und das Empathievermögen zähle, sollen ausgebildet und gefestigt werden. Rationale und emotionale Informationsgehalte sollen erkannt und unterschieden werden, einschließlich der Fähigkeit, Unsicherheiten und Mehrdeutigkeiten ertragen und überwinden zu können.[2]

---

1 Vgl. Matthies et al. 1987, 33.

2 Giffhorn, Hans: Neue Ziele der Erziehung im ästhetischen Bereiche (1970). In: Günter Otto (Hg.): Texte zur ästhetischen Erziehung. Braunschweig 1973, 74ff.

3.3.1 Der Ansatz Gottfried Bräuers als Zugang zur ästhetischen Erziehung

Wie oben schon erwähnt, geht es Bräuer um ein auf Leitgedanken der Grundschulpädagogik basierendes, allgemeines ästhetisches Konzept. Seinen Ausführungen liegen Überlegungen der pädagogischen Anthropologie zugrunde.

Ich möchte seine Konzeption hier kurz vorstellen, um sie dann in leicht veränderter Form auf die ästhetische Erziehung im Deutschunterricht anwenden zu können, weil sich die Überlegungen Bräuers für einen Transfer auf andere Fächer geradezu anbieten bzw. auch beabsichtigt ist (vgl. DIFF, Bd.1, 36).

Jede ästhetische Elementarerziehung, so Bräuer, müsse grundlegende Aspekte berücksichtigen:

1. Sensibilisierung der Wahrnehmung, Ermöglichung von Organerfahrungen,
2. Einsatz von Kunstmitteln und Artefakten, im Sinne einer Erweiterung des ersten Punktes,
3. Generative Prinzipien ästhetischen Hervorbringens (Gestaltung und Übung),
4. Einführung ins Werkverstehen (im Sinne einer elementaren Hermeneutik).

Die vier Aspekte werden jeweils weiteren Tätigkeiten zugeordnet:

1. die Sinneserfahrungen (Sehen, Hören, Riechen, Schmecken, Tasten) in Verbindung zur Selbstbewegung,
2. das sogenannte Handwerkszeug (Materialien, Requisiten, Regel-Repertoire),
3. die oben bereits genannten Schlüsselbegriffe wie Ausgrenzen, Ordnen, Rhythmisieren, Kontrastieren, Polarisieren, Sich-Ausdrücken, Verfremden, Finden,
4. die für das Hören/Verstehen und den Deutschunterricht wichtigen Tätigkeiten des Beschreibens, Vergleichens, Deutens, Beurteilens.

Die vier Aspekte wirken bzw. artikulieren sich wiederum in den Dimensionen von Zeit, Raum und Sozialität, in denen »sich leibhaftes Erleben und Erfahren ergehen kann« (vgl. DIFF, Bd.1, 35).

Ein Beispiel aus dem Deutschunterricht soll die Anwendungsmöglichkeit von Bräuers Modell verdeutlichen: Organerfahrungen (hier im besonderen das Hören) werden gemacht bzw. über verschiedene Kunstmittel ermöglicht und dadurch in bestimmte Richtungen gelenkt (z. B. mit selbstgebauten Hörgeräten wie Trichtern die Geräusche auf dem Schulhof wahrnehmen). Die gesammelten Erfahrungen, wie verfremdete Umweltgeräusche, werden sprachlich erfaßt und z. B. nach Lärmabstufungen, nach angenehmen und unangenehmen Erfahrungen/Geräuschen geordnet. Anschließend werden die Erlebnisse nochmals beschrieben, sei es in Form eines kleinen, geschriebenen Textes oder als mündliches Erzählen im Gesprächskreis. Dabei werden Vergleiche angestellt, die dazu dienen, die Erfahrungen zu deuten und zu beurteilen.

Der Raum wäre hier auf den Schulhof und das Klassenzimmer begrenzt, zeitlich könnte man das Experiment auf zwei bis vier Schulstunden beschränken, in denen auf verschiedene Sozialformen zugegriffen wird.

Die generativen Erzeugungs- und Gestaltungsprinzipien Bräuers beinhalten die anthropologischen Voraussetzungen elementarer ästhetischer Erfahrungen. Diese sehr ursprünglichen Tätigkeiten werden z. T. auch von Maria Montessori (1990, 59ff.) beschrieben.

»Ordnen und Ausgrenzen« entsprechen dem Wunsch, verborgene Ordnungen zu suchen, ästhetische Wirkungen durch das Ordnen bestimmter Elemente herzustellen und Einzelnes zu einem Ganzen zu fügen; diese Tätigkeiten gehören zu einem wesentlichen Merkmal kultureller Gestaltungsprozesse. Das Ausgrenzen und Ordnen kann im Sinne der Hörerziehung z. B. auf das Diskriminieren von Lauten bezogen werden.

Rhythmen sind in der Leiblichkeit des Menschen strukturell angelegt; wir hören unser Herz schlagen, leben in zeitlichen Rhythmen und können den Rhythmus in Sprache, Tanz und Musik erfahren. In Verbindung mit Sprache hat Rhythmus eine besondere Bedeutung, gerade für die Hörerziehung: z. B. sind rhythmische, liedhafte Texte viel leichter zu memorieren als andere, weil beim Singen die wiederkehrenden Klangstrukturen besser erinnert werden können.

Der Rhythmus unterwirft die Sprache einem bestimmten zeitlichen Ablauf, gibt Abstände, Bauformen und eventuell auch Spannungsbögen vor (vgl. DIFF, Bd.1, 62).

»Rhythmisieren« meint zum einen, das Kind in die Lage zu versetzen, sich auf Rhythmen einzulassen, sie bewußt wahrzunehmen und zu gestalten, d. h. sich auch wieder aus ihnen herauslösen zu können.

Außerdem verändern und beeinflussen gewisse Rhythmen wie Tag/ Nacht, Schlaf-/Wachzustand, Sommer/Winter unsere Hörwahrnehmungen: die Nacht klingt anders als der Tag, der Schnee macht alles leise, indem er die Geräusche schluckt – allein die hierin liegenden Möglichkeiten des Beschreibens, des Deutens und Vergleichens eröffnen ein breites Spektrum im Umgang mit Sprache, zur Wortschatzerweiterung sowie als Vorstufe literarischer Bildung. Denn nach und nach sollten die Erzählformen und Texte komplexer werden und die Kinder zum Werkverstehen, das eine ästhetische Beurteilung einschließt, angeleitet werden.

Polaritäten und Kontraste zählen ebenfalls zu unseren fast täglichen Erfahrungen; für Hör-Kontrasterfahrungen sind z. B. die Begriffspaare nah/fern, schnell/langsam, laut/leise, rechts/links von Bedeutung. Diese Erfahrungen sind für den Bereich der Außenerkundungen wichtig, aber auch in bezug auf narrative Gestaltungszusammenhänge (Böses/Gutes und Lustiges/Trauriges in einer Geschichte) zu sehen, an die sich die ›Tätigkeiten‹ des Veränderns und Verfremdens anknüpfen lassen.

Das »Finden« ist vermutlich eines der wichtigsten anthropologischen Grundprinzipien, denn nur in der Auseinandersetzung des Kindes mit einem Gegenstand oder einem Inhalt kann es Entdeckungen machen, die es weiterbringen und ausdrücken kann.[1]

Der Aspekt der »Kunstmittel« dient der Vertiefung der Organerfahrungen mit bestimmten Werkzeugen und Verfahren. Die Kunstmittel sollen das leib-sinnliche Vermögen des Kindes ergänzen, verlängern und erweitern (ebd. 47). Kunstmittel können die Aufmerksamkeit auf etwas Unvorhergesehenes, Fremdes lenken; sie entfalten im Gebrauch ihren eigenen Sinn bzw. ihre eigene Dynamik. Sie können zu unvorhersehbaren Möglichkeiten führen und Quelle ästhetischer Inspiration und Könnens sein. Auf Texte oder den variierenden Gebrauch der Stimm- und Sprachwerkzeuge bezogen, wäre folgende Aufgabenstellung denkbar: Wie klingt es, wenn ich einen Satz traurig, fröhlich, lustig, enttäuscht oder in einer Mundart spreche?

Je mehr Regeln die Schüler/innen erworben und erprobt haben, je größer das Repertoire ist, das sie beherrschen, um so eher und freier können sie darüber verfügen (ebd. 47ff.).

Hier beginnen sich die Erzeugungs- und Gestaltungsmittel bereits mit den Organerfahrungen bzw. den Kunstmitteln zu verzahnen. In der Praxis werden die vier Aspekte Bräuers auch nicht immer, wie im Modell, voneinander abzugrenzen sein; sie greifen ineinander und beeinflussen sich gegenseitig. Die Veränderung eines Aspektes kann oder wird immer Folgen für die anderen drei haben.

1 Die Beschreibung der Prinzipien erfolgt nach: Wolfgang K. Schulz: Der Ansatz einer »Ästhetischen Elementarerziehung« als Grundlage des Projekts »Musisch-Ästhetische Erziehung in der Grundschule«. In: DIFF, Bd. 1, 1989, 21-29.

Die Dimensionen Raum, Zeit und Sozialität klingen immer mit an; sie bilden bei Bräuer eine Art ›background‹. Gundel Mattenklott bezeichnet sie als Unterrichtsprinzipien (vgl. 1998, 53ff.). Zeit meint u. a. die Möglichkeit zur Muße – bezogen auf die ursprüngliche Bedeutung des Wortes – in der auch eine Verlangsamung, eine Art der inneren Sammlung, der Stille, im Gegensatz zum oft hektischen, betriebsamen Leben und Schulalltag, inbegriffen ist. Die Qualität dieser Dimension kann dementsprechend nur in bestimmten Räumen erzielt werden, die begrenzen, aber nicht einengen, die Übersicht bieten, aber auch Unübersichtlichkeit zulassen können, die gewohnt und bekannt sind wie das Klassenzimmer, die aber z. B. als unbekannte Außenräume (Wald, Museum, Theater) erkundet und erschlossen sein wollen (vgl. Mattenklott 1998, 56f.). Nicht zuletzt sind die Ausführungen der Prinzipien von den Menschen abhängig, die sie vermitteln. Kinder lernen von Lehrerinnen und Lehrern, die mit ihren Aufträgen und Aufgaben erziehend und bildend wirken (ebd. 58).

Der ästhetische Bereich ist prinzipiell auf den eigenen Vollzug und auf die produktive Selbsterkundung angewiesen (vgl. DIFF, Bd. 1, 33), wie später, vor allem in der Arbeit Gindler-Jacobys, deutlich werden wird. Die Kinder zu einem Leben mit wacher Wahrnehmung zu befähigen, heißt auch, die Sinne mit einer kritischen Reflexion über ihren Gebrauch und ihre Wirkung zu schulen (ebd. 39). MÄERZ will demnach eine wechselseitige Förderung aller Kräfte im Menschen bewirken, auch solcher, die nicht unmittelbar zur Aisthesis gehören, aber im Zusammenspiel mit dieser wirken. Ziel des Bräuer-Konzeptes ist u. a. ein Aufbrechen von Gewohnheiten, ein Verfeinern, Schärfen und Erweitern unseres Vermögens (ebd. 44).

Dazu gehört auch die Erkenntnis, daß nicht nur Poesie, sondern auch die gewöhnliche Alltagssprache mit ihren Metaphern bei genauem, geschultem Hinhören den Reichtum der Sprache mit ihren Nuancen und Analogien erkennen läßt, wodurch sich Zusammenhänge erschließen lassen (ebd. 45), die letztlich zu einem sehr differenzierten Sprachgebrauch und Ausdrucksvermögen führen können.

Die Prinzipien Bräuers sind u. a. Grundgerüst meines Hörkonzeptes. Eine weitere theoretische Grundlage bildet die Arbeit Elsa Gindlers und Heinrich Jacobys, deren Grundhaltung und Vorgehen in ihrer Zweckmäßigkeit das Konzept Bräuers ergänzt.

Die Arbeitsformen Gindler-Jacobys in ihrer Ganzheitlichkeit und Angemessenheit, das Anleiten von Experimente, besonders die Qualität der Aufgaben- und Fragestellungen, halte ich für einzigartig; sie entsprechen sämtlichen, von mir angeführten ästhetischen Kriterien und sind deshalb für die Schule erstrebenswert.

3.4 Die Arbeit Elsa Gindlers und Heinrich Jacobys

Elsa Gindler (1885-1961) bildete von 1913 bis Mitte der zwanziger Jahre Gymnastiklehrerinnen aus und hatte wesentlichen Einfluß auf die Entwicklung der modernen Gymnastik in Deutschland; ihre nach dieser Zeit begründete Arbeit bezeichnete sie als *Arbeit am Menschen.* Ab 1926 arbeitete sie mit dem Musikpädagogen Heinrich Jacoby zusammen.[1] Die beiden verbanden ihren ganzheitlichen Anspruch in dieser Arbeit auf kongeniale Weise mit körperlichen und künstlerischen Aspekten.[2]

Elsa Gindlers Aufzeichnungen sind im 2. Weltkrieg verlorengegangen; von Heinrich Jacoby sind einzelne Aufsätze und Transkriptionen seiner Kurse, die von Sophie Ludwig nach seinem Tod herausgegeben wurden, erhalten. Außerdem gibt es noch einige Veröffentlichungen von Schülerinnen der beiden, von Elfriede Hengstenberg, Lily Ehrenfried, Dore Jacobs und Charlotte Selver (Charles V. W. Brooks)[3], die fast ausnahmslos – bis auf Elfriede Hengstenberg (Berlin) – mit Erwachsenen gearbeitet haben. Bis heute stehen in der Tradition der »Gindler-Arbeit« ebenso Emmi Pikler, eine ungarische Kinderärztin, und deren Tochter Anna Tardos, die ein Waisenhaus leitet.

Brooks, der die gemeinsame Arbeit mit Charlotte Selver beschreibt, argumentiert für das »Erleben durch die Sinne« in Abgrenzung zu den technischen Neuerungen und Verhaltensweisen der Zeit:

> »Wir beziehen uns nicht auf unsere eigene Erfahrung, sondern auf unsere erdrückende Erbschaft von Begriffsgebäuden anderer. [...] Denn wenn unsere Handlungen letztlich aus unseren Begriffen entstehen, manipulieren wir auf ewig eine Welt, die wir nicht direkt wahrnehmen und daher nicht kennen können. [...] Wir müssen neu entdecken, daß wir selbst die Fähigkeit haben zu empfinden. Dann sind wir auch fähig zu urteilen.« (Brooks 1991, 15f.)

---

1 Vgl. Jacoby 1994, 503.

2 Die sogenannte »Gindler-Arbeit« habe ich 1987 im Rahmen meiner bewegungstherapeutischen Ausbildung kennen- und schätzengelernt.

3 Charles V. W. Brooks gab von 1963 bis zu seinem Tod Anfang der 90er gemeinsam mit seiner Frau Charlotte Selver Kurse in »sensory awareness«. Er beschrieb ihre Arbeit in einem 1974 erschienenen Buch »Sensory Awareness. The Rediscovery of Experiencing.«, das 1979 erstmals in einer deutschen Übersetzung von Charlotte Selver veröffentlicht wurde.

Sein Plädoyer für eine Rückbesinnung auf elementare, ästhetische Selbsterfahrungen und das Urteilen auf der Basis eigener Empfindungen wider das Übernehmen vorgefertigter Modelle und Gedanken steht im Zentrum der Arbeit.

Die wenigen vorhandenen Veröffentlichungen zu einem für den Unterricht brauchbaren Modell zusammenzustellen, ist schwierig, da sie meist auf Beschreibungen der Experimente beschränkt bleiben; das Vorgehen und die Ziele der Arbeit sind, soweit mir bekannt, nie zusammengetragen und systematisiert worden.

Ich werde versuchen, den Werken Jacobys und Brooks zu entnehmende Grundsätze ihres ästhetischen Ansatzes aufzuzeigen, weil sie den Intentionen, die ich in der Arbeit mit Kindern verfolge, entsprechen – sowohl im Hinblick auf die Wahrnehmungspädagogik als auch in bezug auf einen »aktiven« Deutschunterricht[1], der den Anspruch hat, ästhetisch zu sein.

Jacoby orientiert sich mit seiner Arbeit an humanitären Grundsätzen; er versucht, allen Lebewesen und Tätigkeiten, bisweilen auch Dingen, mit dem nötigen Respekt zu begegnen. Seine Haltung ist u. a. darauf ausgerichtet, die Anlagen seiner Mitmenschen zur vollen Entfaltung zu bringen. Jacoby beschäftigt sich mit Grundproblemen der allgemeinen Erfahrungs- und Äußerungsfähigkeit des Menschen. Ihm geht es um das Empfangen, Reagieren und Registrieren von Empfindungen, um eine »antennige« Wahrnehmung, wie er es nennt, um ein Wachhalten der Fragebereitschaft und der Neugier und ein offenes und aufmerksames Interesse bei Begegnungen (vgl. Jacoby 1994, 24).

Ziele Jacobys sind es, mit den jeweils eigenen Wahrnehmungen in Kontakt zu kommen, ihnen vertrauen zu können, sie und sich mitteilen zu können und angstloser zu werden. Um dies zu erzielen, muß man zur Ruhe kommen, still werden und im Gleichgewicht mit sich selbst sein. Dabei ist mit Gleichgewicht das innere und zugleich ein äußeres – wie ein stabiler Stand – gemeint; Geist und Körper sollen wach und gespannt, aber nicht angespannt oder überspannt sein. Für Lehrerinnen und Lehrer hieße ein weiteres Ziel, das (Bereit-) »Sein zum Erziehen« (Rebeca Wild).[2]

Der Weg dahin geht über viele verschiedene Versuche: etwas soll ausprobiert und erarbeitet werden. Verpönt ist es, das stupide Üben oder pas-

1 Die Arbeit geschieht in erster Linie über verbale Aufträge, die gehört und verstehend nachvollzogen werden sollen; die Aufgabenstellungen sind zielgerichtet, aber dennoch offen, weil sie den Übenden die Wahl lassen, jeweils eigene Problemlösungen zu finden (s. unten).

2 Nach einem gleichnamigen Buch der Autorin (Heidelberg 1991).

sives Hinnehmen als den zweckmäßigsten Weg des Lernens anzusehen. Üben wird im Bollnow'schen Sinne als Ausführen und ständiges Gebrauchen verstanden, nicht als eine monoton durchzuführende Handlung. Es gilt immer die zweckmäßigste Lösung z. B. eine bestimmte Bewegungsart, Sprechweise etc. herauszufinden, dabei sind Fehler zugelassen, ja durchaus erwünscht, denn sie lassen viel eher aufmerken und nach einem neuen, anderen Weg suchen, der weniger falsch und spürbar richtiger ist (vgl. Jacoby 1994, 24). Der Weg des Arbeitens soll ein Versagen, nicht aber Fehler ausschließen (ebd. 162), da ungenügende Leistungen vermutlich nicht auf eine fehlende Funktionsmöglichkeit, sondern eher auf eine mangelnde Funktionsbereitschaft zurückzuführen sind (vgl. Jacoby 1984, 92). Denn Unachtsamkeiten, die zu Fehlern führen, entstehen dann, wenn wir nicht wirklich wach und »antennig« genug unseren Aufgaben nachgehen.

Jacoby will seine Schüler/innen zur Skepsis gegenüber dem Selbstverständlichen anleiten, er will, daß sie sich und das, was sie umgibt, einer ständigen Überprüfung unterziehen, daß sie nachforschen und nicht einfach nur hinnehmen (vgl. Jacoby 1994, 33).

Brooks setzt das Studium der Wahrnehmung dem der Bewußtheit gleich. In der Arbeit soll für den einzelnen allmählich mit Hilfe der Bewußtheit eine Verbindung zu dem hergestellt werden, was wir angehen und was wir tun. Sie soll sich von der blinden, gefühllosen, mechanischen Art, in der wir allzu oft mit unserer Umwelt umgehen, unterscheiden (1991, 19); ein Entstehen- und Geschehenlassen tritt an die Stelle von Machen und Tun (ebd. 171), wobei die Klarheit der Wahrnehmung – der bewußte Gebrauch der Sinne und die Unterscheidung von anderen Elementen des Bewußtseins wie Gedanken, Phantasien, Vorstellungen und Emotionen – allem Verstehen und intellektuellem Verhalten zugrunde gelegt wird (ebd. 20).

Die Arbeit besteht aus Experimenten zur Schulung der Sinneswahrnehmung. Dazu zählt z. B. das Arbeiten an elementaren Bewegungsabläufen und Haltungen (vgl. Hörkonzept: Baustein Körperwahrnehmung), die durch verbale Impulse immer wieder hinterfragt, überprüft und verändert werden. Diese Impulse können sich konkret auf die Verteilung des Gewichtes auf beide Beine beim Stehen beziehen oder aber durch eine Veränderung der Verbform, etwa statt ›setzen‹ ›niederlassen‹ oder ›zum Sitzen kommen‹ zu verwenden, den Bewegungsablauf beeinflussen. Die Experimente und Fragen sind dabei auf die Möglichkeit gerichtet, etwas zu erfahren (ebd. 20). Sie werden als Spurensuche angelegt, sind meist klar und präzise im Auftrag und eben zweckmäßig, d. h. sie führen – jede/n auf ihre/seine Art und in ihrem/seinem Tempo – zu bestimmten (Wahrnehmungs-)Erfahrungen. Es wird darauf hingearbeitet, diesen Aufgaben mit immer mehr Ruhe und Gegenwärtigkeit zu begegnen (ebd. 86).

Jeder, der in dieser Form an und mit sich arbeitet, soll neue und unbequeme Erkenntnisse erlauben und zulassen, wie zu merken, daß der eigene Stand stets instabil ist, weil das Körpergewicht nur auf einem bestimmten Teil der Füße lastet, »denn das Erlauben ist der Struktur unserer Organisation nach Voraussetzung für Kontakt und qualifizierte Leistung« (Jacoby 1994, 38).

Die Arbeit ist ein sensitives Erforschen und ein Lernen aus dem Erforschten. Neue Erkenntnisse und Verhaltensweisen sollen sich aus den gemachten Entdeckungen, aus unzweckmäßigen, unangemessenen Bewegungsmustern und Haltungen ergeben. Weitere Voraussetzungen sind Offenheit und Entspannung, die nicht mit Schlaffheit zu verwechseln ist, sondern mit Ruhe bzw. Stille gleichgesetzt werden kann, und ein allgemeines Interesse, etwas über sich und den eignen Körper zu lernen und an diesen lebendigen Prozessen bewußt teilzuhaben. Wer sich ganz einem aufmerksamen Spüren überläßt, bringt die Zwanghaftigkeit der Gedanken zur Ruhe – und macht seinen Geist frei und zugänglich für eine differenzierte Wahrnehmung (vgl. Brooks 1991, 21).

Die Lehrenden greifen im großen und ganzen kaum ein; sie geben nur durch weitere verbale Fragen Hilfestellungen und Hinweise, die Aufmerksamkeit auf etwas anderes zu lenken. Sie sind »Vorbilder«, sie haben stets wachsam und bei sich zu sein, damit die anderen auch zu sich kommen können und nicht »außer sich bleiben« (vgl. Jacoby 1994, 134). Lehrende sollten das, was sie lehren, selbst erarbeitet haben, damit sie eine Aufgabe sinnvoll formulieren können (ebd. 259). Der Lehrer stellt den Übenden ›Material‹ zur Verfügung – in erster Linie geschieht das verbal, durch unterschiedliche Aufträge für ein und dieselbe Sache oder durch Bilder, Metaphern und Vergleiche, die als Angebot zu verstehen sind, einen vielleicht neuen Aspekt des Experiments zu erkunden. Vor allem diese Orientierung an Sprache, Aufträge zu hören, sie aufzunehmen und umzusetzen, Leibliches über Sprache zu erfahren und in der Reflexion darüber für andere erfahrbar zu machen, unterstreicht die Bedeutung dieses Ansatzes für den Deutschunterricht.

Neben den verbalen Aufträgen werden auch Geräte (Ball, Stock) oder andere Gegenstände (Steine, Sandsäckchen) eingesetzt, um dem Schüler ausreichend Gelegenheit zum Vergleichen seines Zustandes und seiner Verhaltensweisen, kurz zur Selbsttätigkeit zu geben. Manchen reichen –

gerade am Beginn der Arbeit – verbalisierte »Materialien«, Arbeitsaufträge und Aufgabenstellungen, die die Körperwahrnehmung betreffen, nicht aus, um wirklich etwas zu spüren; sie brauchen konkrete Gegenstände und deutliche Reize, um ihre Sinne zu sensibilisieren.[1]

Die Interpretation des Erlebten, Erfahrenen ist allein Sache des Schülers, nur er kann für sich daraus Erkenntnisse ziehen (vgl. Brooks 1991, 31). Erklärtes Ziel der Arbeit ist es, sich so zu verhalten, daß es dem eigenen Können entspricht und den eigenen Bedürfnissen und Wünschen wirklich angemessen ist (ebd. 40).

Gehalte unseres Kulturgutes sind auf wenige Grundfunktionen und Grundtatsachen zurückzuführen wie z. B. den Auswirkungen der Schwerkraft. In der Schule müssen daher Situationen geschaffen werden, die das Kind an gewisse Tatbestände heranführen, die ihm elementare Erlebnisse ermöglichen. Die Kinder sollen sich auf der Grundlage eigener Erfahrungen mit diesen Tatsachen auseinandersetzen, sie ausprobieren und nachprüfen können, und nicht bloß ›Autoritäten‹ glauben (vgl. Jacoby 1994, 30f.). Sie sollen an einfachen Phänomen, die an ihre Alltags- und Erfahrungswelt geknüpft sind, lernen, elementare Zusammenhänge zu erkennen, denn »jedes Kind, das wir Erwachsene noch nicht verstört haben, ist ein unermüdlich und unbestechlich forschender Forscher« (ebd. 32).

Aussagen dieser Art erinnern sicherlich an die Arbeit Maria Montessori und das entdeckende Lernen Wagenscheins, die im Gegensatz zu Jacoby mit Kindern und in der Schule gearbeitet haben. Jacobys Arbeit ist weit mehr nach musisch-ästhetischen Gesichtspunkten[2] ausgerichtet als die Lerninhalte und -gegenstände Montessoris oder Wagenscheins. Für Gindler/Jacoby stehen der Mensch, seine Sinne und die Arbeit an der Sinneswahrnehmung, also eher allgemeine, exemplarische Lernziele im Mittelpunkt und weniger physikalische bzw. naturwissenschaftliche Inhalte wie bei Wagenschein oder auf den Erwerb spezifischer Fertigkeiten und Fähigkeiten hin angelegte Lernziele (Zählen, Messen, Wiegen, Schleifen binden etc.) wie bei Montessori.

---

1 Vgl. Jacoby 1984, 10; 1994, 135.

2 Heinrich Jacoby (geb. 1889, gest. 1964) war Musiker und Musikpädagoge; er unterrichtete u. a. an der Lehrerbildungsanstalt Jacques-Dalcroze in Dresden-Hellerau und an der Odenwaldschule.

3.4.1 Aufgabenstellungen

Nicht nur für die Schule, sondern prinzipiell ist die Arbeit Jacobys abhängig von der *Zweckmäßigkeit* der Aufgabenstellung. Es gilt, so zu fragen und Aufgaben zu stellen, daß mehrere Antworten möglich und sogar erwünscht sind, »in einer Art, die es ihm [dem Schüler, KB] unmöglich macht, ›unbegabt‹ zu bleiben – oder zu werden« (vgl. Jacoby 1994, 152).

Das ›Was‹ einer Frage oder einer Aufgabe ist dabei nicht gleichgültig, das ›Wie‹ jedoch entscheidender. Jacoby geht es nicht um das »An-Sehen«, das »Zu-Hören«, also um bestimmte abrufbare, zu erwartende Leistungen des angestrebten Zieles, sondern um die Qualität des Prozesses, des Sehens, des Hörens, Tastens und Sich-Erinnerns an sich. Es geht ihm um das ›Wie‹ der Wahrnehmung und des Verhaltens. Zweckmäßige Aufgabenstellungen, also solche die der Situation, dem Entwicklungsstand und dem Leistungsvermögen angemessen sind, rufen daher meist eine zweckmäßige Reaktion hervor (ebd. 162):

> »Der Weg zum Erarbeiten von Zusammenhängen, zum Erarbeiten von Lösungen bestimmter Fragen muß so organisiert werden, daß durch die Art des Weges und des Vorgehens ein Versagen ausgeschlossen ist.« (Jacoby 1994, 162)

Jacoby führt dazu folgendes Beispiel an:

> »Lassen Sie jemand, der unruhig ist, ein Tablett mit einigen bis zum Rand gefüllten Gläsern tragen! Er kann nicht zum Ziel kommen, ohne etwas zu verschütten, wenn er nicht zuvor stiller geworden ist.« (Jacoby 1994, 162)

Elfriede Hengstenberg hat einfach, aber eindrücklich beschrieben, wie sie Anregungen ihrer Kindergruppen aufgreift, um zu noch zweckmäßigeren Übungen zu kommen.[1] Die zum zweckmäßigeren Handeln führenden Aufgaben werden nicht nur im Unterricht behandelt, sondern sollen auch darüber hinaus im Alltag durchgeführt werden. Man kann sie als Beobachtungsaufgaben bezeichnen: z. B. sich des Hörens an verschiedenen Orten (Räumen) und zu verschiedenen Zeiten bewußt zu werden, die Augen im Wald zu schließen, um zu lauschen. Teilweise sollen die Beobachtungen, Erlebnisse, Erfahrungen auch beschrieben und beurteilt werden.

1 Z. B. in »Ick bin Boje«; vgl. Hengstenberg 1993, 104f.

3.4.2 Hören, Sprache, Stimme

Heinrich Jacoby und seine Schülerin Sophie Ludwig haben sehr viel am Hören und Sprechen gearbeitet. Das unterscheidet ihren Ansatz noch wesentlich von dem der zuvor genannten Pädagogen. Sie haben die Teilnehmer/innen ihrer Kurse (nur Erwachsene) immer um eine Stimmprobe vor und nach dem Kurs gebeten.

In mehreren Kursen Jacobys kann man nachlesen, wie er am Hören und Sprechen gearbeitet hat:

> [...] »verbrachte die Gruppe die gesamten drei Stunden der Vormittagssitzung mit dem Aussprechen eines einzigen Satzes. Jacoby begann damit, daß er jemanden bat, etwas festzustellen; [...] Wir haben den ganzen Morgen daran gearbeitet herauszuspüren, was jeder von uns nonverbal dieser Feststellung hinzufügte oder von ihr abzog bei dem Versuch, sie zu wiederholen.«

Es ging dabei um den Aussagesatz: »An einem so klaren Tag kann man die Berge sehen.« Ziel dieser Übungen war es festzustellen, ob und wann etwas wirklich ›echt‹ klingt. Dabei kam es nicht auf das ›Was‹, sondern, wie oben beschrieben, in erster Linie auf das ›Wie‹ an.[1]

Gesprochenes hören wir so oft, daß wir es nicht mehr bewußt und in den unterschiedlichen Nuancen hören. Denn »die meisten strengen sich unwillkürlich an, wenn sie z. B. besser hören wollen. Sie ziehen dabei die Stirn in Falten, machen den Nacken steif, halten den Atem an und dgl. [...], aber der Schall trifft uns, gleichgültig, ob wir etwas dazu tun oder nicht.« (Jacoby 1994, 38).

Doch je weniger angespannt der Körper ist, desto offener und durchlässiger, desto aufnahmebereiter, desto *»antenniger«* ist er. Doch beim Hören bedarf es einiger Erfahrung, die verschiedenen Verhaltensqualitäten unterscheiden zu können:

> »Aber vieles von dem, was wir beim »Zu-hören« hören, hat dem logischen Gehalt nach oft eine wesentlich andere Bedeutung als die, die sich uns erschließen würde, wenn wir mehr spürten, empfänden, wie es gesagt wurde. [...] Beim antennigen Lauschen wird einen auch der leiseste Unterton berühren. [...] Wenn man aber dabei gleichzeitig hinsieht, kann man sogar den gehörten bedeutungsvollen »Unterton« überhören. [...] man kann [...], wenn man wirklich lauschend ist, mehr und zuverlässigere Auskunft bekommen.« (Jacoby 1994, 68)

---

1 Zit. nach Brooks 1991, 108.

Für Jacoby ist die akustische Wirkung die unmittelbarste Wirkungsmöglichkeit, die der Mensch zur Verfügung hat (vgl. Jacoby 1994, 71), wohl deshalb legt gerade er als Musiker so viel Wert auf das Hören von Stimmen und Stimmungen.

Gleiches überträgt er dann auf die Musik, z. B. auf das Hören von Chorstücken und Arien. Daß man sich meist nicht auf das Hören allein verlasse und glaubt, nur optisch gestützt »richtig« hören zu können, schreibt Jacoby dem visuell fixierten Zivilisationsprozeß zu. Unsicherheiten, sich nur auf das Hören zu verlassen, seien daher berechtigt, aber er gibt auch zu bedenken, daß die Sinnesorgane des Menschen nicht isoliert funktionieren (s. Kap. 1).

Der Mensch wirke immer als Ganzes, so auch beim Sprechen, bei dem, was und wie er etwas sagt: »Unsere Stimme stimmt immer« (ebd. 73f.), und Kinder, so Jacoby, seien besonders empfindlich für falsche Töne (ebd. 124).

Das obige Zitat aus den Schriften Jacobys (1994, 68) ist daher fast als programmatisch für einen ›hörenden‹ Deutschunterricht anzusehen, und die Arbeit an und mit den Sinnen als Fundament für Spracherwerb und Kommunikationsfähigkeit der Kinder.

Sprechen wird in der Arbeit als eine besondere Art zu klingen angesehen; Wortklänge sind eine Art körpereigenen Ausdrucks, die man wieder zu erspüren lernen muß (vgl. Brooks 1991, 110f.). Aus einem Sommerkurs Sophie Ludwigs berichtet eine Teilnehmerin über das Arbeiten an Gedichten:

> »The task is to become clear about the connections within the poem, within the sense of the whole – then to allow the content to change me. [...] I don't need to imagine how a word should be emphasised, I only need to speak it out of my feeling. It is not the task to speak a poem »correctly«, but to express to another something that has meaning to me. [...] Once in doing such an experiment, I became very refreshed. [...] It changed my sitting, my whole way of being. This could also happen in hearing another speak, if I were truly with the speaker.«[1]

1 Zit. nach dem »Sensory Awareness Foundation Newsletter« (Spring/Summer 1998).

3.4.3 Ziele und Beurteilung der Arbeit

Jacoby will nicht nur die Sinnesorgane schulen, sondern vor allem die Fähigkeit, Eindrücke, die uns treffen, bewußt(er) zu lesen, zu hören, aufzunehmen, zu werten und sie eventuell neu und anders zu ordnen; er will sie zur zweckmäßigen Entfaltung bringen (vgl. Jacoby 1994, 52f.):

> »Je offener und wacher ein Mensch ist, je zweckmäßiger er sich verhält, desto mehr erzählt ihm die Umwelt. Je mehr ihm die Umwelt erzählt, desto erfahrener wird er. Je erfahrener er wird, desto selbständiger, sicherer und produktiver seine Art zu denken.« (Jacoby 1994, 229f.)

Einige der hier genannten Grundsätze sind bekannt; sie entstammen allgemein didaktischen Theorien und dem reformpädagogischen Gedankengut. Neu an der Arbeit Jacobys erscheint mir die enge Verknüpfung von Wahrnehmung und Lernen; die enge Beziehung der Arbeit zum Leiblichen, die auf ein »organisches Lernen«[1] hinausläuft, und die empirisch belegte Tatsache (s. unten), daß sich z. B. die Arbeit am Hören und mit Sprache auf den Organismus als Ganzen auswirkt, wie das Brand et al. und Ayres aus therapeutischer Sicht beschreiben.

Ein weiterer Gesichtspunkt des Ansatzes ist die Betonung der Langsamkeit, denn hier stehen das »Wie« und die Qualität und Bewußtheit von Abläufen im Vordergrund. Die Quantität und Art der Tätigkeit sind dabei zweitrangig.

Die Prozesse sind bzw. wirken »entschleunigt«, weil das bewußte Auseinandersetzen mit Widerständen, das selbsttätige Erarbeiten, das langsamere, bewußtere Durchführen von Abläufen länger dauert und mühsamer ist, als vorgefertigtes Wissen einfach anzunehmen. Dies fordern auch Martin Wagenschein und Horst Rumpf, beziehen die Forderung aber nicht so intensiv auf den Körper und die Wahrnehmung, auf Hören und Sprechen, als vielmehr auf andere fachliche Inhalte und allgemeine pädagogische und soziale Ziele.

Für das Lernen insgesamt ergeben sich aus dieser Wahrnehmungsarbeit folgende Schlüsse: Jeder bewußt unternommene Versuch, etwas in Erfahrung zu bringen, entfaltet etwas, macht »brauchbarer«, im Sinne des Wahrnehmungsvermögens als auch der Reaktionen auf das Wahrgenommene, für anderes. Lernpsychologisch wäre diese Form des Wissenserwerbs unter ›Lernen durch Handeln‹ einzuordnen. Das Lernen ist prozeßorientiert und geschieht durch Informationsaufnahme und -verarbeitung, wobei der Schüler aktiv beteiligt ist.

---

1 Vgl. auch Feldenkrais »Bewußtheit durch Bewegung« (1988).

Die Lernzeit ist individuell zu wählen, so daß jeder Schüler seine Erfahrungen in dem ihm gemäßen Tempo machen kann; zudem käme das spielerische Ausprobieren und Experimentieren, das ständige Wiederholen und Variieren verschiedener Abläufe dem Bewegungs- und Spieltrieb von Grundschulkindern entgegen.

Organisatorisch werden Formen dieser Arbeit im Schulalltag (z. B. durch Freiarbeit, Projekttage oder offenen Unterricht) nicht immer möglich sein, sollten aber den Kindern in regelmäßigen Abständen immer wieder angeboten werden.

3.4.4 Verbindung des Gindler-Jacoby-Ansatzes mit dem Modell Bräuers

Die praktischen Anregungen bzw. die grundlegenden Begriffe der Gindler-Arbeit ließen sich in das von Bräuer konzipierte Modell zur ästhetischen Erziehung (vgl. Kap. 3.3.1) einfügen. Wie eine solche Erweiterung des Bräuer-Konzeptes aussehen kann, soll hier kurz skizziert werden. Als ersten Aspekt nennt Bräuer den der Sinneswahrnehmung, dem er die Sinneserfahrung in Verbindung mit der Selbstbewegung zuordnet. Mit der »Arbeit am Menschen« bzw. dem »Erleben durch die Sinne« (Brooks) wird in der Gindler-Arbeit ähnliches bezeichnet. In der Arbeit Gindler-Jacobys geht es ebenso um eine Sensibilisierung der Wahrnehmung; alle Sinne werden dabei miteinbezogen. Die Wahrnehmungsarbeit geschieht durch das Bewegen und Bewegt-werden des Körpers.

Die von Bräuer genannten Kunstmittel und Artefakte müßten um verschiedene Objekte bzw. Geräte wie Ball, Stab, Hocker und Sandsäckchen erweitert werden.

Auch die »generativen Prinzipien« finden sich in der Arbeit von Gindler-Jacoby wieder: Durch rhythmische, geordnete bzw. verfremdete Bewegungsabläufe werden z. B. unterschiedliche Wahrnehmungen kontrastiert. In ihrer Arbeit können bewußt gegensätzlich angelegte Bewegungsmuster Impulse zu diesen von Bräuer genannten Schlüsselbegriffen sein. Bräuers Tätigkeits-Repertoire sollte dabei um Begriffe wie ›empfangen‹, ›reagieren‹, ›registrieren‹ oder ›entstehen und geschehen lassen‹ ergänzt werden, weil diese Tätigkeiten eine passive Komponente verkörpern, die für ein sensitives Erforschen unerläßlich ist. Die für Jacoby so zentralen Begriffe wie »zweckmäßig«, »angemessen« und »antennig-sein« sind ebenso zu diesem Aspekt zu zählen.

Als letzten Punkt nennt Bräuer die Einführung ins Werkverstehen, zu dem er die Tätigkeiten des Beschreibens, Vergleichens, Deutens und Beurteilens zählt. Diese Tätigkeiten sind wichtiger Bestandteil der Reflexion darüber, was man selbst bei den einzelnen Wahrnehmungsexperimenten erfahren hat und was man im Austausch darüber von den anderen erfährt. Denn das Leibliche wird über Sprache erfahren und erfahrbar gemacht.

Die von Bräuer erwähnten Dimensionen spielen ebenfalls eine nicht unerhebliche Rolle in dem von mir vorgestellten Ansatz; denn Zeit, Raum und Sozialität sind Faktoren, die auch diese Arbeit beeinflussen. Viele der Experimente werden z. B. verlangsamt, andere beschleunigt ausgeführt, dabei begrenzt der Raum natürlich die Bewegungsfreiheit. Manche Übungen werden alleine oder mit Objekten, andere in Partner- oder Gruppenarbeit durchgeführt; Bewegungen des eigenen Körpers müssen dann mit denen der anderen abgestimmt werden. Das kann eine zusätzliche Schwierigkeit und Herausforderung, aber auch eine Erleichterung sein.

Ausführungen für die Praxis

4 Hörkonzept – Bausteine zur Entwicklung und Schulung des Hörverständnisses

Zu solchen Stunden gehn wir also hin
und gehen jahrelang zu solchen Stunden;
auf einmal ist ein Hörender gefunden
und alle Worte haben einen Sinn ...

Rilke[1]

Ein Feld innerhalb des curricularen Systems des Deutschunterrichts unserer Grundschulen, die Hörerziehung, soll neu bzw. anders bestellt werden. Vorschläge zur Entwicklung und Schulung des Hörverständnisses sollen im Zentrum dieses Kapitels stehen. Dazu werden u. a. in Form von Mind-Maps[2] die drei Grundbausteine des Konzepts erklärt. Die Bausteine sind in weitere Abschnitte untergliedert, die wiederum aus Beschreibungen einzelner, exemplarisch angelegter Übungen bestehen. Als Vorschläge für den Unterricht ähneln diese Übungsbeschreibungen, abweichend vom übrigen Fließtext, in Gliederung und Sprachduktus denen von Arbeitsanleitungen und Handlungsanweisungen.

Die in der Schule bestehenden Rahmenbedingungen bzw. Bedingungsfelder können dabei nicht ohne weiteres übergangen werden; sie sollen dahingehend berücksichtigt werden, daß besonders betont wird, was unter den z. Zt. gegebenen Bedingungen in der Schule möglich ist. Darüber hinaus soll in Ansätzen aufgezeigt werden, welche Veränderungen nötig und möglich sind, um diesem Hörkonzept mit seinen vielseitigen Aspekten und Wirkungsweisen zu mehr Geltung zu verhelfen.

1 Vgl. Rilke 1933, 305 (Brief vom 15. September 1900).

2 Als Mind mapping wird die von Tony Buzan entwickelte Notiz- und Merktechnik bezeichnet, die auf psychologischen, neurophysiologischen, semantischen und mnemotechnischen Grundlagen beruht. Mind-Maps sind strahlenförmige, von einem gedanklichen Mittelpunkt ausgehende »Karten«; sie können von innen nach außen und umgekehrt gelesen werden. Sie geben keine linearen Strukturen und Hierarchien vor, was dem Ansatz meines Hörkonzepts entspricht (vgl. Buzan/North 1997).
Die einzelnen Teile des jeweiligen Bausteins (Hauptäste und ihre Zweige) sind über den im Zentrum stehenden Begriff miteinander verbunden und können – für den Unterricht – in den unterschiedlichsten Kombinationen eingesetzt werden.

4.1 Einleitende Anmerkungen

Konkretisiert werden sollen hier die in den Kapiteln 1/2/3 skizzierten Aufgaben der Schule, das Wahrnehmungsvermögen der Kinder zu fördern und zu schulen und sie von diesen Erfahrungen hin zu Erkenntnissen und in die Welt der Künste, und im Deutschunterricht in die Welt der Literatur, der gesprochenen und geschriebenen Sprache einzuführen.

Die drei von mir konzipierten, einmal in fünf und zweimal in sechs Einheiten aufgeteilten, Bereiche sind miteinander verflochten, können aber, je nach Situation der Klasse, einzeln als Baustein betrachtet und unterrichtet werden. Die unterschiedlichen Module könnten z. B. im Musik-, Sport-, Sachkunde- oder Religionsunterricht Verwendung finden.

Das Hörkonzept soll als Curriculum im Sinne eines Lernprogramms verstanden werden, mit dem versucht wird, die Wahrnehmung der Kinder zu sensibilisieren und sie an eine wachere, offenere, aufmerksamere Rezeption heranzuführen. Die gewonnenen Erfahrungen und die aus den Erfahrungen erwachsenen Erkenntnisse sollen in weitere Entwicklungs- und Enkulturationsprozesse einfließen. Je wacher und aufnahmefähiger unsere Sinne sind, desto besser können sich Produktions- und Rezeptionsprozesse entfalten. Der Schulung und Vorbereitung der Sinne muß daher besondere Aufmerksamkeit gewidmet werden.

Die Rezeptionsprozesse werden dabei besonders berücksichtigt, da sie bisher – u. a. in den Rahmenplänen der Bundesländer (vgl. Kap. 2) – weitaus weniger Beachtung finden als die Produktionsprozesse.

Deshalb gilt zunächst der Leiblichkeit des Kindes meine Aufmerksamkeit, die unterschiedlichen Sinne sollen bewußt angesprochen werden. In der Grundschule stehen dabei die spielerischen, experimentierenden und forschenden Tätigkeiten im Vordergrund. Das Spiel wird hierbei als Kulturerscheinung und als ein der Kunst verwandtes Phänomen im Sinne der philosophischen Tradition betrachtet. Die im Spiel gesammelten Erfahrungen des Kindes sind bzw. sollen freiwillig und zweckfrei sein, da Kinder spielerisch oft viel leichter motiviert und zum Lernen angeregt werden können.

Die Gestaltung des Lernumfeldes spielt deshalb eine wichtige Rolle. Das Angebot dieses Umfeldes soll die Neugier des Kindes wecken und ›echtes‹ Interesse erzeugen, so daß das Kind zu möglichst ganzheitlichen, möglichst vielsinnigen Fragen angeregt wird, die empirisch oder durch Analogieschlüsse gelöst werden sollen. Kinder sind wißbegierig und permanent bestrebt zu vergleichen, zu kontrastieren und Ordnungen zu finden.[1] Auseinandersetzungen mit schwierigen Lernobjekten und -inhalten sollen ihnen deshalb nicht vorenthalten, sondern eventuell sogar bewußt angeboten werden.

Erwartete, erwünschte, aber auch überraschende, fehlerhafte Ergebnisse beim Experimentieren können die Folge sein. Das bedeutet: Lehrkräfte müssen die Lernschritte der Kinder genau verfolgen und letztlich darauf vertrauen, daß das, was nach Zeitverschwendung und Stillstand aussieht, für das jeweilige Kind notwendige nachzuvollziehende Stationen sind, ohne die es keine weiteren wesentlichen Lernerfolge erzielen würde.

Die Lern- und Lehrinhalte sollen auf ein selbsttätiges und selbstbestimmtes Lernen hin ausgerichtet sein, die Autonomie des Kindes stärken und sein individuelles Lerntempo berücksichtigen. Das Finden, das Erkennen von und das Lernen aus Fehlern, das Wirken innerer und äußerer Kräfte und Impulse, sollen als sich wechselseitig beeinflussende Prozesse angesehen und so wenig wie möglich gestört werden.

Ich gehe davon aus, daß Unterrichten immer ein Prozeß des Erziehens ist. Denn das Unterrichten nur als ein Vermitteln von Wissen und Formen, ohne die daraus resultierenden Konsequenzen für den jeweiligen Lerner anzusehen, ist verkürzt. Der Begriff des Erziehens impliziert dagegen tendenziell eine Verhaltensänderung und bezeichnet mehr als nur den Wissenszuwachs (vgl. Jacoby 1989, 19). Die beiden Begriffe sind innerhalb und außerhalb der Schulthematik kaum voneinander zu trennen.

›Unterrichtet‹ werden soll das Hörkonzept im Sinne einer Entfaltung durch Gebrauch oder eines Bewußtwerdens von Erlebtem und Erfahrenem (ebd. 20). Das, was Kinder an Erfahrungen und Wissen mitbringen, soll bewußt gemacht und eingebunden werden. Es gilt also bei den unterschiedlichsten Aufgabenstellungen immer, die vorhandenen Grundlagen der Kinder für zu erwartende Leistung zu beachten (ebd. 22ff.).

Grundprinzipien des Lernens bzw. des »Erarbeitenlassens« (ebd. 25) sind die Bereitschaft zu wirklichem Kontakt, zu einem Berührtwerden und Sich-Berührenlassen, zum Geschehenlassen und Sich-Überlassenkönnen.

---

1 Vgl. die Darstellung des Ansatzes von Gottfried Bräuer in Kap. 3.3.

4.2 Das Hörkonzept in der Grundschule

4.2.1 Schulische Organisationsformen

In den Stundentafeln einzelner Bundesländer (z. B. Nordrhein-Westfalen, Berlin, Hessen) werden bereits Versuche unternommen, den Unterricht der Grundschule fächerübergreifend bzw. vernetzt zu gestalten. In Berlin gibt es den sogenannten »vorfachlichen Unterricht« (VU), der aber nur in wenigen Schulen wirklich durchgeführt wird. Meist wird dieser vorfachliche Unterricht wieder in die einzelnen Fächer überführt. So werden auf einer Stundentafel in einer ersten Klasse (Berlin-Lichtenrade) Religion und Sport und in einer dritten zusätzlich Bildende Kunst und Musik als Fächer gekennzeichnet.

Im Rahmenplan Berlins, aber auch in den Lehrplänen anderer Bundesländer wird Deutsch ausdrücklich als Fach von Klasse 1-6 bzw. Klasse 1-4 benannt. In Berlin wird die vorfachliche Anlage nur indirekt erwähnt: »Als eigenständiger fachlicher Unterricht wird der Deutschunterricht dann durchgeführt, wenn fachspezifische Lernzusammenhänge dies erfordern.«[1]

Nach einer anderen Lösung, den Schulalltag zu gestalten, wird in der Bielefelder Laborschule und der »Aktiven Schule« in Pesto (Ecuador)[2] verfahren, wo die Fächer durch Erfahrungsbereiche ersetzt worden sind. Dies soll dem ›willkürlichen‹ Fächerdenken entgegenwirken sowie das Prinzip des ganzheitlichen Lernens unterstützen.

Reformbemühungen, wie die Grundschulreform 2000 in Berlin, zeigen ähnliche Tendenzen: die Auflösung der traditionellen Fächer, wie sie in folgendem Ansatz vorgesehen ist. Begründet wird die Berliner Reform mit veränderten gesellschaftlichen Bedingungen und der zunehmenden Globalisierung.[3] »Lernbereitschaft« und »selbstgesteuertes Lernen« werden da-

1 Vgl. Vorläufiger Rahmenplan für Unterricht und Erziehung in der Berliner Schule, Grundschule Klasse 1 bis 6, Deutsch. Senatsverwaltung für Schule, Berufsbildung und Sport (Hg.) Berlin 1988. 1.

2 Die »Aktive Schule« ist eine von Rebeca und Mauricio Wild 1979 gegründete alternative Einrichtung, mit staatlicher Anerkennung. Das Schulkonzept der Grundschule folgt den Prinzipien Pestalozzis und führt Ideen Montessoris, Freinets, Piagets, Orffs und Janovs fort. Ziele ihrer Erziehung sind, ähnlich denen Jacobys, die Entfaltung der individuellen Persönlichkeit des Kindes durch praktische Betätigung und die Gewährung größtmöglicher Freiheit zugunsten situationsgerechter und vom Kind bestimmter Lernerfahrungen.

3 Vgl. Entwurf der Senatorin für Schule, Jugend und Sport zur Grundschulreform 2000, 1.

bei besonders hervorgehoben und führen zu sieben Schwerpunkten (flexibleres Verfahren zum Schuleintritt, Individualisierung der Schulanfangsphase, Entwicklung einer verläßlichen Halbtagsgrundschule, Förderung benachteiligter Kinder, Fremdsprachenunterricht ab Klasse 3, Profilbildung und Differenzierung in den Klassen 5/6, Computer in die Schule (CidS!).

Erwähnt wird dabei der »Primat der originalen Begegnung« sowie das »Lernen mit allen Sinnen« als fundamentale Voraussetzung, bevor auf anderen Ebenen der Veranschaulichung gearbeitet werden könne (ebd. 14). Leider werden zu diesen fundamentalen Voraussetzungen keine weiteren Angaben gemacht.

Das Bundesland Hessen gilt als Vorreiter dieser Berliner Grundschulreform. Bis 2003 soll es in Hessen nur noch Grundschulen mit verbindlichen Öffnungszeiten geben. Wesentlichste Veränderung ist die Gestaltung »rhythmisierter Schulvormittage«, in denen der 45-Minuten-Takt aufgehoben ist. Innerhalb der einzelnen vorgesehenen Unterrichtsblöcke gibt es Unterrichts-, Spiel- und Bewegungsphasen.[1]

Der für die hessischen Grundschulen konzipierte Tagesablauf eines Schultages käme meinem Konzept sehr entgegen, ermöglicht er doch offenere Lehrformen und Lernsituationen. Außerdem ließen sich unterschiedliche Lerninhalte besser verknüpfen, weil die ›traditionellen‹ Fächer ineinander übergehen.

4.2.2 Ziele und Aufgaben der Hörschulung

Naturgemäß können die Zielformulierungen nur sehr allgemein sein. Sie können die Richtung nur andeuten bzw. grob abstecken. Die Ziele müssen je nach Leistungsstand der Klasse und den mit ihr zu erreichenden Zielen spezifisch formuliert werden.

Folgende Ziele sollen u. a. mit der Hörschulung verfolgt werden:

Allgemein pädagogische Ziele

- Förderung des sinnlichen, im besonderen des auditiven Wahrnehmungsvermögens als Weg zu Verständnis, Kommunikations- und Interaktionsfähigkeit und weiterführend zu Erkenntnis und Wissenserwerb
- Entfaltung der individuellen Persönlichkeit jedes einzelnen Kindes

1 Vgl. »Schritt für Schritt bis 2003: Grundschule mit festen Öffnungszeiten«, Faltblatt des Hessischen Kultusministeriums, Mai 1998.

- Integration von Kindern unterschiedlicher kultureller und sozialer Herkunft

Deutschdidaktische Ziele

- Schulung einer differenzierten (Zu-)Hörfähigkeit und Ausdrucksfähigkeit
- verantwortungsbewußter, reflektierter Umgang mit Sprache im Sinne des Sprach- bzw. Schriftspracherwerbs
- Heranbildung einer Urteils- und Kritikfähigkeit
- Hörerziehung mit und durch Medien als Weg zu einer reflektierten Mediennutzung

Ästhetische Ziele

- Erwerb ästhetischer Kompetenzen im Sinne der Fähigkeit zur Empathie, zu Glücks- und Genußfähigkeit
- Erarbeitung ästhetischer Kriterien zur Urteilsfindung und Wertebildung
- literarische Enkulturation als Einführung in die Welt der Kunst, besonders der Literatur, am Beispiel der (Kinder-)Lyrik

Der erworbene Umgang mit Sprache kann und soll auch in anderen Fächern zum Tragen kommen. Für die später im einzelnen vorgestellten Bereiche werden die Lernziele weiter spezifiziert.

Vorgaben

Ein Mindestwissen bzw. Vorkenntnisse für die Hörschulung sind kaum zu definieren. Das Hörkonzept ist so angelegt, daß so wenig wie möglich Voraussetzungen nötig sind und einzelne Einheiten und Übungen auch ohne großen Materialaufwand und unter räumlich nicht optimalen Bedingungen durchgeführt werden können.

Eine wichtige Voraussetzung ist – sofern es sich nicht um eine Integrationsklasse handelt – die gesunde Hörfähigkeit der Kinder. Zu bedenken wäre, daß die Hörfähigkeit ausländischer Kinder auf ihre Erstsprache hin ausgerichtet ist, daß türkische, spanische, koreanische etc. Kinder, die Deutsch als Zweit- oder Fremdsprache lernen, mit der deutschen Lautierung Probleme haben könnten, die es besonders zu berücksichtigen gilt.

Beurteilung

Mit Hilfe von Beurteilungen sollen die Lernvoraussetzungen und -bedingungen analysiert werden, Lücken und Schwächen der Kinder ausfindig gemacht und Hilfen für sie angeboten werden. Diese Hilfen können den

Stoff, die Lernanforderungen oder auch das Lerntempo und nicht zuletzt die Lehrmethoden und die Medienauswahl betreffen.

Die Beurteilung der Prozesse bzw. Ergebnisse soll so individuell wie möglich sein, wobei sich von Zeit zu Zeit kriteriums- bzw. normorientierte Beurteilungen nicht ausschließen lassen werden.[1]

Die von mir erwünschte Beurteilung soll verbal bzw. in schriftlicher Form und auf ausdrücklichen Wunsch der Schüler/innen – gerade in der ersten Zeit des Schriftspracherwerbs – erfolgen. Grundlage der Bewertung sollen Protokolle sein, die die Kinder selbst, soweit sie es vermögen, oder die Lehrkräfte anlegen.

Für eine Beurteilung bzw. für das Verfassen von Kurzgutachten sollten die Lehrkräfte folgende als Fragen formulierte Aspekte für jeden Schüler/jede Schülerin berücksichtigen:

- Welche Bedeutung hat/hatte das Erlebte bzw. das Geleistete für die jeweilige Schülerin/den jeweiligen Schüler?
- Welche Bemühungen der Schüler/innen haben zu diesem Prozeß bzw. Produkt geführt?
- Welche Anregungen und Anstöße haben einzelne Schüler/innen für die Klasse gegeben bzw. welche Impulse der Klasse wurden von den Schüler/innen angenommen und umgesetzt?
- Gibt es einen nachvollziehbaren Erkenntnisweg, den die Schüler/innen durchlaufen haben?
- Wie wurden die gestellten Aufgaben (praktisch/organisatorisch) bewältigt?
- Ist bei schriftlichen Werken die Vermeidung von Klischees, eine gewisse Authentizität oder Veränderung der Texte im Verlauf einer Einheit zu erkennen?

Damit die erarbeiteten Themen nicht unverbunden und ohne entsprechende Würdigung bleiben, sollten sich z. B. Klassenarbeiten oder andere schriftliche Arbeitsaufträge auf die vorangegangenen Diskussionen, Erfahrungen und Gespräche beziehen (vgl. Mattenklott 1979, 174f.).

Motivierend für eine Zielsetzung und als Moment der Wertschätzung besonders geeignet ist eine öffentliche Präsentation der ›Produkte‹ der Kinder. Die Form der Veröffentlichung sollte den Produkten angemessen sein: als Wandzeitung im Klassenzimmer, auf einem Ausstellungstisch im Schulflur oder an einem Schwarzen Brett. Die »Ausstellung« sollte allen jederzeit zugänglich sein.

1 Vgl. Beisbart/Mahrenbach 1981, 226ff.

Die von den Kindern ausgeführten Wahrnehmungshandlungen oder ihre dazu geäußerten Erfahrungen sollen in den Gesprächsrunden möglichst wertfrei behandelt werden. Kommentare und Nachfragen sollen nach bestimmten Feedback-Regeln erfolgen. Denn Wahrnehmungen und Empfindungen sind subjektiv; Beurteilungen sind im Sinne von ›angemessen‹ und ›unangemessen‹ zu treffen. Die Ausführungen sollen auf ihre Zweckmäßigkeit und Angemessenheit für die betreffende Person hin überprüft werden. Etwas als ›angenehm‹ oder ›unangenehm‹ zu beurteilen, kann eigentlich nur der Wahrnehmende selbst; für stimmige Abläufe werden die Kinder mit der Zeit ein Gefühl entwickeln, das sie unabhängiger von Lob oder Tadel einer Autoritätsperson macht (vgl. Montessori 1990, 128ff.).

4.3 Baustein: Körperwahrnehmung

Wer zur Quelle gehen kann,
der gehe nicht zum Wassertopf.
Leonardo

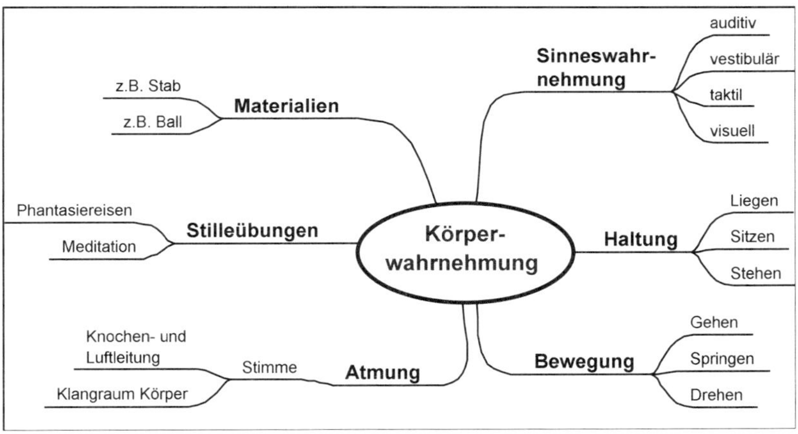

Erklärung zum Schaubild:
Alle hier angeführten Bereiche werden im folgenden aufgegriffen und bei den einzelnen Bausteinen in unterschiedlichem Maße berücksichtigt.

Die Beschäftigung mit Bewegung und Körperhaltung, die ich als Körperwahrnehmung bezeichne, wurzelt zu einem großen Teil im musisch-ästhetischen Bereich von Schauspiel, Musik und Tanz. Möglichst alle Sinne sollen dabei angesprochen werden, wobei dem Riechen und Schmecken hier eine untergeordnete Rolle zukommt.[1]

Tasten und Sehen haben für das Hören ein ganz besondere Bedeutung; sie sollen daher besonders berücksichtigt werden.

Wir sind beim Zuhören nicht nur »ganz Ohr«, sondern auch »ganz Körper«. Die physischen Auswirkungen des Schalls sind an der Haut und am Muskeltonus abzulesen; Puls- und Atemfrequenz richten sich ebenfalls nach der akustischen Umgebung.

Nicht zuletzt ist das Ohr räumlich bzw. anatomisch mit dem Gleichgewichtssinn verbunden, der die Feinmotorik, Haltung und Körperspannung reguliert. Konzentriertes Zuhören bedeutet immer ein »Gespanntsein«.[2]

Bewegung, Haltung und Atmung sind in diesem Konzept zentrale Begriffe. Jede Haltung ist letztlich eine Bewegung, und sie wächst aus und mit dem Atem. Der Atemvorgang besteht aus vier Phasen, dem Ein- und Ausatmen und je einer kurzen Pause dazwischen. Symbolisch lassen sich damit Gegensätze wie Anspannen und Entspannen etc. verbinden, die innerhalb des Konzepts für die jeweils günstigste Position zum Hören und Sprechen von Bedeutung sind. Durch eine entsprechend ruhig und leicht fließende Atmung können Sprachrhythmus, Intonation und zum Teil auch die Stimmlage reguliert werden. Bewegungen und Haltungen beeinflussen den Atem und umgekehrt. Das Konzept beinhaltet deshalb Übungen zur Beobachtung, aber auch zur Lenkung des Atems, bei denen einzelnen Atemphasen besondere Aufmerksamkeit zukommt (vgl. Scholl 1998, 129f.).

Bewegungen haben eigentlich zwei Bezugspunkte, den Raum und den Körper. Wir wissen – propriozeptiv – alles über unsere Körperstellungen im Raum. Sie bewußter zu machen und eventuell zu korrigieren, bedarf es bestimmter Impulse. Berührungen mit unterschiedlichen Materialien, Partnern und Geräten machen uns in spürender Auseinandersetzung unser Körperbild besonders deutlich: »Ein Ball ist ein Vermittler *par exellence*, ein Bote, der das Verhalten einer Person einer anderen gegenüber in klarer Weise übermittelt.« (Brooks 1991, 143).

»Bewegung ist Grundlage der Bewußtheit« (Feldenkrais 1988, 62)

Ich lege diesem Baustein den Begriff des organischen Lernens nach Moshé Feldenkrais zugrunde. Feldenkrais geht davon aus, daß der

---

1 Vgl. dazu Begründung und Ansatz Klaus Mollenhauers in Kap. 3.2.

2 Vgl. Bechdolf 1998, 34; Projekt Stiftung: Zuhören, 34.

Mensch als Ganzes handelt. Das Ich-Bild des Menschen besteht für ihn aus vier Teilen; jede Handlung ist in unterschiedlichem Maße von diesen Komponenten beeinflußt: Bewegung, Sinnesempfindung, Gefühl und Denken (vgl. Feldenkrais 1988, 31).

Da Sinnesempfindungen, Gefühle und Denkmuster durch Impulse von außen nur in geringem Maße kontrollier- und steuerbar sind, ist Feldenkrais' Programm ausschließlich auf die Veränderung und Überprüfung eigener Bewegungskonzepte ausgerichtet. Einflußnahmen auf die Bewegung wirken sich – da sie mit allen anderen Komponenten zusammenhängt – mehr oder weniger auf die übrigen Teile aus.

Wie unterschiedliche Lernpsychologen auch, definiert Feldenkrais den Begriff des Lernens als das Ansammeln von Erfahrungen durch Handlungen, aus denen Veränderungen des Verhaltensrepertoires resultieren. Nur ist bei Feldenkrais die Aneignung neuer Handlungsmuster, die eng mit dem Wissenserwerb verbunden ist, nicht auf kognitiv zu gewinnende Einsichten beschränkt, sondern sie ist in erster Linie auf die Bewegungsmuster des Menschen ausgerichtet, die wiederum zu solchen Einsichten führen.

Sein Bewegungsansatz ist jedoch nicht nur als »Wahrnehmungslernen« zu verstehen; mit seinem Ansatz geht er über das Erworbene hinaus und fragt nach Einstellungen und Verhalten, z. B. wie sinnvoll zur Gewohnheit gewordene Bewegungsmuster sind, wenn sie stets schematisch ablaufen bzw. zu Haltungen erstarrt sind, und wozu sie dienen (ebd. 32).

Das Hinterfragen und Überprüfen eingefahrener (Bewegungs-)Muster ist eines der erklärten (Lern)-Ziele Feldenkrais', denn über das bewußte Wahrnehmen von Bewegungsabläufen lassen sich Verhaltensänderungen im engeren und weiteren Sinne herbeiführen, da die zwischen Bewegungen und ihrer gleichzeitig bewußten Wahrnehmung ablaufenden Interdependenzen nicht ohne Auswirkung bleiben.[1]

Bewegung führt zu Bewußtheit, während die Bewußtheit wiederum durch Bewegung zu erzielen ist; und diese Bewußtheit ist wiederum Voraussetzung für die Wahrnehmung mit den Sinnen und die Wahrnehmung der eigenen Gefühle.

»Um zu lernen, braucht einer Zeit, Aufmerksamkeit, Unterscheidungsvermögen, braucht er sein Sinnesempfinden. Um lernen zu können, muß einer also seine Sinne schärfen.« (ebd. 88)

1 Vgl. dazu auch Kap. 2.

Der Mensch handelt normalerweise als Ganzes, er kann aber einzelne Teile dabei kontrollieren. Änderungen in Teilen, die leicht zu beeinflussen sind, haben mithin Auswirkungen auf das übrige System (ebd. 79). Feldenkrais' Arbeit setzt hier an; sie ist eine Methode des Trainings bzw. Lernens, die aus Bewegung resultierende Erfahrungen in Wissen und Erkenntnis umwandelt und dadurch Einfluß auf unser Denken, Handeln und Fühlen nimmt (ebd. 79). Aber es geht nicht darum herauszufinden, wie diese Teile im einzelnen funktionieren, sondern in welchem Verhältnis sie zum Ganzen stehen (ebd. 48).

Die Theorie Feldenkrais' könnte man als eine Übertragung östlicher Ideen und Übungsformen, wie die des Yoga oder des Tai Chi, in eine ›westliche Technik‹ bezeichnen. In den östlichen Traditionen gilt es, Verbindungen zwischen Körper, Geist und Seele herzustellen, wozu aufeinander abgestimmte Körper-, Atem- und Konzentrationsübungen eingesetzt werden.

Auch Kinesiologen aus den USA haben die östlichen Ideen in den 1970er Jahren aufgegriffen. Sie haben diese mit Erkenntnissen aus der Gehirnforschung, der Psychologie und unterschiedlichen Bewegungsformen und -techniken kombiniert. Mit ihren Konzepten haben sie Mitte der 1980er Jahre in Deutschland Fuß gefaßt.

Die sogenannte Edu-Kinesiologie beschäftigt sich mit der Verknüpfung von Lernen und Bewegen. In kinesiologischen Programmen werden Yoga-Übungen und Akupressurtechniken mit gedanklichen Vorstellungen und Atemübungen kombiniert (vgl. Scholl 1998, 14).

Ziel ist immer ein besseres Lernen durch Konzentrationssteigerung, das letztlich zu einem besseren Leistungsvermögen führen soll. Diese Leistungsorientierung – um jeden Preis – wie zahlreiche Buchtitel[1] sie propagieren, ist bedenklich. Die Übungen haben keinen entdeckenden Charakter und widersprechen meinem Prinzip des Erarbeitens. Sie sind in erster Linie Rezepte und bestehen aus konkreten Handlungsanweisungen, die in bestimmten Situationen durchzuführen sind. Dennoch wirken gezielt eingesetzte kinesiologische Übungen in relativ kurzer Zeit mit relativ geringem Aufwand konzentrationsfördernd bzw. streßreduzierend und entspannend. Mit diesen Übungen kann zu einer besseren Arbeitsatmosphäre beigetragen werden, die z. B. für nachfolgende Hörübungen unabdingbar ist. Daher sollten die Schüler/innen einige Griffe bzw. Übungen kennen

1 Z. B. »Entspannte Kinder lernen besser« (Seyffert 1998); »Ich hab's im Griff« (Westermeyer et al. 1996); »Lerntechniken« (Feichtenberger/Wechdorn 1995); »Lerngymnastik 1. Bewegungsübungen für mehr Erfolg in der Schule« (Ballinger 1995).

und anwenden können, z. B. nach oder vor einer längeren Arbeitsphase oder vor Klassenarbeiten.

4.3.1 Sinneswahrnehmung

Die Schüler/innen nehmen unterschiedliche Phänomene mit allen Sinnen wahr. Sie können ihre Aufmerksamkeit bewußt auf eine Sache lenken. Sie können ihre Erfahrungen artikulieren und bewerten.

Die Schüler/innen erwerben u. a. anatomische und physiologische Kenntnisse über ihre Sinnes- und Bewegungsorgane und deren Wahrnehmungsvermögen. Die Schüler/innen können vorgemachte bzw. beobachtete Handlungen nachahmen und auf verbale Anregungen zur Veränderung und Überprüfung des eigenen Handlungsablaufs reagieren. Sie können eigene Wahrnehmungserfahrungen artikulieren bzw. die bei anderen beobachteten, vermuteten beschreiben.

Inhalt

Der Schwerpunkt liegt zum einen auf der Schulung des Hörens, das über Haltungen und Bewegungen, die das Gleichgewichtssystem aktivieren, vorbereitet werden soll. Dazu wird der Sehsinn durch das Schließen der Augen bewußt reduziert. Zum anderen soll die Konzentration auf die eigene Atmung gerichtet sein, was durch Atem-, Meditations- und Stilleübungen geschieht.

Methode

Einzelne Methoden, die den oben genannten Zielen bzw. Inhalten dienen, werden im folgenden exemplarisch vorgestellt. Viele der einzelnen Hinweise können auch als Aufgabenkärtchen zur Freiarbeit ausgelegt bzw. per Los gezogen werden. Die einzelnen Aufgaben sind als Anregung für die jeweiligen Bereiche zu verstehen; sie können und sollen variiert, modifiziert und ergänzt werden.

Mit geschlossenen Augen die Welt entdecken

Den Sehsinn durch das Schließen der Augen auszuschalten, bedeutet, daß andere Sinne den ›ausgefallenen‹ kompensieren. Der Hörsinn ist anders gefordert, wenn er in dieser Form, ohne optische Unterstützung, beansprucht wird. Das Hören wird aufmerksamer bzw. bewußter.

Der hier exemplarisch für die Arbeit ausgewählte Körperteil, das Becken, ist ›Zentrum‹ unseres Körpers. Bewegungen können von hier aus relativ leicht gesteuert und initiiert werden. Das Becken ist in therapeutischer Hinsicht einer der sogenannten »Schlüsselpunkte« (Bobath) unseres Körpers. Einflußnahmen am Becken sind daher besonders wirkungsvoll, um Bewegungen auszulösen bzw. um die Bewegungsabläufe des Menschen zu beeinflussen. Östliche Traditionen schreiben dem Bereich des Beckens u. a. den Sitz des Chi, der Lebensenergie, zu.

Die größten und stärksten Muskeln unseres Bewegungsapparates, wie Bauch-, Oberschenkel- und Gesäßmuskulatur, von denen ein großer Teil unserer Muskelarbeit für das Stehen, Gehen und Sitzen geleistet wird, sind mit dem Becken verbunden. Von hier aus werden die Kräfte dann auf andere, kleinere Muskelgruppen übertragen (vgl. Feldenkrais 1988, 126). Über das Stehen, das abhängig von der Position des Beckens ist, wird die Aufrichtung des Körpers beeinflußt, die wiederum wichtig für das Sprechen ist. Von der Qualität, mit der die Muskeln rund um das Becken ihre Arbeit ausführen, hängt deshalb vieles ab.

Ziel

Durch die Experimente mit dem Becken soll u. a. ein Bewußtsein für das Zusammenspiel großer und kleiner Muskelgruppen geschaffen werden. Die Schüler/innen sollen lernen, sich führen zu lassen und zu führen. Sie sollen geringste Veränderungen wahrnehmen und auf sie reagieren können. Sie sollen ein Bewußtsein für Bewegungen und Haltungen entwickeln, die später für ein ›antenniges‹ Hören notwendig sind.

Beckenführung

Die Übung wird zu zweit durchgeführt, der hintere Partner legt beide Hände seitlich an das Becken des Vorderen und schließt die Augen. Er wird vom Vorderen geführt. Die Partner bewegen sich langsam gehend vor-, rück- und seitwärts. Nach einer kurzen Eingewöhnungsphase können Drehungen und ein kurzes Anhalten dazugenommen werden. Nach ca. 5-10 Minuten werden die Rollen schweigend getauscht.

Ein anderes Mal schließt der vordere Partner die Augen, der andere faßt ihn am Becken von hinten an und lenkt ihn durch den Raum und umgekehrt (Wechsel zwischen Stehen, Drehen, Gehen). Zu beachten ist, daß der hintere bzw. der vordere der beiden Partner immer nur verzögert auf das reagiert, was der vordere bzw. hintere macht, ähnlich einer Schlange, deren Bewegungen erst langsam am Ende ankommen.

Vom Zentrum aus kann man später weiter in die Peripherie wandern und z. B. in einer Gruppen mit drei Personen die Arme eines Partners bewegen. Der, dessen Arme bewegt werden, hält die Augen geschlossen, die anderen beiden fassen je einen Arm mit zwei Händen und bewegen diesen synchron bzw. reziprok in alle Richtungen, die dem Arm möglich sind. Die Partner werden dann reihum gewechselt, so daß jeder jede der drei möglichen Positionen einnimmt.

Anmerkung

Beim Erfahrungsaustausch der Partner bzw. in einer großen Runde sollten die von den Schüler/innen wahrgenommenen Empfindungen ihrer Gefühle (Wer hat welche Rolle als angenehmer empfunden? etc.) und die Raum- und Zeiterfahrungen (Wußte der Geführte, wo er sich im Raum befand? Verging die Zeit langsam oder schnell?) berücksichtigt werden.

4.3.2 Balanceübungen

Das Gleichgewichtsorgan steht in enger Verbindung mit dem Ohr; im Innenohr sind beide Sinnesorgane vereint (vgl. Kap. 1.2). Akustische Reize wirken demnach über das Gleichgewichtsorgan auf den Körper, und die vom Gleichgewichtsorgan regulierte Haltung und Spannung des Körpers beeinflussen das (Zu-)Hören. In vielen Untersuchungen[1] wurde belegt, daß die Stimulierung des Gleichgewichtssinns grundlegende Bedeutung für die senso- und psychomotorische Entwicklung des Kindes hat; durch sie werden alle anderen Sinnesempfindungen angeregt und integriert.

Das körperliche Gleichgewicht ist in erster Linie von der Stellung des Kopfes im Raum bzw. seinem Verhältnis zum Boden abhängig; die Ausrichtung des Kopfes wiederum ist zugleich eine der Ohren. Mit Gleichgewicht ist neben dieser körperlichen, muskulären Balance auch das innere Gleichgewicht gemeint. Sich im ›äußeren‹ und ›inneren‹ Gleichgewicht zu befinden, erleichtert die Konzentration auf die Höraufmerksamkeit und -bereitschaft.

Zahlreiche Yoga und Kinesiologie-Übungen fußen auf einem stabilen Gleichgewicht und sind mit diesem leichter und bewußter durchzuführen. Durch einen sicheren Stand erhält der Schüler/die Schülerin eine gute Basis für freies Atmen und später auch für ein getragenes Sprechen.

Ziel

Ziel ist hier das Finden eines äußeren, wenn möglich auch eines inneren Gleichgewichts, einer konzentrierten, gerichteten Aufmerksamkeit. Die Kinder können nach einiger Zeit beobachten, wie sich bestimmte Haltun-

1 Z. B. Ayres 1984; vgl. Kap. 3.1.

gen, auch innere in ihnen und anderen widerspiegeln. Außerdem sollen die Kinder durch die Übungen angeleitet werden, ihre Stellung im Raum bewußt wahrzunehmen und sich ihrer organischen Strukturen gemäß auszurichten.

Schilfrohr

In Einzelarbeit wird der eigene Stand überprüft und auf eine Mitte hin ausgerichtet. Zuerst wird das Gewicht von den Fersen auf die Zehen verlagert, dann von rechts nach links. Später soll der Balanceakt reihum, in beide Richtungen, ausgeführt werden; über das Verlagern des Gewichts, soll jeder seine Mitte finden. Das ganze sollte nicht länger als zehn Minuten dauern. Hilfreich ist es, Bilder zu verwenden, die die Vorstellung des Auspendelns unterstützen (z. B. Schilfrohr im Wind).

Wandernder Luftballon

Die Gruppe sitzt in einem kleinen Kreis beieinander. Ein sehr großer Luftballon wird in die Luft geworfen. Die Kinder beobachten schweigend seine Landung. Schließlich wird der Ballon von Hand zu Hand weitergegeben, dabei sollte er auf jeder Hand zur Ruhe kommen und eine kurze Zeit verweilen. Der Ballon kann mit dem Handrücken oder der Handfläche entgegengenommen und weitergegeben werden.

Anmerkung

Das Balancieren des Ballons dient als Stilleübung; die Kinder sollen dabei innerlich und äußerlich zur Ruhe kommen. Je gelassener man dem Ballon entgegengeht, je ruhiger die Hand, je freier die Gelenke und je aufmerksamer die Haltung des Entgegennehmenden ist, desto besser kommt der Ballon zur Ruhe. Die Konzentration auf den Ballon überträgt sich meist auf die ganze Gruppe.

Arbeit mit dem Stab

In Einzelarbeit balancieren die Kinder einen Holzstab[1], zunächst auf der Handinnenfläche oder auf einem Finger, nach einiger Zeit wechseln sie die Seiten und die Körperteile, mit denen der Stab balanciert wird (Handrücken, rechter und linker Fuß, auf dem höchsten Punkt des Kopfes), und die Bewegungsform vom Gehen zum Drehen, zum Sitzen und Liegen.

Später, wenn die Kinder einige Sicherheit im Umgang mit dem Stab haben, kann der Lehrer zur Partner- bzw. Gruppenarbeit übergehen und die Stäbe z. B. von Hand zu Hand übergeben lassen. Beim Balancieren soll

1 Länge: ca. 1 Meter; Durchmesser: ca. 2 Zentimeter.

auf die Stille bzw. die Geräusche im Raum geachtet werden, das Fallen des Stabes soll nicht forciert, aber auch nicht verhindert, sondern ohne Erschrecken und Kommentar hingenommen werden.

Anmerkung

Je mehr die Schüler/innen mit sich selbst beschäftigt sind, desto ruhiger ist es im Raum, z. B. wenn sie sich mit dem Stab Richtung Boden niederlassen. Je mehr sie sich im Raum bewegen, desto mehr verändert sich die Geräuschkulisse. Balanciert man den Stab auf beiden Fußrücken, ergibt das Aufkommen des Stabes auf dem Boden ein ›Klacken‹, das durch die unterschiedlichen Schritte und Schrittfolgen der Teilnehmer/innen eine Art musikalische Komposition entstehen läßt.

Durch die Konzentration auf den Stab verändern sich die Bewegungen, jede zu schnelle, inadäquate Bewegung hat den Verlust des Stabes zur Folge. Bewegungsmuster müssen verlangsamt und dadurch bewußter vollzogen werden. Eventuell kann das Gehen mit dem Stab mit anderen Gangarten ›akustisch‹ verglichen werden.

4.3.3 Rhythmisierte Körperbewegungen

Rhythmische Bewegungen sind zuerst solche, die wir mit Musik verbinden. Musik ist und dient als Anregungsmittel, als Struktur bzw. Rahmen; sie gibt mit ihrem Rhythmus bestimmte Bewegungsmuster und -folgen vor, die befreiend, lösend und behaglich sein können. Die bewegungsunterstützende Funktion der Musik kann ein Erlebnis steigern und einen führenden und ordnenden Einfluß auf das Kind haben.[1] Ein rhythmisierender Takt wird von außen vorgegeben; er wird in Bewegung umgesetzt; aber der Rhythmus kommt nicht wirklich von innen und sollte nicht zum steten Impulsgeber werden (s. Anm. 1, S. 12). Bewegungslehrerinnen wie Charlotte Selver und Elfriede Hengstenberg[2] haben in ihrer Arbeit auf Musik verzichtet, als sie feststellten, daß die Aufrichtung ihrer Schüler/innen nur so lange vorhielt, wie die Musik spielte.

Das heißt nicht auf Musik zu verzichten, sondern nur, sie mit Bedacht einzusetzen. Es ist jedoch in bestimmten Phasen sinnvoller, die Kinder selbst Rhythmen erzeugen zu lassen, damit sie elementare rhythmische Erfahrungen – von innen heraus – sammeln können.

---

1 Vgl. Krimm-von Fischer 1986, 11.
2 Vgl. Hengstenberg 1993, 12.

Die Bedeutung dieser rhythmischen Erfahrungen erkannte Jaques-Dalcroze schon Anfang des Jahrhunderts:

> »Wie sollte man hoffen dürfen, daß die Empfindungskraft des Kindes je zur vollen Blüte gelange, wenn man nicht vom frühsten Alter an und die ganze Schulzeit über seine allerelementarsten Lebensäußerungen kultiviert? Ihm die Rhythmen fremder Worte und fremder Gedanken beibringen, ehe man es dazu befähigt hat, diejenigen seines eigenen Organismus zu empfinden, ist das nicht die wunderlichste aller Ungereimtheiten?«[1]

Sich einen Rhythmus auszudenken, z. B. dem eigenen Herzschlag oder der eigenen Intuition zu folgen, macht bewußter für alles, das in ähnlicher Form auf uns einströmt. Rhythmen und Musik selbst zu eigenen Bewegungssequenzen zu entwickeln, läßt einen Bewegung und Rhythmus und die Verbindung der beiden intensiver erfahren. Rhythmen, die einen Hüpfer enthalten, uns springen lassen, unser Gehen durch schneller werdende Taktfolgen verändern, wahrgenommen, gespielt und variierend umgesetzt zu haben, fördern das Taktgefühl und das Koordinieren von Bewegung und Rhythmus.

Takte klatschen

Zunächst sollen unterschiedliche Takte von der ganzen Gruppe geklatscht werden, z. B. einen 3/4 Takt, bestehend aus zwei Vierteln und zwei Achteln, und einen 4/4 Takt, bestehend aus drei Vierteln und zwei Achteln. Zwischendurch soll die Form des Klatschens verändert werden, wer mit der rechten Hand in die linke klatscht, soll es nun andersherum versuchen. Die ganze Gruppe wechselt nach mehreren Takten, später nach jedem Takt die Handstellung. Kann man eventuell die »ungewohnte« Klatschform der gewohnten anpassen? Nähert sich der Klang der beiden unterschiedlichen Klatschformen einander an? Beide Rhythmen werden nacheinander von der ganzen Gruppe geklatscht.

Später wird die Gruppe in zwei Hälften geteilt. Nun klatscht die eine Gruppe den 3/4, die andere den 4/4 Takt. Die Gruppen können weiter geteilt werden, so daß z. B. vier Schüler/innen die beiden Rhythmen ›gegeneinander‹ klatschen; noch deutlicher wird der Siebener-Rhythmus, wenn die Achtel auf die Schenkel geklopft werden und die Viertel in die Hände. Ähnlich Übungen, die die Ausbildung des Rhythmusgefühls betreffen, sind bei Paul Hindemith und Gabriel Charpentier zu finden (vgl. Schafer 1972a, 29).

1 Vgl. Jaques-Dalcroze 1988, S. XVI.

Später sollen kleine Schrittfolgen zu den Takten entstehen. In den Rhythmus können kleine Sprünge und Drehungen integriert werden. Das Programm kann nach Belieben ausgebaut und die Schrittfolgen können zu Kreistänzen oder zu anderen Choreographien werden, denn »Tanzen ist eine komplexe körperbezogene Aneignungsweise von Musik und damit eine besonders aktive Form des Zuhörens.« (Bechdolf 1998, 34)

Nach der rhythmischen Arbeit sollte über die gemachten Erfahrungen gesprochen werden. Die geklatschten Takte und die beim Klatschen gehörten Geräusche bzw. Klänge könnten in einer von der Klasse eigens erfundenen Notation festgehalten werden, so daß sie später für die Klasse und andere Gruppen wiederholbar sind. Akustisches zu visualisieren, ist eine anspruchsvolle Aufgabe, Gehörtes soll in eine möglichst allgemeinverständliche, auch für andere lesbare Sprache übersetzt werden.

Anmerkung

Aufmerksamen Hörer/innen wird nicht entgehen, daß das Klatschen von der Handstellung, der Körperhaltung etc. abhängig ist. Dieses Experiment zeigt das äußerst eindrucksvoll. Genaues Hinhören und Beobachten ermöglicht die Anpassung des Klatschens mit der ›gewohnten‹ und der ›ungewohnten‹ Seite.

Sich mit anderen im gleichen, selbstgestalteten Rhythmus zu bewegen, ist nicht immer leicht und wird manchen Kindern sehr schwer fallen. Sie müssen sich einfügen und anpassen, erleben aber gleichzeitig wie es ist, von der Gruppe gestützt und vom Rhythmus getragen zu werden. Elementare soziale Erfahrungen in einer auf Individualität ausgerichteten Gesellschaft werden auf diese Weise ermöglicht.

4.3.4 Atem

Den Atem zu lenken bzw. sich bewußt auf ihn zu konzentrieren, hilft, zu innerer Ruhe zu kommen. Der Körper sollte sich dabei in einer Ruheposition befinden und zunächst keine weiteren Aufgaben haben. Falls das zu schwierig ist, können nach Bewegungsanstrengungen kleine Beobachtungsaufgaben gestellt werden, denn durch körperliche Aktivitäten wird der Atem spürbar angeregt, und der Unterschied zu Ruhestellungen wird deutlicher. Später kann man Bewegungen bewußt mit dem Ein- und Ausatem verbinden, wie es im z. B. Hatha-Yoga geschieht.

Ziele

Mit der Zeit sollen die Schüler/innen ein Gefühl für ihre Atemräume[1], -bewegungen und -geräusche bekommen und bewußt auf Veränderungen ihrer Atemgeräusche und ihres Atemrhythmus' achten können. Jedes Sprechen erfolgt z. B. auf eine Ausatmung. Die Kinder können ihren Atem bewußt steuern und ihn einsetzen, um ruhiger zu werden, sich zu entspannen und zu konzentrieren. Sie erfahren, daß ein ruhiger, leicht fließender Atem sich positiv auf ihre Stimme und eventuell auch auf ihre Stimmung auswirkt, und können dieses Wissen für ihr Sprechen – ihr Erzählen und Rezitieren – und (Vor-)Lesen nutzen.

Sie können auf ihren eigenen und auf den Atem anderer hören und Sprecher/innen mit ruhigem, langem Atem und kurzatmige voneinander unterscheiden.

Atemgeräusche

Beim Ausatmen werden Geräusche aller Art zugelassen. Ein Stöhnen, ein Gähnen, ein Summen, ein Grummeln etc. Der Atem ist deutlicher zu hören, und es hilft der Stimme, in Gang zu kommen, wenn die Gesichts-, Nacken- und Gaumenmuskulatur entspannen kann. Gleichzeitig wird die Atmung freier.

Tönen

Das Hören auf den Atem kann durch verschiedene Übungen aus dem Yoga oder Qi Gong angeleitet werden: z. B. auf ein Summen mit ›M‹ oder Silben wie ›Ma‹ auszuatmen, der Kopf sinkt nach vorne Richtung Brustbein, beim Einatmen wird der Kopf langsam wieder aufgerichtet.

Danach kann mit dem Tönen anderer Vokale, Silben oder Konsonanten begonnen werden. Meist ist dabei das Phänomen des Gleichklangs zu vernehmen; trotz der unterschiedlichen Stimmen wird sich das Tönen auf einen Ton einschwingen. Gegen diesen unisonen Klangteppich kann der Lehrer bewußt angehen und die Schüler/innen dazu auffordern, wirklich nur dem eigenen Atemrhythmus zu folgen oder unterschiedliche Töne auf die gleiche Silbe zu produzieren und sich nicht von den Klängen der anderen beeinflussen zu lassen.

---

1 Im Hatha-Yoga unterscheidet man z. B. drei Atemräume, den oberen, den mittleren und den unteren. Hier sollen der obere (Brustkorb und Flanken) und der mittlere und untere (Bauchraum unterhalb der Rippen und Unterbauch) unterschieden werden.

Beim Tönen wird durch das Auflegen einer Hand – z. B. im Bereich des Brustbeins – auf die entstehenden Vibrationen geachtet. Dazu können die beiden Silben ›Ma‹, ›Mi‹ und ›Mo‹ im Vergleich gesprochen werden. Die durch Töne entstehenden Schwingungen können auch an verschiedenen Instrumenten, z. B. eine Klaviersaite oder einem Xylophon, überprüft werden.

Stimmtests

Die eigenen Klangwerkzeuge sollen erprobt und anderen soll bei der Erprobung ihrer Werkzeuge zugehört werden. Die Stimme als Instrument, das wir selbst zum Klingen bringen, mit dem wir ›musizieren‹ können, soll tastend zum Ansprechen gebracht und in seiner Raumentfaltung und -wirkung untersucht werden. Der Körper mit seiner Haltung, seiner Gespanntheit und Ausrichtung spielt dabei als Klangraum eine wichtige Rolle.

Zunächst sollen die Kinder summend zum Klingen kommen (s. oben *Atemgeräusche*). Dann könnte jede/r versuchen, den lautesten, leisesten, tiefsten, höchsten, sanftesten, rauhesten, heitersten, traurigsten, einen ernsten, einen langweiligen, einen unterbrochenen, einen rhythmisch unterbrochenen Ton zu tönen oder zu singen.

Tonbandaufnahmen ermöglichen das Hören der eigenen Stimme über die Luftleitung, im Gegensatz zur Knochenleitung, mit der wir uns sonst nur ›hören‹ können. Die eigene Stimme so zu vernehmen, wie sie unser Gegenüber normalerweise hört, kann zu einigen Überraschungen führen. Hält man zwei Bücher fest vor die Ohren, kann man sich selbst, über die Luftleitung, hören. Ähnliche Effekte werden erzielt, wenn man sich beim Sprechen einen Eimer über den Kopf hält. Der Schall kann sich nicht so schnell verflüchtigen und wird sofort von der Plastikwand des Eimers zurückgeworfen. Der einfache, aber eindrückliche Versuch ermöglicht ein faszinierendes Klangerlebnis.

Anmerkung

Das Tönen von Silben verlängert z. B. das Ausatmen und verändert den Atemrhythmus. Manche Vokale klingen an einigen Stellen besonders intensiv; das ›A‹ läßt den Brustkorb vibrieren, das ›O‹ ist bis in den Bauchraum zu spüren. Diese und viele andere Experimente mit der Stimme sollen hier nicht im einzelnen aufgeführt werden. Sie können u. a. bei Julius Hey ›Die Kunst des Sprechens‹ (1956) und bei J. L. Schmitt in »Das hohe Lied vom Atem« nachgelesen werden.

4.3.5 Stilleübungen

An die Arbeit mit der Stimme können sich kleinere meditative Übungen anschließen. (Sie können aber auch vorgeschaltet werden.) Stilleübungen haben nicht nur mit Stille, sondern auch mit der Schulung der Sinne zu tun. Sie gehen meist mit einer Veränderung des Bewegungsverhaltens einher (vgl. Bonacker 1997, 15). Nonverbale Formen, im Gegensatz zu sprachlichen Disziplinierungsmaßnahmen, eignen sich im besonderen Maße dazu, eine Klasse zu sammeln. Die Stille auszuhalten wird vielen Kindern anfangs nicht leicht fallen. D. h., daß der Lehrer die Arbeit mit der Stille Schritt für Schritt aufbauen muß-, das Einverständnis der Kinder, sich an den Übungen zu beteiligen, vorausgesetzt.

Wichtig ist ein regelmäßiges, ritualisiertes Üben; es können ruhig immer wieder die gleichen Abläufe stattfinden. Raum und Atmosphäre sollten auf die jeweiligen Übungen abgestimmt sein.

Stilleübungen können aus den unterschiedlichsten Bereichen wie Phantasiereisen, Körper- oder Atemübungen etc. stammen. Mit Phantasiereisen können die unterschiedlichen Sinne besonders angesprochen werden. Else Müller schreibt ihren Phantasiereisen psychohygienische, sozialintegrative, entspannende und heilsame Wirkung zu (vgl. Müller 1996, 11ff.). Sie verknüpft Elemente des Autogenen Trainings mit kleineren phantastischen Erzählungen. Neben den Veröffentlichungen und Einspielungen von Else Müller gibt es zahlreiche Sammelbände mit Phantasiereisen für Kinder. So eignen sich die Lieder von Dorothée Kreusch-Jacob, die für solche Anlässe »musikalische Phantasiereisen« komponiert hat, besonders gut zum Entspannen. Die Lieder der Musikerin beruhen auf ihren Erfahrungen aus der Musiktherapie. Ihre Kompositionen sind einfach strukturierte Lieder, die dem Muster beruhigender Wiegenlieder folgen. Sie haben ein kleines stets wiederkehrendes Motiv, einen leicht eingängigen Refrain und werden von Naturgeräuschen umrahmt (vgl. Kreusch-Jacob 1996, 9f.).

Ziel

Bilder, Gedanken und Fragen können und sollen bei diesen Übungen ausgelöst werden und ›aufsteigen‹. Im Anschluß daran soll die Klasse sich eventuell in Kleingruppen darüber austauschen. Im Gespräch können die Kinder ihre Erfahrungen mit denen anderer vergleichen, und sie können selbst Nichtwahrgenommenes durch die Aussagen anderer überprüfen bzw. es aus einer anderen, neuen Perspektive sehen lernen. Die subjektiven Eindrücke der Kinder sollen nicht bewertet, sondern möglichst neutral kommentiert werden. Die Kinder sollen dadurch erfahren, wie unterschiedlich Menschen etwas wahrnehmen können und versuchen, sich in die Empfindungen anderer hineinzuversetzen.

Ohrenreise

Die Kinder legen Arme und Kopf auf den Klassentisch. Sie schließen die Augen und zählen ihren Ein- und Ausatem (Ein = 1, Aus = 2 usw. bis 10); sie können auch die Länge ihres Ein- und Ausatmens miteinander vergleichen (im Idealfall ist der Ausatem doppelt so lang wie der Einatem). Nachdem die Kinder über die Atemlenkung zu mehr Ruhe gekommen sind, wird eine Phantasiereise vorgelesen, eine Geschichte erzählt oder ein Lied vorgespielt. Die Kinder können auch nur einem Ton lauschen, z. B. einem mit einer Klangschale erzeugten Gong, oder eine brennende Kerze beobachten und auf die Geräusche innerhalb des Klassenzimmers achten.

Die Stilleerfahrungen können schriftlich auf einem Blatt mit der Anfangszeile: »Es ist so still wie …« festgehalten werden. Außerdem sollte sich eine Gesprächsrunde anschließen, so daß jede/r die Möglichkeit hat, ihre/seine Erfahrungen mitzuteilen oder Fragen zu stellen.

Andere kreative Verfahren zur Verarbeitung der Eindrücke, wie malen oder modellieren, könnten ebenfalls – vor oder nach dem Gespräch – angeboten werden.

Klangmassage

Stille und Ton können in einer Partnerarbeit miteinander verbunden werden, z. B. bei einer Klangkugelmassage. Zwei klingende chinesische Kugeln werden von einem Partner behutsam über den Schulter- und Nackenbereich des anderen geführt. Der Massierte schließt die Augen, versucht zu entspannen und auf den Klang der Kugeln zu lauschen. Später werden die Rollen getauscht. Sollten keine Klangkugeln vorhanden sein, können auch Tennisbälle für die Massage verwendet werden; im Hintergrund könnte dabei leise Musik laufen.

Ein lautes Blatt Papier?

Eine andere Aufgabenstellung soll die Aufmerksamkeit auf das lenken, was die Kinder täglich in der Schule handhaben: z. B. ein Blatt Papier. Dazu sitzt die Klasse im Stuhlkreis. Ein Blatt Papier (DIN A4) soll lautlos weitergereicht werden. Ist das möglich? Oder sind doch vereinzelt Papiergeräusche zu hören? Jeder achtet auf die Geräusche, die das Papier, die

Person, die es annimmt und die Person, die es weitergibt auf der Reise durch den Kreis hervorruft.[1]

Anmerkung
Erst wenn es leise wird, kann man sich horchend einem Klang hingeben, einen Gongschlag bis zu seiner Auflösung folgen, schlafende Töne in sich wecken oder die leisesten Geräusche aufnehmen.

Es kann sein, daß einige Kinder bei den Stilleübungen einschlafen, was zugelassen, aber nicht zur Regel werden sollte. Ziel ist es, zu entspannen und doch wach zu bleiben.

4.4 Baustein: Hörgänge

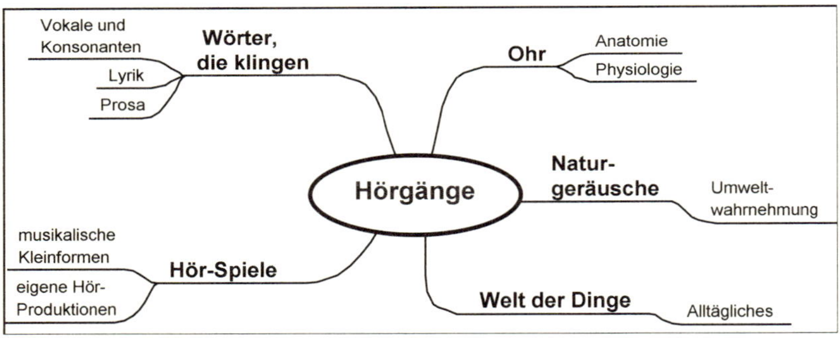

Zum Schaubild
Hier sind die einzelnen Aspekte des Bausteins Hörgänge dargestellt. Sie können, rechts oben beginnend, im Uhrzeigersinn gelesen als Unterrichtsstufen betrachtet werden. Die Module lassen sich aber auch untereinander kombinieren bzw. nur partiell anwenden.

Ziel ist es, das akustische Differenzierungsvermögen der Kinder zu fördern und ihre Hörerfahrungen zu erweitern. Die dabei entstehende Hörkompetenz soll den unterschiedlichen Funktionen des Hörens und Zuhörens zugute kommen.

Anatomische und physiologische Kenntnisse über das Ohr und den Vorgang des Hörens zählen ebenso hierzu wie die Diskriminierung unterschiedlicher Geräusche und Klänge und das eigene Produzieren von Hörspielen, basierend auf den gesammelten Hörerfahrungen.

1 Vgl. Schafer 1972a, 12; 1992, 104.

Über Klänge und Geräusche kann man am besten etwas lernen, wenn man sie selbst erzeugt hat. Was immer man in der Natur der Klänge sucht und findet, wird nur über den Weg des Experimentes bewußt erfolgen können. Klänge zu produzieren und mit den eigenen Ohren oder über Tonträger zu hören, was dabei herauskommt und wie sie klingen, läßt uns das Gehörte ›sinn-voller‹ begreifen.

4.4.1 Ganz Ohr

Zunächst wird die Wahrnehmung auf das Ohr gelenkt. Das Interesse wandert nun vom Körper im Ganzen zu einem spezifischen Körperteil.

Ziele

Das Ohr soll auf diese Weise ins Bewußtsein der Kinder gerückt werden. Erläuterungen über den anatomischen Aufbau des Ohres und zur Physiologie des Hörvorgangs können angeschlossen werden. Außerdem sollten Hinweise zur Reinigung und zum Schutz des Gehörgangs gegeben werden.

Ohrenvergleich

Die Kinder sollen ihre Ohren untersuchen und dann miteinander vergleichen. Können die anderen Kinder nur an ihren Ohren erkannt werden? Dazu wird das Gesicht und der Körper so verdeckt, daß nur ein Ohr frei bleibt. Die tastenden Rater schließen die Augen, so daß sie die Umrisse der zu erratenden Person nicht erkennen können.

Ohrencollagen

Eine Collage aus Ohrbildern soll hergestellt werden. Die unterschiedlichen Ohr-Formen und -Positionen, z. B. die von Tierohren, sollen betrachtet und auf ihre möglichen Funktionen hin befragt werden.

Die eigenen Ohren können mit Hilfe der Hände, die einen Trichter formen, vergrößert werden; eine Papprolle kann als Hörrohr eingesetzt werden. Unterscheidet sich das Hören mit »verfremdeten« Ohren von dem mit normalen?

Lauschen

Die Kinder können ihre Ohren an den Fußboden, an eine Wand oder an die Tischplatte vor sich halten und versuchen, Schritte, Stühlerücken etc. auf diese Art zu hören. Körpergeräusche (Herz- und Pulsschläge) bzw. Hohlräume (Lungen, Darm) können mit einem Stethoskop abgehört werden.

Denkmütze

Nach oder vor diesen genaueren Ohr- und Hörexperimenten sollen die Kinder ihr Ohr massieren. Dazu eignet sich die »Denkmütze«, eine Übung aus der Edu-Kinesthetik.

Man zieht den oberen Rand beider Ohren mit Daumen und Zeigefinger sanft nach unten; beginnend am oberen Ohrrand, bewegt man sich langsam bis zum Ohrläppchen. Die Kinesiologen schreiben dieser Übung eine Stimulation der Formatio reticularis zu, die den Grad der Wachheit regelt (vgl. Tumpold 1995, 75).

Klopfmassage

Ebenso stimulierend ist eine sanfte Klopfmassage des Kopfes, des Nackens und des Gesichts. Kopf und Gesicht sollten jeweils selbst massiert werden, dazu ›trommelt‹ man ganz langsam mit den Fingerkuppen auf die gewünschten Stellen. Schulter und Nacken können in Partnerarbeit massiert werden.

Nach der Massage sollte genügend Zeit zum Nachspüren und zum Austausch über die empfundenen Geräusche bzw. Veränderungen sein. Wer nicht klopfen will, legt einfach nur eine Hand oder zwei Hände einige Zeit an bestimmte Stellen und entfernt sie dann ganz langsam wieder. Auch hierbei soll der Berührung nachgespürt werden.

4.4.2 Hören von Naturgeräuschen

Die Luft ging durch die Felder,
Die Ähren wogten sacht,
Es rauschten leis die Wälder,
So sternklar war die Nacht.

(aus »Mondnacht« von Joseph v. Eichendorff)[1]

Früher waren die Menschen noch weit mehr auf ein exaktes Hören von Naturgeräuschen angewiesen als heute. Dieses Hören-Müssen konnte über Leben und Tod entscheiden und hatte eine Art Signal- bzw. Warnfunktion (vgl. Reinecke 1998, 12). In Umgebungen mit vielen maschinellen Geräuschen fällt es immer schwerer, natürliche Laute ausfindig zu machen.

In einer 1969[1] veröffentlichten Statistik zeigt Murray R. Schafer, wie Naturlaute, ausgehend von der Frühkultur bis in unsere Gegenwart, stetig

1 Vgl. Eichendorff 1993, 327f. (2. Strophe).

abgenommen (von 69% auf 6%) und die menschlichen Laute und Werkzeug- und Maschinengeräusche in umgekehrtem Maße (von 5% auf 68%) zugenommen haben (S. 13). Daher ist dieser Baustein dem Hören von »Naturgeräuschen« gewidmet, solchen Tönen, die nicht von Mensch oder Maschine hervorgerufen werden.

Ziele

Letztlich sind die hier beschriebenen Übungen als Hinführung zur (Onomato-)Poesie gedacht. Die Produktion von Naturgeräuschen, die lautliche Nachahmung einzelner Silben und Wörter dient zunächst u. a. der Sprachsensibilisierung und später vor allem dem Schriftspracherwerb. Zusätzlich werden Phantasie, Kreativität und die auditive ›Beobachtungsfähigkeit‹ angeregt.

Mit den Experimenten wird Gehörtes in Sprache übersetzt, natürliche Laute sollen imitiert und die unterschiedlichen ›Saiten‹ der menschlichen Stimme (wieder) zum Klingen gebracht werden.

Konzert der Stimmen

Die Kinder erhalten den Auftrag, eine Komposition auszuarbeiten, die nur aus Naturlauten bestehen soll. Dazu darf nur die eigene Stimme eingesetzt werden; die Nachahmung des Dargestellten soll so überzeugend wie möglich klingen. Zum Einstudieren des Konzertes hat jede Gruppe 15 bis 30 Minuten Zeit. Die Ergebnisse werden dann von den anderen Gruppen überprüft, ist das Ergebnis unbefriedigend, muß die Gruppe erneut an ihren Geräuschen feilen (vgl. Schafer 1972b, 11f.). Für bestimmte Gruppen können Klang-Themen wie ›der Bauernhof‹, ›ein Gewitter mit Donner‹ vorgegeben oder ein Medium wie das »Geräuscheposter«[2] eingesetzt werden.

Geräuschphantasie

Eine andere Möglichkeit ist, Geräusche von Tieren (auf Tonträgern) raten und einordnen zu lassen – z. B. aus der Heimatregion, wie Igel, Spechte, Hirsche oder von solchen, die die Kinder nicht aus ihrer unmittelbaren Umgebung kennen, wie Wale, Delphine, Sägefische. Die Hör-Assoziationen sollen beschrieben und klassifiziert werden. Können die Geräusche so

1 Die Jahreszahl bezieht sich auf die kanadische Erstveröffentlichung; »Die Schallwelt, in der wir leben« ist 1971 in deutscher Übersetzung erschienen.

2 Das Poster »Ein Hörspaziergang« (Linde Detlefsen) ist als Unterrichtsmaterial zum Musikbuch »Musikus 1/2« (Verlag Volk und Wissen) erschienen und kann beim Verlag bestellt werden.

beschrieben werden, daß andere sie nachmachen oder sich vorstellen können? Mit welchen Wörtern können die seltsamen Geräusche und Klänge erfaßt werden. Gibt es Wörter, die das Gehörte beschreiben, oder müssen sie erst erfunden werden?

Besteht eine Klasse aus Kindern unterschiedlicher Herkunftsländer, die mit anderen Erstsprachen als der Deutschen aufgewachsen sind, können verschiedene Natur- und Tierlaute aus anderen Sprachen mit denen des Deutschen verglichen werden. Wie kräht der Hahn auf türkisch, französisch, chinesisch etc., wie klingen Regentropfen in anderen Kulturkreisen, z. B. in Ländern, in denen es eine Regenzeit gibt, wie in Korea, Indien oder Brasilien?

Und nicht zuletzt sollten Klänge und Geräusche in unterschiedlichen Räumen und zu unterschiedlichen Zeiten (sowohl Tages- als auch Jahreszeiten) wahrgenommen werden.

Hör-Vorschläge:

»Vom Hören der Welt«; »Muscheln in meinem Ohr« (beide von Joachim-Ernst Berendt); »Der Verlust der Stille. Klangwege und Hörbilder« (Evangelische Akademie Baden)[1]

Tieraufnahmen

Die Kinder, die ein Haustier haben, eine Katze, einen Hund oder einen Hamster, können die Geräusche des Tieres zu unterschiedlichen Tageszeiten und bei unterschiedlichen Tätigkeiten aufnehmen und der Klasse vorspielen. Wieviel verschiedene Geräusche und Laute gibt das Tier von sich? Ist zu hören, was es macht? Ist die Stimmung des Tieres zu erkennen, wie bellt der Hund, wenn er sich freut, wenn er sein Revier verteidigt?

Die Aufnehmenden protokollieren möglichst genau, wann, wo und bei welchen Tätigkeiten des Tieres sie die Aufnahmen gemacht haben; die anderen können versuchen, die Geräusche zu erraten, sie zu imitieren oder sie schriftlich zu fixieren; eventuell können die Geräusche auch Impuls für eine Erzählung »Tagesablauf eines Tieres« sein.

Tierlaute zählen

Die Kinder stellen sich an einen Ort, an eine Straßenkreuzung in der Nähe der Schule etc. Sie richten ihre Aufmerksamkeit auf einen einzelnen Laut, z. B. das Bellen von Hunden und zählen innerhalb eines bestimmten Zeitraumes (10-15 Minuten) die zu hörenden Hunde. Zuvor werden Schät-

1 Die bibliographischen Nachweise befinden sich im Anhang: Unterrichtsmaterial.

zungen abgegeben? Mit der Aufgabe wird das Figur-Hintergrund-Hören geschult; singuläre Laute sollen vor einer Geräuschkulisse wahrgenommen werden. Die Kinder werden nach und nach mit der sie umgebenden Klanglandschaft vertraut. Was wurde – außer des Hundegebells – wahrgenommen, und inwiefern veränderte die Aufgabenstellung die Höraufmerksamkeit? Diese und ähnliche Fragestellungen sollen anschließend diskutiert oder schriftlich bearbeitet werden (vgl. Schafer 1992, 24f.).

4.4.3 Die Welt der Dinge beim Hören

Es gibt Tüten, die knistern
und es gibt Tüten, die fürchterlich knistern.
So eine Plastiktüte hat der alte Mann,
der hinten im Saal sitzt, bei sich.

Judith Herzberg[1]

Als Kontrast zu den oft seltener zu hörenden Naturgeräuschen stehen die Alltagsgeräusche im Vordergrund dieser Einheit. Vieles, womit wir im täglichen Leben umgehen, nehmen wir nicht mehr bewußt wahr. Wir filtern Geräusche, die keinen weiteren Erkenntniswert für uns haben, unbewußt aus, denn sonst wäre unser Gehirn völlig überlastet mit der Verarbeitung dessen, was wir täglich hören (vgl. Kap. 1.2.3). Dieses unbewußte ›Weghören‹ bzw. das ›Nicht-hinhören-wollen‹, soll genauer untersucht werden. Einige dieser Geräusche werden sicherlich als Lärm bezeichnet werden müssen, der als Dauerbelastung auch gesundheitliche Beeinträchtigungen zur Folge hat.

Ziele

Die Reaktion auf ganz bestimmte Geräusche soll genau beobachtet werden. Was passiert, wenn sie plötzlich verschwinden oder das Vertraute anders klingt? Die Kinder sollen sich dessen bewußt werden, was sie täglich hören, aber nur noch unbewußt wahrnehmen (s. oben).

Die Abhängigkeit von bestimmten Hintergrundgeräuschen soll analysiert und kritisch hinterfragt werden. In den Gesprächsrunden lernen die Schüler/innen, anderen Gehör zu schenken, sie zu Wort kommen zu lassen, zu argumentieren, zu kommentieren, zu erörtern, zu vergleichen, zu beschreiben und zu erzählen.

---

1 Zit. wird der Anfang des Gedichts »Das Knisterndste« In: Herzberg, Judith: Das Knistern. Gedichte und Prosa. Berlin 1993.

Diskussionsthemen

- Es könnte darüber diskutiert werden, ob es sinnvoll sei, seine Hausaufgaben bei laufendem Radio oder Kassettenrecorder zu machen. Pro- und Contra-Argumente sollen gesammelt und vorgebracht werden.
- Je nach Vermögen der Klasse könnte auch untersucht werden, ob Menschen, die Macht haben und ausüben, ›Lärm‹ als ›Machtinstrument‹ nutzen.
- Jede/jeder bringt einen interessanten Klang mit und führt ihn vor. Warum ist er interessant?, warum wurde er ausgewählt? Möglichst viele sollen das Gehörte vergleichend kommentieren. Oder entscheidet die Gruppe, daß der Klang uninteressant ist?
- Haben Klänge Farben und/oder Formen? Wenn ja, versucht die Gruppe, den Klängen Farben und/oder Formen zuzuordnen.

Hörtagebuch

Geräusche des täglichen Lebens (Kaffeemaschine, Toaster, Mikrowelle, tropfender Wasserhahn, U-Bahn, S-Bahn etc.), die man im Verlauf eines Tages hört, sollen in einem Hör-Tagebuch festgehalten oder mit einem Tonträger aufgenommen werden. Der Zeitraum der Hör-Sammlung wird begrenzt: z. B. auf einen Tag, eine Woche oder auf bestimmte Anlässe wie ›Mein Schulweg‹ oder ›Morgens beim Frühstück‹. Mögliche Leitfragen wären: was war der erste Klang, das erste Geräusch am Morgen, am Abend, was das lauteste, das leiseste, das schönste?

Denkbar wäre auch, daß die Kinder zu zweit oder als kleine Gruppe ›Hörspaziergänge‹ unternehmen. Sie könnten den gleichen Weg morgens, mittags und nachmittags gehen und herausfinden, ob sich die Tageszeiten in unterschiedlichen Geräuschen widerspiegeln.

Eine andere Aufgabe wäre, im Klassenraum sitzend aufzuschreiben, was man von draußen (Flur, Straße, Pausenhof) hört, was oder wen innerhalb des Klassenzimmers und was man von sich selbst wahrnimmt. Die Hör-Notizen könnten dann genauer untersucht und kategorisiert werden: Naturlaute (N), menschliche Laute (M), technische Laute (T), Eigenlaute (X). Welche Laute überwiegen, nachdem die Zuordnung erfolgte (vgl. Schafer 1992, 15f.)? Die Hörwahrnehmung erfährt so eine sehr differenzierte, gelenkte Ausrichtung.

Kulturgeschichtliches

Die Kinder sollen erkennen, daß Geräusche und Klänge dem Wandel der Zeit unterliegen und u. a. als historisches Phänomen zu ›betrachten‹ sind. Mit technischen Erneuerungen, wie der Erfindung des Telefons, der Dampflok etc., hat sich die akustische Umwelt verändert. Der Geräuschpegel der Städte ist ein anderer; früher ärgerte man sich über Pferdekutschen, die übers Steinpflaster holperten, heute bestimmt dagegen ein hohes Verkehrsaufkommen die »Stadtmusik«, und wir erkennen bestimmte Automarken, Busse, Lkws und Rettungsfahrzeuge an ihren Geräuschen bzw. ihrem Klang.

Weißt du, wie es früher klang?

Woher wissen wir, wie die Dinge früher klangen?

Diese Frage könnte am Beginn einer klanggeschichtlichen Entdeckungsreise stehen, zu der ein Besuch im Archiv eines Rundfunksenders zählen könnte. Viele Klänge werden die Kinder nicht, nicht mehr oder nur aus zweiter Hand (z. B. aus Filmen) kennen. Zu den untersuchten Geräuschen könnten Kassen im Supermarkt im Vergleich zur Registrierkasse, die S-Bahn im Vergleich zu Zug (ICE) und Tram, der Bus im Vergleich zum Auto, Schuhe mit und ohne Klettverschluß, die Schritte einer Personen mit unterschiedlichen Schuhen, eine Jacke mit Reißverschluß bzw. Knöpfen etc. zählen. Die Ergebnisse werden in einem Bericht »Wie verändern sich Geräusche?« oder »Welche Geräusche kenne ich, die es heute nicht mehr gibt?« festgehalten.

Ich höre was, was du nicht hörst!

Dinge, die die Schüler/innen hören, sollen be- bzw. umschrieben werden. Können die anderen anhand der Beschreibung erraten, was der Schüler im Ohr hatte oder hat?

Es könnten auch Geräusche gewählt werden, die gerade nicht zu hören sind. Oder die Schüler/innen könnten versuchen, jemandem, der sich für diesen Versuch taub stellt, etwas mit Händen und Füßen zu erklären.

Anmerkung

Methodisch könnte der Lehrer mit Ausschnitten aus dem Film *Jenseits der Stille* (Link 1997) arbeiten: Das Mädchen Lara, die Hauptfigur des Films, löst solche Aufgaben, sie beschreibt ihrem nichthörenden Vater die Geräusche wehender Fahnen und des leise zur Erde rieselnden Schnees mit Bravour. Anregungen aus diesem Film können aufgegriffen und analog dazu gestaltet werden. Das Finden von Wörtern, die Klänge und Geräusche für möglichst viele verständlich beschreiben, steht hier im Vordergrund; dazu sollen Hörbilder entworfen und Klangmetaphern gefunden werden.

Der tägliche Kram

Spielerisch sollen Alltagsgeräusche erkannt bzw. als Instrumente bewußt eingesetzt werden, denn vieles, das wir täglich benutzen, wie Schlüssel, Schuhe und Schreibgeräte ist uns in seinem Klang bzw. Geräusch gar nicht bewußt. Die Höraufmerksamkeit wird nun bewußt auf diese Dinge ausgerichtet; die (Hör-)Konzentration nimmt zu, und vermutlich werden viele feststellen, wie wenig sie wirklich bewußt hören. Hörtechnisch sollen einzelne Laute differenziert und analysiert werden. Die Hörfähigkeit soll in Richtung Hörkompetenz erweitert werden (vgl. Kap. 2.1).

Geräuschememory

Aus Filmdosen, die mit verschiedenen Materialien (Reis, Bohnen, Sand ...) gefüllt werden, wird ein Geräuschememory hergestellt, bei dem es darum geht, die Dosen mit dem gleichen Geräusch zu finden.

Schreibgeräusche

Des weiteren sollen alle Schreib- und Papiergeräusche einer genauen akustischen Untersuchung unterzogen werden. Womit kann man worauf schreiben: mit Kohle, Füller, Bleistift, kleinen Ästen, Federn auf Pergament, Löschpapier, Karton, Rinde ...? Und welche Geräusche können mit einem Blatt Papier erzeugt werden? Diese mit einem Blatt erzeugten Geräusche können sich zu einer Papiersymphonie verbinden.

Papiersymphonie

Bedingung ist, daß sich das eigene Geräusch von dem des Vorgängers merklich unterscheidet (vgl. Schafer 1972a, 45f.). Noch reizvoller ist es, unterschiedliche Papiersorten und -stärken zu benutzen. Auf diese Art können die unterschiedlichsten Dinge und alltäglichen Verrichtungen akustisch unter die Lupe genommen werden.

Schlüsselklänge

Viele Kinder haben einen Schlüsselbund in der Tasche, aber können sie auch den Klang des eigenen Schlüssels von dem anderer unterscheiden? Dazu werden alle Schlüssel eingesammelt und nacheinander von einem der Schüler oder dem Lehrer vor der Gruppe, die die Augen geschlossen hat, ›geschüttelt‹. Wer den Klang seines Schlüssels erkennt, hebt die Hand und erhält den Schlüssel zurück, jedoch ohne die Richtigkeit der eigenen Vermutung zu überprüfen. Erst wenn alle Schlüssel zurückgegeben sind, öffnen die Schüler/innen die Augen. Liegt der Schlüssel wirklich am Platz des Besitzers (vgl. Schafer 1992, 38)?

Schuhkonzert

Die Schüler/innen ziehen ihre Schuhe aus und werden in Kleingruppen (3-5 Personen) aufgeteilt. Jede/r versucht zunächst die eigenen Schuhe als »Instrument« mit all seinen Stimmungen und Klangfarben auszuprobieren; danach soll in der Kleingruppe eine kleine Schuhmusik entstehen, die den anderen, die die Augen geschlossen haben, vorgespielt wird.

Welche Bilder entstehen beim Hören? Ist eine Geschichte, ein Motiv zu erkennen? Die Hör-Arbeit mit den Schuhen kann ausgebaut und als Hörspielaufgabe (s. unten) formuliert werden.[1]

4.4.4 Hör-Spiele

Poesie ist, wenn Wörter klingen.
(ein sechsjähriger Junge)

Inhalt dieses Bereiches sind musikalische Kleinformen und selbstproduzierte Hörsendungen.

Ziele

Auf die vorausgegangenen Hörerfahrungen aufbauend, sollen hier erste Erkenntnisse akustisch umgesetzt und schriftlich festgehalten werden. Dazu könnte u. a. zählen, Kriterien für ein Hörspiel oder eine Radiosendung zu erarbeiten und vorhandene Texte daraufhin zu überprüfen, ob sie sich zum Zuhören eignen. Anhand verschiedener Textsorten soll ausprobiert werden, warum sie hörbar bzw. hörbarer sind als andere. Techniken, um Texte hörbar zu machen, bzw. Techniken, um für das Hören zu schreiben, sollen daraus entwickelt und vermittelt werden.

Neben ästhetischen Aspekten geht es hierbei um die Schulung der Medienkompetenz. Der Erwerb dieser Kompetenz geschieht mit und durch Medien. Die Kinder sollen das, was sie – auch sehend – hören, sowohl inhaltlich als auch formal beurteilen können. Sie können Fragen zur Machart, eventuell auch zur Funktion der gehörten Medien beantworten. Der

1 Die Anregung wurde dem Workshop »Ohrenputzen« von Murray R. Schafer im Rahmen einer Veranstaltungsreihe zu »Stadtstimmen« (Wiesbaden, Juni 1999) entnommen.

eigene Medienbedarf und -konsum soll kritisch überprüft und analysiert werden.

Instrumentalklänge

Verschiedene Instrumente können gebaut und erprobt werden. Anleitungen dazu gibt es in zahlreichen Veröffentlichungen.[1] Zudem können Geräusche mit fremdartigen Instrumenten erzeugt werden, mit einer Glasharfe, einer Klangschale, einer Kalimba, mit Klangkugeln, Regenhölzern, Nasenpfeifen, einem Schellenband, einer Maultrommel oder Kastagnetten. Diese und andere Klänge sollen auch unter kulturspezifischen Gesichtspunkten gehört und analysiert werden. Ausländische Mitschüler/innen können Instrumente oder Musik aus ihren Heimatländern mitbringen. Verschiedene Instrumente werden in den unterschiedlichsten Kulturen zu bestimmten Anlässen oder manchmal nur bei bestimmten Musikstücken eingesetzt. Anhand von Tonaufnahmen wird dies demonstriert und darüber diskutiert, welche Instrumente z. B. bei uns nur zu bestimmten Anlässen ertönen. Der Besuch in einem anthropologischen Museum oder einem Musikinstrumentenmuseum könnte sich hier anschließen.

Um auf mögliche ›akustische Illusionen‹ hinzuweisen, denen wir beim Hören unterliegen können, werden Stücke der Gruppe *Vocal Sampling*[2] aus Kuba angehört. Sie scheint auf verschiedenen Instrumenten zu spielen, aber alle vermeintlich zu hörenden Instrumente werden mit den Stimmen und Körpern der Musiker gemacht. Kann man sie (dennoch) unterscheiden?

Klangzeitraum

Außerdem sollten Versuche zur Ausbreitung von Klängen in Raum und Zeit gemacht werden. Instrumentengruppen werden dazu an verschiedenen Orten im Raum postiert; die Einsätze der unterschiedlichen Gruppen werden von einem Dirigenten bestimmt. Töne können z. B. ohne Pausen oder Zäsuren weiterklingen, an- und abschwellen etc. Einen Ton im Kreis wandern zu lassen, ist möglich, wenn die Instrumente oder Stimmen kurz nacheinander erklingen.

1 Z. B. in »Schall und Rauch«, Ausstellungskatalog Berlin 1997.
2 CD: Una forma mas, Warner Music Manufacturing Europe 1995.

Hördetektiv

Von den Kindern mitgebrachte und/oder vom Lehrer ausgewählte Hörspiele (s. Hörvorschläge) sollen miteinander verglichen werden. Besonders ist dabei auf die Einbettung des Textes zu achten. Gibt es Naturlaute, Musik etc. zur Umrahmung? Wie glaubwürdig ist die Hörinszenierung? Die Schüler/innen sollen anhand der Beispiele einen Kriterienkatalog zur Beurteilung von Hörspielen entwickeln.

Zusätzlich sollte über die unterschiedlichen Tonträger und deren spezifische Aufnahmequalität gesprochen werden; die verschiedenen Formen werden dazu miteinander verglichen: Audio-Kassetten, Schallplatten, Tonbandaufnahmen, CDs.

Hörvorschläge:

Die Ohrenreise (Kinder geraten in das Haus eines Geräuschemachers und haben Hörwünsche frei); *Riquet und Mirabelle* (Ein Feenmärchen); *Tatatuck* (Die Reise eines Zwergs zum Kristallberg); *Glöckchen, Trommel, Zaubergeige (Musikmärchen aus aller Welt); Zauberer Zauselkopf* (Klanggeschichten für Kinder); *Der Zauber der Schildkröte* (Wie die Tiere zu ihren Farben kamen); *Der Fluch des Barden*; *Teufelsgold* (Krimis aus dem Mittelalter)[1]

Anmerkung

Auf die Anwendung der generativen Prinzipien[2] soll hier besonders hingewiesen werden. Die Kinder müssen ihre Höreindrücke durch Kontrastieren und Polarisieren ordnen; sie sollen Unterschiede finden und sie im Sinne des Werkverstehens, z. B. einer Hörspielanalyse, beschreiben, deuten und beurteilen können.

---

1 Weitere Hörvorschläge können dem Katalog »Hören – Lesen – Hören«. Kassetten für Kinder. Verzeichnis, Annotationen, Kommentare. Bad Homburg 1997, entnommen werden.

2 Nach Gottfried Bräuer, vgl. Kap 3.3.1.

4.4.5 Wörter und Texte zum Klingen bringen

... und sie trifft, wie alte Lieder,
meines Wesens Dur und Moll.

Ingeborg Bachmann[1]

»Forscher haben beobachtet, daß die Stimmen von Angehörigen primitiver Völker einer weitaus farbigeren Modulation fähig sind als die unsrigen.« (Schafer 1972b, 5) Worte fühlte man auf der Zunge, und Gesang zählte zu den natürlichen Ausdrucksformen (ebd. 5).

Ziel

Die Absicht der folgenden Anregungen ist es, den elementaren Wortlaut wieder zur Geltung zu bringen. Überschneidungen zum nachfolgenden Bereich kreativer Umsetzungen ergeben sich durchaus; jedoch soll es hier weniger auf die Texte und ihre Aussagen als auf den Klang ihres Inhaltes ankommen.

Namensklang

Der eigene Name kann Gegenstand einer ersten Wortklanganalyse sein. Er soll mehrmals schnell hintereinander, dann wieder langsam gesprochen bzw. gesungen werden, bis sich sein Inhalt gewissermaßen verflüchtigt und nur noch Klänge bleiben (vgl. Schafer 1972b, 7).

Das gleiche geschieht mit anderen Wörtern wie Sonnenschein, Mondlicht, Krokodil etc. Entsprechen die Wörter – auch lautmalerisch – dem, was sie bezeichnen? Kann man sich bei ›S‹ und ›Sch‹ Sonnenstrahlen vorstellen? Weichen nach Hörmeinung der Kinder Wort und Bezeichnetes voneinander ab, sollten Alternativen (Phantasiewörter) erfunden werden.

Wie klingen Wörter?

Weiter könnten die Klänge und Geräusche der Wörter Erde, Feuer, Wasser und Luft auf ihren Lautgehalt hin untersucht werden. Kann man statt ihrer neue Wörter finden, die das Bezeichnete ›klanggetreuer‹ umschreiben? Für Wörter, die die Klasse selbst aussucht (z. B. Geheimnis, Wind, Rasenmäher, Schule, Ball, Glück etc.), können die jeweiligen Begriffe lautlich beschreibende Phoneme ausgewählt und erprobt werden, die die ›Geräusche der Wörter‹ am besten charakterisieren (ebd. 17).

---

1 »Abends frag ich meine Mutter«. In: Bachmann, Ingeborg: Ausgewählte Werke Bd. 1. Berlin und Weimar 1987, 155.

Kann man Regentropfen vokalisch oder konsonantisch so darstellen, daß über lautes Lesen der Klang imitiert wird? – Z. B.: pft, pft, pft, plong, plog, plig, pling, pitsch je nachdem, wie die Tropfen vom Einzelnen gehört werden.

Sollten diese Aufträge zu schwierig sein, kann der Lehrer ein Hörspiel oder andere Medien als Anregung einsetzen, mit deren Hilfe die Kinder versuchen, das Gehörte nachzuspielen oder zu singen, um es dann auf Eigenes zu übertragen.

Hörvorschläge:

Reginald der Regenwurm (vgl. Velter 1998); *Die Ohrenreise* (vgl. Eichinger 1988)

Laut-ABC

Das Verfassen einer »Klangbiographie« des Alphabets kann allen anderen Übungen vor- oder nachgestellt werden. Jedem Laut wohnt eine Zauberkraft inne. Welche Empfindungen, Phantasien hat man bei den Buchstaben des Alphabets, wenn man sie vor sich hinspricht?

Jede/r soll ihre/seine Biographie des Alphabetes notieren, eventuell auch nur die des eigenen Vornamens (s. oben), nachdem das ganze Alphabet von der Klasse zusammen erarbeitet wurde (vgl. Schafer 1972b, 15). Die Beschreibungen zu den Buchstaben können sich auf den Klang des Buchstabens, die Mundstellung beim Aussprechen oder damit verbundenen Assoziationen zu verwandten Geräuschen beziehen. Als Unterrichtsanregung hierzu können u. a. die Umschreibungen der Vokale im Gedicht »AAAIIIOOOEEEUUU« von Frederik Vahle (1994, 84f.) dienen.

Vokale und Konsonanten

> »Vokale, sagten die alten Schriftgelehrten, seien die Seele des Wortes, die Konsonanten sein Skelett. In der Musik sind die Vokale die tragenden Elemente der melodischen Erfindung, wohingegen die Konsonanten den Rhythmus artikulieren. [...]Die Vokale sind also das, was den Wörtern ihre Größe gibt, was ihnen Flügel verleiht, sie zum Flug befähigt.« (Schafer 1972b, 21).

Ziel

Buchstaben – Konsonanten und Vokale – und Buchstabenkombinationen sollen erkannt und unterschieden werden können. Das Diskriminieren dieser Laute und die spätere Zuordnung der Phoneme zu ihnen entsprechenden Graphemen ist wichtige Voraussetzung und Grundlage des Schriftspracherwerbs. Im Sinne der Sprecherziehung soll den Klängen und Geräuschen von Buchstaben – auch im Vergleich zu anderen Sprachen, nachgespürt werden, denn Zungen- und Lippenstellungen sind entscheidend für die Aussprache, die es besonders bei ausländischen Kindern zu beachten gilt.

Sprachverwirrung

Einige Sprachen, wie z. B. die romanischen, sind reich, andere arm an Vokalen. Vokalreiche Sprachen, vor allem solche, in denen die Vokale A, O und U häufig vorkommen, lassen sich leichter singen als andere, denn diese Vokale werden im hinteren Gaumenbereich gebildet, und das Atemvolumen kann dadurch relativ schnell und ohne allzu hohe Reibungsverluste zum Bilden der Töne verwendet werden. Vokale sind tontragend und klingen lange nach.

Solche und andere Beobachtungen können gemacht werden, indem Kinder aus verschiedenen Kulturräumen ihre Lieder vorstellen. Sie bringen dazu Lieder, Liedtexte bzw. entsprechendes Sprachmaterial ihrer Mutter- bzw. Erstsprache mit, das von den anderen Kindern angehört und beurteilt wird. Klingt das, was sie nicht verstehen, traurig, fröhlich ...? Welche Sprachen werden als schön, welche als unangenehm empfunden und warum? Falls ein Text vorliegt, können die Unterschiede zwischen schriftlicher und mündlicher Fassung erarbeitet und erörtert werden.

Vokallied

Welche Funktion haben die Vokale im Lieblingslied eines jeden Kindes? Kann man sein Lieblingslied ohne Konsonanten singen, also den Liedtext auf Vokale reduzieren?

Welche Erfahrungen werden dabei gesammelt? Ein Austausch darüber sollte in Partnerarbeit und dann im Plenum stattfinden. Und weiter: Kann man eine Sprache ohne Konsonanten erfinden? Oder eine Sprache ohne Vokale?

Daran anschließen können sich Sprachspiele, in denen Vokale thematisiert werden, z. B. das Suchen von Wörtern mit gleichen Vokalen. Zuerst wird ein Wort mit einem Vokal gesucht, das nächste Wort muß den gleichen Vokal zweimal enthalten usw.; Bedingung ist, daß kein anderer als der beabsichtigte Vokal vorkommen darf (z. B. Keks, Wesen, Federbett, Besenecke ...). Das Spiel kann als Pfandspiel mit sämtlichen Vokalen durchgespielt werden (vgl. Fühmann 1996, ff.).

Lyrische und prosaische Texte

Lyrische und prosaische Texte zu gestalten, setzt bestimmte Hörerfahrungen und Klangvorstellungen voraus. In den folgenden Angeboten überwiegt die Nähe zur Musik; die Texte sollen möglichst singbar bzw. rhythmisierend zu sprechen sein.

Ziele

Die Kinder sollen über die vorangegangenen Lauterfahrungen ein Gefühl für Sprachmelodie, -rhythmus und -intonation bekommen. Hörer entnehmen nicht nur sachliche Informationen aus den Aussagen der Sprecher, sondern auch andere Botschaften wie einen Appell, der mit dem Inhalt in Verbindung stehen kann, oder die über die Äußerung definierte Beziehung zwischen Sender und Hörer (vgl. Kap. 1.6.4)

Nicht nur über Gestik und Mimik, die sicherlich hier als wichtige Komponenten immer mit zu beachten sind, sondern auch über die Stimme werden Inhalte vermittelt, die nicht immer mit dem Gesagten oder Gemeinten übereinstimmen müssen. Stimme und Stimmung sollen vorsichtig zueinander in Beziehung gesetzt werden; Vorsicht ist geboten, weil eine ›nicht-stimmende‹ Stimme auch organische Ursachen haben kann bzw. die Stimme aufgesetzt oder verfremdet worden ist.

Sprechgesänge

Der Lehrer/die Lehrerin beginnt mit dem, was Kindern am bekanntesten ist, je nach Klassenstufe mit Kinderliedern, Abzählreimen etc. oder bei älteren mit Sprechgesängen, wie sie beim Rap üblich sind. Witzige, einfache Texte, die rhythmisch unterlegt werden bzw. sind, können von den Schülern leicht und schnell gelernt werden, z. B. »Das Rap-Huhn« von Felix Janosa (Edition Eres). Mit einem bekannten Rap-Rhythmus können dann weitere Texte und Gedichte vertont werden.[1]

Unsinnsgedichte lesen

Etwas schwieriger sind sogenannte Unsinnsgedichte, wohl eines der bekanntesten darunter ist »Das große Lalula« von Christian Morgenstern (vgl. Kap. 5 .5.1). Solche Gedichte zu lesen, ist nicht leicht und stellt, sowohl hör- als auch lesetechnisch, höchste Anforderungen an die Schüler/innen.

1 Als Bsp.: »Heine für Kleine« (Julia und Uli Türk, 1997); neben ›gerapten‹ Heine-Versen werden reine Rap-Rhythmen eingespielt, zu denen eigene Texte ›gerapt‹ werden können.

Ebenso können dialektgefärbte Gedichte zunächst für Sprachverwirrung sorgen und wie Unsinnsgedichte klingen, vor allem, wenn der Dialekt den Schülern fremd ist, wie das wienerische Gedicht »Mei radl« von Christine Nöstlinger.[1]

Solche Unsinns- oder Dialektgedichte können vor oder nach der Lektüre von Morgenstern, Nöstlinger u. a. selbst verfaßt werden. Die Vor- und Nachteile des antizipierenden bzw. rezipierenden Verfahrens muß der/die Unterrichtende selbst abwägen.

Wie es klingt, wenn ...

Nach Möglichkeit soll auch ein Satz oder ein Gedicht mit unterschiedlicher Modulation gesprochen werden. Dazu können ›emotionale‹ Aussagesätze wie ›Ich bin traurig‹; ›Ich bin fröhlich ›; ›Ich bin enttäuscht‹ mit einem, dem Inhalt entsprechenden stimmlichen Ausdruck vertont werden. Sind Inhalt und Ausdruck stimmig? Kann ein Satz immer wieder im gleichen Tonfall reproduziert werden?

1 Vgl. Gelberg (Hg.) 1986.

4.5 Baustein Aktiver Deutschunterricht – Hörendes Sprechen und Lesen

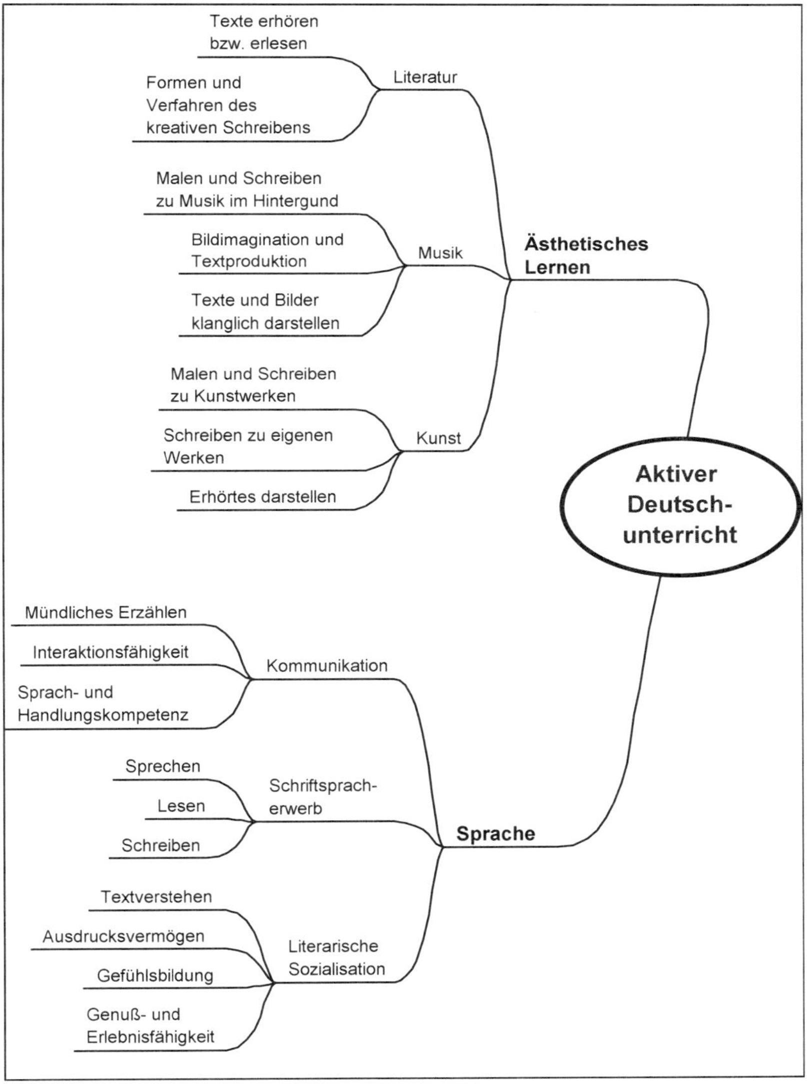

Zum Schaubild:
Das Schaubild zeigt die intendierten Ziele und Verfahren, die in den von mir sogenannten »aktiven Deutschunterricht« Eingang finden sollen. Ästhetisches Lernen geschieht zwar mit und durch Sprache, soll aber auch besonderen Einfluß auf die Zugänge zur Sprache nehmen. Des weiteren sind die Sprachkomponenten abhängig von der ästhetischen Bildung der Schülerinnen und Schüler. Die Wechselwirkungen zwischen Inhalten, Bedingungen und den Voraussetzungen der Schüler sollen dabei berücksichtigt werden.
Neben den in der Grundschule vermittelten Kulturtechniken Lesen und Schreiben soll eine weitere, die des Zuhörens (vgl. Kap. 2), vermittelt und dadurch die literarischen und kommunikativen Kompetenzen der Kinder angeregt und entwickelt werden.

4.5.1 Rezeption von Literatur, Kunst und Musik

... daß sich der Leser produktiv verhalten muß, wenn er an irgend einer Produktion teil nehmen will.

Goethe an Schiller, 19.11.1796[1]

Im Gegensatz zum vorangegangenen Abschnitt, in dem lyrische und prosaische Texte verstärkt als Klangmaterial betrachtet und ›bearbeitet‹ wurden, sollen hier textnahe handlungs- und produktionsorientierte Verfahren im Zentrum stehen.

Dieser Baustein ist z. B. für die Anwendung in einer vierten Klasse, die Hörerfahrungen aus den beiden anderen Elementen des Hörkonzepts mitbringt, gedacht. Je nach Textauswahl können Übungen auch in fünften und sechsten Klassen und darüber hinaus in der Sekundarstufe I und II eingesetzt werden.

Die Verfahren und Texte stehen mit dem Hören in Verbindung; sie lassen sich aber auch für die Ausbildung anderer Fähigkeiten einsetzen. Um möglichst nahe am Thema »Hören« zu bleiben, wurden, wie in Kapitel 5 exemplarisch dargestellt, fast ausnahmslos lyrische Texte für die Unterrichtsvorschläge ausgewählt.

1 Der Briefwechsel zwischen Schiller und Goethe, Bd. 1. Hg. von Emil Staiger. Frankfurt/M. 1977, 314.

Ziel

Ziel dieser Einheit ist es, sich mit kleineren Textformen, deren Bau und inhaltlichen Aussagen auseinanderzusetzen. Texte sollen hörend – u. a. übers laute Lesen – erschlossen werden. Die Schüler/innen sollen die gehörten Texte analysieren und interpretieren können. Gleichzeitig sind die Übungen dieses Bausteins als Einführung in die Welt der Künste, ins Werkverstehen im Sinne Bräuers und als literarische Enkulturation gedacht (vgl. Kap. 3 und 5).

Hörgedichte und -texte

Die Beschäftigung mit dem Hören geschieht über Texte, die den Hörsinn thematisieren, oder Texte, die für Kinder inszeniert sind und von professionellen Sprechern gesprochen werden. Um die Kinder nicht mit zu schwierigen Texten zu überfordern, kann zunächst an einfach strukturierten Texten wie Kinderliedern, Abzählreimen etc. gearbeitet werden. Später können und sollen unterschiedliche, kreative Verfahren[1] auch an komplexeren Texten erprobt werden. Die Kinder sollen so Sprech- und Lesarten anderer als Interpretation eines Textes verstehen lernen. Sie können veränderte Lesarten wahrnehmen, auch die eigene, veränderte Interpretation nach Anhörung anderer Lesungen.

»Die Welt mit den Ohren gesehen«

Frei nach dem Motto »Die Welt mit den Ohren gesehen«, in Anlehnung an ein Gedicht von Federico García Lorca (»Paysage visto por el nariz«)[2], sollen die Kinder einen eigenen Text – lyrisch oder prosaisch – verfassen, der die »Hör- oder Seh-Erlebnisse« ihrer Ohren beschreibt. Die Überschrift »Die Welt mit den Ohren gesehen« wird vorgegeben. Ist das freie Schreiben noch nicht geläufig, können weitere Vorgaben bezüglich der Textform oder des Textinhaltes gegeben werden. Denkbar wären Bauformen wie Haiku, Elfchen, Limerick oder bildliche Rahmen wie die Zeichnung eines Ohres, in die der Text passen soll oder Wortsammlungen, die das Schreiben eines eigenen Textes – auch eines Prosatextes – erleichtern.

---

1 Z. B. aus Andresen; Gatti; Haas; Pielow; Waldmann etc.

2 Zit. nach Frederik Vahle in: Julit. Informationen 2/1993. Arbeitskreis für Jugendliteratur. München, S. 26.

Lautmalende Gedichte

Auch Lautgedichte, die Schallmerkmale des täglichen Lebens oder natürliche Phänomene thematisieren, bieten eine Reihe von Anregungen, eigene Texte zu produzieren und dabei über Sprache nachzudenken bzw. Strukturen der Bauformen und Macharten lyrischer Texte zu erkennen und zu untersuchen. Das Gedicht »Das Feuer« (James Krüss) ist dafür besonders geeignet. Die einzelnen »Hörwörter« sollen herausgesucht und, wie in Kap. 5.5.3 beschrieben, bearbeitet werden. Deckt sich Krüss' onomatopoetische Beschreibung des Feuers mit den eigenen Hörerfahrungen? Kann man entsprechende Verben und Adjektive suchen, die z. B. das Plätschern des Wassers oder die Geräusche eines Windspiels beschreiben, und sie in eine lyrische Form, analog der des Feuers, bringen?

Hinweise

Für den Anfang reicht es vermutlich, die Kinder eine analoge Strophe (z. B. zum Feuer) selbst schreiben zu lassen. Die Arbeitsaufträge sollen so überschaubar sein, daß sie auch bewerkstelligt werden können. Sind im Gedicht Klangverläufe oder -entwicklungen, wie in »Das Feuer« vorhanden, könnte der Lehrer die Klasse in Gruppen einteilen, die jeweils eine Strophe bearbeiten. Die Ergebnisse der Gruppen werden dann in der Reihenfolge, in der sie im Gedicht erklingen sollen, vorgestellt. Passen die einzelnen Strophen zueinander? Die Schlußredaktion wird gemeinsam von der Klasse übernommen.

Weitere Hörgedichte:

Traktor-Geknatter (Hans Adolf Halbey); *Klopf-klopf-klopf* (Kurt Klett); *Regenschirme* (Vera Ferra-Mikura); *Heute wanderte durch unsre Stadt ein großes, keckes Zeitungsbl*att (Josef Guggenmos); *Die Heinzelmännchen* (August Kopisch)[1]; *Der Gang zum Gong*; *Ballade vom Ton* (Frederik Vahle)[2]

Anmerkung

Die Übung steht exemplarisch für Wort- und Sprachschatzübungen. Hörwörter oder Beschreibungen von Gehörtem werden meist seltener gebraucht als die Bezeichnungen von Dingen, die wir sehen. Die von Krüss in »Das Feuer« aneinandergereihten Verben gehören nicht zum alltäglichen Sprachgebrauch, sind aber, um Höreindrücke differenziert beschrei-

1 Alle in: Bachmann, Fritz (Hg.): Klang, Reim, Rhythmus. Frankfurt/M. 1975.

2 Vgl. Vahle 1994, 75; 82.

ben zu können, ebenso von Bedeutung, wie die Kenntnis von Metaphern, derer wir uns ständig bedienen, um Hörbilder entstehen zu lassen oder Klangeindrücke wiederzugeben, z. B.: ein warmer Ton, eine knarzige Stimme etc.

Texte erlesen

Die oben vorgeschlagenen Texte können zuerst (oder nur) erlesen werden. Gelingt es, die Texte so zu ›vertonen‹, daß vor dem ›inneren Auge‹ des Zuhörers Bilder des Feuers entstehen?

Texte wie die von Hans Manz sind dazu geeignet, verschiedene Lesarten auszuprobieren. Dazu liest ein Schüler ein Gedicht mit der ihm eigenen Intonation laut vor. Der Vortrag bleibt unkommentiert. Danach lesen ca. fünf weitere Kinder den gleichen Text. Die Gruppe der Zuhörer/innen hat die Aufgabe, Unterschiede (Takt, Rhythmus, Intonation) zwischen den Lesenden zu ermitteln. Die Ergebnisse werden in Kleingruppen oder im Klassenplenum ausgetauscht. Zum Schluß liest die erste Person erneut den Text. Hat sich die eigene Lesart aufgrund des Gehörten verändert? Wie nehmen er (sie) und die Gruppe die erneute Lesung wahr?

Der ausgewählte Text könnte auch mit Musik unterlegt und dann erneut gelesen werden. Wie verändern sich Stimme und Tonfall der Lesenden? Welche Musik eignet sich für welche Texte?

Später sollen im Vergleich dazu auch professionell gesprochene und musikalisch eingebettete Texte, die den Kindern bekannt sind, gehört werden.

Hörvorschläge:

Der Himmel fiel aus allen Wolken (Frederik Vahle); *Goethe für Kinder*; *Gedichte für Kinder* (Lutz Görner); *Heine für Kleine*; *Ringelnatz bzw. Max Kruse-Gedichte* (gesprochen von Otto Sander)[1]

Texte verfremden

Texte zu verfremden ist eine von vielen Möglichkeiten, sich diesen anzunähern; das kann antizipierend, also im Vorgriff auf den »echten« Text geschehen, oder auch im handelnden Umgang mit dem bereits bekannten Text. Sowohl für das eine als auch das andere Vorgehen bietet sich eine Vielfalt von Verfahren an. Je nach dem vom Lehrer beabsichtigten Ziel kann der einen oder anderen Methode der Vorrang gegeben werden: sei es,

1 Die diskographischen Nachweise befinden sich im Anhang: Unterrichtsmaterial.

daß die Schüler/innen am Textbeispiel, Strukturen ablesen und sie anwenden sollen, oder daß sie andere Lösungen (z. B. Reimwörter) suchen oder sich vorab überlegen, welche Aussagen, welchen Stil, welche Bauform der zu erwartende Text haben wird.

Mit »verfremden« meine ich auch den Blick auf intermediale Zusammenhänge. Texte sollen nicht nur innerhalb eines Mediums verändert, sondern auch in andere Medienformen übertragen werden, wie einen Prosatext zu vertonen und ihn zu einem Hörspiel umzuschreiben. Texte können in andere Aussageformen und in einen anderen Kontext hinein übersetzt werden. Sie können dazu modifiziert, variiert und aktualisiert werden (vgl. Haas 1997, 40).

Ziel

Die Leser/innen sollen sich auf eine ihnen möglichst gemäße Art einem Text nähern; als Ergebnis ist eine tätige geistige Auseinandersetzung mit dem Text erwünscht (vgl. Haas 1997, 41).

Textreduktion

Ein Prosatext soll auf die zu hörenden Elemente reduziert werden, der Rest bleibt unmarkiert oder wird ausgestrichen. So könnten übriggebliebene einzelne Wörter wie z. B. Glocke, klingen, tiefer Klang, tickende Uhr, surrende Insekten, singende Stimme ... gelesen werden. Sind sie eine Art hörbares Gerüst des Textes?

Der Text soll später in der vollständigen Fassung gelesen werden. Hat sich die Bedeutung der zuvor isolierten Wörter im Textgefüge verändert?[1]

Namen durch Laute ersetzen

So können z. B. auch Personennamen in einem Text durch Laute ersetzt werden, natürlich solche, die die Person möglichst treffend charakterisieren. Wie klingt das? Und welche Erkenntnisse lassen sich für eine Interpretation daraus gewinnen? Hat der Autor die Namen bewußt gewählt (vgl. Anm. 1 auf dieser Seite)?

Comics

In den Sprechblasen der Comics sind Geräusche als Anhäufung von Buchstaben zu finden. Diese sollen gelesen und die beschriebenen Geräusche (bäh, krhhhhh, wumm ...) produziert werden. Später soll ein eigener Comic entstehen, dessen Sprechblasen mit Geräuschen versehen werden müssen. Eventuell kann man auch Geräusche vorgeben und sie bestimm-

1 Die Übung folgt einer Anregung von Stephan Froleyks in »Hörenmachen« (1996).

ten Abläufen und Handlungen zuordnen lassen. Als Vorlage kann eine Bildgeschichte – mit leeren Sprechblasen – dienen, die zum Comic gestaltet werden soll. In welcher Reihenfolge – vor oder nach dem Lesen kommerzieller Comics – der eigene Bildtext entstehen soll, ist Ermessensfrage (vgl. Anm. 1, S. 180).

Hörbilder

Musik, Klänge oder Geräusche sollen das Schreiben inspirieren. Außerdem sollen Darstellungen von Klangbildern (z. B. den Kompositionen und Improvisationen Kandinskys) und Hörenden in der Bildenden Kunst auf ihre »Höraussagen« hin untersucht werden. Fragen über Zusammenhänge zwischen Ton und Farbe und anderen Synästhesieeffekten soll nachgegangen werden.

Malen und Schreiben zu Klängen, Geräuschen und Musik
Die Vertonung des »Zauberlehrlings« (Goethe) von Paul Dukas wird der Lektüre bewußt vorangestellt. Die musikalische Erzählung regt an, sich eigene Vorstellungen zu machen. Die Kinder sollen malen, was sie hören, was sie beim Hören empfinden, welche Bilder spontan entstehen, welche Assoziationen die Musik auslöst.

Danach kann die Klasse z. B. der Musikinterpretation von Lutz Lansemann (»Das Kinderkonzert«, 1977) lauschen, der die Motive vorstellt und gleichzeitig den Inhalt des Gedichts wiedergibt. Zum Schluß erhalten die Schüler den Text des Gedichts.

Welche Auswirkung hat die zunächst musikalische »Textversion« auf das Lesen und Verstehen des eigentlichen Gedichts? Wird die Musik immer wieder ›mitgehört‹?[1] Genausogut kann Musik als Schreibanregung dienen. Kann man die gehörte Stimmung in seinen Texten aufgreifen? Welche Musik ist anregend zum Schreiben und warum? Inwieweit beeinflußt die Musik die Texte, die Darstellungsform bzw. die Schreibweise?

Weitere Kompositionen
»Peter und der Wolf« (Prokofjew); »Bilder einer Ausstellung« (Mussorgskij); »Die Moldau« (Smetana); »Eine Alpensinfonie« (R. Strauss); »Peer Gynt« (Grieg); das sog. »Regentropfen«-Prélude (Chopin) etc.

---

1 Zusätzlich zur Vertonung des Gedichts von Dukas könnte, am Ende der Unterrichtseinheit, die ebenfalls mit dieser Musik unterlegte Walt-Disney-Verfilmung des Zauberlehrlings gezeigt werden.

Malen und Schreiben zu einem Bild

Nach Verfahren des kreativen Schreibens[1] werden zu Bildern, Kunstdrucken, Postkarten oder auch zu Objekten bzw. Skulpturen Texte verfaßt oder Hör-und Ohrbilder zu Texten gemalt, zu denen wiederum Texte geschrieben werden können.[2]

Anmerkung

Dabei sollen Klänge imaginiert, die Bilder mit zu Hörendem belebt oder mit Klanglandschaften umgeben werden. Phantasie und Einfühlungsvermögen sind für das Lösen der Aufgaben erforderlich und werden so gefördert.

4.5.2 Sprache – Spracherwerb – Sprecherziehung

Tief im Grund verlang ich immer
alles restlos zu erzählen,
in Akkorden auszuwählen,
was an Klängen mich umspielt.

Ingeborg Bachmann[3]

Ein letzter Bereich ist dem mündlichen Erzählen, dem Sprechen und dem Miteinandersprechen, kurz dem Zuhören als Kulturtechnik im Sinne einer Befähigung zu Kommunikation, Interaktion und Interpretation gewidmet. Er ist eng mit den vorhergehenden Aspekten und Verfahren verknüpft und wird kaum isoliert zu unterrichten sein. Jedoch soll die Ausrichtung und Zielsetzung mehr auf das Sprechen und Erzählen fokussiert werden. Anlässe, sich diesen Äußerungsformen zuzuwenden, werden in den Bausteinen Körperwahrnehmung und Hörgänge bereits angeboten; die Sprache ist letztlich die alle Bausteine umfassende Verbindung.

Die mündlichen Äußerungen, zu denen ich neben dem Erzählen auch Rede, Gespräch, Diskussion und Vortrag zähle, werden als Vorbereitung zum schriftlichen Sprachgebrauch betrachtet. Ohne Wertung sollen die

---

1 *Andresen; Ute:* Versteh‹ mich nicht zu schnell; *Forytta, Klaus:* Lyrik für Kinder gestalten und aneignen; *Gatti, Hans:* Schüler machen Gedichte; *Mattenklott, Gundel:* Literarische Improvisation; *Pielow, Winfried:* Das Gedicht im Unterricht; *Rico, Gabriele:* Garantiert schreiben lernen; *Waldmann, Günter:* Produktiver Umgang mit Lyrik; *von Werder, Lutz:* Lehrbuch des kreativen Schreibens; *Thalmayr, Andreas*: Das Wasserzeichen der Poesie.

2 Zahlreiche ›Hörbilder‹ finden sich in Kuhn/Kreutz: Das Buch vom Hören (1991) im Kapitel »Vom Hören in der Malerei« (S. 75-105).

3 Vgl. Anm. 1, S. 170.

unterschiedlichen Möglichkeiten und Chancen schriftlicher und mündlicher Sprachverwendung miteinander verglichen werden.

Die Themenwahl richtet sich – in Anlehnung an die von mir ausgearbeiteten Prinzipien – nach den Erfahrungs- und Erlebnisbereichen der Kinder. Um bestimmte Abläufe und Prozesse zu ritualisieren, ist der Einsatz von Hilfsmitteln wie Requisiten und auch die Einrichtung eines »Erzählerstuhls« vorteilhaft. Sinnvoll ist auch, immer wieder gute Erzähler einzuladen, um sie als Vorbild vor Augen und Ohren zu haben; ihre Vorträge können stimulierend und inspirierend wirken.[1]

Jedoch soll, wie in den meisten Rahmenplänen üblich, nicht nur die Seite des Sprechers bzw. des Erzählers, sondern vor allem auch die des Zuhörers beachtet werden – entgegen der curricularen Ausrichtung des Lernbereiches Mündliche Kommunikation, die eher pragmatisch und analytisch bleibt. Hier soll das Erzählen auch als gesellige Praxis, als »Literarische Geselligkeit« (Mattenklott) verstanden werden.

Ziele

Die Schüler/innen erkennen, daß ein Erzähler immer abhängig ist von den Reaktionen, dem Mitgefühl, dem Mitwissen, Mit-Ärgern seines Publikums. Dazu müssen die Zuhörer/innen allerdings die Fähigkeit des genauen Zuhörens, der Analyse und Reflexion des Gehörten besitzen und Einsicht in das unter Umständen Manipulative des Erzählens haben (vgl. Claussen 1997, 8).

Beim Erzählen sollen Informationen zusammenhängend und verständlich weitergegeben werden; die Erzählung soll einen inneren Aufbau besitzen, dem die Zuhörenden mit Interesse folgen können. Das bedeutet, daß das Erzählen bzw. das Sprechen als eigenwertiges sprachliches Handeln zu verstehen ist und von den Schüler/innen als eigenständiges Lernumfeld wahrgenommen werden soll.[2]

Die Grundstrukturen des Erzählens sollen vermittelt werden, wobei Aspekte wie Situationsangemessenheit und sozio-kommunikative Wirksamkeit im Vordergrund stehen und schriftliche Textmuster überwiegen sollen (ebd. 11). Dazu zählen die Strukturierung und Gestaltung von Stimmungen, Gedanken und Gefühlen als affektives Lernziel genauso wie der Einsatz der Stimme und eine, das Erzählte unterstreichende Gestik und Mimik als nonverbale dramaturgische Elemente (ebd. 7).

---

1 Vgl. RAAbits Deutsch/Sprache August 1994, 3.

2 Vgl. Merkelbach in Claussen 1997, 9.

Die im Sinne der Wahrnehmungssensibilisierung angeführten produktiven Verfahren dienen der Entfaltung der inneren Vorstellungskraft, der Fähigkeit zur Perspektivübernahme und damit des Fremdverstehens[1], das gleichzeitig als Beitrag zur interkulturellen Erziehung verstanden wird.

Erzählte Welt

Um von der Welt zu hören oder zu erzählen, soll eine regelmäßig zu einer festen Zeit mehrmals die Woche stattfindende Vorleserunde eingerichtet werden. Neben den Lesungen könnte einmal im Monat ein »literarischer Mittagstisch« stattfinden, zu dem Erzähler aus unterschiedlichen Kulturen, in denen das Erzählen noch eine andere Rolle spielt, eingeladen werden. Als Beispiel sei auf *Baobab*, den in vielen Teilen Afrikas so genannten Affenbrotbaum, verwiesen, unter dem, so sagt man, die wunderbarsten Geschichten erzählt werden.

Denkbar ist auch, Großeltern der Kinder in die Schule einzuladen und sie um Erzählungen aus ihrer Kindheit zu bitten. Schließlich könnten Ganzschriften, in denen das Hören und/oder Erzählen thematisiert wird, im Unterricht gelesen werden.

Ziel

Die Kinder sollen mit längeren – mündlichen und schriftlichen – Texten vertraut gemacht werden. Das Erzählen soll ritualisiert bzw. zu bestimmten Anlässen initiiert werden.

Montagsrunde

Die Runde kann ein Initiationsritus zum Beginn der Woche sein. Die Kinder, die sich auf den ›Erzählerstuhl‹ setzen, erzählen von ihren Wochenenderlebnissen. Möglich ist auch die Übergabe eines Gegenstandes, um den Erzählenden kenntlich zu machen. Die Zuhörer sollen das Erzählte kommentieren, jedenfalls dann, wenn es besonders spannend oder auch langweilig war, damit sich das Erzählen nach und nach verändern kann und die Kinder sich besser auf ihre Zuhörer einstellen können.

Jeweils nach den Ferien sollen die Kinder Gelegenheit haben, von ihren Urlaubserlebnissen oder Unternehmungen zu berichten. Falls Fotos oder Dias gemacht wurden, können diese den Vortrag illustrieren bzw. die optischen Eindrücke als Leitfaden der Erzählung dienen.

---

1 Vgl. Spinner zit. nach Haas 1997, 45.

Wollknäuel

Eine gute Möglichkeit, viele Kinder in eine Erzählung zu verstricken, besteht darin, den Beginn einer Geschichte – z. B. einer, die man später weiter verfolgen bzw. lesen will – vorzugeben und dann jedes Kind zu bitten, die Vorgabe mit ein oder zwei Sätzen weiterzuspinnen.

Dazu wird ein Wollknäuel an den nächsten Erzähler weitergegeben, bis ein dichtes Netz aus Fäden entstanden ist. Die Geschichte soll festgehalten und später überarbeitet oder mit dem weiteren Handlungsverlauf der Geschichte verglichen werden. Bilder und Töne können genauso gut als Impulse zum Erzählen eingesetzt werden.

Kultur des Gesprächs

Kommunikationsstrukturen, die nicht nur den sprechenden Sender, sondern auch den hörenden Empfänger berücksichtigen, sollen analysiert und erlernt werden. Das ›Aktive Zuhören-können‹ nach Thomas Gordon (vgl. Kap. 1.6) sollte den Schüler/innen geläufig sein. Feedback-Regeln sollen erstellt und im Gespräch mit anderen berücksichtigt werden. Nicht zuletzt geht es dabei um die Unterscheidung eines Zueinander- und Miteinandersprechens. Als Anregung können die von Ruth C. Cohn entwickelten Grundlagen der Gesprächsführung im Rahmen der themenzentrierten Interaktion gelten (vgl. Cohn 1981, 120ff.).

Ziel

Die Schüler lernen in unterschiedlichen Gesprächsformen geregelte partner-, sach- und problembezogene Gespräche zu führen, die sie auch kritisch beurteilen können.[1]

Meckerstunde

Über Rollenspiele oder Dialoge, selbsterfundene oder aus der Literatur adaptierte, soll die Gesprächskompetenz der Kinder gefördert werden. Dazu wird einmal pro Woche eine Feedback-Runde eingerichtet, in der die Kinder der Lehrerin/dem Lehrer (und umgekehrt) mitteilen, was sie gut oder schlecht fanden. Das kann den Unterrichtsstoff oder Verhaltensweisen der Mitschüler/innen oder Lehrer/in betreffen.

Wichtig dabei ist, eine Gesprächskultur mit bestimmten, von der Klasse selbst erstellten Regeln einzuüben, die den jeweiligen Gesprächspartner

---

1 Vgl. Vorläufiger Rahmenplan für Unterricht und Erziehung in der Berliner Schule. Berlin 1988, 8.

ernstnimmt, ihn ausreden läßt, ihm aufmerksam zuhört etc. und konstruktiv mit den angesprochenen Problemen umgeht (Cohn 1981).

Literarische Sensibilisierung

Hörsinn und Text sollen innerhalb dieser Sequenz genauer untersucht werden. Inwieweit können Leseeindrücke hörbar gemacht werden? Gibt es so etwas wie einen akustischen Text?

Im Sinne Bräuers kann die Einheit als Einführung ins Werkverstehen, als literarische Enkulturation, verstanden werden.

Ziel

Die Schüler/innen sollen die akustische bzw. sinnliche Dimension eines Textes als ein mögliches Interpretament innerhalb des interpretatorischen Diskurses kennenlernen.[1]

Text und Raum

Eine Form der Textarbeit besteht darin, Textausschnitte (Aussagen, Dialoge) bestimmten Räumen zuzuordnen, in denen sie erklungen sein könnten. Wo befand, befindet sich der Erzähler der Geschichte? In welchen Räumen, an welchen Orten befinden sich die Sprecher, die handelnden Figuren? Können Szenen eines Textes räumlich verändert werden?

Texte zum Hören bringen

Und nicht zuletzt können Prosatexte so verwandelt werden, daß das im Text zu Hörende auch wirklich erklingt. Die Geräusche und Klänge zischender, durch die Luft fliegender Dampfkesselschrauben, von Haustürklingeln, Zügen und zuschlagenden Türen können erzeugt und die Dialoge szenisch aufgeführt werden. Texte können zu Hörspielen oder Theaterstücken umgeschrieben werden. Auch kann man ausgewählten Textstellen Musik unterlegen, die jene inhaltlich interpretiert bzw. akustisch illustriert.

Literaturvorschläge:

Bilderbücher:

Hallo, Hallo, hör mal her (Gerda Dendooven); *Kinder, Krach und große Ohren* (Karoline Kehr); *Hörst du!* (Susanne Schulte)

---

1 Von Bormann, Alexander: Ordnung aus lauter Unordnungen. In: Julit 2/1993, 14f.

Kinderbücher:
Momo (Michael Ende); *Wie ein Baum* (Martin Klein); *Robert und der unsichtbare Mann* (Niklas Radström); *Manganninie* (Beth Roberts); *Eine Hand voller Sterne*; *Erzähler der Nacht* (Rafik Schami); *Paul Vier und die Schröders* (Andreas Steinhöfel); *Trommeln, trommeln* (Petra Fietzek)

Jugendbücher (bzw. Texte für die Sekundarstufe II):
Flughunde (Marcel Beyer); *Traumpfade* (Bruce Chatwin); *Meine Welt* (Helen Keller); *Jenseits der Stille* (Caroline Link); *Das wiedergefundene Licht* (Jacques Lusseyran); *Schlafes Bruder* (Robert Schneider)

4.6 Zum Unterrichtskonzept – didaktische und pädagogische Aspekte

Einige allgemeine Prinzipien und Gedanken, die für das entworfene Hörkonzept gelten, sollen nun im Anschluß an dieses aufgeführt werden.

Mit dem Hörkonzept werden, neben all den praktischen Anregungen, implizit auch Aufgaben von Schule und (Deutsch-)Unterricht beschrieben; deshalb wäre zu überlegen, in welch größeren didaktischen Zusammenhang die Hörschule eingeordnet werden kann.

Denkbar wäre, die hier vorgestellten Bausteine in ein Konzept des »aktiven Deutschunterrichts«, in Anlehnung an die Verwendung des Begriffes »aktive Schule« bei Rebeca Wild, einzubinden. Wild richtet das Konzept ihrer aktiven Schule nach Piaget aus; die allgemeinen, von ihr erwähnten Prinzipien, versuche ich auf den Deutschunterricht zu übertragen. Die Stoffmenge soll zugunsten eines qualitativen, exemplarischen, selbst erarbeiteten Wissens reduziert werden (vgl. Wild 1988, 83).[1] Für den Schriftspracherwerb und zur literarischen Enkulturation sollte unterschiedlichstes Material angeboten werden, nicht nur ein Lese- und Sprachbuch, aus dem alle das gleiche lernen, sondern Bücher, Buchstabensätze, Alphabetkarten etc., die eine Vielfalt und verschiedene Zugänge zu den Inhalten bieten. Ohne zeitliche Einschränkungen sollen die Kinder sich den von ihnen ausgewählten Gegenständen und Inhalten solange wie nötig widmen können. An diese ›operative Phase‹, die die von Bräuer konzipierten generativen Prinzipien beinhaltet, schließt sich die des ›figurativen Lernens‹, des Nachahmens, des Übernehmens von Sitten und Gebräuchen, an (ebd. 91f.).

1 In Anlehnung an Piagets »Begreifen heißt erfinden« entwickelt Wild das Grundprinzip »Lernen durch selbsttätiges Handeln« (ebd. 84).

Die dritte Art des Lernens ist die konnotative, durch die eine Beziehung zwischen den beiden ersten hergestellt wird. Kreative und künstlerische Betätigungen (das Lesen von Bilderbüchern, das Um- und Neugestalten von Texten, das Produzieren von Hörspielen und Formen des Freien Spiels) bieten reichlich Gelegenheit zu dieser Art des Lernens (ebd. 93). Das Curriculum der Aktiven Schule berücksichtigt in noch viel größerem Umfang als unsere Lehrpläne die Bedürfnisse des kindlichen Lernens, vor allem die des Spiels, des symbolischen, in dem bestimmte Ereignisse und Situationen bewältigt werden, und des Übungs- und Funktionsspiels (ebd. 94ff.), in dem Fertigkeiten zu Fähigkeiten und Kompetenzen reifen. Das Zusammenleben und -arbeiten der Schüler/innen wird durch die jedem zustehenden Freiräume und die gemeinschaftlichen Unternehmungen begünstigt (ebd. 85).

Unsere Lehrpläne müßten demnach weitaus »elastischer« sein, damit die Unterrichtenden differenzierter und die Kinder ihrem Entwicklungs- und Leistungsstand entsprechend arbeiten können. Es sollte vermieden werden, daß alle Schüler/innen zur gleichen Zeit die gleichen Inhalte »lernen« müssen. Allgemeine, die traditionellen Fächer verbindende Zusammenhänge und Transfermöglichkeiten sollten jedoch für möglichst viele Schüler/innen aufgezeigt werden, das hieße, sie immer wieder an bestimmten Punkten in Gruppen oder im Klassenverband zusammen zu unterrichten oder gemeinsam Aktionen durchführen zu lassen.

Mit dem Hörkonzept kann nur dort begonnen werden, wo ein Kind sich gerade befindet, gemessen an seinen Interessen, seinem Leistungs- und Entwicklungsstand. Interessen und Erfahrungen der Schüler/innen dienen hier als Ausgangspunkt eines handlungs- und produktionsorientierten (Literatur-)Unterrichts[1], eines in weiten Teilen selbstbestimmten und offenen Unterrichts, der auch in Form von Projektunterricht, offenem Unterricht, erfahrungs- und handlungsbezogenen Unterricht stattfinden kann.

Die unterschiedlichen Lerntypen der Schüler sollen berücksichtigt und eher weniger beanspruchte »Lernkanäle« gefordert und gefördert werden. Dabei werden unterschiedliche Ansätze und Ideen der Reformpädagogik aufgegriffen.[2]

Die ausgeprägte Schülerorientierung soll im Idealfall ihren Niederschlag darin finden, daß die Schüler/innen selbst den größtmöglichen Einfluß auf

1 Vgl. Haas, Spinner, Menzel 1994.

2 Vgl. Kretschmer/Stary 1998, 113.

ihre Lerngegenstände bzw. Lernmedien und -methoden haben. Neben reformpädagogischem Gedankengut greift das Konzept Inhalte der Tanz-, Bewegungs- und Musikpädagogik[1] der gleichen Zeit, Anfang des Jahrhunderts, auf. Zentral sind die Körperwahrnehmung und ihre Verbindung zur Wahrnehmungssensibilisierung im Sinne des von Moshé Feldenkrais entwickelten Begriffs des entdeckenden, organischen Lernens (Feldenkrais 1988).

4.6.1 Empfehlungen für die praktische Umsetzung

Formal sind meine Vorschläge eine teilweise organisierte Folge von Lernprozessen und damit ein Lehrprogramm im wörtlichen Sinnes des Begriffes ›Curriculum‹. Ich verstehe sie als Bausteine bzw. Module, die modifiziert in den unterschiedlichsten Jahrgangsstufen (auch in der Sekundarstufe I und II) mit unterschiedlicher Klassenstärke in jedwedem Raum und unter zeitlich begrenzten Möglichkeiten eingesetzt werden können.

Das Hörkonzept kann als Form eines ›Spiralcurriculums‹ verstanden werden: gleiche Unterrichtsinhalte können in den nächst höheren Klassen immer wieder aufgenommen und an das jeweilige Abstraktionsvermögen sowie die fortschreitende literarische Sozialisation angepaßt werden und dadurch zu immer komplexeren Einsichten führen.[2]

Es ist aber jederzeit möglich, einzelne Bausteine herauszugreifen und diese miteinander oder mit anderen Unterrichtsinhalten zu verknüpfen.

4.6.2 Problem- und Bedingungsfelder

Nicht alle Schüler/innen sind gleich; *den* Schüler als solchen gibt es nicht; der Versuch, jedem Lerntyp entgegenzukommen, wird nicht immer von Erfolg gekrönt sein. Durch den veränderten Medienkonsum und die zum Teil eingeschränkten Bewegungsmöglichkeiten der Kinder sind einseitige Wahrnehmungs- und Bewegungsmuster und eine eventuell fehlende Konzentrationsfähigkeit vorprogrammiert. Auch werden zunehmend weniger Gespräche im familiären Kontext geführt. Daraus resultieren mangelnde Kommunikationsbereitschaft und -fähigkeit der Schüler/innen. Diese genannten und die jeweils klassen- und schulspezifischen Aspekte sind bei

1 Gemeint sind hier in erster Linie die Ansätze von Elsa Gindler und Heinrich Jacoby, die wiederum von Bode, Jaques-Dalcroze und Laban beeinflußt waren.

2 Vgl. Kretschmer/Stary 1998, 112; Bruner 1973, 61ff.

der Planung eines aktiven Deutschunterrichts immer mitzuberücksichtigen.

Der Prozeß des hier beabsichtigten ästhetischen und ›hörenden‹ Lernens ist eher langsam. Er ist ›entschleunigt‹ und mühsam und bedarf eines längeren Atems. Teilweise bewegt er sich gegen gesellschaftliche Normen und Werte wie Leistung und Quantität und wird vermutlich bei einigen Eltern auf Ablehnung stoßen.[1] Um elterlichen Widerständen vorzubeugen, sollten die Eltern der Kinder vorab Informationsmaterial erhalten, zu Schulbesuchen angeregt und in einzelne Unterrichtsprojekte eingebunden werden. Außerdem sollten sich die Eltern untereinander und mit dem Lehrer in Elternabenden regelmäßig über den Stand der Arbeit und die Entwicklung ihrer Kinder austauschen.

Die Mitarbeit der Eltern ist vor allem notwendig, um den Schulalltag der Kinder nicht auf eine »Inselsituation« zu reduzieren. Wenn Kinder zu Hause keinen Raum haben, um die in der Schule erlernten Experimente zu wiederholen oder ähnliche durchzuführen, oder Eltern ständig abwertende Bemerkungen darüber machen, werden die Entfaltungsmöglichkeiten der Kinder beschnitten und andere Auswirkungen der Arbeit, z. B auf das Verhalten der Kinder, gestört.

4.6.3 Zeitorganisation

Eine zeitliche Planung kann hier nur als Rahmen bzw. als Empfehlung angegeben werden.

In einem Zeitraum von ca. drei Jahren – erste Auswirkungen des Hörkonzeptes werden vermutlich erst dann nachzuweisen sein – sollte die wahrnehmungsorientierte Arbeit nur von einem bzw. maximal zwei Lehrkräften angeleitet werden, weil zu viele Wechsel Unruhe hervorrufen. Die Kinder sollen sich auf eine Person einstellen können, denn sie werden einige Zeit brauchen, diese Art von Aufgaben entsprechend aufzunehmen und mit ihnen umzugehen.

Günstig bzw. wünschenswert wäre es, wie in Hessen bereits geplant, den 45-Minuten-Takt aufzuheben und statt dessen längere Unterrichtseinheiten einzurichten.[2], in denen einige der hier erwähnten Übungen statt-

---

1 Den Prozeß des ›entschleunigten‹ Lernens, z. T auch die Auseinandersetzung mit den Eltern, beschreiben u. a. Jacoby, Rumpf, v. Hentig, Wagenschein, Berg.

2 In hessischen Grundschulen werden dazu Unterrichtsblöcke von ca. 1 Stunde und 30 Minuten vorgeschlagen. Zwischen diesen Einheiten gibt es sogenannte Spiel- und Be-

finden könnten. Denn langjährige empirische Erfahrungen bestätigen die praktische Realisierbarkeit und den Nutzen längerer, zusammenhängender Unterrichtsblöcke.[1]

Bestimmte Bewegungsabläufe und Übungen sollten am Anfang mit viel Zeit und Ruhe, ohne das Diktat der Schulglocke, eingeführt werden. Auch für Projektarbeiten wie Hörspielproduktionen, Radiosendungen, Hörspaziergänge etc. und andere Arbeiten in Form des offenen Unterrichts sind längere Zeiteinheiten sinnvoll.

Die insgesamt größeren Zeiteinheiten können individueller unterteilt und die Gliederung der Einheiten kann durch Wechsel der Themen und Methoden aufgelockert werden.

Die Aufteilung des Unterrichts in Pausen und Blöcke macht eine Untergliederung der Schulzeit in freie und organisierte Zeitphasen möglich. Während der organisierten Arbeitsphasen in Gruppen-, Partner- oder Einzelarbeit gibt es Aufgaben, die die Schüler/innen frei wählen können; hat sich das Kind einmal für eine Gruppe entschieden, ist es verpflichtet, an diesem Angebot teilzunehmen. Stört es die Gruppe oder die Arbeitsprozesse, wird es von seiner Verpflichtung entbunden und muß die Gruppe verlassen. Verhaltensregeln dazu werden von den Kindern selbst erstellt (s. Baustein: Aktiver Deutschunterricht).

Einige der Entspannungs- bzw. Körperübungen sollen täglich bzw. mindestens dreimal in der Woche durchgeführt werden, denn das Körpergedächtnis verliert nach drei Tagen das Wissen um die erlernten organischen Abläufe, deshalb ist eine gewisse Regelmäßigkeit am Anfang besonders wichtig. Nicht zuletzt sollen einige der Übungen ritualisiert werden: sie müßten an jeweils gleichen Tagen zur gleichen Zeit mit der gleichen Dauer stattfinden.

Als weitere Empfehlung soll im ersten halben Jahr alle vier Wochen jeweils ein thematischer Projekttag in Verbindung mit den einzelnen Bausteinen (z. B. Wahrnehmung, Stille, Lärm/Krach/Klang/Geräusch, das Ohr, Hören) stattfinden. Dafür könnte der kürzeste Schultag oder der Tag, an dem unterschiedliche Fächer eines Lehrers zusammenfallen, verwendet werden. Dieser Projekttag kann und soll auch für Ausflüge z. B. zu einer Rundfunkanstalt, ins Theater, zu einer Orchesterprobe, zu einem (Kinder-)Kassettenhersteller oder einem Verlag genutzt werden. Für die hierbei gesammelten Erfahrungen sollte entsprechend Zeit zur kreativen

wegungspausen von 20 bzw. 30 Minuten (vgl. Faltblatt des Hess. Kultusministeriums 1998).

1 Vgl. Fritzsche 1994, 77; Wild 1988, 111ff.

Weiterarbeit gegeben werden, damit die Kinder ihre Erlebnisse erzählend, malend oder schreibend verarbeiten und festhalten können.

Mit den Projekttagen sollen praktische Erfahrungen bzw. theoretische Kenntnisse intensiviert und Einblicke in ›andere Welten‹, Arbeitsabläufe und -zusammenhänge ermöglicht werden.

Ich halte es für günstig, mindestens alle acht Wochen über einen Zeitraum von drei Jahren einen Projekttag stattfinden zu lassen. Wie oben bereits angedeutet, sollen verschiedene Unterrichtsschritte in Zeitblöcken stattfinden, soweit das in Absprache mit Kolleginnen, Kollegen und dem Schulleiter möglich ist. Jedoch sollte in jedem Fall der Versuch einer kurz- bzw. auch längerfristigen Aufhebung des Zeittaktes gemacht werden. Pausen sollen, besonders an Projekttagen, dem jeweiligen Bedürfnis der Kinder entsprechend, eingelegt werden können.

Empfehlenswert ist weiterhin, an festgelegten Tagen bestimmte Formen des Arbeitens oder der Stille zu ritualisieren, die den Schülern innerhalb des Tages und der Woche eine gewisse Orientierung ermöglichen: z. B. Montags: Erzählrunde; Mittwochs: Körperarbeit, Entspannung; Freitags: Mit Liedern in die Stille; Tagesabschluß: Vorlesen oder Erzählen einer Geschichte

Da die Bausteine des Hörkonzepts dazu gedacht sind, als Module verwendet zu werden, können die meisten der Übungen in Verbindung mit Inhalten anderer ›traditioneller‹ Fächer wie Religion oder Mathematik eingesetzt werden. Der aktive Deutschunterricht ist, aufgrund der zentralen Funktion der Sprache, fächerübergreifend angelegt; Inhalte anderer traditioneller Unterrichtsfächer wie des Sport-, Kunst-, Musik- und Sachkundeunterrichts werden daher integriert.

4.6.4 Raumgestaltung

Innerhalb des Klassenraums sollte es möglich sein, ohne großen Aufwand einen (Stuhl-)Kreis herzustellen; zum Stuhlkreis können auch Kissen bzw. Fliesen benutzt werden. Genügend Decken und Platz, um sich auszustrecken, sowie Möglichkeiten, sich räumlich auszubreiten, sollten vorhanden sein. Der Klassenraum sollte durch Vorhänge, Schränke, Regale, Teppichboden usw. möglichst »gedämpft« sein, denn »hallige« Räume erschweren das Hören und Sprechen dadurch, daß auch kleinste Geräusche sehr laut erscheinen.

Im Klassenzimmer sollte außerdem eine Wand für Ausstellungen und Ergebnispräsentationen freigelassen werden, die beliebig zu verändern ist, damit die Schüler/innen jederzeit einen Blick auf ihre Arbeiten werfen können und das Gefühl des Veröffentlichens und des Veröffentlichtseins haben.

4.6.5 Arbeitsatmosphäre

Vieles sollte gemeinsam in der Schule erlebt und erarbeitet werden, denn in der Gemeinschaft sind verschiedene Experimente und andere Arbeiten animierter und motivierter zu erledigen. Die Kinder sehen andere das gleiche tun, hören von ähnlichen Schwierigkeiten und können Erfahrungen und Erlebtes miteinander teilen, was stimulierend wirkt.

Viele arbeitsteilige und spielerische Formen lassen sich in Gruppen leichter als alleine verwirklichen. Zu Hause lernen hieße, isoliert zu lernen, und das soll hier vermieden werden. Jedoch sollte es für das erwünschte soziale und individuelle Lernen jederzeit Rückzugsmöglichkeiten aus der Gruppe geben, z. B. einen Ruheraum, eine stille Ecke oder eine Leseecke mit Bücherregal.

4.6.6 Medien/Lehr- und Lernmittel

Medien sind genaugenommen fast alles, womit Schüler/innen und Lehrer/innen interagieren: z. B. Tafel, Kreide, Arbeitsbögen, Kassetten, Bücher und Arbeitsblätter.

Um Ergebnisse zu protokollieren oder Erfahrungen und Fortschritte festzuhalten – vor allem bei den zahlreichen Wahrnehmungsexperimenten –, empfiehlt sich das Anlegen eines Tagebuchs oder eines kleinen Übungsbuchs und für die lyrischen Versuche die eines Gedichthefts. Es soll mit Medien unterschiedlicher Ausrichtung, mit strukturierten und unstrukturierten Materialien gearbeitet werden, die je nach Ziel sorgfältig ausgewählt werden und den Kindern ermöglichen, auf verschiedenen Kognitionsstufen Lernerfahrungen zu sammeln.

Zu diesen Kognitionsstufen zähle ich konkrete, direkte Erfahrungen, d. h., etwas tatsächlich mit der Hand zu be-greifen und daraus Schlüsse zu ziehen.

Die nächste Abstraktionsstufe wäre das Lernen durch Beobachten, das Deuten von Bildern, das Sammeln ikonischer Erfahrungen. Als letztes wären die symbolischen Erfahrungen zu nennen, die ein abstraktes, imaginatives Lernen beinhalten.[1]

Der hier zitierte dreistufige Erfahrungskegel nach Dale[2] bildet noch immer in überzeugender Weise die mit Medien möglichen Sinneserfahrungen und ihre Verbindungen zu unterschiedlichen Lernprozessen ab.

Besonders wichtig für die Durchführung des ›Hör-Curriculums‹ ist die Methode, verbale Aufträge zu erteilen, die die Übungen bzw. Handlungsweisen der Schüler/innen indirekt beeinflussen sollen, indem sie andere Zugänge eröffnen und neue Perspektiven, z. B. den Körper in seiner Bewegung wahrzunehmen, aufzeigen.

Die Handlungsanweisungen unterliegen dem Kriterium der Zweckmäßigkeit (Jacoby) und gelten gleichzeitig als akustische Herausforderung und als auditive Schulung im Sinne des Spracherwerbs, denn die verbalen Aufträge bestehen hauptsächlich aus Sprachbildern, Vergleichen und Metaphern, die zunächst in eine Körpersprache übersetzt, ausgeführt und erprobt werden, um wiederum als Erlebtes mit und durch Sprache artikuliert zu werden.

Entscheidungen über den jeweiligen Medieneinsatz können nur im Kontext von Ziel-, Inhalts- und Methodenbestimmung getroffen werden (vgl. Kretschmer/Stary 1998, 73f.). Je abstrakter ein eingesetztes Medium ist, desto geringer ist meist seine motivierende Wirkung auf die Kinder. Für zahlreiche Wahrnehmungsübungen ist es besonders wichtig, sich Voraussetzungen für einen Medieneinsatz und die Möglichkeiten des jeweiligen Mediums genau zu überlegen, da es sich z. B. beim Gehörten um Flüchtiges, oft kaum spürbar Wahrzunehmendes handelt. Konturen und Grenzen können durch Medien erst sicht- bzw. hörbar gemacht werden.

4.6.7 Rolle der Lehrerin/des Lehrers

Die Anleitung der unterschiedlichen Experimente soll nach dem didaktischen Prinzip »Hilf dem Kind, es selbst zu tun« (Maria Montessori) erfolgen. Die Kinder sollen dazu genau beobachtet werden, damit in adäquater Weise auf ihre Stimmungswechsel, die Qualität ihrer Wahrnehmung, ihrer Bewegungen, ihres Tuns, ihres Interesses reagiert werden kann. Die Lehrer/innen sollen über die Fähigkeit des ›aktiven Zuhörens‹ (Gordon) verfügen, das heißt, daß sie dem Kind im Gespräch ihre ganze

1 Die Kognitionsstufen korrespondieren mit den obengenannten Lernarten der operativen, figurativen und konnotativen Phase (Piaget, Wild).

2 Dale, E.: Audiovisual Methods in Teaching. New York 1969 (3. Aufl.).

Aufmerksamkeit zukommen lassen und das von ihm Vernommene zurückspiegeln, damit Mißverständnisse möglichst ausgeschlossen bleiben und um sicher zu gehen, daß das Kind richtig verstanden wurde.

Die jeweils Unterrichtenden sollten, um die Hörschulung in entsprechender Form anzuleiten, möglichst in Selbstversuchen einiges ›erhört‹, einiges zum Hören und seiner Bedeutung gelesen und darüber nachgedacht haben. Sachkompetenz und Hörreflexion sind erwünschte Voraussetzungen. Obschon der Lehrer seiner Vorbildfunktion gerecht werden sollte, reicht zunächst ein echtes Interesse, die Bereitschaft und Offenheit, sich auf Neues einzulassen.

4.6.8 Methoden

Nach Heinrich Jacoby, dessen Ideen ich zum Teil aufgreife, ist es wichtig, Möglichkeiten und Methoden eines Unterrichts möglichst offenzuhalten: Zum einen auf das speziell zu erarbeitende Ziel bzw. den zu behandelnden Inhalt hin. Zum anderen ist immer das Vermögen der Lehrer/innen sowie das mögliche und das zu erwartende Verhalten der Schüler/innen zu bedenken, die mit den hier vorgeschlagenen Herangehensweisen z. B. der Körperarbeit nach Gindler-Jacoby (s. Baustein: Körperwahrnehmung) nicht vertraut sind.

Das hier entworfene Hörkonzept ist sowohl eine Reihenfolge von Unterrichtsschritten bzw. Lektionen als auch eine Abfolge von Zielen, Themen und Methoden (vgl. Minsel 1978, 108). Die Module können als einzelne Lektionen erteilt, aber auch als Ziel einer Einheit oder als Wochenthema definiert werden. Die einzelnen Elemente greifen spiralförmig ineinander, können aber auch – wahlweise aus unterschiedlichen Bereichen – miteinander verknüpft oder vereinzelt, als Stilleübung etc., in den ›normalen‹ Unterrichtsverlauf eingebunden werden.

Der Ziel-, Inhalts- und Personenbezug muß immer bedacht und vor allem auf seine Zweckmäßigkeit hin geprüft werden. Es ist jeweils zu untersuchen, ob eventuell Methoden aus anderen Fächern auf den Deutsch- bzw. den Musik-, Kunst- und Sachunterricht übertragbar sind bzw. Aspekte des jeweiligen Fachunterrichts ganz bewußt in den Deutschunterricht integriert werden können.[1]

1 Der Vorschlag ist auf eine Schulsituation zu beziehen, in der die traditionellen Fächer weiter bestehen.

Am günstigsten ist es, einen Sachverhalt, z. B. das Ohr und das Hören, schon bei der Planung interdisziplinär bzw. integrativ anzulegen und ihn nicht nur im Sachkundeunterricht zu lehren, sondern anhand dieses Gegenstandes verschiedene Zugangsweisen zu erschließen (wie sieht das Ohr aus?, wie hört man?, was kann man alles hören?, wie kann man das Gehörte beschreiben?). Die von Kindern zum Thema aufgeworfenen Fragen sollen, ohne auf ein bestimmtes Fach festgelegt zu werden, möglichst selbständig bearbeitet und gelöst werden. Daraus ergibt sich von selbst, daß man über gemachte Erfahrungen spricht und darüber schreibt, anderen zuhört, in Lexika nachschlägt – all dies gehört zu den »Aufgaben des Deutschunterrichts«. Daß dabei auch eine literarische Enkulturation über zum Themenkreis gehörende Texte erfolgt, ist – bei entsprechend vorbereiteter Umgebung – eine konsequente Fortsetzung des aufs Hören konzentrierten Unterichts. Jeder in dieser Form gestaltete Unterricht bietet zahlreiche Sprachlernsituationen, die mit weiteren besonderen Lerngegenständen des Deutschunterrichts, wie z. B. Gedichten oder Dramen, angereichert werden können. Das Lernen ist auf diese Weise ganzheitlich und ›vernetzt‹ organisiert und entspricht einem der wichtigsten didaktischen Prinzipien des Hörkonzeptes (s. Kap. 4.6.10).

Weiter ist darauf zu achten, daß stets eine Verbindung zwischen den einzelnen Komponenten, den Aufgabenstellungen, dem Lösen und Vortragen der Ergebnisse, erkennbar bleibt. In der Arbeit soll immer wieder retrospektiv vorgegangen und Bekanntes und Gewußtes neu verknüpft bzw. komplexer gestaltet werden, z. B. kann bei der Textanalyse auf Hörerfahrungen verwiesen werden, damit die Schüler/innen die einzelnen Teile wieder in einen Gesamtzusammenhang einordnen können.

Um in der oben beschriebenen Weise mit Stilleübungen sowie in Erzähl- und Gesprächsrunden arbeiten zu können, bedarf es eines Regelsystems[1] zur Rücksichtnahme und teilweise zur eigenen Sicherheit der Kinder. Die Regeln werden von den Kindern mitformuliert, wie »Hier schlägt man nicht.« oder »In dieser Schule darfst du nichts wegnehmen.« (vgl. Wild 1988, 49). Sie müssen allerdings spüren, daß die Erwachsenen sich persönlich für das Einhalten der Regeln einsetzen und sie nicht als Machtinstrument gebrauchen.[2] Regeln, die ohne absehbare Konsequenzen

1 Das Regelsystem wurde bereits mehrfach erwähnt und ist nach der Definition der Funktionellen Disziplin (Wild 1988, 49) beschrieben.

2 D. h. die Erzieher verstecken sich nicht hinter Formulierungen wie »Die Regel Nr. 5 lautet...«, sondern bekunden ihre Verbote mit einer Begründung »Ich möchte nicht, daß du ... weil ...«.

bleiben, sind für Kinder vage und in Krisensituationen wenig verläßlich (vgl. Wild 1998, 64). Für Neuregelungen, Revisionen bzw. Modifizierungen von Regeln werden Klassenzusammenkünfte einberufen.

Zur Arbeitsform, -methode und -qualität soll noch angemerkt werden, daß für das hier vorgeschlagene Hörkonzept das Üben von besonderer Bedeutung ist. Da der Begriff des ›Übens‹ im Bereich der Schule oft negativ besetzt ist, soll er genauer erläutert werden.

Der Zwang, ständig rasch und zu Neuem voranzuschreiten, den Unterricht immer fesselnd und interessant gestalten zu müssen, ohne bei einer Sache verweilen zu können, ohne etwas zu festigen, vernachlässigt nicht nur die Konzentrationsfähigkeit, sondern geht auch zu Lasten der Qualität (vgl. Bollnow 1987, 14f.). Elsa Gindler und Heinrich Jacoby nennen ihre ›Übungen‹ nur Experimente, um die Vorstellung eines mechanischen Übens erst gar nicht aufkommen zu lassen. Mit Übung ist nicht das stupide Wiederholen einer bestimmten Sache gemeint, die die Übung langweilig und geistlos werden läßt, sondern die bewußte, in Variationen sich vollziehende und sich verändernde Übung.[1] Die Aufgabenstellungen sollen – im Sinne Gindler-Jacobys – ›zweckmäßig‹ sein.[2]

4.6.9 Planung des Unterrichts

Die Planung dieser musisch-ästhetisch orientierten Form des Unterrichts unterscheidet sich nicht wesentlich von dem sonst üblichen Planungsvorgehen. Die Fragen des Inhalts, der Methode, des Ziels müssen auch hier hinreichend beantwortet werden.

Lehrweisen, Unterrichtsformen, Lehrmethoden und Handlungssituationen entsprechen denen, die in Konzepten eines offenen, aktiven Unterrichts vorkommen. Auch wenn die »Leistungen« eines selbstgesteuerten, eigenverantwortlichen und individuell strukturierten Lernens nicht immer nachweislich meßbar sind, zeigen Untersuchungen doch, daß das Selbstkonzept ›alternativ‹ beschulter Schüler/innen weitaus positiver, ihre Einstellung zur Schule offener und ihre Kreativität stärker entwickelt ist.[3]

---

1 Allerdings in Abgrenzung zum Begriff der Etüde bei Eva Bannmüller, die den Begriff der Übung sehr strukturalistisch auffaßt.

2 Der Anspruch dabei ist, »daß der Mensch durch Übung und nur durch Übung zur vollen Entfaltung und Erfüllung seines Lebens kommt, daß die Übung nicht nur einen Zweck erfüllt hat, sobald das einzuübende Können erreicht ist, sondern daß sie in sich selbst schon eine nicht zu überbietende Erfüllung des Lebens bedeutet.« (Bollnow 1987, 11).

3 Nach einer Studie von G. Scheerer-Neumann zit. in Haas 1997, 28.

Ob dieses Lernen nun entdeckend, praktisch, exemplarisch, lebendig oder organisch genannt wird, bleibt der Entscheidung des Anwendenden vorbehalten. In den Wortverwendungen sind nur Nuancen einzelner Richtungen zu sehen, die tendenziell Ähnliches beabsichtigen: das Lernen als Gegenkonzept zu betrachten zur bloßen Belehrung, zur sinnentleerten Aufnahme eines bestimmten Stoffes innerhalb eines vorgegebenen Zeitrahmens (vgl. Haas 1997, 29).

Im Rahmen des ästhetischen Lernens sollen verschiedene Sozialformen erprobt und eingeübt werden. Neben Gruppen-, Partner- und Einzelarbeit kann auch von Zeit zu Zeit eine erhöhte Lehreraktivität mit konventionellem Frontalunterricht stattfinden. Innerhalb der Kleingruppen bzw. eines größeren Plenums kann der Lehrer oder auch ein Schüler als Moderator fungieren. Gesprächskreise bzw. der Gesprächshalbkreis, bei Integration einer Pinwand oder einer Tafel, sollten zu den gängigen Methoden des Unterrichts gehören (vgl. Kretschmer/Stary 1998, 65).

In enger Verbindung mit den Sozialformen stehen die Vermittlungs- und Lehrmethoden der Unterrichtenden. Meyer bezeichnet sie als Handlungsmuster und definiert sie als »historisch gewachsene, von Lehrern und Schülern mehr oder weniger verinnerlichte Formen der Aneignung von Wirklichkeit.« (Meyer 1992, 127). Sie hätten einen bestimmten Anfang und ein Ende und seien in sich zielgerichtet. Konkreter Unterricht sei eine inhaltliche und methodische Variation der durch die Handlungsmuster vorgegebenen Strukturen (ebd. 27).

Je vielfältiger das Angebot an Handlungsmustern (Lehrervortrag, Lehrgespräch, Schülerreferat etc.), also der Inszenierung des jeweiligen Unterrichtsinhalts ist (vgl. Jank/Meyer 1991, 195), desto mehr Methoden- und Handlungskompetenzen können die Schüler/innen erwerben und entwickeln.

Lothar Klingberg unterscheidet an Unterrichtsmethoden eine innere und äußere Seite (1972, 299f.); die innere Seite betrifft den Aufbau von Handlungskompetenzen wie interpretieren, vergleichen, problematisieren etc., die äußere bezieht sich auf die Inszenierung von Wirklichkeit, bezeichnet also die Tätigkeiten der Kinder wie reden, lesen, malen etc. (vgl. Kretschmer/Stary 1998, 63). Jedoch sind diese beiden Seiten, die die Handlungsstruktur des Unterrichts regeln, im Hörkonzept nicht immer klar voneinander abzugrenzen, denn das Zuhören wird z. B. nach Kretschmer/Stary der äußeren Seite zugeschlagen. Im Hörkonzept ist es aber eine zu erzielende grundlegende Kompetenz, die wiederum als Basis anderer Kompetenzen wie der des Interpretierens, Vergleichens etc.[1] angesehen werden kann.

Einige der methodischen Verfahren, die vermehrt in meinem Unterrichtskonzept angewendet werden sollen, sind Experimente, Erkundungsgänge, Referate, Diskussionen, Erzählrunden und Arbeitsberichte. Der Drehbuchcharakter, der den methodischen Verfahren innewohnt, wird besonders deutlich bei der Durchführung von Körper- und Wahrnehmungsübungen, die oft ein schnelles Abweichen vom ›Plan‹ erfordern, z. B. wenn einige der Übungen nicht in der gewünschten Form durchgeführt werden können oder andere nicht die beabsichtigte Wirkung erzielen. Die (Hör-)Wahrnehmungen selbst sind dabei als eine Art ›Partitur‹ zu verstehen, durch die ein bestimmter Ablauf vorgegeben wird.

Je nach dem Vertrauensverhältnis, das zwischen Lehrer und Schülern besteht, können Abneigungen gegenüber bestimmten Experimenten etc. thematisiert und zusammen gelöst werden.[2] Die Abkehr vom allzu stark lehrerzentrierten Unterricht ist dabei erwünscht und beabsichtigt.

Die zahlreichen Übungen sollen nicht nur verbal angeleitet, sondern auch vom Lehrer oder von Mitschüler/innen demonstriert werden, so daß der ›Lehrervortrag‹ oft in praktischer Form stattfinden wird. Klingberg erfaßt die darbietenden Lehrmethoden sehr präzise mit Vormachen, Vorzeigen, Vorführen und Vortragen, die er auch entsprechend differenziert beschreibt (1972, 303f.). Gerade für Grundschulkinder ist es leichter, Bewegungen demonstriert zu sehen und sie dann zu imitieren, als einer komplexen Anleitung zu folgen. Durch die verbale Begleitung der Übungen wird es ihnen jedoch von Mal zu Mal leichter fallen, deskriptive Anleitungen aufzunehmen und auszuführen und sie später selbst zu formulieren.

Allerdings sollte der Lehrer sich sehr gründlich überlegen, wann er Übungen vorführt, gibt er doch damit eine vermeintliche ›Lösung‹ für bestimmte (Bewegungs-)Aufgaben vor. Er kann dadurch die Experimentierfreudigkeit der Schüler einschränken; in einigen Fällen ist das Demonstrieren (z. B. das Imitieren von unangemessenen Verhaltensweisen) sicher sinnvoll.

Unterrichtsschritte laufen meist linear nacheinander ab (vgl. Kretschmer/Stary 1998, 68). Das ist meist, aber nicht immer, sinnvoll, denn gerade das Insistieren auf bestimmten Prozessen kann Blockaden auslösen, die einen linearen Aufbau unmöglich machen. Manchmal ist es günstiger, nach

---

1 Vgl. u. a. mit Bräuers generativen Prinzipien (s. Kap. 3.3.1).

2 Siehe z. B. bei E. Hengstenberg das Kapitel »Freiwillige Disziplin« (1993, 50).

den Prinzipien des »organischen Lernens« (Feldenkrais) zu verfahren und von einer Sache abzulassen, um sie später wieder aufzugreifen oder Abläufe in Variationen und Modulationen[1] anzubieten. Selbstverständlich ist darauf zu achten, daß die einzelnen Aufträge in sich stimmig und sinnvoll miteinander verkettet werden.

Dazu ein Beispiel, das dies verdeutlichen soll. Wenn die Schüler/innen einen Stab balancieren und ihre Konzentration nachläßt, kann der Lehrer ein anderes Gerät (z. B. Ball oder Stuhl) einsetzen und entsprechende Variationen des Balancierens im Stehen oder Sitzen finden oder den Stab zu anderen Dingen, z. B. als Wurfgerät, benutzen lassen.

Als Richtwert sollte sich eine Unterrichtseinheit je nach Inhalt über 2-12 Stunden, ca. 1-4 Wochen, erstrecken (vgl. Kretschmer/Stary 1998, 68). Manches kann auch über Monate oder Jahre immer wieder einmal aufgegriffen werden, je nachdem, welche Ziele mit den entsprechenden Inhalten verfolgt werden.

In den Unterrichtsphasen sollte ein rhythmischer Wechsel von Spannung und Entspannung stattfinden (ebd. 68). So können die Kinder besser ein Gefühl für »Tempo, Rhythmus und Kontraste« (Jutta Wermke) entwickeln, und es kommt dem Auffassungs- und Konzentrationsvermögen der Kinder entgegen, nicht nur sitzend alles aufmerksam aufnehmen zu müssen.

Die einzelnen Elemente des Hörkonzepts können als Unterrichtsstufen verstanden werden, die von einer Basis zu einem nächsthöheren Plateau oder Punkt aufsteigen (vgl. Kretschmer/Stary 1998, 68). Allerdings kann jeder Baustein auch mit anderen Inhalten verknüpft oder nur partiell eingesetzt werden.

4.6.10 Unterrichtsprinzipien

Für mein Ziel größtmöglichster Beweglichkeit, sowohl den Körper als auch den Geist betreffend, sind folgende Prinzipien maßgebend:

- Prinzip der musisch-ästhetischen Erziehung (vgl. Mattenklott 1998, 33)
- Prinzip der Selbsttätigkeit
- Prinzip des organischen Lernens (Feldenkrais)

1 Der Begriff Modulation wurde von Amos Hetz (Bewegungslehrer an der Rubin-Akademie in Jerusalem) entwickelt und meint sowohl die Umkehrbarkeit von Bewegung als auch die Weiterführung und Umlenkung ihrer Energie.

- Prinzip der Zweckmäßigkeit (Jacoby), das nicht nur die Aufgabenstellungen, sondern auch die von den Schülern gemäß ihres Leistungsstandes zu erwartenden Leistungen betrifft
- Prinzip der Natur- bzw. Lebensnähe
- Prinzip der Elementarisierung, der Reduktion des Abstraktionsgrades, der Komplexität, um das Lernen besser zu organisieren und um es vernetzter und exemplarischer zu gestalten (vgl. Kretschmer/Stary 1998, 61ff.)

Die hier festgelegte Reihenfolge stellt keine hierarchische Ordnung dar. Je nach Lerngegenstand und -ziel kann und wird das eine oder andere Prinzip überwiegen.

Unterrichtsprinzipien sind flexibler als Regeln und Gesetze; sie erlauben einen größeren Spielraum und spiegeln Vorlieben für konkrete Sozialformen und Handlungsmuster wider (vgl. Meyer 1992, 208f.). Prinzipien dienen der Planung, Durchführung, Auswertung und Legitimation von Unterricht; sie geben dem Unterricht je nach Anlage und Haltung normativen bzw. Rezeptcharakter und sind Ausdruck didaktischer Tradition (vgl. Kretschmer/Stary 1998, 71).

Neben den Prinzipien soll der in ihnen enthaltene Begriff des Lernens genauer umschrieben werden. Das Lernen soll am Alltag der Kinder orientiert sein. Jedes Kind soll sich möglichst frei bewegen, etwas anfassen und Geräusche hervorbringen können, wann und wo es will. Um Mißverständnissen vorzubeugen: Hier soll keinem anarchischen Prinzip das Wort geredet werden. Natürlich kann nicht jeder immer das machen, was und wo er es gerade will. Es gilt, Rücksicht auf andere zu nehmen und die mit den Mitschüler/innen vereinbarten Regeln einzuhalten. Dennoch soll sich jedes Kind – immer so weit dies möglich ist – mit den Dingen und Inhalten beschäftigen können und dürfen, die Gegenstand seines aktuellen Interesses sind.

Daher sind bei der Planung von vornherein verschiedene Aufgabenstellungen zu überlegen, die eine Binnendifferenzierung ermöglichen und eine Offenheit des Angebots beinhalten.

Das Lernen soll am Entwicklungsstand und den emotionalen Bedürfnissen der Kinder orientiert sein. Es soll ihrem Bewegungsdrang, ihrer Spiellust, ihren Entdeckungsmöglichkeiten und ihrer Neugier Genüge leisten (vgl. Mattenklott 1998, 27). Das hier anvisierte »ästhetische Lernen« schult nicht nur einzelne Organe und Zugangsweisen zur Welt wie Phantasie und Kreativität, sondern stellt das Kind in einen anderen, von der alltäglichen

Zweckorientierung abgehobenen, ihm gemäßen Sinnhorizont (vgl. Bräuer, DIFF, Bd.1, 40).

Im folgenden Kapitel soll am Beispiel der Kinderlyrik gezeigt werden, wie eine Anwendung der hier entwickelten Bausteine und der hier umrissenen Prinzipien im Deutschunterricht aussehen kann.

5 Musisch-ästhetische Erziehung im Deutschunterricht – Hörerziehung am Beispiel der Lyrik

Musisch-ästhetische Erziehung im Deutschunterricht wird oft nur auf handlungs- und produktionsorientierte Verfahren bezogen und dient in erster Linie als Mittel zum Zweck, wird also eher produktorientiert und weniger prozeßorientiert eingesetzt. Ob diese Produktorientierung pädagogischen oder poetologischen Zielen folgt, ist von Fall zu Fall verschieden. Aus Unterrichtsvorschlägen zu Gedichten in Lesebüchern, Fachliteratur und anderen Quellen lassen sich bildungsphilosophische, hermeneutische und kunsterzieherische Einflüsse in jeweils unterschiedlicher Akzentuierung finden (vgl. Hassenstein 1998, 621).[1] Auffällig an diesen Vorschlägen ist, daß Prozesse des kreativen Arbeitens sowohl die des Autors als auch die der Schüler beim Schreiben kaum thematisiert werden. Die Text- und Transferarbeit wird selten von Wahrnehmungsaufträgen begleitet.[2]

5.1 Veröffentlichungen zur Ästhetischen Erziehung im Deutschunterricht

In einem Band mit dem programmatischen Titel »Ästhetische Erziehung im Deutschunterricht« (hg. v. Jutta Wermke, 1981) geht es hauptsächlich um eine Erziehung zur Kreativität, die – im Rahmen der ästhetischen Erziehung – nur ein Gesichtspunkt unter vielen ist und sein kann.

Im Inhalt spiegelt sich die Intention der Herausgeberin wider; in den Aufsätzen über Comics (Dagmar Brand/Jutta Wermke), Bilderbücher (Monika Born) und Mundartliteratur (Ludwig Harig) verweisen die Autoren auf eine Reihe handlungs- und produktionsorientierter Verfahren, während leibsinnliche Erfahrungen nur eine untergeordnete Rolle spielen.

Obwohl Jutta Wermke in ihrem Aufsatz über »Konkrete Poesie – Spielraum für Ästhetische Erziehung in der Grundschule« (S. 67-107) grundlegende Gedanken zur »konkreten Wahrnehmung und der Erziehung zu

---

1 Friedrich Hassenstein: Gedichte im Unterricht. In: Taschenbuch des Deutschunterrichts, Bd. 2: Literaturdidaktik, Hohengehren 1998 (6. Aufl.), 621-646.

2 Z. B. werden für das Gedicht »Kommt ein Tag in die Stadt« (Halbey) in »Wenn ich eine Wolke wäre« (hg. von Barbara Coldewey und Hans Iblher, Bochum 1995) Arbeitsaufträge bzgl. der Geräusche und zum Verfassen eines analogen Textes mit Abendgeräuschen gegeben (S. 5). Der Auftrag ist jedoch kaum auszuführen, ohne ›Abendgeräusche‹ noch einmal bewußt zu realisieren. In den Unterrichtsanregungen werden allerdings keinerlei Höraufgaben in dieser Richtung erteilt.

sinnlicher Sensibilität« anführt, finden sie sich in ihren Unterrichtsanregungen nicht wieder. Wermke reduziert das Ästhetische auf die zentrale Bedeutung der Sprache innerhalb des Wahrnehmungsprozesses und schließt daran ihr Plädoyer für die Verwendung der konkreten und visuellen Poesie im Deutschunterricht an (ebd. 68ff.).

Die sinnliche Wahrnehmung wird ›bedingungslos‹ vorausgesetzt; auch in der ›intellektuellen‹ Gedichtwahrnehmung und -verarbeitung wird nicht mehr danach gefragt. Dabei lägen gerade hierin unerschöpfliche Möglichkeiten, wahrnehmungsorientierte und kognitive Elemente zu verknüpfen. Auf einen Kriterienkatalog für im Deutschunterricht zu verwendende Gedichte werde ich noch näher eingehen.

In etlichen Zeitschriftenbeiträgen werden Sinneswahrnehmungen im Deutschunterricht in den Dienst einer Textproduktion etc. gestellt; die Wahrnehmung dient einem zu erzielenden Ergebnis.

Der Gang in den Wald muß zu einem Gedicht verarbeitet werden; nicht der Weg durch den Wald – das Erleben der Natur und die Reflexion darüber –, sondern das Gedicht ist das Ziel; am Ende muß ein Produkt, ein literarisch zu analysierender und zu bewertender Text stehen. Dagegen wäre nichts einzuwenden, wenn der Gang durch den Wald mit allen Sinnen erfahren und in einem Gespräch darüber reflektiert werden würde. Wie geht es sich auf dem Waldboden im Gegensatz zur Asphaltstraße?, was wurde im Schutz der Bäume gehört?, wie kann man die vielleicht vernommene Stille beschreiben?, wie wird das Licht empfunden? Vermutlich wird das in Ansätzen so praktiziert, allein schon, um einen für das Gedicht passenden Wortschatz zu sammeln.

Im hektischen Getriebe des ›traditionellen‹ Schulalltags bleibt den Unterrichtenden meist nicht allzu viel Zeit, weiter auf die Stimmungen und Gefühle der Kinder einzugehen, Vergleiche zuzulassen, Bezüge herzustellen und an den gewonnenen Eindrücken ästhetisches Wahrnehmen und Empfinden zu schulen. Zum einen liegt das an bestimmten Stundenvorgaben[1], zum anderen, an den im Lehrplan festgelegten Inhalten und den zu erreichenden Zielen. Meist geht es wirklich nur um ein vorzuweisendes Ergebnis und weniger um den stattfindenden Prozeß.

Die Sinneswahrnehmungen werden kaum nur für sich genommen thematisiert und damit ins Bewußtsein der Kinder gerufen.

1 Wie z. B. der Anzahl der Wochenstunden und dem 45-Minuten-Takt.

5.2 Spiele mit Wörtern

Das Fundament für die Wahrnehmung lyrischer Sprachaffekte wird ontogenetisch früh gelegt. Lange bevor das Kind zur Welt kommt, schon im Mutterleib als Fetus mit etwa viereinhalb Monaten, hört es neben Darmtätigkeit, Atmung, Herzrhythmus und Bewegungen die Stimme der Mutter, wobei die Wahrnehmung der Geräusche sogar noch früher einsetzt (vgl. Tomatis 1995, 53f.). Die Stimme der Mutter wirkt beruhigend, aber auch stimulierend auf das Kind und bleibt es ein Leben lang, wie Tomatis in zahlreichen Untersuchungen gezeigt hat.

Tonlage, Rhythmus, Klang und Melodie der mütterlichen Stimme entscheiden mit über die Entwicklung des Kindes. Natürlich sind die Äußerungen der Mutter kaum als Poesie zu bezeichnen; dennoch stehen sie ihr nahe (vgl. Mattenklott 1993, 8f.). Beide unterliegen sie nicht der »Zensur durch das Diktat semantischer Vernünftigkeit« und beiden gemeinsam ist die große Bedeutung von »Rhythmus, Klang, Melodie und Wiederholung« (ebd. 9).

Zwischen dem vierten und zwölften Monat gelingt es dem Kind, seinen eigenen Lautstrom durch Wiederholungen rhythmisch zu strukturieren (ebd. 9). Eltern erleichtern dem Kind den Prozeß des Spracherwerbs, indem sie mit dem Kind eine eigene, sogenannte »Baby-Sprache« sprechen. Von vielen wird sie vermieden, dennoch erfüllt sie einen wichtigen Zweck und stellt, wie in etlichen Untersuchungen und sprachphilosophischen Betrachtungen nachzulesen[1], auch kein grundlegendes Problem für den Spracherwerb dar.

Z. B. kann kein einjähriges Kind die Bedeutung des Wortes ›Dampflokomotive‹ erfassen bzw. es nachsprechen, dafür sind die, den Begriff erklärenden und unterstützenden Laute wie »Puffpuff«, »huschhusch« oder »Wauwau« für Hund, »Hamham« für Essen eingängiger. Diese Vereinfachungen geben typische Geräusche des bezeichneten Gegenstands oder Ablaufs wieder und werden von den Kindern später auch mit diesem Begriff in Verbindung gebracht.

Mögliches Gegenargument gegen solche ›Vereinfachungsmaßnahmen‹ wäre, daß die Kinder die lautmalerische Bedeutung des Begriffes später wieder durch das richtige Wort ersetzen müssen. Die Kinder lernen jeweils zwei Wörter für einen Gegenstand oder Ablauf. Dennoch ist die lautmalerische Umschreibung des Wortes auch als Training des Artikulationsapparates zu betrachten, und nicht zuletzt kehren ähnliche Lautma-

1 Vgl. z. B. bei Simon-Schaefer 1996.

lereien in den frühen Kindergedichten, den Kniereitern und Krabbelversen, wieder.

Über lautmalerische und einfache, zweisilbige Wortbildungen lernen Kinder das Sprechen. Erste schwierigere Wörter, die Kinder nachsprechen, sind meist verdreht und unvollständig, dennoch können Eltern diese Verballhornungen und Verfälschungen wie etwa »grafofieren« statt fotografieren oder »Mokode« statt Kommode verstehen (vgl. Simon-Schaefer 1996, 20f.).[1] Außerdem fallen in die ersten Monate des Spracherwerbs die unten beschriebenen Ammenverse und Wiegenlieder, erste poetische Formen, mit denen der Säugling vertraut gemacht wird. Hans Magnus Enzensberger nennt sie in seiner Sammlung »Allerleirauh« die *prima poesis,* die erste Poesie des Menschenlebens (1988, 349). Sie begleitet das Kind in Krabbelversen, Kniereitern, Fingerspielen und später als Bestandteil des Spiels in Abzählreimen und Spielliedern auf der ganzen Welt.

Diese ersten Erlebnisse, der lautmalerische Umgang mit Sprache und die Wortverdrehungen, die mehr oder weniger unbewußten Sprachspielereien, finden sich dann in der Kinderlyrik (und nicht nur dort) wieder, in der Reime und Wortschöpfungen ihrer eigenen Logik folgen und Grammatik wider alle Schulweisheit angewandt wird.

Die frühen Gedichte begleiten die Kinder oft ein Leben lang. Der Kinderreim ist, so gesehen, eine Hör- und Sprachschule:

> »Es ist die einzige poetische Form, deren unmittelbarer Nutzen auf der Hand liegt. Er wird gebraucht. Alles ist noch unentdeckt: das eigene Gesicht, die eigenen Finger, die Tiere, die Jahreszeiten, das Wetter, die Berufe. Der Reim verhilft dem Kind dazu, sich in dieser Welt einzurichten, ihrer Herr zu werden. Essen und Einschlafen, Sprechen und Fragen, Gehen und Zählen, Schaukeln und Spielen sind Künste, die der Reim ihm kunstvoll zuträgt. Daher kommt seine Würde, die eines Gebrauchsgegenstandes; daher seine Härte, sein Eigensinn, seine Lebenskraft.« (Enzensberger 1988, 353)

Kniereiter, Krabbelverse, Abzählreime und Wiegenlieder haben einen engen Bezug zur Leiblichkeit des Kindes und ermöglichen ihm, Formen der Kommunikation, der Sprache und Gestik zu erlernen. Kinder lieben diese

---

1 Gisela Szagun (1986) schreibt in »Sprachentwicklung beim Kind«: »Möglicherweise machen die Erwachsenen es dem Kind auch einfacher, die Sprache zu lernen, indem sie die Sprache, die sie an Kinder richten, stark vereinfachen.« (6) Die Vereinfachung entspringe dem Wunsch, zu kommunizieren und Zuneigung auszudrücken und scheine Produkt momentaner Interaktionsprozesse zu sein (280), deren Notwendigkeit oder deren Erfolg für die Sprachentwicklung des Kindes insgesamt aber umstritten sei (287ff.).

konkreten, alle ihre Sinne fordernden Spiele. Bewegung und Sprache, ebenso Bewegung und Musik bilden bei ihnen noch eine Einheit.

Rückblickend beschreibt Otfried Preußler die Wirkung erster Reime:

> »Mit den Versen haben wir sprechen gelernt, das rhythmische Nachplappern zunächst, später das Artikulieren einzelner Laute, einzelner Wörter, dann ganzer Zeilen. Und noch später haben uns die Bilder dabei geholfen, die dazugehörigen Reime ›vorzulesen‹.« (Preußler/Stigloher 1998, 7).

Neben den frühen Reimen sind Bilderbücher wichtige Weggefährten erster Sprachhandlungen für Kinder im Vorschulalter.[1] Erste bildgestützte Texte, oft auch Reime, sind erste Gesprächsanlässe, wenn sie beim gemeinsamen »Lesen« bzw. Betrachten von den Erwachsenen dialogisch angelegt und ausgeführt werden. Kinder haben es gerne, wenn man ihnen vorliest; sie hören die vertraute Stimme im rhythmischen Auf und Ab. Meist kennen sie irgendwann, nach endlosen Wiederholungen, die Bücher auswendig; sie können Texte inhaltlich bzw. den getreuen Wortlaut anhand der Bilder wiedergeben. Ein erster wichtiger Schritt auf dem Weg zur Lesesozialisation findet hierbei statt. Satzmuster und Sprachstrukturen werden scheinbar nebenbei, im Spiel (z. B. im Rollenspiel zwischen Vorleser/in und Kind) erlernt. Und das Vorlesen schult nicht zuletzt das Zuhören. Allerdings wird nicht allen Kindern der Zugang zur Welt der Wörter in dieser Form geebnet. Gerade deshalb ist der Einsatz illustrierter Bücher in der Primarstufe noch so wichtig; je weiter fortgeschritten im Spracherwerbsprozeß die Kinder sind, desto eher können sie auf die bildgestützten Informationen verzichten.

Ablauf und Struktur der von Wieler untersuchten Vorlesegespräche waren vom sozialen Status der jeweiligen Familien abhängig. So wählten die Mütter – in der Mehrzahl sind sie es, die vorlesen – aus der Unterschicht selten dialogische Strukturen. Vorlesen geschieht hier eher ›monologisch‹; auf Nachfragen zu Figuren oder Handlungsverläufen erwarten die Vorleserinnen konkrete Antworten, die dann mit richtig oder falsch kommentiert, aber seltener mit Lob bedacht werden.

Die Untersuchungen Wielers geben Aufschluß über die bei Kindern vorhandenen Kommunikations- und Erzählmuster. Unterrichtende müssen davon ausgehen, daß Kinder sehr unterschiedliche Kompetenzen – schichtspezifisch und kulturell bedingt –, z. B. des Zuhörens und Erzäh-

---

1 Vgl. dazu die Untersuchungen von Petra Wieler zum »Vorlesen in der Familie« (1997).

lens, mitbringen. Eine Didaktik des Deutschunterrichts müßte dies, den Studien Wielers zufolge, unbedingt berücksichtigen. Das Hörkonzept ist ein Beitrag hierzu.

5.2.1 Orale Literalität

Ältere Sammlungen wie »Des Knaben Wunderhorn« (Arnim/Brentano, erstmals 1806/1808), »Allerleirauh« (Enzensberger, erstmals 1974), »Über das Volksvermögen« (Rühmkorf, 1988); »So viele Tage wie das Jahr hat« (Krüss, 1959) und neuere wie »Eins, zwei, drei im Bärenschritt« (Preußler/Stigloher, 1998) enthalten einen reichhaltigen Schatz gebrauchter Verse, die in erster Linie mündlich überliefert sind. Was einmal mehr beweist, daß »das einfache Weitersagen kein so gebrechliches Vehikel ist, wie es einem Zeitalter vorkommen mag, das alles vervielfältigen und archivieren kann.« (Enzensberger 1988, 355)

Die gesprochenen, oft sehr alten Verse leben zwar in den schriftlichen Sammlungen weiter – vielleicht länger und andauernder als ohne sie – aber um ihnen Leben einzuhauchen, müssen sie wieder in ihre alte Form, die orale, zurückverwandelt werden. Sie können auch ohne die Schrift, ohne niedergeschrieben zu sein, existieren; die Schrift aber kommt nicht ohne die Oralität aus (vgl. Ong 1987, 15f.), denn die frühen Reime und Verse leben geradezu von Klang und Rhythmus. Sie müssen produziert, gesprochen, rezipiert und gehört werden.

Daher gibt es in meinem Hörkonzept im Baustein ›Aktiver Deutschunterricht‹ einen Schwerpunkt Lyrik. Wie Barry Truax richtig feststellt, haben die meisten von uns einen großen Teil ihres Spracherwerbs über die ersten frühen Reime realisiert. Barry Truax, Nachfolger Murray R. Schafers an der Simon-Fraser-Universität in Kanada, faßt orale Traditionen, wie das kindliche Sprachspiel und das memorierende Lernen, wie folgt zusammen:

> »Everything has to be remembered and therefore verbal communication must be phrased in a memorable way – rhymes, rhythm and melodies being the techniques most often used to assist one's memory. Learning these oral formulas comes through repetition and imitation. Even in the modern technological age, we all pass through this culture during childhood, and when we find ourselves repeating songs and stories memorized years ago, we can realize how effective oral learning is by how deep seated the memories are that have been imprinted in our minds. We

learn to listen as children, and what we learn to listen for follows us through our lives.«[1]

Orale Traditionen, ›Urphänomene der Sprache‹, wie Walter Ong sie beschrieben hat, sind von eminenter Bedeutung, sie kehren immer wieder und sollten letztlich auch im Unterricht gepflegt werden. Sprache ist im engeren Sinn artikulierter Klang; sie existierte ursprünglich immer als gehörte und gesprochene Sprache (vgl. Ong 1987, 14). Auch wenn inzwischen fast alle Sprachen geschrieben werden, von einigen wenigen Ausnahmen abgesehen, dauern die oralen Formen der Sprache fort (ebd. 15). Auf diese Traditionen wird im Baustein »Aktiver Deutschunterricht« mit einem Schwerpunkt: Mündliches Erzählen eingegangen.

Ein besonderes Anliegen ist mir, daß die Lehrenden Rücksicht auf den je eigenen Erzählstil der Kinder nehmen, die, vor allem, wenn sie des Schreibens noch nicht mächtig sind, eher oralen, ›themen-assoziierenden‹ Mustern folgen. Kinder, die aus anderen Kulturen und anderen oralen Traditionen kommen, sollen nicht auf ›themen-zentrierte‹ Erzählstrukturen festgelegt werden, die zumeist einem Schriftlichkeitskonzept der Lehrerin/des Lehrers folgen; kommentierende und korrigierende Eingriffe der Unterrichtenden sollten sorgfältig daraufhin geprüft werden.

5.2.2 Sprechen über Gedichte – mündliches Erzählen

Gedichte öffnen nicht nur die Sinne, sondern eignen sich auch zur Auseinandersetzung mit dem Fremden, dann nämlich, wenn Form und Inhalt der Verse nicht auf Anhieb verständlich erscheinen, sie widerständig sind. Sie bringen uns nicht nur ins Gespräch mit uns selbst, sondern, gerade in der Schule, auch mit anderen über uns, über andere und über die verschiedensten Dinge.

Gedichte auswendig zu lernen, sie sich einzuprägen, muß nicht immer Zwang, sondern kann auch einen bleibenden Besitz oder Schatz bedeuten, der die Kinder ein Leben lang begleitet. Mit dieser Fülle von Möglichkeiten bieten Gedichte für Kinder, besonders im Deutschunterricht der Grundschule, ein fast unerschöpfliches Reservoir.

Hans Manz versteht seine Gedichte als Gesprächsanlaß; seine Texte verfolgen den Sinn einer Sprachlehre ganz besonderer Art. Laute, Wörter und

---

1 Vgl. das Manuskript des Vortrages »Listening and the Electroacoustic Community«, den Barry Truax im Rahmen des Symposiums »Ganz Ohr« in Kassel (Sept. 1997) gehalten hat.

Sätze sind für ihn »lebensbestimmendes, lebensgefährdendes, lebenserhaltendes Instrumentarium« (1991, 345), mit dem die Kinder vertraut gemacht werden müssen. In seinen Texten sollen Schüler erfahren, daß man nicht immer nur miteinander, untereinander und füreinander, sondern auch gegeneinander, übereinander und aneinander vorbei spricht (ebd. 345). Dieser Satz ist Programm, Kinder sollen anhand von Gedichten, die zum Teil tradierte Formen aufgreifen, zum sensiblen und kritischen Umgang mit Sprache befähigt werden. Hans Manz will Kinder mit seinen Texten zum Stutzen bringen, damit sie sich auf die Suche nach einem tieferen, verborgenen Sinn und den Mehrdeutigkeiten des Sprachgebrauchs machen. Eines seiner didaktischen Prinzipien ist das des Rätsels bzw. der Suche ähnlich eines Versteckspiels (ebd. 346).

Manz' Texte sind auf den ersten Blick sprachlich einfach gehalten, auf den zweiten verbergen sie einen anderen, tieferen Sinn. Manz hat immer wieder mit Kindern über seine Texte gesprochen; viele sind aufgrund seiner langjährigen Erfahrung als Lehrer entstanden.

Kinder, schreibt er, reden gerne über Beziehungen, sie setzen die Aussagen seiner Texte sofort in konkrete, alltägliche Erfahrungen um, was beweist, wie wichtig Gedichte als Gesprächsanlaß sind. Für den Deutschunterricht bedeutet das, daß Lehrende nicht nur dem Vortrag von Gedichten, sondern auch den Gesprächen und Assoziationen, die die Texte auslösen, Raum geben sollten. Letztlich wird dabei die Fähigkeit des rezeptiven und kritisch-adaptiven Zuhörens gefordert und gefördert. Das (Unterrichts-)Gespräch über Gedichte kann ein beabsichtigtes unterrichtliches Handlungsmuster sein, ein vom Lehrer ausgehendes und gesteuertes. Ein Gedicht kann aber auch Kommunikationsanregung für einen Stuhlkreis oder den Prozeß einer Diskussions- und Meinungsbildung sein.

5.3 Gedichtsdidaktik

Gedichte knüpfen bereits an Vertrautes an, und im kindlichen Spiel liegt eine heitere und einprägsame Quelle des Lernens, besonders vor der Einschulung und in den ersten Jahren der Grundschule.

Ute Andresen stellt einige Vermutungen darüber an, was Kinder an Gedichten so faszinierend finden:

> »Ein schönes Gedicht erinnert sie [die Kinder, KB] vielleicht an die Zeit, als sie umgeben waren von Sprache, die sie noch nicht oder nur in Andeutungen verstanden, von Worten mit vielfältigem Klang, in dem sich Geheimnisse und Verheißungen verbargen. [...] Ein schönes Gedicht er-

innert sie an die frühe Zeit, als die Sinneseindrücke noch nicht so deutlich voneinander getrennt waren, wie sie es später sind, als Töne und Klänge mit Glanz und Farben verschwistert waren.« (Andresen 1995, 11)

In der Schule sollte die Lust am Singen und Spielen, der Spaß am Rhythmus, am Reim, am Sprachklang und an der Wiederholung aufgegriffen, wachgehalten und mit weiteren Versen und neuen Formen genährt werden (vgl. Mattenklott 1993, 10).

Viele neue Kindergedichte beziehen die »alten« Formen mit ein, sie füllen Bekanntes mit neuen, zeitgemäßen Inhalten. Verse und Reime in Form von Finger- und Bewegungsspielen, von Kinderliedern oder Abzählreimen spielen eine nicht zu unterschätzende Rolle im Alltag und beim Spracherwerb von Kindern, was sich in der Lust zu Wiederholung, zu Imitation und Neuerfinden offenbart. Sie gehören zur Kindheit wie Puppen und Bauklötze (vgl. Preußler 1998, 8).

Je nach Altersstufe und Auswahl der Texte können sie Verbindungen und Erinnerungen an das Leben der Kinder vor der Schule herstellen bzw. Übergänge schaffen: vom Kindergarten zur Schule, vom Singen zum Sprechen. Viele Gedichte regen die noch märchenhafte Phantasie der Kinder an, sie bieten Gelegenheit zur Nachahmung, zum Spielen in den verschiedensten Formen. Gedichte können so dem natürlichen Bewegungsdrang von Kindern entgegenkommen und über den Rhythmus Bewegung auslösen, sie laden zum Nachsprechen oder Nachsingen ein und sprechen so unterschiedliche Sinne und Wahrnehmungen der Kinder an.

Der Einsatz von Kinderlyrik im Deutschunterricht kommt demnach einem ursprünglichen, vielfältigen Bedürfnis entgegen, das für die Sprachverwendung und -sensibilisierung erweiternd und aufbauend genutzt werden kann.

Über lyrische Texte, die Kindern gemäß sind, insofern sie jeweils deren Wortschatz und Sprachvermögen entsprechen, können neue Aspekte und Zugänge zur Hörfähigkeit und zum Spracherwerb eröffnet werden.

> »Allmählich beginnt sich der Gedanke durchzusetzen, daß das Spiel mit Sprache und Form im Deutschunterricht seinen Platz hat, und zwar nicht als Lockerungsübung – als eine Art Beschäftigung in Mußestunden –, sondern als durchaus ernst gemeinte und systematisch betriebene Sache.« (Weller 1977, 5).

Lyrik kann hellsichtiger und hellhöriger machen z. B. für die in zeitgenössischen Gedichten angesprochenen Probleme. Sie kann Phantasie und Kreativität anregen und einen Zugang zu einem eigenen Kunstbegriff ebnen. Der Gedichtunterricht kann eine Art Verständigungsprozeß sein, indem sich Schüler/innen aufgrund ihrer Lektüre- und Welterfahrungen über den Sinn der vorliegenden Texte zu einigen versuchen (vgl. Payrhuber 1993, 18). Dazu müssen sie die Fähigkeit des Entwerfens erwerben, sie müssen Beurteilungskriterien entwickeln, die am Vergleichen und Deuten anderer Texte geschult wurden, und elementare Begriffe zur Gedichtanalyse erlernen, die zur Beschreibung ihrer Wahrnehmungen und Beobachtungen notwendig sind (ebd. 17). Darüber hinaus kann damit, selbst in der Primarstufe, ein erstes Verständnis für Form- und Gattungsprobleme geweckt werden. Außerdem eignen sich Gedichte dazu, in einer besonders schnellebigen Zeit die Langsamkeit wieder zu entdecken, sie bremsen ein allzu schnelles Auffassen und verhindern ein voreiliges Verstehen, allein durch ihre spezifische sprachliche Organisation, die Hören und Lesen zunächst erschwert (vgl. Waldmann 1992, 229).

Das Sicheinlassen auf ein Gedicht braucht eine ruhige konzentrierte Atmosphäre, vielleicht sogar eine Art innere Sammlung, die vermutlich erst eingeübt werden muß[1], aber durchaus einübbar ist.

Allerdings muß man sich dabei vor Unterrichtsfehlern hüten, die Stocker (1993, 11f.) in seiner Einführung aufführt. Zu diesen, für ihn »kreativitätshemmenden Faktoren« zählen die allzu oft verbreitete ›Feierlichkeit‹ beim Anbieten von Gedichten im Unterricht, weiterhin der auf den Schüler/innen lastende Druck, ein Gedicht am Ende doch immer auswendig lernen zu müssen sowie die Vereinnahmung von Lyrik zu moralischen Zwecken.

Die frühen Kinderreime sind nicht zu verwechseln mit denen, die sich nur über das Lesen erschließen lassen wie moderne Gedichte von Paul Celan, Georg Trakl, Rose Ausländer oder Ingeborg Bachmann bzw. visuell-typographische Texte wie Gedichte der ›Konkreten Poesie‹ von Eugen Gomringer, Ernst Jandl oder Gerhard Rühm. Diese Texte leben nicht vom und durch den Klang, sondern müssen erblickt, als Wortbild eingeprägt und (leise) gelesen werden.

5.3.1 Formen der früheren Hörerziehung mit Gedichten

Die heute sogenannten »neuen« kreativen Ansätze im Lyrikunterricht erweisen sich bei genauerem Betrachten meist als »alt«. Reformpädagogisches Gedankengut fand nicht nur zu Beginn des 20. Jahrhunderts Ein-

1 Vgl. Sleegers, In: Payrhuber 1993, 14f.

gang in den Lyrikunterricht, auch heute noch bedienen wir uns zahlreicher Errungenschaften aus dieser Zeit, die deswegen hier kurz skizziert werden sollen.

Wichtig und für den Umgang mit Gedichten von besonderem Interesse war die Kunsterziehungsbewegung. Einige ihrer Verfahren sind auch im nachfolgenden Hör-Curriculum zu finden.

Die Kunsterziehungsbewegung verschrieb sich der Erziehung durch Kunst zur Kunst. Ihre Mitglieder veranstalteten drei Kunsterziehungstage, die jeweils ein Thema als Schwerpunkt hatten. Für den Gedichtunterricht wohl am bedeutendsten war der zweite Kongreß 1903 in Weimar, der sich der Sprache und Literatur zuwandte (vgl. Christmann 1994, 53).

Ein nachvollziehbares Ergebnis des Kongresses war, daß neben Prosatexten erstmals Gedichte in Schullesebücher aufgenommen wurden.

Literatur, so die Pädagogen Heinrich Wolgast und Otto Ernst, böte für das menschliche Denken eine im höchsten Sinne philosophische Haltung und produktive Beweglichkeit (vgl. Christmann 1994, 63).

Die Bewegung verstand Dichtung als einheitliches, organisches Ganzes, das einen bedeutenden Inhalt mit einer charakteristischen Form verbindet. Dichtung sollte als Kunstwerk begreifbar und als ästhetisches, emotionales Erlebnis fühlbar gemacht werden. Ein solches Vorgehen schloß metrische Analysen mit unmusikalischem und unästhetischem Charakter aus (ebd. 64f.).

Dafür wurde der »Klangleib« des Gedichtes um so umfassender untersucht. Aspekte bzw. Stilmittel wie Tonlage, Töne in ihren Intervallgrößen, Tonfärbung, Tonschritte (vor allem am Anfang und am Ende), betonte und unbetonte Silben, Übergangsweisen der einzelnen Töne, Stabilität des Toncharakters innerhalb der Silben, Stimmführung im Sinne der Tonarten Dur/Moll waren Gegenstand dieser Analyse. Voraussetzung hierzu, obwohl das in der Arbeit von Beate Christmann nicht ausdrücklich erwähnt wird, ist eine umfassende Hörschulung, denn ohne diese ist eine so differenzierte »Klangleibanalyse« eines Gedichts kaum möglich. Weiter bedingt diese Betonung der Klanggestalt eines Gedichts, daß der Vortrag, das Rezitieren eines Gedichts in den Mittelpunkt rückt (ebd. 76f.). Für den Unterricht mit Gedichten hatte man in Anlehnung an Herbart vier Phasen vorgesehen, die durchaus noch heute Anwendung finden:

1. Einstimmung und Vorbereitung – eine vorbereitete Umgebung sollte zum Inhalt des Gedichts passen und die Kinder einstimmen,

2. Darbietung – das Gedicht sollte zunächst vom Lehrer, dann aber auch von Schülern vorgetragen werden; der Vortrag des Lehrers galt als Vorbild und Maßstab,
3. Vertiefung und Besinnung – Bilder und Gefühle, die das Gedicht hervorrief, sollten ›erhorcht‹ werden und eventuell zeichnerisch oder bildnerisch umgesetzt werden und
4. Einführung und Wertung – die Allgemeingültigkeit des Inhalt sollte erarbeitet und als praktischer Lebenszweck erkannt werden, was eine Wertung des Inhalts und eine Betrachtung des Autor-Werk-Verhältnisses mit einschloß (ebd. 79f.).

5.3.2 Gedichtsdidaktik der Gegenwart

Als Ergebnis dieses kurzen Einblicks in die Methoden und Modelle der Unterrichtsgestaltung in den 1920er und 30er Jahren kann festgehalten werden, daß die heutige Didaktik und vor allem die Methoden der Gedichtbehandlung im Unterricht stark vom reformpädagogischen Gedankengut beeinflußt sind. Sowohl Kreativität als auch Selbsttätigkeit (Arbeitsschulbewegung) und Freiarbeit (Jena-Plan-Schule, Freinet) sind heute wieder von großer Aktualität. Ebenso wird der Zugang, den Gedichte zu anderen Disziplinen eröffnen, hoch geschätzt und ein fächerübergreifender, integrativer Unterricht wieder zum Programm an vielen Schule gemacht.

Die aus den einzelnen Bewegungen stammenden Zugangsweisen zur Lyrik werden heute fast selbstverständlich miteinander kombiniert (Inszenieren von Gedichtinhalten, kreatives Schreiben, Interpretation, Urteilsbildung etc.).

Auffällig ist jedoch, daß heute dem Hören in der Deutsch- bzw. innerhalb der Gedichtsdidaktik weniger Bedeutung zukommt als dies beispielsweise in der Kunsterziehungsbewegung der Fall war. Eine ›regelrechte‹ Didaktik der Lyrik, so schon Kurt Franz (1979, 141) und Heinz-Jürgen Kliewer (1991) gibt es bis heute nicht.

In den 1950/60er Jahren war die Gedichtsbehandlung von der werkimmanenten Interpretation geprägt, die das dichterische Werk als eine Einheit von Gehalt und Gestalt in Erscheinung treten ließ (vgl. Spinner 1995, 1). Ziel des Umgangs mit Dichtung war es, den Kindern Augen, Ohren und Herz für ›Schönheit und Wahrheit‹ der Dichtung zu öffnen.[1] Dies

1 Vgl. Paul Nentwig (1962) zit. nach Spinner (1995).

kann als Hinführung zur ästhetischen Urteilsbildung verstanden werden. Der Zugang zur Lyrik wurde über das Hören und Sprechen der Texte geschaffen.

Neben Paul Nentwig beschäftigen sich in dieser Zeit noch viele weitere Deutschdidaktiker wie Alexander Beinlich, Robert Ulshöfer, Alfons Otto Schorb und Erika Essen mit Lyrik; sie stellen Lyrik hauptsächlich in den Dienst der Sprachlehre und Sprecherziehung. Unterrichtsmodelle mit gattungstheoretischen Fragen, die sich an der Kommunikationstheorie orientierten, wurden entwickelt und sollten bei den Schülern zu einer »poetischen Verstehenskompetenz« führen so z. B. das von Kliewer erarbeitete Curriculum zur Lyrik (vgl. Spinner 1995, 2).

In den 1970ern nehmen Instrumentalisierung und Operationalisierung der Lern- und Unterrichtsgegenstände, auch des Gedichts, zu. Je mehr dies geschieht, desto mehr rücken die poetologischen Kategorien in den Vordergrund, die operationalisierbar und vor allem nachprüfbar sind. Dazu werden Lernziele bestimmt und Lernzielkontrollen durchgeführt (vgl. Kliewer 1991, 12). Beschreibungskategorien greifen in der Kinderlyrik jedoch kaum oder nur schwer; außerdem erdrücken komplizierte Instrumentarien bei der Interpretation eines Textes die vergleichsweise einfach strukturierten Gedichte (ebd. 12).

Auch eine schülerorientiertere Ausrichtung des Unterrichts beginnt sich abzuzeichnen: Es wird als sinnvoll erachtet, die Texte zielgruppenorientiert, also dem Stand der Schüler/innen angemessen, zu beschreiben und zu untersuchen, wobei die drei W-Fragen der Didaktik (Klafki) eine entscheidende Rolle spielen, was bedeutet, die Fragen nach Warum, Was und Wie vorab bei der Unterrichtsplanung hinreichend zu beantworten.

Jedoch ist sinnvoller schülerorientierter Unterricht nur dann möglich, wenn folgende Aspekte, die Kliewer beschreibt, berücksichtigt werden. Didaktisch, so Kliewer, gebe es zwei Prinzipien: Das eine sei »fördern durch fordern«, das andere, die Kinder dort abzuholen, wo sie sind, d. h. den Kindern Verständnis und Erkenntnis ohne die Hilfe des Lehrers zu ermöglichen (ebd. 10).

Fordern und dadurch fördern ist nur möglich, wenn der Lehrer genau weiß, wo die Kinder sich befinden. Um zu fordern, muß der Unterrichtende sehr genau wissen, was an Forderung möglich ist; Förderung ist nur dann möglich, wenn die Kinder nicht über- bzw. unterfordert und damit entmutigt oder gelangweilt werden. Insofern beschreibt Kliewer nicht unbedingt unterschiedliche Prinzipien.

Die ›kritische‹ Deutschdidaktik (auch in den 1970ern) setzt allerdings noch weitere, am »Emanzipationsbegriff« orientierte Akzente, die sich im Unterricht in Fragen nach der gesellschaftlichen Funktion von Texten niederschlägt. Lyrik wird dabei meist in einem politischen Kontext betrachtet, selbst Grundschüler/innen werden über soziale Zusammenhänge belehrt.[1]

Zum Gedichtunterricht gehöre jedoch immer die Kunst der Vermittlung, die Kunst des Unterrichtens, d. h. aus der jeweiligen Eigenart eines Gedichtes müsse die ihm entsprechende Didaktik abgeleitet werden (vgl. Pielow 1985, 19ff.). Pielow plädiert für das »didaktische Transponieren von poetischen Texten«[2], wobei das Gedicht als Partitur anzusehen ist (ebd. 112). Der aus dem Italienischen entlehnte musikalische Fachausdruck Partitur, mit dem die Zusammenstellung aller Noten eines Tonstückes bezeichnet wird, wird laut Pielow von Benno Griebel im Rahmen einer gedichtdidaktischen Veröffentlichung benutzt. Griebel spricht darin über den »Partiturcharakter« eines poetischen Textes. Pielow führt diesen Begriff weiter aus. Er bezieht ihn in erster Linie auf das rezitierende, mimische und illustrierende Nachgestalten poetischer Texte und auf die faszinierenden Möglichkeiten, eine solche Partitur dreidimensional auszuführen, bezogen auf Wort, Farbe und Klang (vgl. Pielow 1985, 119).

Gehörtes ist in diesem Sinne auch als ›unsichtbare‹ Partitur zu verstehen, die zum schöpferischen Gestalten anregen kann. Erklingende Sprache läßt sich mit einem Musikstück vergleichen, dessen Klänge man wahrnimmt, ohne die Noten zu kennen. Mit einiger Übung können Musikhörer aus den Klängen die Noten, die Partitur, ableiten. Entsprechendes gilt für ein gehörtes Gedicht.

Viele der im folgenden Hörkonzept entwickelten ›Übungen‹ gehen von dieser Annahme aus: Wahrnehmung wird als Partitur betrachtet, die kreative Umsetzungen nach sich zieht. Wahrgenommenes läßt sich wie Noten, als Ausführung einer Partitur, lesen; manchmal sind die Noten nur teilweise zu verstehen. Mit zunehmender (auditiver) Sensibilisierung können die Noten leichter, vielleicht auch besser ›gelesen‹ und interpretiert werden; damit wäre ein Ziel des Hörkonzeptes erreicht.

Haas, Menzel und Spinner gehen davon aus, daß traditionelle Unterrichtsformen nicht allen Schülern gerecht werden können (1994, 17). Sie verstehen ihren handlungs- und produktionsorientierten Ansatz (entstan-

1 Vgl. Spinner 1995, 3; Gelberg 1972.

2 Vgl. Benno Griebel: Gekachelte Träume. Das Gedicht als Bildungsgut der Volksschule. München 1963, S. 22 u. 142 zit. nach Pielow 1985, 112.

den in den 1980 Jahren), der sowohl einen vielfältigen Umgang mit Texten als auch ein produktives Erzeugen neuer Texte vorsieht und somit für jede Schülerin/jeden Schüler ein Angebot bereithält, als eine mögliche Grundlage für weitere analytisch-intellektuelle Aktivitäten (ebd. 18). Literaturtheoretisch begründen sie dies mit rezeptionsästhetischen Argumenten (ebd. 18). Lesen sei keine einfache Informationsaufnahme, sondern der Sinn des Textes werde durch den beim Lesenden ablaufenden kognitiven Prozeß mitgeschaffen, wobei eigene Vorstellungen zum Text entstehen (ebd. 18). Diese bei jeder Rezeption sich ereignende Vorstellungsbildung kann nun nach Auffassung der Vertreter des handlungs- und produktionsorientierten Literaturunterrichts gestaltend zum Ausdruck gebracht werden. Das schon von Reformpädagogen aufgestellte Postulat der Selbsttätigkeit, so die Deutschdidaktiker, sei heute aktueller denn je, da einerseits die Konsumwelt eine allzu passive Grundhaltung begünstige, andererseits aber von den Unternehmen engagierte, einfallsreiche und kritische Arbeitnehmer gesucht werden (ebd. 19).

Ziel des Ansatzes sei es, Sensibilisierung mit Reflexion, Phantasie mit Gestaltungsfähigkeit und die Wahrnehmung des Fremden mit der Bewußtwerdung der eigenen Position zu verknüpfen (ebd. 19).

Heute sind Gedichte ein Hauptgegenstand der produktionsnahen Literaturdidaktik. Sie dienen den Schüler/innen als Medium der Welterschließung und Selbstfindung – nicht aber der Hörerziehung und dem Spracherwerb –, vorausgesetzt diese haben eine lyrische Lese- und Verstehenskompetenz während der verschiedenen Einheiten in den einzelnen Jahrgangsstufen gewonnen. Veröffentlichungen aus den 1980er und 90er Jahren weisen alle handlungs- und produktionsorientierte Verfahren auf, obwohl es gerade für die Sekundarstufe I und II noch einige, hauptsächlich analytisch ausgerichtete Publikationen wie die ›Zeitgenössische Lyrik in der Schule‹ (Jordan/Marquardt/Woesler 1984) oder ›Poesie im Unterricht‹ (Giehrl/Müller 1994) gibt. Andere Autoren geben nur kurze Analysen, dafür aber um so ausführlichere praktische Hinweise zum Gebrauch der Lyrik im Unterricht.[1]

Hör-Übungen bzw. Hör-Spiele kommen in der neueren Gedichtsdidaktik so gut wie nicht vor. Eine Ausnahme ist lediglich »Versteh mich nicht zu schnell« von Ute Andresen (1992), die zu einigen Gedichten Hör-Spiele vorschlägt: z. B. zu »Meeresstille« von Eichendorff Musik und Ge-

---

1 Vgl. z. B. Andresen 1992; Forytta/Hanke 1989; Haas 1997, Hotz/Krischker 1993; Payrhuber 1993; Reger 1990; Spinner 1995; Stocker 1993; Waldmann 1992.

sang zu erfinden, die Stürme und Wellen erregen und beruhigen können (S. 65); zu »Liedchen« von Ringelnatz erhalten die Kinder den Auftrag, das Gedicht oder einzelne Verse (auch in veränderter Reihenfolge) zu singen (S. 78); und »Im Winter zu singen« von Wilhelm Lehmann soll von den Kindern mit Instrumenten untermalt werden. Die Untermalung soll mit und ohne Text erklingen (S. 87).

Dagegen sind in den Lehr- und Rahmenplänen der Grundschule im Fach Deutsch zahlreiche Hinweise zur (Kinder-)Lyrik zu finden: Gedichte sind den Richtlinien ›Sprache‹ des Bundeslandes Nordrhein-Westfalen zufolge (1985, 26f.), nur als Textsorte unter vielen, an denen die Schüler lernen können, sich auf einen Text einzulassen, ihn zu untersuchen, zu werten und zu nutzen. In den Rahmenrichtlinien Niedersachsens (1984), wo es ein Kapitel »Hören und Zuhören« gibt, wird der Vortrag von auswendig gelernten Reimen und Gedichten verlangt (S. 6). Im Bereich »Lesen« sollen Texte gehört, gelesen, vorgetragen und nachgesprochen werden; als Unterrichtsgegenstände werden u. a. Zungenbrecher, Fingerspiele und kurze Spielverse vorgeschlagen. Daß poetische Texte gedeutet, miteinander verglichen und kreativ verändert werden sollen, wird erwähnt; wie das geschehen soll, bleibt allein der Lehrerin/dem Lehrer überlassen (S. 22).

Im sächsischen Lehrplan der Grundschule Deutsch (1992) steht, daß Lernen durch Handeln nach ganzheitlichem Prinzip erfolgen soll. Gedichte sollen als Ausdruck der Lebensfreude, der Liebe und der Schönheit der Natur angesehen werden (S. 5). Fragen nach dem Textaufbau und der Textgestaltung werden ebenso berücksichtigt, wie solche nach der ästhetischen Darstellungsform, so daß der Unterricht kognitiven, emotionalen und produktiven Anliegen gerecht werden kann (S. 18). Ein besonderes Gewicht auf das Hören von Gedichten legen die Rahmenplangestalter der Bundesländer Thüringen und Rheinland-Pfalz. In Thüringen wird eine regelrechte Hörschulung mit Kinderversen und Reimen vorgeschlagen, die in den ersten beiden Klassen zunächst rhythmisch gestaltet und später in Klasse 3 und 4 auf ihren klanglichen und lautmalerischen Charakter hin untersucht werden sollen (S. 9). Gedichtvorträge von Kindern und das Hören von Gedichten auf Tonträgern sowie Übungen zur Stimmbildung und Sprachgestaltung (vgl. S. 20; z. B. artikuliertes Vor- und Nachsprechen von Abzählversen) stehen dabei im Vordergrund. Im Lehrplan Deutsch des Bundeslandes Rheinland-Pfalz (1984) wird ein Lehrgang der Hör- und Sprecherziehung vorgeschlagen, in den auch Gedichte mit einbezogen sind (S. 30f.). Zunächst sieht der Lehrplan das Hören von Lauten und die Klärung von Begriffen wie Zeile, Vers, Reim, Strophe, Gedicht und Lied vor (S. 16; 20). Lyrische Formen werden, nach Schwierigkeitsgrad gestaffelt, in jeder Klassenstufe behandelt. In Klasse 1 und 2 gehören dazu Kinderreime, Scherzgedichte und Singspiele. In Klasse 3 sollen komplexere Formen wie Naturgedichte und Rollengedichte eingeführt werden. In der vierten Klassenstufe werden Formen der konkreten Poesie, Klanggedichte und unterschiedliche Liedformen vorgestellt (S. 26f.). Insgesamt sind die Rahmenpläne der neuen Bundesländer sowohl in bezug auf den Umgang mit Gedichten als auch auf den mit anderen Unterrichtsformen und Medien aufgeschlossener und ›moderner‹; vermutlich, weil sie neu entwickelt und neu verfaßt wurden.

5.4 Formen der Kinderlyrik

Um die Formen der Kinderlyrik bzw. den Begriff, wie ich ihn verwende, zu verdeutlichen, sollen die gängigsten Spielarten kurz dargestellt werden.

5.4.1 Kinderreim

Der Kinderreim wird nach Christian Freitag[1] als heterogener, für Kinder oder von Kindern produzierter bzw. übernommener, anonymer folkloristischer Typ der Kinderlyrik verstanden, der bei allen Völkern vorkommt und im Alltag der Kinder eine große Rolle spielt und z. B. in Form von Abzählreimen, Kindergebeten, Neckreimen und Zungenbrechern (Spracherwerb!) kommunikative und soziale Funktionen übernimmt.

Inhaltlich stammt auch einiges aus dem Versgut der Erwachsenen, ohne allerdings dessen feste Formen zu übernehmen. Kinderreime sind viel eher als sprachlich flexible und dynamische Gebilde zu verstehen, die eine autorisierte Form weder kennen noch akzeptieren (ebd. 201). Solche Sprachspiele wie »Auf einem Gummi-Gummi-Berg« (Enzensberger) oder »ottos mops« (Jandl)[2], die oft den Bereich der Nonsens-Gedichte berühren, sind gattungstypologisch kaum faßbar, machen aber einen großen Teil der Kinderreime aus (vgl. Franz 1979, 13).

Jedoch finden sich wiederkehrende Merkmale:

---

1 Vgl. Lexikon der Kinder- und Jugendliteratur hg v. Klaus Doderer. Weinheim u. Basel 1977, 201f.

2 »Ottos mops« war ursprünglich kein Kindergedicht. Das Gedicht ist aber inzwischen in zahlreichen kinderlyrischen Anthologien zu finden.

Kinderreime sind meist kurz, einstrophig und paarweise gereimt. Sie haben oft einen alternierenden monotonen Rhythmus und neigen zu formelhaften Versen wie z. B. die stereotypen Schlußwendungen beim Abzählreim »und du bist weg« oder »und du bist aus«.

Auffällig sind Ketten- und Schwelltechnik einerseits und Knappheit und Prägnanz andererseits. Charakteristisch ist u. a. die Dominanz des Spielerischen, die kindlichem Verständnis und Humor, der Freude an Klängen und der Lust an Wortschöpfungen und Sprachakrobatik entgegenkommt (vgl. Freitag 1977, 201).

Die Verse sind einfach und meist sprunghaft, auf ein Bild oder Motiv folgt das nächste (ebd. 201), ohne daß diese miteinander in Verbindung stehen müssen. Thematisch betreffen die Reime alles, was Kinder in ihrem Alltag bewegt, seien es Spiel oder Arbeit, Tier- oder Pflanzenwelt, historische oder aktuelle Ereignisse, Familiennamen oder sonstige Auffälligkeiten bei Menschen und ihren Berufen (Polizist, Schornsteinfeger).

Kinder nehmen in ihren Reimen auch kein Blatt vor den Mund und scheuen sich weder vor deftigen Ausdrücken noch vor sonstigen (sexuellen) Anzüglichkeiten, die meist von Erwachsenen tabuisiert werden und dadurch für Kinder besonders reizvoll erscheinen, wie z. B. die Sammlung »Über das Volksvermögen« von Peter Rühmkorf (erstmals 1967) beweist (ebd. 202).

5.4.2 Kinderlieder

Kinderlieder lassen sich, obwohl sie terminologisch eine nicht unbedeutende Rolle spielen, kaum von Kinderreimen unterscheiden. Sie sind in erster Linie singbare Sprachgebilde, also Reime oder Gedichte, die von vornherein zu singen sind, im Singsang bzw. im Sprechgesang vorgetragen oder überhaupt vertont werden können.

Ihr Gebrauch kann sehr unterschiedlich sein: sie beschreiben die Welt, erläutern Bilder, unterhalten, belehren, begleiten Tanz- und Reihenspiele (vgl. Lorbe 1984, 340), die man auch als Spiellieder bezeichnet. Wenn Kinder ihrem Spieltrieb bzw. Spielbedürfnis nachkommen, benutzen sie häufig solche Texte als feste Bestandteile ihrer Spiele (Fischer, wie tief ist das Wasser? Wer hat Angst vorm Schwarzen Mann? Es tanzt ein Bi-Ba-Butzemann; Ringele, Ringele Reihe etc.).

Aufbau und Form der Lieder gleichen sich. Meist sind sie einstrophig und paarweise gereimt, das Metrum ist alternierend, drei- oder viertaktig, das Prinzip der Wiederholung kehrt immer wieder, sowohl bei Wortwahl und Satzbau als auch in den Kehrreimen und bei den Kettenbildungen. Alliterationen und Gleichklänge halten die unterschiedlichsten Dinge zusammen (vgl. Motté 1989, 15). Der Reiz dieser Lieder liegt in den ständig aktualisierten Fassungen der Texte, die je nach alters-, zeit- und lokalbedingter Situation der Kinder variieren. Solche Improvisationen, die vielfach Ungereimtheiten und Gedankensprüngen beinhalten, die jeglicher Logik entbehren, bleiben aber durch Rhythmus, Reim, Klang- und Sinnassoziationen miteinander verbunden (vgl. Lorbe 1984, 343).

Durch diesen Prozeß des ›Zersingens‹ werden einerseits die vermutlich aus Kunstballaden entstandenen Lieder und Inhalte vollkommen verändert, andererseits kommen die die Sprache beeinflussenden Kräfte wie Rhythmus und Lautmalerei deutlicher zum Vorschein (ebd. 343). Anlehnungen an diese in Liedern, vorkommenden Kinderreime sind in zahlreichen Sammlungen zu finden. Selbst zeitbezogene Aktualisierungen machen sich die ›traditionellen‹ Formen zu nutze, und neue Fernsehsendungen oder veränderte Lebensgewohnheiten finden Eingang in altbekannte Verse. Denn auch Erwachsene haben inzwischen begriffen, daß Kinder mit sicherem Instinkt wissen, was sich singen, tanzen, spielen und auszählen läßt (vgl. Gelberg 1972, 122).

5.4.3 Kindergedicht

Vom Kinderreim zum Kindergedicht sind die Übergänge fließend. Jedoch ist eine erkennbare Steigerung im Schwierigkeitsgrad in bezug auf Umfang (Zeilen- und Strophenzahl), Form (kompliziertere Versmaße und Reimschemata), Sprache (Wortschatz, Syntax) und Inhalt (Thematik, Problemstellung, Symbolgehalt) festzustellen (vgl. Franz 1979, 11f.).

»Das Kindergedicht als Kunstwerk darf mehr Anmut, Sinnlichkeit und Überzeugungskraft verlangen«, formulierte bereits Krüss im Nachwort zu seiner Anthologie »So viele Tage wie das Jahr hat« (1959, 283).

Die Beurteilungskriterien, die sowohl inhaltlich als auch formal ein gutes Kindergedicht ausmachen, sind sehr unterschiedlich. So reicht es Krüss bereits, wenn ein Gedicht für Kinder eine einfache Fabel oder einen einfachen Sachverhalt auf unmittelbare Weise darstellt (vgl. Krüss 1959, 383). Kindergedichte sollten, so Krüss, naiv sein, im Sinne eines natürlichen, kindgemäßen Sprachgebrauchs und einer leicht zu erfassenden Struktur, und gute Kindergedichte gefielen sogar Erwachsenen (ebd. 383f.). Andere Autoren dagegen fordern Gedichte, deren Aufgabe es sein soll, eine neue

Gesellschaftsordnung aufzubauen; Texte, die das Moralisieren und Idealisieren aufgeben und die Probleme des Kindes einfangen.[1]

Da, wie gezeigt, die in der Kinderlyrik gebrauchten Begriffe kaum gegeneinander abzugrenzen sind, verwende ich den Begriff Kinderlyrik als Bezeichnung für sämtliche oben beschriebene Formen, so wie es auch Ruth Lorbe getan hat (1984, 339). Ich bevorzuge also ähnlich wie Theodor Karst (vgl. Rank 1994, 74) die *offene* Bezeichnung, meine mit ›Lyrik für Kinder‹ oder mit ›Gedichten für Kinder‹ nicht nur die von Erwachsenen für Kinder verfaßten Gedichte, sondern auch die von Kindern für Kinder geschriebenen bzw. mündlich überlieferten Texte, um die es in dieser Arbeit auch geht, und die von Erwachsenen für Erwachsene veröffentlichten Texte, die inzwischen Eingang in die Kinderlyrik gefunden haben oder mit denen Kinder umgehen können.

Gedichte für Kinder sollten einige der oben von Magda Motté genannten Merkmale aufweisen, also die Kinder mit Klang, Reimen, Rhythmus oder Inhalt in irgendeiner Form ansprechen, was von außen immer relativ schwer zu beurteilen sein wird, da die Aufnahme und Verarbeitung von Kind zu Kind unterschiedlich ist und die intrinsischen Prozesse kaum nachvollziehbar sind. Zu den Kriterien der kindgerechten bzw. im kreativen Umgang einsetzbaren und besonders geeigneten Gedichten komme ich weiter unten ausführlicher.

Für viele Kindergedichte gilt, daß deren Formen überschaubar gegliedert sind und ein einfaches Metrum, Endreime, Wiederholungen, Kehrreime und offensichtliche Kontraste bevorzugt werden.

Selten, so Motté (1989, 19), werde vom literarisch allgemeinen oder umgangssprachlichen Sprachgebrauch abgewichen, und der Grundtenor bleibe meist optimistisch. Der Abstraktionsgrad sei im allgemeinen recht niedrig; allerdings kann diese Aussage anhand einiger Gedichte widerlegt werden. Der Umfang der für Kinder geschriebenen Lyrik beweist, daß diese ein eigenes Genre innerhalb der Kinder- und Jugendliteratur ausmacht. In den Gedichten werden Kinder mit ihrem Alltag, ihrer Lebenswelt, ihren Bedürfnissen, ihren Kenntnissen und Fähigkeiten berücksichtigt und als Rezipienten in Stil, Form, Intention und Symbolgehalt ernstgenommen (ebd. 19).

Stets sollten mehrere dieser oben genannten Charakteristika in einem Gedicht zusammenzutreffen, die zeigen, daß kindliche Rezipienten mit den Texten angesprochen werden. Letztlich sollte man nicht vergessen,

---

1 Vgl. Heinz-Jürgen Kliewer, 188 (s. Anm. 1, S. 219) (Stichwort: Kindergedicht).

daß an den Kindergedichten, die heute verfaßt werden, abzulesen ist, wie wir zu unseren Kindern stehen (vgl. Gelberg 1972, 132), und daß die Inhalte als Spiegel der Zeit bzw. der Kindheit zu sehen sind.

5.5 Kriterien zur Auswahl von Hörgedichten für den Deutschunterricht

Zunächst soll bei der Textauswahl der Entwicklungsstand der Kinder und deren Sprachvermögen berücksichtigt werden, die Texte sollen auf die Lebenswirklichkeit der Kinder bezogen sein und möglichst aus deren Fest- und Jahreskreis stammen – auch wenn verschiedene Kulturen in einer Klasse zusammentreffen, damit durch diese Polarisierung eine Auseinandersetzung mit dem eigenen und dem Alltag der anderen stattfinden kann. Die durch den Text hervorgerufenen Stimmungen und dargestellten Situationen sollen dem Kind bekannt sein. Sie können Problematisches aussparen, müssen es aber nicht: Streit, Zwietracht, Krankheit, Tod und ökologische Katastrophen gehören genauso zum Alltag der Kinder wie Freundschaften, Spiele und weitere angenehme Begebenheiten.

Ebenso bewegen sich Wortschatz und Bauplan des Gedichts im Rahmen vertrauter Wendungen, meistens haben wir es mit konkreten Beispielen zu tun wie Baum, Vogel, Hund, Katze, Maus und Haus sowie mit konkreten Strukturen (z. B. Reimschemata aus bekannten Kinderliedern).

Gibt es nicht-alltagssprachliche Wortverwendungen, so lassen sich dahinter dennoch bekannte vertraute Muster, Tonfolgen bzw. Silben ausmachen (z. B. »rinks und lechst« in »lichtung« oder »eis zweig dreist« in »reihe« von Ernst Jandl), die alltagssprachliche Redewendungen verfremden und damit in Frage stellen. Wörter und Reime können dabei manchmal vollkommen unverständlich sein; dies dürfte den Kindern, die oft eigene Phantasiesprachen erfinden, aber vertraut sein, solange ihnen das (Sprach-)Material, einzelne Buchstaben und Silben, bekannt ist. Vielen kommen diese Verballhornungen oder falschen Schreibweisen gerade recht, es rückt die eigenen schulischen Leistungen in ein anderes Licht, wenn selbst ein Ernst Jandl alles klein bzw. falsch schreibt und rechts mit links verwechselt wie die Kinder.

Die Gedichte dürfen nicht zu lang und umfangreich sein; sie müssen ›handlich‹ bleiben, um gedreht und gewendet werden zu können. Das Auffassungsvermögen der Kinder darf nicht übermäßig hinaus strapaziert werden. Die Texte sollen möglichst ›neue‹ Erfahrungen vermitteln. Dazu können sie an Altes, Bekanntes anknüpfen, es in Frage stellen, es von einer anderen Seite, einer neuen, ungewohnten Perspektive aus betrachten. Die Gedichte sollen die Phantasie der Kinder anregen und das kreative Arbeiten fördern. Sprachspiele, Kinderlieder und Gedichte, deren Lektüre und Vortrag mit Körper- bzw. Instrumentaleinsatz verbunden werden kann, sollen die Freude der Kinder am Spiel aufgreifen bzw. wecken und in den ersten beiden Jahren der Primarstufe häufig eingesetzt werden. Im Vordergrund soll dabei die erlebnishafte Aneignung der Sprache stehen. Aufmerksames Zu-hören, genaues oft silbenbetonendes Nachsprechen, das Ausprobieren der eigenen Sprachwerkzeuge, das Schulen des Ausdruckes, der Intonation und später das (Text-)Verstehen werden gefordert und somit gefördert.

Erst in einem weiteren Schritt, ungefähr ab dem dritten Schuljahr können die »Gebrauchsverse« benannt und besprochen werden. Außerdem können das inhaltliche Erfassen der Texte, das Erkennen und Bilden von Reimen etc. als Unterrichtsgegenstände in den Mittelpunkt rücken.

Hörgedichte sollten außerdem folgende Merkmale aufweisen: Paarige Reime (aabb) oder Kreuzreime (abab) – egal ob als Binnen- oder Endreime oder als Kehrreim am Ende oder Anfang einer Strophe –, Alliterationen, Wiederholungen (auch als Anapher), gängige Verstakte (ein alternierendes Metrum, drei- oder viertaktig), Ketten oder Reihungen und lautmalerische Elemente (Adjektive, Verben oder Substantive, deren Klang das Gemeinte ertönen läßt).

5.5.1 Sprachspiele und Unsinnsgedichte

Sprachspiele und Unsinnsgedichte sollen Spaß machen; in ihnen wird die Welt manchmal auf den Kopf gestellt: *»Wenn die Möpse Schnäpse trinken, wenn vorm Spiegel Igel stehn [...], wenn die Ochsen boxen gehn [...]«* (James Krüss).[1] Ganz bewußt ist alles nicht so, wie es sein soll-, vielleicht als Aufruf zum Widerspruch, um die Dinge wieder richtigzustellen oder sie noch weiter ad absurdum zu führen. Die Struktur ist, auch für Kinder nach der Lektüre des Textes, leicht zu durchschauen. Es handelt sich um eine Wenn-Dann-Konstruktion, die erst am Ende erkennbar ist. Zunächst werden alle möglichen bzw. unmöglichen Tätigkeiten und Begebenheiten von und mit Tieren erfunden, die über Binnenreime *wie »Möpse – Schnäpse«, »Ochsen – boxen«*, die nicht immer rein, aber reizvoll sind, zusammengehalten werden. Am Ende steht die Folgerung: *»dann entsteht*

1 Zit. nach Kliewer (Hg.)1989, 172f.

zwar ein Gedicht, aber sinnvoll ist es nicht!«. Der Unsinn wird entlarvt, die Leser in die Wirklichkeit zurückgeholt, das phantastische Spiel ist aus. Bleiben wird die Erkenntnis, daß Wenn-Dann-Konstruktionen verschiedene Möglichkeiten beinhalten und die Lust am Erfinden solchen Unsinns.

Etwas anders verfährt zum Beispiel Jandl in seinem Gedicht (1991, 19) »lichtung«:

manche meinen
lechts und rinks
kann man nicht
velwechsern.
werch ein illtum!

Unabhängig von der Autorintention lese ich diesen Text als Kindergedicht, in dem Jandl bewußt etwas aufgreift, das Kindern Probleme macht, die Unterscheidung von Links und Rechts, und es mit Kinderzitaten thematisiert. Er nimmt einerseits, nämlich durch die Verwendung von »rinks« und »lechts« die Rolle des Kindes ein, andererseits schlüpft er in die Rolle des Erwachsenen, der sich empört und sagt, das kann man doch nicht verwechseln. Adressiert ist das Gedicht, das intentional ein politisches ist, an Kinder, die Probleme mit der Seitenbenennung haben, aber eine gewisse Sprachkompetenz, wie die Kenntnisse aller Buchstaben und der Wörter ›rechts‹ und ›links‹ besitzen, und nun sehen, daß ein Dichter, ein Erwachsener, die Seiten ebenfalls verwechselt. Jandl stellt sich auf eine Stufe mit den Kindern. Er zeigt, daß er Probleme mit der Benennung der Seiten hat; jedenfalls bei einer naiven Lesart des Gedichts. Andererseits macht er die, die über solche Verwechslungen erhaben sind, darauf aufmerksam, daß es nicht selbstverständlich ist, die Seiten richtig benennen zu können. Jandl nimmt also beide Rollen ein, die des Kindes, das den Unterschied zwischen links und rechts noch ›lernen‹ muß, und die des Erwachsenen, der von seinem Sprach- und Erkenntnisstand ausgeht und längst vergessen hat, wie schwierig solche Lernprozesse für ein Kind sein können.

Anders ist es mit dem »Getuschel« von Jürgen Spohn (1996, 27):

Die da/ ist mit/ der da da/ und/ der da/ ist mit/ dem da da/ und/ da ist/ das da/ damit da/ und/ die da/ war mit/ dem da da/ als da/ die da/ den da sah.

Die Situation zum Gedicht muß hier erfunden werden: eine Feier, eine Versammlung, ein Ereignis, hat stattgefunden oder findet statt. Nun wird von mindestens Zweien darüber »getuschelt«, wer mit wem dagewesen ist und wer wen gesehen hat. Zwei Verben, die Verknüpfungen ›und‹/›als‹, Pronomen, Präpositionen und Partikel halten das Gefüge zusammen, das, wenn man es langsam genug spricht, wirklich Sinn macht, obwohl es auf den ersten Blick nicht so scheint und beim ›Herunterleiern‹ auch nicht so klingt.

Beim Hören durch die wiederkehrende Alliteration mit ›d‹, schwirrt der Kopf; der Tuschelton ›dddd‹ bleibt im Ohr. Der Reiz liegt in der Anforderung, das Gedicht so zu lesen und es sprachlich so zu erschließen, daß die, die es hören, Vermutungen darüber anstellen können, wer mit wem da war. Auf einer zweiten, hintergründigeren Ebene bietet das Gedicht einen Anlaß, sich über den Sinn und ›Unsinn‹ von »Getuschel« (Gerede und Sticheleien) zu unterhalten z. B. in der Schulklasse.

Christian Morgensterns »Das große Lalula«[1] gehört zu einer weiteren Kategorie von Unsinnsgedichten. Der Text der ersten Strophe:

Kroklokwafzi? Semememi!
Seiokrontro – prafriplo:
Bifzi, bafzi; hulalemi;
quasti basti bo ...
Lalu lalu lalu lalu la!

macht keinen Sinn; vielmehr ist der Ansammlung von Wörtern und Buchstaben keine Bedeutung zu entnehmen.

Der Text scheint einer Kinder-Geheimsprache zu entstammen. Formal lassen sich jedoch einige Regelmäßigkeiten erkennen. Die drei Strophen bestehen jeweils aus fünf Versen. Der fünfte Vers jeder Strophe ist der gleiche *Lalu lalu lalu lalu la!* und kann als Refrain angesehen werden. Die restlichen vier Verse sind durch gekreuzte Endreime miteinander verbunden:

Semememi-hulalemi; prafriplo-bo; miromente-leiolente; rü-lü,
malzipempu-Lempu; silzuzankunkrei-sei.

Diese wenigen markanten Merkmale, die Wortanklänge und Reime, sind auch für Kinder zu erkennen, die mit dieser »Fremdsprache« vermutlich weniger Probleme haben als Erwachsene. Sie sehen in Morgensterns Gedicht eventuell die legitimierte Verwendung einer Geheimsprache. Deshalb eignet sich dies Gedicht hervorragend zum analogen Nachgestalten, wenn man zuvor die Struktur der Partitur erfaßt hat.

1 Vgl. Morgenstern/Bauer 1996, 30f.

5.5.2 Abzählreime

Mit Abzählreimen werden Personen bestimmt, die in einem Spiel suchen oder fangen müssen. Wenn man oft genug den gleichen Vers benutzt, weiß man bereits beim Start, wer ausgezählt wird. Trotzdem sind die Verse oft in Gebrauch und werden in jeder Kindergeneration »modernisiert«. Fernsehsendungen für Kinder wie die ›Rappelkiste‹ (in den 1970er Jahren) oder andere werden in das Reimschema integriert:

Ene mene miste, es rappelt in der Kiste, ene mene meck, und du bist weg.

Es gibt Abzählreime, wie diesen, die mit Binnen- und Endreimen, mit Unsinnswörtern und max. vier Kurzzeilen arbeiten. Andere erzählen ganze Unsinnsgeschichten:

Auf einem Gummi-Gummi-Berg, da wohnt ein Gummi-Gummi-Zwerg, [...] hat ein Gummi-Gummi-Loch, und du bist es doch!, und bestehen aus vokalbetonten Reihungen. Wieder andere binden das Zählen mit ein, d. h. die Kinder benutzen im Reimsingsang Zahlen, die mit Reimen in die Melodie eingebunden sind:

Eins zwei drei vier fünf sechs sieben, eine alte Frau kocht Rüben, eine alte Frau kocht Speck, und du bist weg! Der Inhalt ist eher unerheblich, wer kennt und ißt heute noch Rüben? Daran stören sich Kinder aber nicht; die Reime erfüllen ihre Funktion, auch wenn sie kaum mehr Sinn machen.

Die Form der tradierten Abzählreime wird bisweilen in neue Kindergedichte übernommen:

Suvlakis, Kuskus,/ Mettwurst, Kren./Abwechslung/ macht das Leben schön./ Sauerkraut und Mackaronen,/ Pizza, Schaschlik,/ Speck und Bohnen,/ Tschiwaptschitschi/ und Apfelkuchen:/ Du mußt suchen.

(Hans Manz)[1]

Die Anlehnung an den Abzählreim ist deutlich, die Form ist bekannt, der traditionelle Anwendungsbereich, das Auszählen, ist möglich. Dennoch ist der Inhalt zunächst befremdend. Manz stellt Eß- und Kochgewohnheiten verschiedener Kulturen vor. Die Kinder werden nicht alle Wörter verstehen und vielleicht nach deren Bedeutungen fragen: z. B. was ist Kuskus (Couscous)? Darüber soll sich ein Gespräch zwischen den Kindern über verschiedene Kulturen entwickeln; so jedenfalls beschreibt Manz den »Hintersinn« seines Gedichtes (vgl. Manz 1991, 348).

1 Vgl. Manz 1991, 304.

Die Verbindung einer alten, eingängigen Reimform mit unbekannten Dingen aus der Welt der Kinder zeigt, wie schwierig es letztlich ist, Kinder- bzw. Hörgedichte in bestimmte Kategorien einzuteilen. Meist greifen mehrere Funktionen und Formen ineinander über. Als Lernziel wird der Unterrichtende sicherlich nicht nur das Erkennen von Silben, Metren oder Reimen im einzelnen, sondern immer eine ganze Reihe weiterer Aspekte bedenken müssen. Inhaltliche Schwerpunkte können und sollen dabei gesetzt werden.

5.5.3 Kennenlernen von Dingen und Phänomenen

In vielen Kindergedichten werden alltägliche Tätigkeiten und Gebrauchsgegenstände (z. B. »Mark & Pfennig« von Jürgen Spohn), Tiere und Dinge aus der Natur (wie »Die Tulpe« von Josef Guggenmos), die Welt, die die Kinder umgibt (»Kommt ein Tag in die Stadt« von Hans Adolf Halbey) und Naturphänomene beschrieben.

Ein solches Gedicht, das ein Naturphänomen besonders eindrücklich beschreibt, ist »Das Feuer« von James Krüss[1], in dem zahlreiche Verben zur Beschreibung des Feuers aufgelistet werden. Jeder, der schon einmal an einem Feuer saß, wird ein Zischen von einem Knistern und Knacken und ein Züngeln von einem Flackern unterscheiden können bzw. wollen. Der Text bietet sich geradezu an, leibsinnliche Erfahrungen anzustoßen und auszulösen. Die Rezipienten hören, sehen und spüren förmlich beim Aufnehmen (beim Lesen oder Hören) des Gedichts das Feuer. Mit den einzelnen Zeilen brennt ein Feuer vor den Augen und Ohren der Kinder ab.

Vor oder nach dem Hören des Gedichts sollte ein kleines Feuer entzündet werden, um den Kindern einen ›frischen‹ Höreindruck zu verschaffen, der für das Verständnis bzw. den Vergleich des Gedichtes mit dem ›realen‹ Feuer von Vorteil ist.

Der Text ist beim Entzünden der Flammen mit einem crescendo, am Ende, wenn das Feuer verlöscht, z. B. mit einem decrescendo der Stimme zu lesen.

1 Zit. nach Kliewer (Hg.) 1989, 169f.

Das Feuer

Hörst du, wie die Flammen flüstern,
Knicken, knacken, krachen, knistern,
Wie das Feuer rauscht und saust,
Brodelt, brutzelt, brennt und braust?

Siehst du, wie die Flammen lecken,
Züngeln und die Zunge blecken,
Wie das Feuer tanzt und zuckt,
Trockne Hölzer schlingt und schluckt?

Riechst du, wie die Flammen rauchen,
Brenzlig, brutzlig, brandig schmauchen,
Wie das Feuer rot und schwarz,
Duftet, schmeckt nach Pech und Harz?

Fühlst du, wie die Flammen schwärmen,
Glut aushauchen, wohlig wärmen,
wie das Feuer, flackrig – wild,
dich in warme Wellen hüllt?

Hörst du, wie es leiser knackt?
Siehst du, wie es matter flackt?
Riechst du, wie der Rauch verzieht?
Fühlst du, wie die Wärme flieht?

Kleiner wird der Feuersbraus:
Ein letztes Knistern,
Ein feines Flüstern,
Ein schwaches Züngeln,
Ein dünnes Ringeln –
Aus.

In den sechs Strophen werden vier Sinne nacheinander angesprochen: das Hören, Sehen, Riechen, Fühlen. Die jeweils erste Zeile lenkt mit einer Frage die Aufmerksamkeit »Hörst du, wie ...?«; sie fordert dazu auf, genau hinzuhören, hinzusehen etc. In den nächsten Versen der ersten vier Strophen wird das Feuer genauer beschrieben, personifizierte Flammen knicken, knacken und züngeln. Gleichzeitig beschreibt Krüss onomatopoetisch das, was imaginativ zu hören bzw. wahrzunehmen ist: er löst akustisch (1. Strophe) weitere Sinneswahrnehmungen aus, die im Verlauf des Gedichts einzeln anklingen.

In der fünften Strophe werden die Sinne wieder »zusammengeführt«, mit Fragen wird das Ausgehen des Feuers eingeleitet. In der Schlußstrophe ist bereits nichts mehr zu riechen, nur noch ein klein wenig zu hören, zu sehen und zu fühlen, das Versmaß wandelt sich von der Vier- zur Zweihebigkeit, das Feuer ist verloschen.

Krüss verwendet ›Kinderfragen‹ bzw. Ausrufe, Parallelismen, Anaphern (hörst du, siehst du ...), ein eingängiges Metrum (viertaktige, teils katalektische, Trochäen), Endreime (aa, bb, cc ..., die meist rein, aber auch unrein sind, den Gleichklang der Vokale betreffend: knistern/flüstern), Reihungen und onomatopoetische Elemente, und erfüllt somit die Anforderungen, die ich an ein Hörgedicht stelle.

5.5.4 Welt der Wörter – Sprachnuancen

Viele, der oben genannten Kriterien, treffen auf diese ›Welt-der-Wörter‹-Gedichte ebenfalls zu: das Spiel mit Reimen, mit onomatopoetischen Elementen. Dennoch kommt es bei den folgenden Versen auf die kritische Auseinandersetzung mit Sprache an sich an. Zum Beispiel die Erweiterung des Verbvorrats, wenn andere Präfixe verwendet werden bzw. die Verwendung unterschiedlicher Partikel in Verbindung mit einem Verb:

Denken

Denke/ denke weiter/ denke um./ Bedenke/ überdenke/ durchdenke warum.
Denk viel/ denk mehr/ denk immer daran,
daß man dem,/ der nicht nachdenkt,/ vordenken kann. (Hans Manz)[1]

Manz arbeitet mit Gleichklängen, mit Endreimen am Strophenende der ersten (*um/warum)* und der letzen beiden Strophen (*daran/kann*), mit Wortwiederholungen und mit Imperativen, die zum Nachdenken, zum Denken übers Denken, auffordern. Man kann das Gedicht zu moralisch finden; die pädagogisch-emanzipatorische Absicht ist nur allzu deutlich; aber es wird Kindern Spaß machen, den genauen Wortbedeutungen nachzuspüren, die Unterschiede zwischen nach-, über- und durchdenken herauszubekommen, um sie an geeigneten Stellen richtig einzusetzen. So lernen sie Sprachnuancen kennen und mit ihnen umzugehen – eine der wichtigsten Aufgaben des Spracherwerbs. Auch das folgende Gedicht macht Kinder damit vertraut, daß bestimmte Wörter in unterschiedlichen Zusammenhängen unterschiedliche Bedeutungen haben können und daß ein Wort mit unterschiedlichen Betonungen auch Unterschiedliches meint:

Kommen und Gehen

Komm geh! Na, geh schon und komm [...] Jetzt geh mir nicht auf die Nerven und komm! (Hans Manz)[2]

Zur ›Welt der Wörter‹ zähle ich auch Dialektgedichte, die in der Schule kaum Konjunktur haben. ›Dialektgedichte‹ sollten den im Schulgebiet gesprochenen Dialekt wiedergeben oder ganz bewußt unterschiedliche Sprachverwendungen im deutschen Sprachraum thematisieren (Schweiz, Österreich). In Berlin böte sich dafür z. B.: *Ick kieke, staune, wundre mir (Ick sitze hier und esse Klops, uff eenmal kloppt's ...)* an, und zu Christine Nöstlingers *Mei radl* in Wiener Mundart gibt es bereits eine ›hochdeutsche‹ Übersetzung. Der Unterschied zwischen Schriftsprache und gesprochener Sprache wird dabei besonders deutlich, vor allem die Tatsache, daß wir nicht immer so schreiben, wie wir sprechen, und umgekehrt, was für

1 Vgl. Manz 1991, 14.
2 Vgl. Manz 1991, 17.

Kinder am Beginn des Schriftspracherwerbs noch nicht selbstverständlich ist.

5.5.5 Gedichte über das Hören

Leider wird das Hören als Sinneswahrnehmung in nur wenigen Gedichten thematisiert. Frederik Vahle widmet ein Kapitel seines Buches *Der Himmel fiel aus allen Wolken* (1994) den Sinnen: »Pauke, Posaune und Edeltraut. Vom Hören, Sehen, Riechen und Fühlen« (S. 82ff.).

Vahle verwendet in seiner »Ballade vom Ton« (ebd. 82f.) wiederum viele der oben genannten Attribute eines Hörgedichts: Endreime, Anaphern und Wortwiederholungen. Dazu kommen Wortfiguren, die man als emphatisch bezeichnen könnte, die nachdrücklich auf das Lauschen, das Erspüren eines Tones hinweisen.

Ballade vom Ton

Noch ist der Ton
ganz leise und klein,
doch er will in die Welt,
will hörbar sein.
Er
macht sich aus seiner Stille los,
erklingt und ertönt,
schwillt an und wird groß.-
Du kannst einen Ton
weder riechen noch sehn.
Du kannst ihn er-hören
und ein wenig verstehn.
Ist er leis' oder laut,
ist er schräg oder schrill?
Ist er sanft oder hart,
klingt er so, wie er will?
Verschwindet er – plopp –
wie der Frosch im Teich?
Ist die Stille danach
bei jedem Ton gleich?
Vibriert er im Herzen
und manchmal im Bauch
oder oben im Kopf,
in den Schultern auch?
Sind Ton und Stille
wie schwarz und weiß,
wie Licht und Schatten,
wie laut und leis'?
Aus der Stille heraus
kommt jeder Ton
und klingt wieder
in die Stille davon.
Vielleicht wird im Ton
die Stille zum Laut. –
Vielleicht ist die Stille
nicht leicht und nicht schwer,
aus verklungenen Tönen
ein ruhiges Meer.
Und du hörst es sanft rauschen,
bist ruhig und still.
Doch ein neuer Ton wartet
spürst du, ob er will?
Die Stimmbänder schweigen,
du öffnest den Mund,
denkst an den Ton aus der Stille und
hast eingeatmet,
und alles ist klar,
so ertönt jetzt am Ende
von diesem Gedicht
ein schönes herzwarm getragenes ...
A

Er benutzt verbundene und unverbundene Wortstellungen, reiht Ton an Ton bzw. die Stille dazwischen; er verwendet Parallelismen und stellt zahlreiche rhetorische Fragen, die den Rezipienten indirekt auffordern, hellhörig zu werden, um die ihm gestellten Fragen beantworten zu können. Wer weiß schon auf Anhieb, ob ein Ton im Kopf oder Bauch vibriert und ob er in den Schultern zu spüren ist? Das gelingt nur, wenn der Leser Vahles »Anleitung zum Hören und Sprechen« ernst nimmt, wenn er sich mit ›Haut und Haaren‹ auf Töne und Klänge einläßt. Zur Beschreibung der Töne zieht Vahle ›unglaubliche‹ Bilder und Vergleiche heran; er arbeitet kontrastiv (laut/leise) oder läßt Synästhesien anklingen (»Sind Ton und Stille wie schwarz und weiß, wie Licht und Schatten ...«). Der Ton bewegt sich in Kreisen, in immer weiterem Erhören und Nachdenken langsam auf den Körper zu, bis dieser voller Hör-Erfahrung, selbst einen Ton erzeugen kann, einen dunklen, warmen Laut, der einfach ›stimmen‹ muß, nach all dem zuvor Gehörten!

Schlußbemerkungen

Ziele und Aufgaben der Hörschulung

Die Kritik am wachsenden Lärm unserer Umgebung, an den ›unheilstiftenden‹, die Sinne einseitig fordernden Medien[1] bedarf einer kritischen Reflexion. Lärm und Kommunikationsmedien wirken auf den Prozeß unserer Sinneswahrnehmung und unserer Sozialisation; und die daraus resultierenden Erfahrungen beeinflussen wiederum die Entwicklung von Medien und Klängen. Die Kenntnis um diese Interdependenzen ist wichtig, um im Alltag bewußt damit umzugehen und um sie in schulische Abläufe einbinden zu können. Doch dieses Wissen erschließt sich nicht per se; es muß erarbeitet werden.

Das Zusammenspiel all unserer Sinne ermöglicht uns einen aktiven Zugang zur Welt. Eine Hierarchisierung der Sinne ist nicht angebracht, denn die Sinne arbeiten integrativ. Allerdings kann von einer tatsächlichen Gleichwertigkeit bzw. -berechtigung der Sinne keine Rede sein, denn sonst würden wir dem Hören weitaus mehr Bedeutung beimessen, als wir es in unserer visuell dominierten Welt tun (vgl. Schill 1998, 19). Es soll nun nicht darum gehen, einen Primat des Hörens zu postulieren, sondern lediglich darum, das Gleichgewicht der Sinne (wieder-)herzustellen. Dies soll durch eine Hörschulung geschehen, die ihr Ohrenmerk auf das zu erreichende Ziel eines »adaptiven Hörens« legt und sich bewußt den auditiven Angeboten unserer Umwelt, aber auch denen des Körpers zuwendet. »Adaptives Hören« kann jedoch erst beginnen, wenn wir auf uns selbst hören, unserem Hörurteil trauen, ohne ›hörig‹ zu sein, uns wach und offen, »zweckmäßig« und »angemessen« (Jacoby) dem Hören hingeben.

Im *Hörkonzept* wird berücksichtigt, daß Kommunikation zentral akustisch organisiert ist. Es gibt Situationen, die nicht sichtbar sind und nur hörend verstanden werden können. Klänge rufen Bilder und Assoziationen hervor, die uns sonst nicht zugänglich sind. Das Hören ermöglicht uns, ein Gefühl für »Tempo, Rhythmus und Kontraste« (Jutta Wermke) zu entwickeln und Erkenntnisse über Raum und Zeit zu gewinnen.

Das Sensibilisieren des Hörens ist nicht nur nach außen, auf das Vernehmen akustischer Signale, sondern auch – im Sinne des Stillseins und -werdens – nach innen gerichtet. Die Fertigkeiten des Hinhörens und Zuhörens sollen die Kinder zur aktiven, reflektierten Teilnahme an Gesprächen

---

1 Z. B. durch Titel wie »Wir amüsieren uns zu Tode« und »Das Verschwinden der Kindheit« (Postman).

und Diskussionen befähigen. Eine ausgeprägte Hörkompetenz ist letztlich Voraussetzung für eine entsprechende Medienkompetenz, die sich wiederum auf die Gestaltung der Medien und unserer Lautsphäre auswirken kann und zu einer »Kultivierung der Hörsphäre« (Wolfgang Welsch) führt.

Abgrenzung und Einordnung des Hörkonzepts

In meinem Konzept sollen sich Erkenntnisse in erster Linie aus dem Erfahren-Haben und -Können ableiten lassen. Selbstverständlich ist zu beachten, daß nicht alles Wissen aus unmittelbaren Erfahrungen besteht; manches muß mühsam erlernt werden, wie das Schreiben oder der richtige Gebrauch von Verbformen.

Jedoch gehe ich davon aus, daß für viele Schüler/innen der Weg von der ›emotionalen‹ zur ›kognitiven‹ Intelligenz führt, denn beide Formen der geistigen Entwicklung sind nicht voneinander zu trennen (vgl. Haas 1997, 16). Wechselwirkungen und Beeinflussungen in beide Richtungen sind möglich und erwünscht, und manchmal kann das selbständige Erarbeiten eines Teilziels für den Schüler wichtiger sein, als das angestrebte Endresultat zu erreichen.

Für die Einordnung meines *Hörkonzeptes* in einen größeren deutschdidaktischen Zusammenhang sind verschiedene Ansätze denkbar. So könnte das Modell in drei mögliche Bereiche des Deutschunterrichts, die gängig, aber unscharf sind, integriert werden: 1. in den Bereich »Mündliche und schriftliche Kommunikation« in Form von Interaktionen und konkrete Erfahrungen, die im ersten Baustein der »Körperwahrnehmung« intendiert sind; 2. in den Bereich »Umgang mit Texten« in Form einer differenzierten Auseinandersetzung und des Anwendens produktiver Verfahren bezüglich des Hörens, wie er in meinem zweiten Baustein »Hörgänge« zu finden ist; 3. in den Bereich »Reflexion über Sprache«, die mit den im dritten Baustein »Aktiver Deutschunterricht« umzusetzenden produktiven Verfahren stattfindet. Klar zu trennen sind die drei Bereiche nicht voneinander, denn im allgemeinen enthalten die Gegenstände des Deutschunterrichts Aspekte aus den unterschiedlichsten Bereichen, und im Unterrichtsvollzug tauchen auch sprachbezogene Probleme nicht unbedingt isoliert auf (vgl. Fritzsche 1994, 72).

Sinnvoller als diese Analogie zu den Lernbereichen, ist diejenige zu der von Groeben (1982) beschriebenen Entwicklung des »Adaptiven Lesens«. Die von ihm vorgeschlagenen Formen des Lesens lassen sich ohne weiteres auf das Hören übertragen. Daraus resultieren folgende »Hörkategorien«: die basale Hörfähigkeit, die Hörfertigkeit und die Hörkompetenz. Diese Hörkategorien werden in den unterschiedlichen Bausteinen (s. Kap. 4) angesprochen; sie sind innerhalb der Gesamtkonzeption bzw. in den einzelnen Bausteinen erkenntlich.

Im Baustein ›Körperwahrnehmung‹ wird die basale Hörfähigkeit entfaltet, im Baustein ›Hörgänge‹ werden Hörfertigkeiten – wie das Zuhören – geschult, und im Baustein ›Aktiver Deutschunterricht‹ wird an der Hörkompetenz – z. B. dem Textverständnis durch Hören – gearbeitet. Auf der Grundlage der basalen Hörfähigkeit kann das Hören somit immer sensibler und differenzierter werden und als Basis weiterer Kompetenzen dienen, wie denen des Sprechens, Erzählens, Schreibens und Lesens.

Die Festlegung einzelner Module auf eben diese Kategorien ist jedoch nicht immer klar. Die Übergänge innerhalb der Module sind fließend; ebenso überschneiden sich die einzelnen Hörstufen in den Übungen eines Bausteins. Die Funktionen und Formen des Hörens anhand dieses Modells zu charakterisieren, kann nur als Richtlinie und Orientierungshilfe verstanden werden. Das Anwenden der Hörkategorien kann den Lehrenden z. B. die Unterrichtsplanung erleichtern; einzelne Lernziele können klarer zugeordnet und formuliert werden. So könnten kognitive Lernziele für den Schriftspracherwerb lauten: das Benennen von Geräuschen als Verbesserung der Hörfähigkeit, das Unterscheiden einzelner Konsonantengeräusche als Erwerb einer bestimmten Hörfertigkeit und das »aktive Zuhören« (Gordon) als zu erreichende Hörkompetenz.

Zusätzlich ist zu bedenken, daß die von den Kindern erbrachten Hörleistungen nur nach deren individuellem Entwicklungsstand und Leistungsvermögen eingeordnet werden können. Das Diskriminieren von Lauten kann für den einen bereits eine Hörfertigkeit, für den anderen lediglich eine Hörfähigkeit sein.

Einordnung des ›aktiven Deutschunterricht‹

Der »aktive Deutschunterricht« entspricht der Idee eines verbundenen Deutschunterrichts (vgl. Fritzsche 1994, 74), der nicht aus einer Fülle von Einzelaufgaben besteht und in eine Vielzahl von Unterrichtseinheiten zerfällt. Dazu wird im Hörkonzept die Förderung sprachlicher, interaktiver, ästhetischer intermedialer und kognitiver Kompetenzen mit Bräuers »generativen Prinzipien« verfolgt. Von Fall zu Fall wird die Arbeit an *einem* ›deutschspezifischen‹ Problem, z. B. einer Satzstellung, einer Rechtschreibregel etc. nötig sein; sie kann aber den obigen Prinzipien gemäß und gewinnbringend für möglichst viele durchgeführt werden.

Der von mir intendierte Unterricht wäre überfrachtet, würde er allen in den Lehrplänen genannten Forderungen (der Wertevermittlung, der interkulturellen Erziehung etc.) explizit nachgehen. Soweit es möglich war, wurden Verknüpfungsmöglichkeiten zu anderen Fächern bedacht und Bezüge – z. B. zu sozialen Lernzielen – hergestellt. Allerdings ist die Vermittlung vieler dieser Qualifikationen nicht allein Aufgabe des Deutschunterrichts, sondern sollte auch in anderen Bereichen stattfinden (ebd. 74). Der ›aktive Deutschunterricht‹ sollte m. E. fächerübergreifend sein; die Einschränkung des ›expliziten‹ Stundenkontingents Deutsch im Rahmen des aktiven Deutschunterrichts zugunsten fächerübergreifender Strukturen birgt in sich das Risiko der Vernachlässigung deutschdidaktischer Inhalte. Allerdings spricht der Zugewinn durch die Entwicklung und Ausbildung fächerübergreifender Kompetenzen, innerhalb derer die Beherrschung der Schriftsprache erst Sinn macht (ebd. 75), für einen musisch-ästhetischen, die Fächer verbindender Ansatz.

Zu allgemeinen Formen und Aufgaben des Deutschunterrichts

Bestehende Formen des Deutschunterrichts, die ich bei Lehrerumfragen ermittelt habe, sind Ausgangspunkt für die hier angestellten Überlegungen. In diesen Befragungen entstand für mich der Eindruck, daß die integrative Bedeutung des Deutschunterrichts insgesamt zu wenig berücksichtigt wird, obwohl Lehrpläne und Rahmenrichtlinien den Stoff für den Deutschunterricht weniger eindeutig vorgeben – und den Deutschlehrer/innen z. T. mehr Möglichkeiten offen stehen, ihren Unterricht zu gestalten-, als z. B. für naturwissenschaftliche Fächer (vgl. Fritzsche 1994, 74).

Die Inhalte des Deutschunterrichts sind z. B. durch den Schriftspracherwerb repräsentativ bzw. exemplarisch. Die dort vermittelten »Muster«, und die erworbenen Strukturen können auch in anderen Fächern (Sachkunde, Musik, Kunst) gewinnbringend genutzt werden. Im Deutschunterricht werden somit Voraussetzungen elementarer Art geschaffen. Aufgabe der Lehrer/innen in der Grundschule ist es, grundlegende Fähigkeiten und Fertigkeiten im Deutschen zu vermitteln, denn Sprache ist das Medium, über das sämtliche Prozesse des Verstehens und der Verständigung stattfinden (ebd. 16). Die Vermittlung der Kulturtechniken Lesen und Schreiben und die Teilgebiete Mündlicher und Schriftlicher Sprachgebrauch fallen in die Zuständigkeit des Deutschunterrichts.

Allerdings soll die Vermittlung dieser Inhalte nicht Lustlosigkeit und Abneigung gegen Sprache und Lektüre bewirken. Die Dominanz des Kognitiven, die Vorrangstellung von Wissen und Erkenntnis, ein oft lehrerzentrierter Unterricht und die Bevorzugung leistungsstarker Schüler/innen tragen nicht wenig dazu bei, daß genau dieser Fall eintritt (vgl. Haas 1997, 7). Die Vernachlässigung der sinnlichen Seite von Sprache und Literatur, vor allem aber die nicht in Frage gestellte Priorität der literarischen Objekte statt der rezipierenden Subjekte zeigt früher oder später ihre Auswirkungen (ebd. 7). Dagegen anzugehen, ist Anliegen des Hörkonzeptes, das den Sinn einer Hörerziehung betont, die als Basis der vier Schlüsselqualifikationen des Deutschunterrichts, des Sprechens, Lesens, Schreibens und Erzählens, gelten kann. Das Hören als solches soll dabei aufgewertet werden, nicht seine Dienstfunktion für die Sprache mittels Aufnehmen und Verstehen akustischer Signale, deren lautlichen Elementen wenig Bedeutung beigemessen wird (vgl. Welsch 1996, 250f.). Ungleichgewichte, wie die Dominanz des Visuellen über das Auditive, sind oft nur dadurch zu beheben, daß eine Seite, hier die des Hörens und Empfangens im Gegensatz zur visuellen und sendenden, bevorzugt und ›scheinbar‹ überbewertet werden (ebd. 252). Die relativ einseitige Fokussierung des Konzepts auf das Hören ist dabei als Ergänzung zu anderen Konzepten zu verstehen, in denen das Hören beachtet, aber lediglich zu einem bestimmten Zweck instrumentalisiert wird. Zu diesen, das Hören instrumentalisierenden Zielen des Deutschunterrichts gehören die Spracherziehung, die Kommunikationsfähigkeit und die Medienkompetenz. Sie wurden im Diskurs der Deutschdidaktik zu unterschiedlichen Zeiten betont, jedoch – und das ist auffällig – immer nur als einzelne Disziplin für sich genommen betrachtet: Robert Ulshöfer richtet sein Konzept z. B. in erster Linie auf die Sprecherziehung aus, Norbert Feinäugle plädiert dafür, die Rezipienten mehr zu berücksichtigen, um die Kommunikationsfähigkeit zu verbessern, Rainer M. Stoffel verfolgt sowohl sprecherzieherische als auch kommunikationspyschologische Ziele, und Jutta Wermke empfiehlt die stärkere Beachtung des Hörens, um ein gewisses Maß an Medienkompetenz zu erlangen (s. auch Kap. 2). In meinem *Hörkonzept* wird der Versuch unternommen, Ansätze der Sprach-, Kommunikations- und Medienkompetenz aufzugreifen und sie, mit ästhetischen Aspekten verbunden, zu integrieren.

Musisch-ästhetischer Deutschunterricht?

Die Frage nach einer musisch-ästhetischen Erziehung im Deutschunterricht kann verwundern, denn im allgemeinen wird mit dieser fachlichen Ausrichtung eher eine künstlerische Ausbildung verbunden. In einigen wenigen Bundesländern, an insgesamt drei Hochschulen[1], gibt es das Modell einer Verknüpfung beider Fachrichtungen. Deutschlehrer/innen studieren z. B. in Berlin ihr Fach, Germanistik, und zwei Lernbereiche für die Grundschule. Als einer der Lernbereiche ist MÄERZ[2] wählbar, der nur an der Hochschule der Künste (HdK, Berlin) zu belegen ist. An der HdK werden, meist im Gegensatz zu den Universitäten, an denen das Fach studiert wird, fächerübergreifend musisch-ästhetische Inhalte vermittelt, während sich die fachdidaktische Ausbildung fast ausschließlich auf fachspezifische Lehr- und Lerninhalte der Sekundarstufe I und II bezieht. Zur gängigen Ausbildung gehören kaum körperorientierte bzw. MÄERZ-orientierte Ansätze, die unbedingt miteinander kombiniert werden sollten und einzufordern wären. Über eine Veränderung der Lehramtstudiengänge wäre, basierend auf den hier vorgeschlagenen Bausteinen, an anderer Stelle nachzudenken.

Allerdings ist die Entwicklung neuer Konzepte für die Schule bzw. den Unterricht nur eine Seite der Medaille. Die andere Seite ist die Anpassung der universitären Ausbildung von Grundschulpädagoginnen/-pädagogen an die Forderungen eines musisch-ästhetischen Unterrichts.

Es scheint ein eher aussichtsloses Unterfangen, durch Fort- und Weiterbildungen für Lehrer/innen Veränderungen in der Schule erzielen zu wollen, zumal diese Veranstaltungen freiwillig und nicht verpflichtend sind. Vielmehr ist über grundsätzliche Veränderungen der Lehramtstudiengänge nachzudenken, zu denen bereits einige Veröffentlichungen erschienen sind.[3] Unbestritten sind einige dieser Ansätze wichtig, wie z. B. der einer integrierten Medienerziehung. Dennoch plädiere ich hier auch für eine gründliche musisch-ästhetische Ausbildung der Studierenden, denn fundierte Grundlagen musisch-ästhetischer Zusammenhänge sind eine ideale Basis, auf der sich später z. B. die Medienkompetenz entwickeln kann. Ohne ein differenziertes, kritisches Hören können Hörspiele nicht analy-

1 Dazu gehören die Hochschulen in Berlin, Bremen und Ludwigsburg (vgl. Mattenklott 1998, 26).

2 MÄERZ = musisch-ästhetische Erziehung, in Anlehnung an die Definition und Verwendung bei Mattenklott (1998, 1ff.).

3 Z. B. »Medien im Lehramtsstudiengang« (Wermke 1997, 181ff.).

siert und beurteilt werden; Sinnenkompetenz ist Voraussetzung der Medienkompetenz (vgl. Karst 1998, 4)! Aber sehr spezielle, die Lehrerausbildung betreffende Curricula sind letztlich eine zu einseitige Maßnahme, als daß auf diese Weise grundlegenden Problemen in der Kompetenz der Lehrenden und später der Schüler/innen entgegengewirkt werden könnte. Mein *Hörkonzept* könnte ohne weiteres auch in unterschiedliche Bereiche der Lehrerausbildung aufgenommen werden und von den angehenden Lehrern und Lehrerinnen an zukünftige Schülergenerationen weitergegeben werden.

Literaturverzeichnis

Sekundärliteratur

Abel-Struth, Sigrid/Ulrich Groeben: Musikalische Hörfähigkeiten des Kindes. Frankfurter Hörversuche mit 5-7 jährigen Kindern und Literaturbericht. Mainz, London u. a. 1979.

Abel-Struth, Sigrid: Ansätze einer Didaktik des Musikhörens, In: Hörerziehung. Hg. v. Bernhard Dopheide. Darmstadt 1977, S. 319-345.

Abel-Struth, Sigrid: Kinderlied. In: Klaus Doderer (Hg.): Lexikon der Kinder- und Jugendliteratur. Weinheim, Basel 1977, S. 193-197.

Ackermann, Max M.: Hör-Spiel-Schule. Notizen zu einer vernachlässigten Didaktik des Hörspiels. In: medien und erziehung 3/1995, S. 173-178.

Adam, Lothar/Klaus-Peter Busse: Lyrik im heutigen Deutschunterricht. In: Braun, Peter/Dieter Krallmann: Handbuch Deutschunterricht (Bd. 2). Literaturdidaktik. Düsseldorf 1983, S. 357-374.

Affolter, Gerd (Hg.): Bewegung und Therapie interdisziplinär betrachtet. Dortmund 1988.

Aissen-Crewett, Meike: Musisch-Ästhetische Erziehung in der Grundschule. 1. Folge. In: Grundschule 7-8/1987.

Aissen-Crewett, Meike: Sinnliches Wahrnehmen. Musisch-Ästhetische Erziehung in der Grundschule 16. Folge. In: Grundschule 11/1987.

Amrhein, Franz.: Musik mit der Stimme. In: Grundschule 9/1993, S. 17f.

Andresen, Helga: Schriftspracherwerb und die Entstehung von Sprachbewußtheit. Opladen 1985.

Andresen, Helga: Was Menschen hören können, was sie lernen können, zu »hören« und was sie glauben, zu hören. In: Osnabrücker Beiträge zur Sprachtheorie, Nov. 1983.

Andresen, Ute: Versteh mich nicht so schnell. Gedichte mit Kindern lesen. Weinheim, Berlin 1995 (3. Aufl.).

Asmuth, Bernhard: Aspekte der Lyrik. Opladen 1981 (6. Aufl.).

Aurelius **Augustinus** (übertragen v. Wilhelm Thimme): Bekenntnisse. München 1982.

Austermühl, Elke: Lyrik in der Sekundarstufe I. Hannover 1982.

Ayres, A. Jean: Bausteine der kindlichen Entwicklung. Die Bedeutung der Integration der Sinne für die Entwicklung des Kindes. Berlin, Heidelberg, New York u. a. 1992 (2. Aufl.).

Balster, Klaus: Bewegungserfahrung. Kinder mit mangelnden Bewegungserfahrungen: Was können wir für 3-10 jährige tun? In: Sport Praxis 6/1995, S. 12-14.

Bannmüller, Eva: Neuorientierung der Bewegungserziehung in der Grundschule. Stuttgart 1979.

Barthes, Roland: Zuhören. In: Das Buch vom Hören. Hg. v. Kuhn/Kreutz. S. 55-72.

Bäßler, Anna-Luise: »... hörst du nicht die Glocken?«. Musik und Bildung 2/1994, S. 16-19.

Bastian, Hans Günther: Stille-Räume im (Musik-)Unterricht. Chance zu Selbsterfahrung und Konfliktabbau. In: Musik und Bildung 6/1994, S. 51-57.

Bechdolf, Ute: Ganz Ohr – Ganz Körper: Zuhörkultur in Bewegung. Radiomanuskript zu »Ganz Ohr. Symposium über das Zuhören.« Kassel 27.9.1997.

Beck, Hartmut: Raum und Bewegung: Untersuchungen zu Richtungskonstruktion und vorgestellter Bewegung in der Sprache Wolframs von Eschenbach. Erlangen, Jena 1994.

Beck, Johannes/Heide Wellershoff: SinnesWandel. Die Sinne und die Dinge im Unterricht. Frankfurt/M. 1989.

Beisbart, Ortwin/Dieter Mahrenbach: Einführung in die Didaktik der deutschen Sprache. Donauwörth 1981 (3. Aufl.).

Berendt, Joachim-Ernst: Das Dritte Ohr: Vom Hören der Welt. Reinbek 1995.

Berendt, Joachim-Ernst: Hör mal! In: Psychologie heute. Dezember 1993, S. 64-67.

Berendt, Joachim-Ernst: Ich höre – also bin ich. Hör-Übungen – Hör-Gedanken. München 1993.

Berendt, Joachim-Ernst: Nada Brahma. Die Welt ist Klang. Reinbek 1994.

Berg, Hans Christoph: Suchlinien. Studien zur Lehrkunst und Schulvielfalt. Neuwied 1993.

Bergmann, Hannelore/Angelika Thieme-Eitel: Entspannung im Klassenzimmer. Berliner Institut f. Lehrerfort- und -weiterbildung (BIL). Berlin 1995.

Berthold, Siegwart (Hg.): Gedichte sprechen und interpretieren. Konzepte und Beispiele für den Deutschunterricht ab 5. Schuljahr. Bonn-Bad Godesberg 1985.

Bielefeld, Jürgen: Bewegungserziehung in der Grundschule. In: Grundschule 3/1988 (Thema: Bewegungserziehung), S. 9-11.

Binder, Alwin/Heinrich Richartz: Lyrikanalyse. Anleitung und Demonstration an Gedichten von Benjamin Schmolck, Frank Wedekind und Günter Eich. Frankfurt/Main 1984.

Blauert, Jens: Räumliches Hören. Stuttgart 1974.

Bodensohn, Anneliese: Im Spielraum der Lyrik. Kinderreim und Kindergedicht als lyrische Vorformen. Frankfurt/M. 1965.

Boenninghaus, Hans-Georg: Hals-Nasen-Ohrenheilkunde für Medizinstudenten. Berlin, Heidelberg, New York u. a. 1990 (8. Aufl.).

Bollnow, Otto Friedrich: Vom Geist des Übens. Eine Rückbesinnung auf elementare didaktische Erfahrungen. Oberwil bei Zug 1987 (2. Aufl.).

Bonacker, Ilka: Manchmal wird es ganz still ... In: Grundschule 1/1997, S. 15f.

Bormann, Alexander v.: Ordnung aus lauter Unordnungen. (Kinder) Lyrik. Interpretation und Didaxe. In: JuLit, Informationen des Arbeitskreises für Jugendliteratur e.V. 2/1993 München, S. 11-20.

Born, Monika: Sprachspiele – Sprache als Spiegel. In: Gärtner, Hans: lieber lesen. 5. Almanach der Kinder- und Jugendliteratur, München und Salzburg 1988, S. 146-149.

Bosch, Bernhard: Grundlagen des Erstleseunterrichts. Eine didaktische Untersuchung. Ratingen 1965 (erstmals 1937).

Bosch, Elke: Auditiv-sprechmotorisches Funktionstraining im Erstleseunterricht. Baltmannsweiler 1983.

Böseke, Harry: Feuer-Erde-Wasser-Luft. Mit Kindern die Elemente entdecken. Reinbek 1996.

Brand, Ingelid/Erwin Breitenbach/Vera Meisel: Integrationsstörungen. Diagnose und Therapie im Erstunterricht. Würzburg 1988 (4. Aufl.).

Brandstätter, Ursula: Hören mit den Augen – Sehen mit den Ohren. Ein fächerübergreifendes Vermittlungsmodell im Museum moderner Kunst in Wien. In: Musik und Unterricht 33/1995, S. 40f.

Brecht, Bertolt: Über Lyrik. Schriften Bd. 5. Berlin 1981 (3. Aufl.), S. 215-242.

Breitsameter, Sabine: Hörreisen – Hörerfahrung; Klangbilder. In: KlangWege. Hg. v. Faust Isabelle et al. Kassel 1995.

Brooks, Charles V.W.: Erleben durch die Sinne. Sensory Awareness. München 1991. (orig. 1974).

Brügelmann, Hans (Hg.): ABC und Schriftsprache: Rätsel für Kinder, Lehrer und Forscher. Konstanz 1986.

Brügelmann, Hans/Heiko Balhorn (Hg.): Das Gehirn, sein Alfabet und andere Geschichten. Konstanz 1990.

Brüggebors, Gela: Körperspiele für die Seele. Reinbek 1995.

Brüggebors, Gela: So spricht mein Kind richtig. Reinbek 1994.

Bruner, Jerome S.: Der Prozeß der Erziehung. Berlin 1973 (3. Aufl.).

Bruner, Jerome S.: Wie das Kind sprechen lernt. Bern 1987.

Brunner, Reinhard: Hörst du die Stille? Meditative Übungen für Kinder. München 1998 (Sonderausgabe, ursprgl. 1991).

Brunner, Reinhard: Über den rechten Rhythmus von Spannung und Entspannung. In: Motorik, Jg. 17/1994, H. 4, S. 106-111.

Buchner, Christina: Stillsein ist lernbar: Konzentration-Meditation-Disziplin in der Schule. Freiburg 1995 (2. Aufl.).

Büchter-Römer, Ute: Fremder Klang als Grund fürs Zuhören. In: Neue Musikzeitung 41/1992, H. 2, S. 37.

Büttner, Rolf-Peter: Musik mit allen Sinnen erleben. Werkstatthefte. H. 37. Pädagogisches Landesinstitut Brandenburg 1996.

Buytendyk, Frederik J. J.: Allgemeine Theorie der menschlichen Haltung und Bewegung. Berlin, Heidelberg, Göttingen 1956.

Bydlinski, Georg: Metterschlinge und Gespinster. In: Jugendliteratur 3/1995, S. 3-8.

Christmann, Beate: Das Gedankengut der reformpädagogischen Bewegung im Gedichtunterricht der Grundschule. Frankfurt/M. 1994.

Claussen, Claus/Valentin Merkelbach: Erzählwerkstatt. Mündliches Erzählen. Braunschweig 1997.

Cohn, Ruth C.: Von der Psychoanalyse zur themenzentrierten Interaktion. Stuttgart 1981 (5. Aufl.).

Conrady, Karl Otto: Von Schwierigkeiten, über Gedichte zu reden. In: Lyrik – Blick über die Grenzen. Gedichte und Aufsätze des 2. Lyrikertreffens in Münster hg. v. Lothar Jordan/A. Marquardt/W. Woesler. Frankfurt/M. 1984.

Dannhauer, Gabi: Bewegungserziehung und Gesundheit. Spielvorschläge zur Körperwahrnehmung, Kreativitätsförderung und Entspannung. In: Praxis Grundschule 3/1993, S. 4-10.

Denk, Rudolf: Erziehung zum Umgang mit Medien. Freiburg, Basel, Wien 1977.

Deutsch, Diana: Die Wahrnehmung auditiver Muster. In: Prinz, Wolfgang/ Bridgman, Bruce (Hg.) Wahrnehmung. Enzyklopädie der Psychologie. Göttingen, Bern, Toronto, Seattle 1994, S. 339-389.

Deutsch, Diana: Paradoxien der Tonhöhenwahrnehmung. In: Spektrum der Wissenschaften 10/1992, S. 82-88.

dies: Hörspiele für Kinder. Informationen zu einem wenig beachteten Medium. In: Praxis Grundschule 4/1993, S. 11-13.

dies: Hör-Spiele. Anregungen zum produktiven Umgang mit dem Kassettenrekorder. In: Praxis Grundschule 4/1993, S. 14-19.

Devi, Indra: Durch Yoga jugendfrisch. Stuttgart, Wien 1956.

Dietrich, Cornelie/Mollenhauer, Klaus: Untersuchungen zum Musikverstehen bei 9-12 jährigen Kindern. Göttingen 1992.

Dietrich, Cornelie/Klaus Mollenhauer: Gibt es Ausdrucksspuren in kindlichen Improvisationen? In: Musik und Unterricht. In: 34/1995, S. 13-17.

Dietze, Lena/Volker Bernius: RadioPraxis. Erfahrungsberichte und Beispiele aus Hessen. Ein Handbuch zur Radioarbeit in Schulen und Jugendredaktionen. Zentralstelle Medien, Daten und Information Frankfurt/M. 1998.

Diller, Gottfried: Hörgerichtetheit geht vor Antlitzgerichtetheit. In: Sonderschule 5/1990, S. 265-273.

Distler-Brendel, Gisela: Befähigung zum musikalischen Hören als zentrales Lernziel des Musikunterrichts. Versuch einer Systematik der Hörerziehung. In: Dopheide, Bernhard, 225-240.

Doderer, Klaus: Kinderlyrik. In: ders.: Lexikon der Kinder- und Jugendliteratur. Weinheim, Basel 1977, S. 197-198.

Domin, Hilde (Hg.): Doppelinterpretationen. Das zeitgenössische deutsche Gedicht zwischen Autor und Leser. Frankfurt/M. 1993.

Domin, Hilde: Das Gedicht als Augenblick der Freiheit. Frankfurter Poetik-Vorlesungen. Frankfurt/M. 1993.

Domin, Hilde: Wozu Lyrik heute. Dichtung und Leser in der gesteuerten Gesellschaft. Frankfurt/M. 1993.

Dopheide, Bernhard (Hg.): Hörerziehung. Darmstadt 1977.

Dornette, Wolfgang: Funktionale Grundlagen und Teilleistungsstörungen in ihrer Auswirkung auf die Sprachentwicklung des Kindes. In: Frostig/Müller, S. 99-125.

Drach, Erich: Sprecherziehung. Die Pflege des gesprochenen Wortes in der Schule. Oberursel 1949 (11. Aufl.)

Dropsy, Jacques: Lebe in deinem Körper. Kreativität und menschliche Beziehungen durch »expression corporelle«. München 1982.

Druecker, Karl: Vom Nachahmen zum schöpferischen Gestalten. München 1974.

Eggert, Dietrich/Ernst J. Kiphard: Die Bedeutung der Motorik für die Entwicklung normaler und behinderter Kinder. Schorndorf 1976 (3. Aufl.).

Eggert, Hartmut/Christine Garbe: Literarische Sozialisation. Stuttgart und Weimar 1995.

Ehrenforth, Karl Heinrich: Pathologische Befunde am »Dritten Ohr«. Drei Stellungnahmen zum Buch von Joachim-Ernst Berendt. In: Musik und Bildung 2/1993, S. 29-34.

Ehrenfried, Lily: Atmen, Bewegen, Erkennen. Berlin 1986.

Engel, Eva: Hörerziehung mit Hörspielen. In: Grundschule 7-8/1993, S. 9-11.

Essen, Erika: Methodik des Deutschunterrichts, Heidelberg 1972.

Essen, Erika: Praxis der Differenzierung im Deutschunterricht (5. und 6. Schuljahr). Heidelberg 1973.

Eucker, Johannes: Die Methoden ästhetischer Erziehung. In: Kunst + Unterricht, Sonderheft 1982, S. 108-117.

Evangelische Akademie Baden (Hg.): Der Verlust der Stille. Ansätze zu einer akustischen Ökologie. Karlsruhe 1995.

Ewers, Hans-Heino, Maria Lypp, Ulrich Nassen (Hg.): Kinderliteratur in der Moderne. Weinheim und München 1990.

Ewers, Hans-Heino: Kinderlyrik im bürgerlichen Zeitalter. In: JuLit, Informationen 2/1993, S. 32-46.

Faller, Adolf: Der Körper des Menschen. Einführung in Bau und Funktion. Stuttgart, New York 1984 (10. Aufl.).

Faust, Isabelle/Detlev Ipsen et al.: KlangWege. Schriftenreihe der Gesamthochschule Kassel, Bd. 21. Kassel 1995.

Faust-Siehl, Gabriele/Eva-Maria Bauer/Werner Baur u. Uta Wallaschek: Mit Kindern Stille entdecken. Bausteine zur Veränderung der Schule. Frankfurt 1990.

Feinäugle, Norbert: Aufgaben und Möglichkeiten einer Hörerziehung im Deutschunterricht. In: Westermanns pädagogische Beiträge 12/1973, S. 657-664.

Feldenkrais, Moshé: Bewußtheit durch Bewegung. Der aufrechte Gang. Frankfurt/M. 1988 (orig. hebr. Tel Aviv 1967).

Feneis, Heinz: Anatomisches Bilderwörterbuch der internationalen Nomenklatur. Stuttgart, New York 1982 (5. Aufl.).

Flehmig, Inge: Normale Entwicklung des Säuglings und ihre Abweichungen. Stuttgart, New York 1987 (3. Aufl.).

Fleischer, Konrad: Hals-Nasen-Ohren-Heilkunde für Krankenpflegeberufe. Stuttgart, New York 1988.

Flemming, Irene: Wahrnehmungsspiele für Grundschulkinder. Mainz 1995.

Forytta, Klaus/Eva Hanke (Hg.): Lyrik für Kinder – gestalten und aneignen. Frankfurt/M. 1989.

Franz, Kurt/Bernhard Meier: Was Kinder alles lesen. Kinder- und Jugendliteratur im Unterricht. München 1978.

Franz, Kurt: Kinderlyrik. Struktur, Rezeption, Didaktik. München 1979.

Freese, Hans-Ludwig: Kinder sind Philosophen. Weinheim und Berlin 1989.

Freitag, Christian: Kinderreim. In: Klaus Doderer (Hg.): Lexikon der Kinder- und Jugendliteratur. Weinheim, Basel 1977, S. 201-202.

Frey, Karl: Theorien des Curriculums. Weinheim, Berlin, Basel 1971.

Frisius, Rudolf/Klüh, Günter/Maichel, Klaus/Schwan, Alexander: »Wie die Musik-Zeit vergeht.« Musiktheoretische und analytische Anregungen für den Unterricht – Unterrichtserfahrungen und Unterrichtsvorschläge. In: Musik und Unterricht 14/1992, S. 20-23.

Fritsch, Ursula: Ästhetische Erziehung: Der Körper als Ausdrucksorgan. In: Sportpädagogik 5/1989, S. 11-16.

Fritze, Christa: Die Förderung der auditiven Wahrnehmung bei schulschwachen Schülern im Primarbereich. Theoretische und experimentelle Untersuchung. Regensburg 1979.

Fritzsche, Joachim: Zur Methodik und Didaktik des Deutschunterrichts. Bd. 1: Grundlagen. Stuttgart 1994.

Fritzsching, Hubertus: Wir machen Montagegedichte. Einführung in das moderne Gedicht. Praxis in der Sekundarstufe I. Gesamtschul-Werkstatt. Pädagogisches Institut Nürnberg 1983.

Froleyks, Stephan: Hörenmachen: ein Lese- und Arbeitsbuch zum Hören. Köln 1996.

Frostig, Marianne: Bewegen, Wachsen, Lernen. Hannover 1982.

dies: Bewegungserziehung. Neue Wege der Heilpädagogik. München und Basel 1980 (orig. 1970 by Follett Educational Corporation).

dies: Grundlagen der Bewegungserziehung. In: Praxis Psychomotorik 2/1980, S. 45-55.

Frostig, Marianne/Helmuth Müller (Hg.): Teilleistungsstörungen. Ihre Erkennung und Behandlung bei Kindern. München, Wien, Baltimore 1981.

Gatti, Hans: Schüler machen Gedichte. Freiburg 1979.

Geißner, Hellmut: Sprechen und Hören – und doch kein Gespräch. Über das Neue Hörspiel im allgemeinen, das von Ludwig Harig im besonderen. In: Gutenberg, Norbert, S. 101-126.

Geißner, Hellmut: Über Hörmuster. Gerold Ungeheuer zum Gedenken. In: Gutenberg, Norbert: Hören und Beurteilen. Frankfurt/M. 1984, S. 13-56.

Geißner, Ursula: Hören und Beurteilen. ›Wer Ohren hat zu hören, der höre‹. In: Gutenberg, Norbert, S. 127-148.

Gelberg, Hans-Joachim: Auf der Suche nach neuen Gedichten für Kinder. In: JuLit, Informationen 2/1993, S. 47-59.

Gelberg, Hans-Joachim: Das Kindergedicht Anno dazumal und heute. Werkstattbericht eines Verlagslektors. In: Jugendliteratur in einer veränderten Welt. 1. Jahrbuch des Arbeitskreises für Jugendliteratur. Hg. Vom AkJ e. V. München 1972, S. 121-142.

Gelfert, Hans-Dieter: Wie interpretiert man ein Gedicht? Für die Sekundarstufe. (Arbeitstexte für den Unterricht) Stuttgart 1994.

Gellrich, Martin: Förderung des musikalischen Ausdrucks durch die Arbeit mit Stimme und Gestik. In: Musik und Unterricht 34/1995, S. 22-24.

Germann, Heide: Kinderhörspiele – Kinderkassetten. Eine Orientierungshilfe. In: Grundschule 7-8/1993, S. 12-15.

Gibson, James J.: Die Sinne und der Prozeß der Wahrnehmung. Berlin, Stuttgart, Wien 1973.

Giehrl, Hans E./Erhard Peter Müller u. a.: Poesie im Unterricht. Gedichte, Balladen, Songs. Interpretationen und Analysen für den Deutschunterricht der 5.- bis 10. Jahrgangsstufe. München 1994.

Gindler, Elsa: Die Gymnastik des Berufsmenschen. In: Die konzentrative Bewegungstherapie. Grundlagen und Erfahrungen Hg. von Helmuth Stolze. Berlin 1984, S. 227-233.

Gordon, Thomas: Lehrer-Schüler-Konferenz. Wie man Konflikte in der Schule löst. Hamburg 1977 (3. Aufl.).

Göttler, Hans: Moderne Jugendbücher in der Schule. Modelle zu einem handlungs- und produktionsorientierten Literaturunterricht. Hohengehren 1993.

Groeben, Norbert: Leserpsychologie: Textverständnis – Textverständlichkeit. Münster 1982.

Groothoff, Hans-Hermann: Ästhetische Erziehung. In: Erziehungswissenschaftliches Handbuch, Bd. 1.: Das Erziehen als gesellschaftliches Phänomen. Hg. v. Thomas Ellwein et al. 1969, S. 211-226.

Gruhn, Wilfried: Lernen, daß ... und lernen, was ... Beispiele und Anwendungen aus einem Forschungsprojekt. In: Musik in der Schule 1/1955, S. 20-36.

Gruhn, Wilfried: Wie Kinder Musik lernen. In: Musik und Unterricht 31/ 1995b, S. 4-12.

Grünewald, Dietrich: Der Umgang mit Bildern ist vergleichbar. In: Grundschule 10/1991, S. 24-26.

Gümbel, Ruth: Erstleseunterricht. Entwicklungen – Tendenzen – Erfahrungen. Königstein/Ts. 1980.

Günther, Klaus-Burkhard: Primäre und sekundäre Vorbedingungen der Entwicklung der schriftlichen Sprache und ihre Bedeutung bei hör- und sprachgeschädigten Kindern. In: Günter, K-B./Hartmut Günther: Schrift, Schreiben, Schriftlichkeit. Arbeiten zur Struktur, Funktion und Entwicklung schriftl. Sprache (Reihe Germanistische Linguistik, Bd. 49) Tübingen 1983.

Gürtler, Norbert/Doro Kammerer: Stillwerden und entspannen. Übungen und Vorlesegeschichten zum Autogenen Training für Kinder. Freiburg 1995.

Guski, Rainer: Wahrnehmung. Eine Einführung in die Psychologie der menschlichen Informationsaufnahme. Stuttgart, Berlin und Köln 1989.

Gutenberg, Norbert (Hg.): Hören und Beurteilen. Gegenstand und Methode in Sprechwissenschaft, Sprecherziehung, Phonetik, Linguistik und Literaturwissenschaft. Frankfurt am Main 1984.

Haas, Gerhard/Wolfgang Menzel/Kaspar H. Spinner: Handlungs- und produktionsorientierter Literaturunterricht. In: Praxis Deutsch (PD), Januar 1994, S. 17-25.

Haas, Gerhard: Handlungs- und produktionsorientierter Unterricht. Theorie und Praxis eines »anderen« Literaturunterrichts für die Primar- und Sekundarstufe. Seelze 1997.

Handbuch der deutschen Bildungsgeschichte, Bd. VI/1. 1945 bis zur Gegenwart. Hg. v. Christoph Fuhr u. Carl-Ludwig Furck. München 1998.

Handkonkordanz zum griechischen Neuen Testament. Stuttgart 1982.

Hartung, Harald: Deutsche Lyrik seit 1965. Tendenzen, Beispiele, Porträts. München u. Zürich 1985.

Heidtmann, Horst: Kindermedien. Stuttgart 1992.

Heidtmann, Horst: Mit dem Hören spielen. In: Grundschule 7-8/1993, S. 27f.

Hellbrück, Jürgen: Hören. Physiologie, Psychologie und Pathologie. Göttingen 1993.

Helmstetter, Rudolf: Lyrische Verfahren, Lyrik, Gedicht und poetische Sprache. In: Miltos Pechlivakos, Stefan Rieger u. a.: Einführung in die Literaturwissenschaft. Stuttgart, Weimar 1995, S. 27-43.

Hengst, Heinz: Wiederholung, Beweglichkeit, Verfügbarkeit ... Über Hörspielkassetten für Kinder. In: Grundschule 7-8/1993, S. 30-32.

Hengstenberg, Elfriede: Entfaltungen. Bilder und Schilderungen aus meiner Arbeit mit Kindern. Heidelberg 1993 (2. Aufl.).

Hentig, Hartmut von: Bildung. Ein Essay. München und Wien 1996.

Hentig, Hartmut von: Das allmähliche Verschwinden der Wirklichkeit, Ein Pädagoge ermutigt zum Nachdenken über die Neuen Medien. München, Wien 1984.

Hirschfeld, Ursula: Wer nicht hören will ... Phonetik und verstehendes Hören. In: Fremdsprache Deutsch 7/1992, S. 17-20

Hopster, Norbert (Hg.): Handbuch »Deutsch« für Schule und Hochschule. Sekundarstufe I. Paderborn u. a. 1984.

Horn, Eva: Subjektivität in der Lyrik: »Erlebnis und Dichtung«, »lyrisches Ich«. In: Miltos Pechlivakos, Stefan Rieger u. a. (Hg.): Einführung in die Literaturwissenschaft. Stuttgart, Weimar 1995, S. 299-311.

Hotz, Karl/Gerhard C. Krischker: Gedichte für die Schule interpretiert. Bamberg 1993.

Huber, Ludowika/Gerd Kegel/Angelika Speck-Hamdan (Hg.): Einblicke in den Schriftspracherwerb. Braunschweig 1998.

Hübner, Klaus: Lärm-Reise. Über musikalische Geräusche und geräuschvolle Musik. Augsburg 1991.

Huizinga, Johan: Homo Ludens. Vom Ursprung der Kultur im Spiel. Reinbek 1994 (orig. 1938).

Igl, Peter: Schriftspracherwerb im Spiegel der Lehrpläne. In: Huber et al., S. 7-14.

Imhof, Lothar: Musik und Gespräch, Zuhören und innerer Klang. Momo – eine Musiktherapeutin. In: Musiktherapeutisches Forum 4/1993, S. 4-8.

Ingendahl, Werner: Umgangsformen. Produktive Methoden zum Erschließen poetischer Literatur. Frankfurt/M. 1991.

Internationales Institut für Jugendliteratur und Leseforschung (Hg.): In die Waagschale geworfen: Kritische Sichtweisen der Kinder- und Jugendliteratur in Buch und Medien. Ergebnisse der 29. Tagung des Internat. Instituts für Jugendliteratur und Leseforschung vom 22.-27. August 1993. Wien 1994.

Irmischer, Tilo/Eva Irmischer: Bewegung und Sprache. Bericht vom Symposium Bewegung und Sprache in Marburg vom 30.9.-2.10. 1987. Schorndorf 1988.

Jacobs, Dore: Bewegungsbildung Menschenbildung. Kastellaun 1978.

Jacoby, Heinrich: Erziehen-Unterrichten-Erarbeiten. Hamburg 1989.

Jacoby, Heinrich: Jenseits von Begabt und Unbegabt. Hamburg 1994 (5. Aufl.).

Jacoby, Heinrich: Jenseits von Musikalisch und Unmusikalisch. Die Befreiung der schöpferischen Kräfte dargestellt am Beispiel der Musik. Hamburg 1984.

Jank, Werner/Hilbert Meyer: Didaktische Modelle. Frankfurt/Main 1991.

Jaques-Dalcroze, E.: Rhythmus, Musik und Erziehung. Seelze 1988 (Nachdruck von 1921).

Kahle, Werner: Taschenatlas der Anatomie (Bd. 3): Nervensysteme und Sinnesorgane. Stuttgart 1979 (3. Aufl.).

Karst, Karl: Sinnenkompetenz – Medienkompetenz. In: medien praktisch 1/1998, S. 4-7.

Keidel, Wolf D.: Das Phänomen des Hörens: Ein interdisziplinärer Diskurs (Teil II). In: Naturwissenschaften 8/1992, S. 347-357.

Keidel, Wolf D.: Das Phänomen des Hörens: Ein interdisziplinärer Diskurs (Teil I). In: Naturwissenschaften 7/1992, S. 300-310.

Kemper, Reinhild: Sensorik und Motorik: experimentelle Untersuchungen zur akustischen Raumorientierung und Gesamtkörperkoordination mit Blinden und blindübenden Sehenden. Köln 1993.

Kieffer, Eva: Umwelterkundung durch Hören. In: Unterricht Biologie 157/1990, S. 12-15.

Killy, Walther: Elemente der Lyrik. München 1972.

Kinder heute – Herausforderung für die Schule. Dokumentation des Bundesgrundschulkongresses 1989 in Frankfurt/M. hg. v. **Gabriele Faust-Siehl, Rudolf Schmitt und Renate Valentin.** Beiträge zur Reform der Grundschule H. 79/80, Arbeitskreis Grundschule e.V. Frankfurt/M. 1990.

Kiphardt, Ernst J./H. Huppertz: Erziehung durch Bewegung. Dortmund 1987.

Kirchhoff, Ursula: Lyrik für Kinder und junge Leute. In: Wild, Reiner (Hg.): Geschichte der deutschen Kinder- und Jugendliteratur. Stuttgart 1990, S. 368-371.

Klafki, Wolfgang: Über Wahrnehmung und Gestaltung in der ästhetischen Bildung. In: Kunst + Unterricht 176/1993, S. 28f.

Klangzeit Wuppertal '92. Zeitklang – in Landschaft und Architektur – Klangzeit. Hg. v. Kulturamt der Stadt Wuppertal 1992.

Kleinen, Günter: Ausdruck in der Musik: Psychologische und musikhistorische Aspekte. In: Musik und Unterricht 34/1995, S. 10-12.

Kliewer, Heinz-Jürgen: Ein Gedicht – was ist das? Heft 2, 3. und. 4. Schuljahr. Hohengehren 1974.

Kliewer, Heinz-Jürgen: Kindergedicht. In: Klaus Doderer (Hg.): Lexikon der Kinder- und Jugendliteratur. Weinheim, Basel 1977, S. 187-189.

Kliewer, Heinz-Jürgen: Lyrik für Kinder in didaktischer Sicht. In: Grundschule 10/1991, S. 10-13.

Kliewer, Heinz-Jürgen: Texte für Hörer – im Deutschunterricht vernachlässigt. In: PD 88/1988, S. 20-23.

Klingberg, Lothar: Einführung in die Allgemeine Didaktik. Vorlesungen. Berlin 1972.

Koch, Lutz: Pädagogik und Ästhetik. Eine bildungspolitische Skizze. In: Kunst + Unterricht 176/1993, S. 50-53.

Kohl, Eva Maria: Von kleinen Liedern und verschlüsselten Botschaften. Mit Gedichten leben. In: Grundschulunterricht 42/1995 (9), S. 2-5.

Kohl, Eva Maria; Ich schreibe. Berlin (DDR) 1989.

Kohrt, Manfred: Wie Heike »Heike« schreibt. In: Osnabrücker Beiträge zur Sprachtheorie, Nov. 1983.

Koperski, Wolfgang: Stimmen. In: Musik und Unterricht 12/1992, S. 7f.

Krakau, Hugo: Der Körper – Das Fundament des Lernens. Kinästhetik – eine Methode über Bewegung und Berührung das Lernen zu lernen. In: Praxis Psychomotorik 1/1990, S. 31-39.

Kretschmer, Horst/Joachim Stary: Schulpraktikum. Eine Orientierungshilfe zum Lernen und Lehren. Berlin 1998.

Krimm-von Fischer, Catherine: Rhythmik und Sprachanbahnung. Arbeitshefte zur heilpädagogischen Übungsbehandlung, Bd. 2. Heidelberg 1986.

Krüss, James: Gedichte für Kinder und Kindergedichte. In: So viele Tage wie das Jahr hat. 365 Gedichte für Kinder und Kenner. Hg. v. J. Krüss. Gütersloh 1959, S. 282-300.

Krüss, James: Naivität und Kunstverstand. Gedanken zur Kinderliteratur. Weinheim, Berlin, Basel 1969.

Küchenhoff, Joachim: Sprache, Symptom, Unterbewußtes – die Hörwelt der Psychoanalyse. In: Vogel, Thomas, S. 207-225.

Kuhn, Robert/Bernd Kreutz (Hg.): Das Buch vom Hören. Freiburg 1991.

Kükelhaus, Hugo: Hören und Sehen in Tätigkeit. Zug 1986.

Kunert, Kristian: Einführung in die curriculare Unterrichtsplanung. Ein Arbeitsbuch für Lehrer aller Schulstufen. München 1976.

Laban, Rudolf von: Kunst der Bewegung. Wilhelmshaven 1988 (orig. Plymouth 1950).

Latzel, Sigbert: Gewußt wie ... erklärt warum. Von »Schall«, »Ton«, »Klang« und Verwandtem. In: Fremdsprache Deutsch 7/1992, S. 48.

Lemmermann, Heinz: Musikunterricht. Heinweise – Bemerkungen. Erfahrungen – Anregungen. Bad Heilbrunn 1984 (3. Aufl.).

Lexikon der Kinder- und Jugendliteratur hg. v. Klaus Doderer. Weinheim und Basel 1977.

Liedtke, Rüdiger: Die Vertreibung der Stille. Wie uns das Leben unter der akustischen Glocke um unsere Sinne bringt. München 1985.

Linde, Bodo E.: ... kann hören, was man sonst nicht hört. Alfred Könners »Das leise Gedicht« als Anregung für Schreibversuche und Sinnes-Entdeckungen mit einer dritten Klasse. In: Grundschulunterricht. Jg. 42 H. 9/1995, S. 15.

Lippe zur, Rudolf: Sinnenbewußtsein. Grundlegung einer anthropologischen Ästhetik. Reinbek 1987.

Lorbe, Ruth: Elemente der Lyrik im Kinderreim. In: Akzente, Jg. 1/1954 H. 3, S. 280-292.

Lorbe, Ruth: Lyrik für junge Leser, Hörer und Sprecher. In Gerhard Haas: Kinder- und Jugendliteratur. Stuttgart 1984 (2. Aufl.), S. 339-368.

Löscher, Wolfgang: Hör-Spiele. Sinn-volle Frühpädagogik. München 1989 (3. Aufl.).

Lotzmann, Geeert (Hg.): Aspekte auditiver, rhythmischer und sensomotorischer Diagnostik, Erziehung und Therapie. (Beiheft der Zeitschrift Psychologie in Erziehung und Unterricht H. 74). München und Basel 1978.

Maar, Paul: Kassetten für Kinder. Ein Bericht aus meiner Werkstatt. In: Grundschule 7-8/1993, S. 25f.

Maschwitz, Gerda und Rüdiger: Stille-Übungen mit Kindern. Ein Praxisbuch. München 1993.

Mattenklott, Gundel: Entwurf eines Kurses kreatives Schreiben für die Sekundarstufe II. Berlin 1977.

Mattenklott, Gundel: Gedichte sind gemalte Fensterscheiben. Lyrik für Kinder heute. In: JuLit, Informationen 2/1993, S. 8f.

Mattenklott, Gundel: Grundschule der Künste. Vorschläge zur Musisch-ästhetischen Erziehung. Baltmannsweiler 1998.

Mattenklott, Gundel: Literarische Geselligkeit – Schreiben in der Schule. Mit Texten von Jugendlichen und Vorschlägen für den Unterricht. Stuttgart 1979.

Matthies, Klaus/Manfred Polzin/Rudolf Schmitt (Hg.): Ästhetische Erziehung in der Grundschule. Integration der Fächer Kunst/Musik/Sport. Beiträge zur Reform der Grundschule Bd. 69. Frankfurt/M. 1987.

Mayr, Franz: Wort gegen Bild. Zur Frühgeschichte der Symbolik des Hörens. In: Das Buch vom Hören. Hg. v. Robert Kuhn/Bernd Kreutz. Freiburg 1991, S. 16-28.

Meier, Karl Ernst: Jugendliteratur. Formen, Inhalte, pädagogische Bedeutung. Bad Heilbrunn 1980 (bes. S. 48-65).

Meiers, Kurt/Michael Herbert: Bedingungen des Lesenlernens. Eine empirische Untersuchung. Kronberg/Ts. 1978.

Meyer, Heinz: »Aufmerksamkeit« als Lernziel der Hörerziehung. In: Dopheide, Bernd, S. 346-359.

Meyer, Hilpert: Unterrichtsmethoden. Bd. I: Theorieband. Frankfurt/M. 1992 (5.Aufl.).

Meyer, Joachim-Ernst: Konzentrative Entspannungsübungen nach Elsa Gindler und ihre Grundlagen. In: Die konzentrative Bewegungstherapie. Grundlagen und Erfahrungen. Hg. von Helmuth Stolze. Berlin 1984, S. 50-59.

Meyer-Drawe, Käte: Ästhetische Rationalität. In: Kunst + Unterricht 176/ 1993, S. 46f.

Michaelis, Heinz: Ästhetische Erziehung, Musik und Bewegung. Weinheim u. Basel 1975.

Minsel, Wolf-Rüdiger (Hg.): Curriculum und Lehrplan. Studienprogramm Erziehungswissenschaft Bd. 2. München, Wien 1978.

Mollenhauer, Klaus/Christoph Wulf (Hg.): Aisthesis/Ästhetik. Zwischen Wahrnehmung und Bewußtsein. Weinheim 1996.

Mollenhauer, Klaus: Grundfragen ästhetischer Bildung. Theoretische und empirische Befunde zur ästhetischen Erfahrung von Kindern. Weinheim und München 1996.

Montessori, Maria: Kinder sind anders. München 1990 (5. Aufl.).

Motté, Magda: Moderne Kinderlyrik. Begriff-Geschichte-Literarische Kommunikation-Bestandsaufnahme. Frankfurt/M. 1983.

Musikus (1/2): Lehrbuch für die Grundschule. Hg. v. Wilfried Behrendt, Irmgard Krauthoff, Hans Vogel. Berlin (Volk und Wissen) 1993.

Musikus: Lehrerhandbuch. Hg. v. Irmgrad Krauthoff u. Hans Vogel. Berlin 1993.

Musisch-ästhetische Erziehung in der Grundschule – Ästhetische Bildung und Kultur – Begriffe, Untersuchungen, Perspektiven (Grundbaustein Teil

II). Hg. v. Dt. Institut für Fernstudien an der Universität Tübingen (DIFF) 1988.

Musisch-ästhetische Erziehung in der Grundschule – Zugänge zur ästhetischen Elementarerziehung (Grundbaustein Teil I). Hg. v. Dt. Institut für Fernstudien an der Universität Tübingen (DIFF) 1989.

Ockel, Eberhard: Hör-Erziehung im Deutschunterricht. In: PD 88/1988, S. 18f.

Ockel, Eberhard: Spiele zur Hörerziehung. In PD 88/1988, S. 38f.

Ong, Walter J.: Oralität und Literalität. Die Technologisierung des Wortes. Opladen 1987 (orig. 1982).

Ott, Thomas: Der Körper als Partitur. Erfahrungen mit Musik und Musikern aus Westafrika. In: Musik und Bildung 2/1995, S. 14-19.

Ott, Thomas: Musik. In: Ott, Th./I. Scheller/K. Scherler/G. Selle (Hg): Lernbereich Ästhetik. Enzyklopädie der Erziehungswissenschaften, Bd.3. Stuttgart 1986, 220f.

Otto, Gunter (Hg.): Texte zur Ästhetischen Erziehung. Kunst – Didaktik – Medien, 1969 bis 1974. Braunschweig 1975.

Otto, Gunter: Didaktik der Ästhetischen Erziehung. Ansätze – Materialien – Verfahren. Braunschweig 1974.

Palme, H. J./Fred Schell (Hg.): Voll auf die Ohren. München 1992.

Pankow, Klaus: Nachwort. Ernst Jandls Sprachüberraschungen. In: Ernst Jandl: Im Delikatessenladen. Berlin (DDR) 1988, S. 36-38.

Paragrana (Zeitschrift für Historische Anthropologie): Das Ohr als Erkenntnisorgan. Hg. v. Christoph Wulf, Dietmar Kamper, Jürgen Trabant. Berlin 1993.

Payrhuber, Franz-Josef: Gedichte im Unterricht – einmal anders. Praxisbericht mit vielen Anregungen für das 5. bis 10. Schuljahr. München 1993.

Pazzini, Karl Josef: Das Ästhetische als Moment der Allgemeinbildung. In: Kunst + Unterricht 176/1993, S. 38f.

Peltsch, Steffen: Vom Appell zum Protest. Anmerkungen zur DDR-Lyrik für Kinder in 38 Sätzen. In: Beiträge zur Kinder- und Jugendliteratur, Beilage zu Grundschule 10/1991, S. 1f.

Perrottet, Claude: Ausdruck in Bewegung und Tanz. Ein Handbuch der Bewegungs- und Tanzerziehung auf der Grundlage der Konzepte Rudolf von Labans. Bern und Stuttgart 1983.

Peukert, Helmut: Ästhetik – die Hoffnung der Pädagogik? In: Kunst + Unterricht 176/1993, S. 23.

Pielow, Winfried/Rolf Sanner (Hg.): Kreativität und Deutschunterricht. Stuttgart 1978 (2. Aufl.).

Pielow, Winfried: Das Gedicht im Unterricht. Wirkungen, Chancen, Zugänge. Baltmannsweiler 1985 (5. Aufl.).

Pierce, John R.: Klang. Musik mit den Ohren der Physik. Heidelberg 1985 (amerik. 1983).

Poppe, Reiner/Günther Marx: Spiel mit Sprache/Lyrischer Humor. Konkrete Poesie. Hollfeld (o. J.).

Postman, Neil: Das Verschwinden der Kindheit. Frankfurt/M. 1994 (amerik. 1982).

Postman, Neil: Wir amüsieren uns zu Tode. Urteilsbildung im Zeitalter der Unterhaltungsindustrie. Frankfurt/M. 1994 (amerik. 1985).

Priesner, Vroni: Farbe, Form und Schall. München 1985.

Projekt: Stiftung Zuhören. Broschüre zum Symposium über das Zuhören »Ganz Ohr« ausgerichtet vom Hessischen Rundfunk (24.9. bis 27.9.1997) in Kassel, bearbeitet von Sabine Breitsameter, Frankfurt/M. 1998.

Radigk, Werner/Herbert Kemler: Die Bedeutung der Motorik für die Entwicklung von Grundleistungen des Leseprozesses. In: Praxis Psychomotorik 2/1980, S. 56-63.

Rank, Bernhard (Hg.): Erfahrungen mit Phantasie. Analysen zur Kinderliteratur und didaktische Entwürfe. Festschrift für G. Haas zum 65. Geburtstag. Baltmannsweiler 1994.

Rauhe, Hermann: Auditive Selbstverstümmelung. In: Musik und Bildung 5/1992, S. 4.

Reger, Harald: Kinderlyrik in der Grundschule. Literaturwissenschaftliche Grundlegung. Schülerorientierte Didaktik. Baltmannsweiler 1990.

Reinecke, Hans-Peter: Auszug aus dem Vortrag: Wer hört zu, wer nicht – und warum? Über Motive, Interessen und Interessenten. In: Projekt: Stiftung Zuhören. S. 12f.

Reinecke, Hans-Peter: Nutzen und Gefahren der elektrischen Musikübertragung für die Hörerziehung von Kindern und Jugendlichen. In: Dopheide, Bernhard, S. 154-167.

Reinhardt, Friedrich: Spiele mit Klängen. Anleitungen für Kindergarten und Grundschule. München 1983.

Rico, Gabriele: Garantiert schreiben lernen. Reinbek 1998 (erstmals 1984).

Riehme, Joachim: Probleme und Methoden des Rechtschreibunterrichts. Berlin 1974.

Rodari, Gianni: Grammatik der Phantasie Die Kunst, Geschichten zu erfinden. Leipzig 1992.

Rösler, Wolfgang: Die griechische Schriftkultur der Antike. In: Schrift und Schriftlichkeit. Ein interdisziplinäres Handbuch internationaler Forschung hg. v. Hartmut Günther und Otto Ludwig, 1. Halbband, Berlin, New York 1994, S. 511-517.

Rumpf, Horst: Belebungsversuche. Ausgrabungen gegen die Verödung der Lernkultur. Weinheim 1987.

Rumpf, Horst: Die künstliche Schule und das wirkliche Lernen. Über verschüttete Züge im Menschenlernen. München 1986.

Rumpf, Horst: Die übergangene Sinnlichkeit. Drei Kapitel über die Schule. München 1981.

Rumpf, Horst: Mit fremdem Blick. Stücke gegen die Verbiederung der Welt. Weinheim und Basel 1986.

Rytzner, B./C. Rytzner: Schoolchildren and noise. In: Scand audiol 10/1981, p. 213-216.

Schafer, Murray R.: ... wenn Wörter klingen. Das neue Buch vom Singen und Sagen. Wien 1972b (engl. 1970).

Schafer, Murray R.: A Sound Education. 100 Exercises in Listening and Sound-Making. Arcana Editions Ontario 1992.

Schafer, Murray R.: Die Schallwelt in der wir leben. Wien 1971 (engl. 1969).

Schafer, Murray R.: Klang und Krach. Eine Kulturgeschichte des Hörens. Frankfurt am Main 1988 (engl. 1977).

Schafer, Murray R.: Schule des Hörens. Notizen, Diskussionsbeiträge, Übungsbeispiele, Aufgaben. Wien 1972a (a.d. Engl.).

Schall & Rauch. Katalog zur gleichnamigen Ausstellung (Berlin 1997). Hg. v. Jochen Boberg. Museumspädagogischer Dienst Berlin.

Schatt, Peter W.: Klingende Inseln: In: Musik und Bildung 6/1992, S. 48-57.

Scherler, Karlheinz: Sensomotorische Entwicklung und materiale Erfahrung. Schorndorf 1975.

Schill, Wolfgang: Auditive Medien im Unterricht. Ein medienpädagogischer Orientierungsrahmen. In: medien praktisch 1/1998, S. 19-23.

Schiller, Friedrich: Über die ästhetische Erziehung des Menschen in einer Reihe von Briefen. In: Sämtliche Werke hg. v. Gerhard Fricke und Herbert G. Göpfert, Bd. 5. München 1989 (erstmals 1959).

Schlu, Martin: Zum Hörverhalten von Schülerinnen und Schülern: Eine Stichprobe. In: Musik und Unterricht 27/1994, S. 16f.

Schmieder, Doris/Gerhard Rückert: Kreativer Umgang mit Konkreter Poesie. Spielen und Lernen mit konkreten Texten. Ein Erfahrungsbericht mit Unterrichtsbeispielen und zahlreichen Schülerbeiträgen. Freiburg, Basel und Wien 1977.

Schnabel, Ulrich/Andreas Sentker: Wie kommt die Welt in den Kopf? Reise durch die Werkstätten der Bewußtseinsforscher. Reinbek 1997.

Schneider, Gerhard (Hg.): Ästhetische Erziehung in der Grundschule. Argumente für ein fächerübergreifendes Unterrichtsprinzip. Weinheim und Basel 1988.

Schön, Erich: Der Verlust der Sinnlichkeit oder die Verwandlungen des Lesens. Mentalitätswandel um 1800. Stuttgart 1987.

Schönhammer, Rainer: Der ›Walkman‹. Eine phänomenologische Untersuchung. München 1988.

Schulz von Thun, Friedemann: Miteinander reden (1). Störungen und Klärungen. Allgemeine Psychologie der Kommunikation. Reinbek 1989.

Schulz von Thun, Friedemann: Miteinander reden (3). Das ›innere Team‹ und situationsgerechte Kommunikation. Reinbek 1998.

Schulz, Gudrun: Freche Vögel. Gedichte für Kinder von Mucke bis Rathenow. Kinderlyrik aus der früheren DDR. In: JuLit, Informationen 2/1993, S. 60-76.

Schulz, Gudrun: In den Tautropfen spiegelt sich der Mond. Wie gehen Kinder mit Gedichten um? In: Grundschulunterricht, Jg. 42, 9/1995, S. 9-14.

Schweinzer, Margarete: Gedanken zur Didaktik der Hörerziehung. In: Musikerziehung 1982/4, S. 156-163.

Schweisthal, Günther: OIROPA. Eine phonetische Sprachschrift als Förderungskonzept im Schriftspracherwerb zu Beginn der Grundschule. In: Huber et al., S. 47-58.

Seel, Martin: Intensivierung und Distanzierung. Ästhetische Bildung markiert den Abstand von der Allgemeinbildung. In: Kunst + Unterricht 176/1993, S. 48f.

Seibold, Peter: Spiele zur Förderung der Hörfähigkeit. Pädagogische Überlegungen. In: Sonderschulmagazin 3/1993, S. 9-11.

Seidler, Burkhard/Herwig Grau: Hörst du auch, was ich höre? In: PD 88/1988, S. 52f.

Selle, Gert: Kultur der Sinne und ästhetische Erziehung. Alltag, Sozialisation, Kunstunterricht in Deutschland vom Kaiserreich zur Bunderepublik. Köln 1981.

Semel, Eleanor M.: Diagnose und Behandlung des gestörten Sprachverständnisses und der Sprechfähigkeit. In: Frostig/Müller, S. 127-161.

Seyffert, Sabine: Entspannte Kinder lernen besser. Vor dem Lernen erst den Streß beseitigen – Übungen, Geschichten, Tips. Freiburg 1998.

Silbermann, Alphons (Hg.): Mediensoziologie Bd. 2: Rundfunk. Kastellaun 1977.

Simon-Schaefer, Roland: Kleine Philosophie für Berenike. Stuttgart 1996.

Slembek, Edith: Leseverstehen und Hörverstehen, zwei vernachlässigte Grundleistungen in der Kommunikation. In: Gutenberg, Norbert, S. 57-78.

Solmecke, Gert: Psychologische Grundlagen des Fremdsprachenunterrichts. Eine Einführung. Ratingen u. a. 1973.

Solmecke, Gert: Zusammenbringen, was zusammengehört. Hören und Lesen. In: Inf. Deutsch als Fremdsprache 1/1992, S. 82-89.

Spinner, Kaspar H.: Umgang mit Lyrik. Hohengehren 1995 (2. Aufl.).

Spinner, Kaspar H.: Zuhören lernen. Hinweise für den Unterricht in der Grundschule. In: PD 88/1988, S. 26f.

Spinner, Kaspar H.: Zuhören: Ein Alltagsproblem in der Schule. In: PD 88/1988, S. 16f.

Springer, Sally P./Georg Deutsch: Linkes Gehirn Rechtes. Funktionelle Asymmetrien. Heidelberg 1987.

Stadler, Bernd: Sprachspiele in der Grundschule. Donauwörth 1986.

Stadler, Michael/Falk Seeger/Arne Raeithel: Psychologie der Wahrnehmung. München 1975.

Staudte, Adelheid (Hg.): Ästhetische Erziehung 1-4. München, Wien, Baltimore 1980.

Staudte, Adelheid (Hg.): Ästhetische Erziehung I. Sammelband: Die Grundschulzeitschrift. Seelze 1996.

Staudte, Adelheid: Erfahrungsoffene Unterrichtsvorbereitung. In: Kunst + Unterricht, Sonderheft 1982, S. 120-128.

Staudte, Adelheid: Lernen am eigenen Leibe. Ästhetische Erziehung und subjektive Unterrichtswirklichkeit. In: Die Grundschulzeitschrift 8/1987, S. 24f.

Staudte, Adelheid: Sinn-volle ästhetische Erziehung: wahrnehmen, begreifen, gestalten. In: Die Grundschulzeitschrift 8/1987, S. 4-6.

Steinmüller, Ulrich: Kriterien effektiver Kommunikation. Köln, Wien 1977.

Stocker, Karl: Sensibilisierung des Hörens. Sprache und Literatur als Medienkultur. In: Medien und Erziehung Jg. 32/1988, H. 5, S. 264-270.

Stocker, Karl: Wege zum kreativen Interpretieren: Lyrik. Sekundarbereich. Baltmannsweiler 1993.

Stoffel, Rainer M.: Hören, Zuhören und Zuhörtraining aus sprechwissenschaftlicher Sicht. In: Lotzman, Geert (Hg.), S. 54-69.

Stoffel, Rainer M.: Sprechdenken und Hörverstehen. In: PD 33/1979, S. 51-55.

Stolze, Helmut: Konzentrative Bewegungstherapie. Grundlagen und Erfahrungen. Berlin 1984.

Strecker, Dieter: Lyrik im Kindergarten und in der Grundschule. Gedichte von Erwachsenen und Kindern für Kinder. Mit Interpretationshilfen und Anregungen für die praktische Anwendung. Fellbach 1991.

Sturm, Hertha: Medienwirkung auf Wahrnehmung, Emotion, Kognition – Eine Grundlage für medienpädagogisches Handeln. In: Issing, Ludwig J. (Hg.): Medienpädagogik im Informationszeitalter. Weinheim 1987, S. 91-115.

Suppan, Wolfgang: Volkslied. Stuttgart 1978 (2. Aufl.).

Szagun, Gisela: Sprachentwicklung beim Kind. Eine Einführung. München und Weinheim 1986 (3. Aufl.).

Taschenbuch des Deutschunterrichts. Literaturdidaktik, Bd.2 hg. v. Günter Lange, Karl Neumann u. Werner Ziesenis. Hohengehren 1998 (6. Aufl.).

Thalmayr, Andreas: Das Wasserzeichen der Poesie oder Die Kunst und das Vergnügen, Gedichte zu lesen. Frankfurt/M. 1997.

Tomatis, Alfred A.: Der Klang des Lebens. Vorgeburtliche Kommunikation – die Anfänge der seelischen Entwicklung. Reinbek 1995.

Truax, Barry: Acoustic Communication. Ablex 1984.

Truax, Barry: Listening and the Electroacoustic Community. Vortrag anläßlich des Symposiums »Ganz Ohr« in Kassel 1997 (Unveröffentlichtes Manuskript).

Ulshöfer, Robert: Textgrammatik, Sprecherziehung, Hörerziehung. In: Der Deutschunterricht 1/1980, S. 21-34.

Urban, Klaus K.: ›Hören‹ kann man lernen – Bericht über ein Trainingsprogramm zum Hörverstehen. In: Linguistische Berichte 57/1978, S. 80-88.

Urban, Klaus K.: Sprechen und Hören im Schulunterricht – Ergebnisse einer empirischen Untersuchung. In: Die deutsche Schule 12/1977. 744-748.

Vahle, Frederik: Kinderlied. Erkundungen zu einer frühen Form der Poesie im Menschenleben. Weinheim und Basel 1992.

Vahle, Frederik: Komik – Körpergefühl und Be-Sinnung in der Kinderlyrik. In: JuLit, Informationen, S. 21-31.

Vahle, Frederik: Sprachliche, akustische und musikalische Möglichkeiten im Kinderhörspiel. In: Grundschule 7-8/1993, S. 22-24.

Vester, Frederic: Denken, Lernen, Vergessen. München 1993 (20. Aufl.).

Vogel, Thomas (Hg): Über das Hören. Einem Phänomen auf der Spur. Tübingen 1996.

Vogt, Werner: Bewegungsförderung. Anregungssituationen und Beispiele zu einem neuen Verständnis der Bewegungserziehung. Für Kindergärten, Vorklassen und erste Schuljahre. Hannover et al. 1975.

Vopel, Klaus W.: Der fliegende Teppich: leichter lernen durch Entspannung. Übungen für Kinder von 6 bis 12 Jahren. Salzhausen 1995.

Voss-Fertmann, Thomas: Funkts im Kinderfunk? Das mangelhafte Angebot an Kindersendungen. In: medien und erziehung 3/1992, S. 152-154.

Wagenschein, Martin: Erinnerungen für Morgen. Eine pädagogische Autobiographie. Weinheim und Basel 1983.

Wagenschein, Martin: Verstehen lehren. Genetisch – Sokratisch – Exemplarisch.Weinheim und Basel 1982 (7.Aufl.).

Wagner, Holger: Auditive Merkfähigkeit bei Schülern: Eine Studie zum Mottier-Test. In: Psychologie in Erziehung und Unterricht 1/1990, S. 33-37

Waldmann, Günter: Grundzüge von Theorie und Praxis eines produktionsorientierten Literaturunterrichts. In: Handbuch »Deutsch«. Hg. v. Norbert Hopster, S. 98-141.

Waldmann, Günter: Produktiver Umgang mit Lyrik. Eine systematische Einführung in die Lyrik, ihre produktive Erfahrung und ihr Schreiben. Für Schule, und Hochschule sowie zum Selbststudium. Hohengehren 1992 (2. korrig. Aufl.).

Wallbaum, Christopher: Schule ist Klang. In: Musik und Unterricht 13/1992, S. 33-38.

Watzke, Oswald/Peter Högler/Günter Krönert: Interpretationen zu »Gedichte für Grundschulkinder« 3./4. Jahrgangsstufe. Donauwörth 1987.

Weber, Klaus Heiner: Zuhören braucht Zeit. Symposium »Ganz Ohr« des Hessischen Rundfunks. In: medien praktisch 1/1998, S. 8-11.

Weinzierl, Klaus: Vorurteil: Gedicht. Didaktik und Methodik der Benutzung moderner Gedichte im Unterricht (4. bis 7. Schuljahr). München 1971.

Weller, Rainer: Sprachspiele. Arbeitstexte für den Unterricht. Stuttgart 1977.

Welsch, Wolfgang: Grenzgänge der Ästhetik. Stuttgart 1996.

Welt auf tönernen Füßen. Die Töne und das Hören Hg. v. der Kunst- und Ausstellungshalle der Bundesrepublik Deutschland. Göttingen 1994.

Wenzel, Horst: Hören und Sehen. Schrift und Bild. Kultur und Gedächtnis im Mittelalter. München 1995.

Werder, Lutz von: Lehrbuch des kreativen Schreibens. Milow b. Berlin 1996.

Wermke, Jutta (Hg.): Ästhetische Erziehung im Deutschunterricht. Bochum 1981.

Wermke, Jutta: Hab a Talent, sei a Genie! Kreativität als paradoxe Aufgabe. Bd. 1: Entwicklung eines Konzepts der Kreativität und ihrer Förderung durch Literatur. Weinheim 1989.

Wermke, Jutta: Hör-Ästhetik. Ein Beispiel integrierter Medienerziehung im Deutschunterricht. In: medien praktisch 1/1998, S. 15-18.

Wermke, Jutta: Hören – Horchen – Lauschen. Zur Hörästhetik als Aufgabenbereich des Deutschunterrichts unter besonderer Beachtung der Umweltwahrnehmung. In: Kaspar H. Spinner (Hg.): Imaginative und emotionale Lernprozesse im Deutschunterricht. Frankfurt/M. 1995a, S. 193-215.

Wermke, Jutta: Integrierte Medienerziehung im Fachunterricht. Schwerpunkt: Deutsch. München 1997.

Wermke, Jutta: O-Töne hören. Vom Klang der Welt im Klassenzimmer. In: Informationen für den Deutschunterricht 4/1995b, S. 17-29.

Wiedenmann, Marianne (Hg.): Handbuch Sprachförderung mit allen Sinnen. Basiswissen – integrative Ansätze – Praxishilfen – Spiel- und Übungsblätter für den Unterricht. Weinheim und Basel 1997.

Wieler, Petra: Vorlesen in der Familie. Fallstudien zur literar.-kulturellen Sozialisation von Vierjährigen. Weinheim u. München 1997.

Wild, Rebeca: Erziehung zum Sein. Erfahrungsbericht einer aktiven Schule. Heidelberg 1988 (2. Aufl.).

Wild, Rebeca: Kinder wissen, was sie brauchen. Hg. v. Lienhard Valtin. Freiburg, Basel, Wien 1998.

Wild, Rebeca: Sein zum Erziehen. Mit Kindern leben lernen. Heidelberg 1991.

Winkler, Christian: Deutsche Sprechkunde und Sprecherziehung. Düsseldorf 1954.

Winkler, Christian: Lesen als Sprachunterricht. Ratingen 1962 (3. Aufl.).

Wintersteiner, Werner: Das Königreich von Nirgendwo. Bericht über eine Lehrveranstaltung »Kinderlyrik«. In: Tausend und ein Buch 2/1993, S. 40-44.

Wintersteiner, Werner: Flohmarkt der Dinge. Eine neue Anthologie macht Lust auf Lyrik. In: Tausend und ein Buch 3/1995, S. 43f.

Wode, Henning: Die Entwicklung des sprachlichen Hörens und seine Bedeutung für einen zeitgemäßen Deutschunterricht. In: Der Deutschunterricht 5/1990, S. 19-34.

Wygotski, Lew Semjonowitsch: Denken und Sprechen. Frankfurt 1974 (5. Aufl., ursprgl. Moskau 1934).

Zacharias, Christina: Einführung in die Sprecherziehung. Ein Leitfaden für Lehrerstudenten. Berlin 1964.

Zimmer, Renate: Die Sinnesschule. Psychomotorisch orientierte Bewegungserziehung. In: Die Grundschulzeitschrift 70/1993, S. 26f.

Zimmer, Renate: Durch Bewegung fördern. Körpererfahrung und Selbstkonzept. In: Grundschule 4/1990, S. 26-28.

Zitzelsperger, Helga: Musik in Linien und Farben. Rhythmisch musikalische Erziehung mit dynamischen Notenbildern. Weinheim und Basel 1976.

Zöller, Gerda: Musik und Bewegung im Elementarbereich. Donauwörth 1974.

Rahmenpläne

Bildungsplan für die Grundschule. Kultus und Unterricht. Amtsblatt des Ministeriums für Kultus und Sport **Baden Württemberg**, Lehrplanheft 1/1994.

Lehrplan Deutsch, Grundschule. Hg. v. Kultusministerium **Rheinland-Pfalz**, Mainz im April 1984.

Lehrplan Deutsch, Grundschule. **Schleswig-Holstein** 1997.

Lehrplan Deutsch, Sek.I. **Schleswig-Holstein** 1997.

Lehrplan für die Grundschule, 1.bis 4. Jahrgangsstufe (**Bayern**). München 1988.

Lehrplan Grundschule Deutsch. Hg. v. **Sächs. Staatsministerium** für Kultus (seit 1.8. 1992 in Kraft).

Lehrplan Musik, Sek.I. **Schleswig-Holstein** 1997.

Rahmenrichtlinien für die Grundschule, Deutsch Hg. v. **Niedersächsischen Kultusminister**. Hannover 1984.

Vorläufiger Rahmenplan Deutsch, Grundschule. Hg. v. Ministerium f. Bildung, Jugend und Sport des Landes **Brandenburg,** Juni 1991.

Vorläufiger Rahmenplan für die Grundschule. Hg. v. **Thüring. Kultusministerium** 1991.

Vorläufiger Rahmenplan für Unterricht und Erziehung in der Berliner Schule, Grundschule (1-6) Deutsch. Hg. v. d. Senatsverwaltung f. Schule, Berufsbildung und Sport. **Berlin** 1988 (Nachdruck 1992).

Vorläufige Rahmenrichtlinien, Grundschule, Deutsch. **Sachsenanhalt,** verbindlich seit 1990.

Richtlinien Sprache, Grundschule. Die Schule in **Nordrhein-Westfalen**. Eine Schriftenreihe des Kultusministers 1985.

Richtlinien und Lehrpläne für die Grundschule in **Nordrhein-Westfalen** (H. 42 der Schriftenreihe »Schule in Nordrhein-Westfalen) 1973.

Primärliteratur

Lyrik

Andresen, Ute (Hg.)/Dieter Wiesmüller (Illustr.): Im Mondlicht wächst das Gras. Gedichte für Kinder und alle im Haus. Ravensburg 1991.

Anger-Schmidt, Gerda/Birgit Antoni: Alles in Butter, liebe Mutter. Wortspiele, Nonsens, Geschichten und Rätselreime. Wien 1998.

Arnim, Achim v., Clemens Brentano: Des Knaben Wunderhorn. Frankfurt 1994.

Auer, Martin/Jutta Bücker (Illustr.): Lieblich klingt der Gartenschlauch. Ein Buch zum Lesen, Singen, Zaubern, Blödeln, Spielen. Stuttgart, Wien, Bern 1999.

Bachmann, Ingeborg: Ausgewählte Werke, Bd.1. Berlin, Wien 1987.

Bachman, Fritz (Hg.): Klang, Reim, Rhythmus. Eine Gedichtsammlung für Kinder bis zu zehn Jahren. Frankfurt 1975 (2. Aufl.).

Baumann, Hans (Hg.): Ein Reigen um die Welt. 274 Gedichte aus 75 Sprachen. Gütersloh 1965.

Borchers, Elisabeth: Das große Lalula. München 1971.

Borchers, Elisabeth: Ein Fisch mit Namen Fasch. München 1972.

Bull, Horst Bruno: Kindergedichte für Familienfeste. Niedernhausen/Ts. 1987.

Brecht, Bertolt: Die Gedichte. Frankfurt/M. 1990 (6. Aufl.).

Bydlinski, Georg (Hg.)/Birgit Antoni: Der neue Wünschelbaum. Gedichte für Kinder und ihre Erwachsenen. Wien 1999.

Conrady, Peter (Hg.): Tastend nach dem Licht. Gedichte von Jugendlichen. Essen 1988.

Eichendorff, Joseph v.: Werke, Gedichte 1. Teil. Hg. v. Harry Fröhlich und Ursula Regener. Stuttgart, Berlin, Köln 1993.

Enzensberger, Hans Magnus: Allerleirauh. Frankfurt/Main 1988.

Fiedelhänschen geig einmal. Verse, Sprüche und Lieder aus der Kinderstube. Hg. v. Nadine Lange/Reinhard Michl (Illustr.). Feldafing 1985.

Fried, Erich: Zwischen Tür und Amsel. RTB Gedichte Bd. 10. Hg. v. Uwe-Michael Gutzschhahn. Ravensburg 1990.

Fühmann, Franz: Lustiges Tier ABC. Berlin (DDR) o. J.

Frühmorgens bis Silvester. Gedichte für Kinder. Bochum 1993.

Gefunden. Gedichte für die Grundschule Hg. v. Mascha Kleinschmidt und Margarete Kolbe. Frankfurt 1985.

Gelberg, Hans-Joachim (Hg.): Die Stadt der Kinder. Gedichte für Kinder in 13 Bezirken. Recklinghausen 1982 (2. Aufl.).

Gelberg, Hans-Joachim (Hg.): Überall und neben dir. Weinheim und Basel 1986.

Gelberg, Hans-Joachim (Hg.): Was für ein Glück. 9. Jahrbuch der Kinderliteratur. Weinheim und Basel 1993.

Gnadenlos alles. Treffen junger Autoren 1988. Hg. v. Berliner Festspiele GmbH, Redaktion Peter Grosz. Kevelaer 1989.

Grass, Günter: Tierschutz. RTB Gedichte, Bd. 8. Ravensburg 1990.

Guggenmos, Josef: Was denkt die Maus am Donnerstag? 123 Gedichte für Kinder. 1993 (20. Aufl.).

Guggenmos, Josef: Oh, Verzeihung sagte die Ameise. Ein Kinderbuch mit Bildern von Nikolaus Heidelbach. Weinheim und Basel 1993 (2. Aufl.).

Hacks, Peter: Der Flohmarkt. Gedichte für Kinder. Berlin (DDR) 1970.

Halle, Werner/Klaus Schüttler-Janikulla: Bilder und Gedichte für Kinder. Braunschweig 1982.

Härtling, Peter: Der letzte Elefant. RTB Gedichte Bd. 11. Ravensburg 1991.

Harranth, Wolf (Hg.)/Christine Sormann (Illustr.): Im Pfirsich wohnt der Pfirsichkern. Gedichte für Kinder. Lyrik-Anthologie österreichischer Autorinnen und Autoren. Wien 1994.

Heckmann, Herbert/Michael Krüger: Kommt Kinder, wischt die Augen aus, es gibt hier was zu sehen. Ravensburg 1991.

Herold, Gottfried: Die himmelblaue Sommerbank. Berlin (DDR) 1975.

Herzberg, Judith: Das Knistern. Gedichte und Prosa. Berlin 1993.

Jandl, Ernst: Otto Mops hopst. RTB Gedichte Bd. 2. Ravensburg 1988.

Janisch, Heinz: Ich schenk dir einen Ton aus meinem Saxofon. Wien 1999.

Kaléko, Mascha: Das himmelgraue Poesiealbum. München 1991 (4. Aufl.).

Kaléko, Mascha: Der Stern auf dem wir leben. Verse für Zeitgenossen. Hg. v. Gisela Zoch-Westphal. Hamburg 1984.

Kaléko, Mascha: In meinen Träumen läutet es Sturm. Gedichte und Epigramme aus dem Nachlaß. München 1986.

Kirsch, Sarah: Tiger im Regen. RTB Gedichte Bd. 9. Ravensburg 1990.

Kleinschmidt, Mascha/Margarete Kolbe (Hg): Gefunden. Gedichte für die Grundschule. Frankfurt/M. 1985.

Kliewer, Heinz-Jürgen (Hg.): Die Wundertüte. Alte und neue Gedichte für Kinder. Stuttgart 1989.

Kreusch-Jacob, Dorothée (Hg.): Der kunterbunte Ferienkoffer. Lesegepäck für Weltreisende und Wanderratten, Abenteurer und Tagträumer. München 1994.

Krüss, James: Der fliegende Teppich. Geschichte und Gedichte für 101 Tage. Hamburg 1976.

Krüss, James: Der wohltemperierte Leierkasten. 12mal 12 Gedichte für Kinder, Eltern und andere Leute. München 1961.

Krüss, James (Hg.): So viele Tage wie das Jahr hat. 365 Gedichte für Kinder und Kenner. Gütersloh 1959.

Kunert, Günter: Ich Du Er Sie Es. RTB Gedichte, Bd. 1. Ravensburg 1988.

Kunze, Reiner/Karel Franta (Illustr.): Wohin der Schlaf sich schlafen legt. Gedichte für Kinder. Frankfurt/M. 1991.

Lindemann, Werner: Der Tag sitzt vor dem Zelt. Berlin (DDR) o. Jahresangabe.

Maiwald, Peter: Pauls Zauberland heißt Samarkand. Frankfurt/M. 1998.

Manz, Hans: Die Welt der Wörter. Sprachbuch für Kinder und Neugierige. Weinheim und Basel 1991 (2. Aufl.).

Maar, Paul: Dann wird es wohl das Nashorn sein. Weinheim und Basel 1988.

Mayröcker, Friederike: Zittergaul. RTB Gedichte, Bd. 6. Ravensburg 1989.

Meckel, Christoph: Pferdefuss. RTB Gedichte, Bd. 3. Ravensburg 1988.

Mucke, Dieter: Die Lichtmühle. Berlin (DDR) 1985.

Moon, Pat (übertragen v. W. Harranth): Unsere Erde. Wunderbar-Verwundbar. Gedichte für ein grünes Zeitalter. München 1991.

Morgenstern, Christian: Kindergedichte & Galgenlieder. Ausgewählt und illustriert von Lisbeth Zwerger. Salzburg und München 1992.

Morgenstern, Christian: Schnigula, schnagula. Ausgewählt und illustriert v. Jutta Bauer. Frankfurt/M. 1996.

Pastior, Oskar: Eine Scheibe Dingsbums. RTB Gedichte, Bd. 7. Ravensburg 1990.

Petri, Walther: Humbug ist eine Bahnstation. Gedichte an Kinder. Berlin (DDR) 1978.

Preußler, Otfried/Regine Stigloher/Petra Probst: Eins, zwei, drei im Bärenschritt. Stuttgart, Wien, Bern 1998.

Rathenow, Lutz: Sterne jonglieren. RTB Gedichte, Bd. 5. Ravensburg 1989.

Reinig, Christa: Ein Wogenzug von wilden Schwänen. RTB Gedichte, Bd. 12. Ravensburg 1991.

Rilke, Rainer Maria: Briefe und Tagebücher aus der Frühzeit (1899-1902). Hg. v. Ruth Sieber – Rilke u. Carl Sieber. Leipzig 1933.

Ringelnatz, Joachim: Geheimes Kinder-Spiel-Buch. Zürich 1994.

Ringelnatz, Joachim: Und auf einmal steht es neben dir. Darmstadt: Büchergilde Gutenberg 1984. Lizensausgabe mit Genehmigung des Karl H. Hensel Verlages, Berlin 1950.

Rühmkorf, Peter: Über das Volksvermögen. Exkurse in den literarischen Untergrund. Reinbek 1988.

Schiller, Friedrich: Sämtliche Gedichte Hg. v. Jochen Golz. Frankfurt/M. und Leipzig 1991.

Schreiber-Wicke, Edith/Carola Holland: Dem Einfall fiel es plötzlich ein ... Wien, München 1995.

Spohn, Jürgen: Drunter & Drüber. Verse zum Vorsagen Nachsagen Weitersagen. München 1980.

Spohn, Jürgen: Flausensausen. RTB Gedichte, Bd. 4. Ravensburg 1989.

Spohn, Jürgen: Das Schnepfen-Köfferchen. Stuttgart 1985.

Steinwart, Anne: Tausendfüßler läßt schön grüßen. Kindergedichte. Hamburg 1990.

Trakl, Georg: Das dichterische Werk nach der histor.-krit. Ausgabe von Walther Killy und Hans Szklenar. München 1995 (14. Aufl.).

Vahle, Frederik: Guck mal wer da spricht. Lieder, Gedichte und Bilder. Düsseldorf 1991.

Vahle, Frederik: Der Himmel fiel aus allen Wolken. Gedichte. Mit Bildern von Norman Junge. Weinheim und Basel 1994.

Wir wollen Frieden. Bilder und Gedichte von jüdischen und arabischen Kindern aus Israel. Freiburg 1977 (Orig. hebr. 1974).

Wittkamp, Frantz: Alle Tage immer wieder. Kalendermerkbuch mit Versen. Weinheim und Basel 1990.

Wittkamp, Frantz: Ich glaube, daß du ein Vogel bist. Verse und Bilder. Weinheim und Basel 1990.

Zeuch, Christa: Spaß und Spiel mit dem Krokodil. Von lustigen Sachen zum Spielen, Singen und Selbermachen. Würzburg 1993.

Unterrichtsmaterial

Literatur

Brunner, Reinhard: Hörst du die Stille? Meditative Übungen mit Kindern. München 1991.

Feichtenberger, Claudia/Ivo Zopf: Lernen mit Musik (mit Audio-CD). Wien 1998.

Gürtler, Norbert/Doro Kammerer: Stillwerden und entspannen. Übungen und Vorlesegeschichten zum Autogenen Training für Kinder. Freiburg 1995.

Hören – Lesen – Hören. Kassetten für Kinder. Verzeichnis – Annotationen – Kommentare. Hg. v. Heide German/Silvia Näger et al. Bad Homburg 1997.

Kreusch-Jacob, Dorothée: Mit Liedern in die Stille. Meditieren und Gestalten mit Kindern, Düsseldorf. 1996.

Löscher, Wolfgang: Hör-Spiele. Sinn-volle Frühpädagogik. München 1989 (3. Aufl).

Maxlmoser, Wolfgang: Mindmapping im Unterricht. Vom Gedankenfluß zum Wissensnetz. Wien 1998.

Müller, Else: Du spürst unter deinen Füßen das Gras. Frankfurt/M. 1996 (orig. 1983).

Tumpold, Ernst: Kinder aufs Lernen vorbereiten in der Schule. Praxis-Arbeitsmappe für den Einsatz von Edu-Kinestetik Übungen. Wien, Stuttgart 1995 (2. Aufl.).

Scholl, Marianne: Spaß beim Lernen. Bessere Konzentration mit Yoga und Kinesiologie. Freiburg 1998.

Seyffert, Sabine: Entspannte Kinder lernen besser. Vor dem Lernen erst den Streß beseitigen – Übungen, Geschichten, Tips. Freiburg 1998.

Kinder- und Jugendliteratur

Beyer, Marcel: Flughunde. Frankfurt/M. 1996.

Ballinger, Erich: Alex mit den rosa Ohren. bewegungsübungen für Kinder im Kindergarten- und Vorschulalter. 1995 (3. Aufl.).

Ballinger, Erich: Lerngymnastik 1. Bewegungsübungen für mehr Erfolg in der Schule. Wien 1995 (10. Aufl.).

Ballinger, Erich: Lerngymnastik 2. Bewegungsübungen für mehr Erfolg in der Schule. Wien 1994 (3. Aufl.).

Chatwin, Bruce: Traumpfade (The Songlines). Frankfurt/M. 1996.

Dendooven, Gerda: Hallo. Hallo, hör mal her. Kempen 1997.

Domenego, Hans et al.: Das Sprachbastelbuch. Ravensburg 1977.

Feichtenberger, Claudia/Susanne Wechdorn: Lerntechniken. Tips und Tricks für ganzheitliches Lernen. Wien 1995.

Feichtenberger, Claudia/Susanne Wechdorn: Mind-Mapping für Kinder. Wien 1996.

Feuerlein, Renate: Timo und das Dschungeläffchen. Spiel und Spaß mit Kinesiologie. Wien 1995.

Fietzek, Petra: Trommeln, trommeln. München 2000.

Fühmann, Franz: Die dampfenden Hälse der Pferde im Turm von Babel. Ein Sprachspielbuch für Kinder. Berlin 1996.

Keller, Helen: Meine Welt. München 1994.

Klein, Martin: Wie ein Baum. München 1998 (erstmals Berlin 1995).

Kehr, Karoline: Kinder, Krach und große Ohren. Hildesheim 1996.

Krenzer, Rolf: Das große Buch von den kleinen Rittern. (s. auch unter Lieder) München 1998.

Link, Caroline: Jenseits der Stille. Berlin 1998 (4. Aufl.).

Lusseyran, Jacques: Das wiedergefundene Licht. Die Lebensgeschichte eines Blinden im französischen Widerstand. München 1989.

Roberts, Beth: Manganinnie. Wuppertal 1993.

Schami, Rafik: Eine Hand voller Sterne. Weinheim, Basel 1987.

Schami, Rafik: Erzähler der Nacht. Weinheim und Basel 1989.

Schneider, Robert: Schlafes Bruder. Leipzig 1995 (12. Aufl.).

Schulte, Susanne: Hörst du! Berlin, München 1999.

Treiber, Jutta/Maria Blazejovsky: O, sagt der Ohrwurm. Ein Anti-Lärm-Bilderbuch. Wien, München 1997.

Tumpold, Ernst/Herbert Gradl: Tips für helle Köpfchen. Wien 1995.

Westermeyer Andy/Brigitte Haberda/Wolfram M. Schröckenfuchs: Ich hab's im Griff. Kinesiologie für junge Menschen. Wien 1996.

Zum Hören (eine Auswahl)

Hörspiele

Eichinger, Georg: Die Ohrenreise. Düsseldorf (Patmos/SFB) 1988. MC

Feth, Monika: Der Schilderputzer. Düsseldorf (Patmos) 1996. MC/CD

Gussek, Rainer: Der Fluch des Barden. Ein Krimi aus dem Mittelalter. Verlag DO-MI-NO/Modus Vievendi 1994. MC

Gussek, Rainer: Teufelsgold. Ein Krimi aus dem Mittelalter. Verlag Pro Juventute/DO-MI-NO 1996. MC

Kammermusik für Kinder: Gackitas Ei (nach dem Bilderbuch von Antonella Bolliger-Savelli). Edition See-Igel/SWF 1996. CD

Kohlhepp, Bernd/Jürgen Treyz: Tatatuck. Die Reise zum Kristallberg (nach Jakob Streit) Düsseldorf (Patmos) 1992. MC/CD

Lorenz, Karin: Riquet und Mirabelle. Ein Feenmärchen. Düsseldorf (Patmos) 1994. MC/CD

Mhlophe, Gcina: Der Zauber der Schildkröte. Fudukazis Magic. WDR/Patmos 1998. MC/CD

Velter, Sibylle/Hermann Gschwendtner: Zauberer Zauselkopf. Klanggeschichten für Kinder. Düsseldorf (Patmos) 1998. MC/CD

Radiosendungen und Hörbilder

Berendt, Joachim-Ernst: Die Welt ist Klang. Nada Brahma. Frankfurt (Verlag Zweitausendeins) erstmals 1988.

Berendt, Joachim-Ernst: Muscheln in meinem Ohr. Frankfurt (Verlag Zweitausendeins) erstmals 1991.

Berendt, Joachim-Ernst: Vom Hören der Welt. Frankfurt (Verlag Zweitausendeins) erstmals 1988.

Der Verlust der Stille. Klangwege und Hörbilder. Evangelische Akademie Baden 1995. (CD zum gleichnamigen Buch)

Hörgänge: Eine Glashaus-Klanginstallation von Katja Bergmann, Sonja Gähler, Jutta Wermke und Thomas Zabka. Sendung vom 9.1.1997, SFB 3.

Lesungen

Heine für Kleine. Lieder und Texte von und mit Julia und Uli Türk [zum gleichnamigen Kinderbuch, KB]. Stuttgart (Quell Verlag) 1997. MC/CD

Kreusch-Jacob, Dorothée: Glöckchen, Trommel, Zaubergeige. Musikmärchen aus aller Welt erzählt von Hans Clarin. Düsseldorf (Patmos) 1996. MC/CD

Kruse, Max: Federleicht und Windkinder. Erzählt von Otto Sander. Düsseldorf (Patmos) 1998. MC/CD

Lansemann, Lutz: Das Kinderkonzert. Hamburg 1977. LP

Lutz Görner spricht und singt **Gedichte für Kinder**, Teil 1. Köln (vgs) 1992. MC

Lutz Görner spricht **Gedichte für Kinder**, Teil 2. Köln (vgs) 1995. MC

Lutz Görner spricht **Goethe für Kinder**. Köln (vgs) 1992. MC

Ringelnatz, Joachim: Ritze, Rotze, Ringelnatz. Ausgesprochene Frechheiten mit Otto Sander. Düsseldorf (Patmos) 1996. MC/CD

Lieder

Hoffmann, Klaus W./Klaus Neuhaus: Tanz, tanz, tanz! Tanzlieder aus Europa. Düsseldorf (Patmos) 1994. MC/CD

Krenzer, Rolf/Martin Göth: Lieder und Geschichten von den kleinen Rittern (s. auch unter Literatur). München (Ellermann) 1998. MC

Kreusch-Jacob, Dorothée: Lieder aus der Stille. Klangbilder und Meditationen für Kinder. Düsseldorf (Patmos) 1995. MC/CD

Kreusch-Jacob, Dorothée: Das Wolkenboot. Neue Klangbilder und Meditationen für Kinder. Düsseldorf (Patmos) 1996. MC/CD

Kreusch-Jacob, Dorothée: Finger spielen – Hände tanzen. Handspiel-Lieder und Krabbelverse. Düsseldorf (Patmos) 1997. MC/CD

Kreusch-Jacob, Dorothée: Sieben kleine Siebenschläfer. Zauberlieder und Traumgeschichten zum Entspannen und Einschlafen. Düsseldorf (Patmos) 1998. MC/CD

Lerngymnastik: Begleitmusik zum gleichnamigen Kinderbuch von Erich Ballinger. Bewegungsübungen für mehr Erfolg in der Schule. Wien (Neuer Breitschopf/hpt-Verlag) o. Jahr. MC

Lernmusik: Mit Werken von Albioni, Bach, Händel, Pachelbel, Telemann und Vivaldi. Wien (Neuer Breitschopf/hpt-Verlag) 1995. MC

Vahle, Frederik: Hupp, Tsching, Pau! Bewegungslieder. Düsseldorf (Patmos) 1995. MC/CD

Vahle, Frederik: Baumelbaum. Einfache Bewegungslieder. Düsseldorf (Patmos) 1996. MC/CD

Vahle, Frederik: Der Himmel fiel aus allen Wolken. Brabbellieder, Zauberreime und Erzählgedichte. (s. auch gleichnamiger Gedichtband bei Beltz & Gelberg). Düsseldorf (Patmos) 1996. MC/CD

Vahle, Frederik: Gehupft wie gesprungen. Lieder für fröhliche Füße und neugierige Ohren. Düsseldorf (Patmos) 1992. MC/CD

Vocal Sampling: Una forma mas. New York (Sire) 1995. CD